G494
c.26.

MF S0073171   9357

GEOGRAPHIE
DE
BUSCHING.

TOME XII.

SUITE
DE LA
GEOGRAPHIE
DE
BUSCHING,
Par Mr. BERENGER.

TOME DOUZIEME.
COMPRENANT
L'AMÉRIQUE MÉRIDIONALE.

A LAUSANNE,
Chez la SOCIÉTÉ TYPOGRAPHIQUE.

M. DCC. LXXXII.

GEOGRAPHIE
DE
BUSCHING.

DE LA GUYANE
EN GÉNÉRAL.

Le grand espace de pays qu'on nomme en général la *Guyane*, est bordé de toutes parts par la mer, par l'Orenoque & l'Amazone, unis par le Rio Negro, ou par le lac Parime : elle est donc une isle, & sa longueur est de 450 lieues de long sur plus de 300 de large. On remarque que les terres n'y sont pas rangées par couches, mais mêlées sans ordre & au hasard ; les angles saillans des collines ne répondent point aux angles rentrans des hauteurs correspondantes ; on n'y voit point de cailloux ; les pierres n'y sont que des morceaux de laves qui commencent à se

Tome XII.   A

décomposer ; indice des feux souterrains qui l'ont autrefois bouleversée : le sol en est stérile dans l'intérieur : les terres qui n'y sont pas submergées, n'y sont qu'un mélange confus de glaise & de craie qui ne peut produire que du manioc, des patates, des ignames, quelques autres plantes, qui souvent y pourrissent dans la saison des pluies : dans les meilleures & les plus fertiles, les cafiers, les cotonniers, les cacaotiers, tous les arbres utiles n'ont qu'une existence courte.

Ses rives seules sont riches & fécondes : le limon qu'y déposent sans cesse de grands fleuves y est gras & produit en peu d'années de beaux arbres, & sur-tout des paletuviers, qui en peu de tems y forment des vastes forêts couvertes de cinq pieds d'eau dans les inondations, d'une vase inaccessible quand elles se sont retirées ; quelquefois elles sont emportées par les vagues qui les heurtent. Une côte de 400 lieues, qui s'étend de l'Orenoque au Maragnon, est bordée de ces paletuviers détruits & renouvellés tour à tour par les eaux, la vase & le sable : derriere cette bordure sont des prairies inondées dans la saison des pluies, qui souvent demeurent des marais dans la belle saison ; les eaux infectes & croupissantes n'y produisaient que des reptiles. Ces bords sont partagés entre quatre nations ; les Espagnols en possédent la partie du nord dans un espace de 40 lieues de côtes ; les Portugais celle du sud qui a 80 lieues de côtes : les Hollandais & les Français possédent le reste.

I. Guyane Hollandaise.

Elle est bornée à l'orient par le fleuve Maroni, au couchant par le Poumaron : la mer & des contrées inconnues que les Espagnols s'attribuent, la bornent au midi & au nord. Elle a plus de 140 lieues de côte : du 317° 30' de longitude, elle s'étend jusqu'au 323 ; sa profondeur dans les terres n'est point fixée : sa partie la plus méridionale peut s'étendre jusqu'à la Sierra de Tamuraque sous le 2° 50' de latitude septentrionale. Au nord elle est sous le 7° 20'. Le Surinam en est le fleuve le plus considérable : c'est sur ses bords que vinrent s'établir quelques Anglais en 1634, mais ils y demeurerent peu, les Français s'y montrerent, massacrerent quelques Indiens, éleverent quelques murs pour se défendre, puis ils disparurent : les Anglais y revinrent en 1650, les Hollandais les en chasserent en 1667, & ont conservé ce pays : ils en ont successivement occupé la partie qui s'étend vers le nord.

En général le pays est mal-sain : de la fin de Novembre jusqu'en Juillet l'air y est tempéré, parce que des nuées épaisses protégent les habitans contre les rayons brûlans du soleil, & que les vents de nord-est y amenent des pluies constantes : dans le reste de l'année la chaleur y est excessive, accablante. L'industrie des Hollandais y a cependant amélioré ce climat meurtrier ; il est moins mal-sain aujourd'hui : on y a éclairci les forêts à coups de hache ; on les a percées pour que les vapeurs si funestes aux premiers colons pussent se dissiper. Les premiers colons avaient établis leurs cultures sur des hauteurs qui presque toutes y sont stériles : ils descendirent insensiblement dans de vastes plaines inondées par les fleuves une partie de l'année, dans le tems de la haute mer ; on les dessécha dans la saison seche, on les préserva des inondations par une digue d'une hauteur proportionnée, par une écluse que ferment les eaux du dehors, qu'ouvrent celles du dedans : ces travaux sont ceux de la premiere année : dans la seconde on le défriche : on laisse ensuite le champ exposé à l'influence des eaux douces pour affaiblir & entraîner la surabondance de sels que les eaux de la mer y ont déposé, puis on le cultive & l'on y fait des récoltes abondantes. Le cafier n'y conserve sa vigueur que pendant vingt ans ; mais dans les intervalles qui séparent ces arbres, de jeunes plans s'élevent pour remplacer celui qui va cesser de produire, & il n'y a pas d'interruption dans le produit qu'ils donnent.

La canne à sucre y donne à la sixieme année autant de ce sel qu'on en obtient ailleurs de cannes nouvellement plantées & dans toute leur vigueur : la facilité d'arroser entretient cette fécondité. Les plantations y ont acquis des commodités & des agrémens ; les maisons en sont grandes & commodes, ornées de terrasses alignées, de beaux potagers, d'allées symmétriques : la facilité de trouver des fonds y a rendu tout possible.

Le cotonnier y croit rapidement ; six mois après qu'il a été semé il est déjà de la grandeur du coignassier d'Europe ; il porte deux sortes de fleurs, l'une rouge, l'autre d'un jaune de soufre ; le coton vient de celle-ci : l'arbre nourrit deux especes de chenilles. On y voit un arbre nommé *palisade*, dont les Indiens se servent pour construire leurs cabanes ; ses fleurs sont si pesantes que la branche courbe sous leur poids ; les gousses qu'elles produisent ressemblent à un balet de bouleau, & servent au meme usage : le bananier, le prunier n'y sont pas rares : ce dernier y est de la grandeur qu'acquiert le noyer en Europe ; ses feuilles, ses fleurs reſſemblent au ſureau, ſon fruit pend en grappes ; il eſt ſudorifique : il y a deux ſortes de cachou, qui donnent des pommes aigres & aſtringentes, bonnes quand elles ſont cuites : le limonier y croît dans les forêts & eſt de la hauteur d'un grand pommier ; ſes fleurs rendent une huile précieuſe ; l'arbre qui donne la gomme-gut, le palmier, le figuier, l'arbre aux boîtes de marmelade, la guaiave, la bacove, le palma-Chriſti, la vigne, l'arbre qui donne le tabrouba, nourriture des ſinges, n'y ſont pas rares ; le ſuc des graines du dernier donne une teinture noire, dont les Indiens ſe bigarrent tout le corps : les orangers y ſont d'une grandeur extraordinaire : d'autres arbres & d'autres plantes y attirent encore l'attention, telle eſt celle de *slapertju* ou *dormeur*, dont les feuilles ſe joignent après le coucher du ſoleil, & ſi exactement l'une à l'autre que deux ne paraiſſent en faire qu'une : les chenilles, les papillons y ſont nombreux & ſinguliers ; M. le Merian les a fait connaître : le *kakerlaque* eſt un inſecte qui dévore les alimens, les étoffes, & ſe fend enſuite pour faire paſſage à un inſecte aîlé, mol & blanc : de groſſes araignées noires y font leur domicile dans des cocons de chenille : elles ſe nourriſſent de fourmis : les fourmis aîlées y ſont d'une grandeur peu commune ; elles volent ſur les arbres dont elles coupent les feuilles avec leurs dents ; & les autres fourmis les prennent à terre & les emportent dans leurs nids ; toutes dévorent les inſectes, & leurs chryſalides ſervent à engraiſſer la volaille : pluſieurs ſerpens, des lézards y cherchent un aſyle parmi le jaſmin qui exhale l'odeur la plus douce. On y voit des eſcarbots dont le dos ſe fend & d'où l'on voit s'échapper des mouches vertes à ailes tranfparentes, au vol léger & bruyant: on y trouve des groffes mouches dont la tête eft couverte d'un capuchon lumineux pendant la nuit & tranfparent le jour; d'autres infectes ailés, des grenouilles à oreilles, des crapauds à pattes de canard, & qui portent leurs petits fur le dos, des grenouilles qui proviennent d'un teftard à deux pattes, & fe changent elles-mêmes en poiffons; des rats dont les petits effrayés fe raffemblent auffi fur le dos de leur mere qui fuit pour mettre en fûreté fon fardeau, &c.

Ce pays fut cédé, en 1682, à la compagnie des Indes occidentales, qui en vendit un tiers à un particulier, des héritiers duquel elle l'a racheté depuis, & un tiers à la ville d'Amfterdam qui la poffede encore: l'invafion des Français en 1712 y a été une fource de défordres & d'agitation; les efclaves fugitifs, raffemblés par peuplades dans les bois, fortaient de leurs afyles pour piller, pour dévafter: c'eft avec peine qu'après trente ans de défaftres & de combats on a pu éloigner ces ennemis implacables, & les engager au repos par des préfens annuels & les avantages d'un commerce libre.

Revenons à la defcription particuliere du pays, en commençant par ceux qui touchent aux poffeffions Efpagnoles que nous venons d'abandonner.

1. *Colonie d'Effequebé & de Demerari.*

Nous joignons ici deux colonies diftinctes, parce que nous n'avons pas affez de connaiffances particulieres fur chacune d'elles: deux rivieres leur donnent le nom qui les diftingue: l'*Effequebé* eft la plus confidérable; elle fort de la Sierra de Tamuzaque & se jette dans la mer du nord, après plus de 150 lieues de cours, dans l'étendue desquelles elle fait environ 40 chûtes ou cascades : son embouchure est un golfe assez large ; c'est à 12 ou 15 lieues de la mer qu'est la colonie de son nom ; elle est ancienne, mais n'a jamais été florissante : les Espagnols en chassèrent les Hollandais en 1595 ; les Anglais les en expulserent une seconde fois en 1655 : en 1740 ses productions ne pouvaient former encore la charge d'un navire : elle s'étend jusqu'au Poumaron. La *Demerari* est une petite riviere de 30 à 40 lieues de cours : les bords en sont très-fertiles ; quelques colons vinrent s'y fixer en 1743 ; la compagnie des Indes encouragea ces faibles commencemens ; elle distribua des terreins, elle offrit des facilités, des fonds à un intérêt modéré ; elle réussit ; en 1769 on comptait sur les rives du Demerari 130 habitations où l'on cultivait avec succès le sucre, le café, le coton ; chaque plantation s'était étendue, & le nombre des plantations s'était beaucoup accrû lorsque les Anglais se sont emparés de ces colonies en 1780. On dit qu'on y fait trente récoltes successives de sucre sans transplanter les cannes ; tandis qu'ailleurs on ne peut compter que sur deux ou trois.

2. *Colonie de Berbice ou Berbiche.*

Elle est bornée à l'orient par la riviere Corentin, au couchant par le Demerari ; sur dix lieues de côtes, elle s'étendait jusqu'aux montagnes bleues : le fleuve qui lui donna son nom est navigable dans l'espace de 36 lieues, au-delà duquel on ne trouve plus d'habitations : son embouchure est embarrassée par un banc de fable & de vafe, & par l'isle *Kra-ben*: c'eft en 1626 que l'on jetta les fondemens de cette colonie; des Français la ravagerent en 1689 & en 1712: pour échapper au pillage dans cette derniere invafion, elle s'engagea au paiement d'une fomme que les propriétaires ne voulurent ou ne purent payer; trois particuliers d'Amfterdam le firent & fuccéderent à leurs droits: ils devinrent maitres de Berbice, y rétablirent les anciennes plantations, y en ajouterent de nouvelles & les dirigerent fous un point de vue plus fage: tout fujet de l'Etat fut autorifé à naviguer, à s'établir à Berbice, fous la condition que chaque homme, noir ou blanc, placé dans une habitation, payerait 6 livres de capitation, 55 livres par plantation pour l'entretien des miniftres, deux & demi pour cent pour les marchandifes qu'on entrait dans la colonie ou qu'on en fortait, trois pour cent pour ce qui entrait ou fortait de la mere-patrie; & ils fe chargerent des dépenfes du gouvernement, de la police, de la juftice, de la défenfe de cet établiffement. La colonie profpérait lorfqu'une épidémie redoutable vint la ravager : & en 1763 fa faibleffe enhardit fes efclaves à la révolte; on parvint à les foumettre; mais les plantations étaient ruinées, plufieurs n'offraient que les cadavres de maitres tués par les efclaves, ou d'efclaves tués par leurs maitres; il a fallu doubler les taxes pour fournir aux nouvelles dépenfes, & on a découragé par elles les cultivateurs. Elle eft réduite aujourd'hui à 104 plantations, la plupart peu confiderables, femées de loin en loin fur le Berbice & le Canje : on y compte 250 blancs, environ autant de foldats & 7000 efclaves; le produit de fes ventes en café, fucre & coton n'excédant pas douze cent mille livres, sur lesquels il faut payer l'intérêt de 1,760,000 livres. Aussi cette colonie est-elle dans une situation qui ne permet pas d'en rien espérer.

3. *Colonie de Surinam.*

Elle est dispersée sur les rives du Cotica, du Perica, du Commawine, du Surinam, dont le cours plus étendu, le lit plus large que celui des autres, les engloutit tous. Elle comprend plus de trente lieues de côtes; & abonde en poissons, en fruits, en gibier, en minéraux, en animaux singuliers; on y voit des serpens longs de 30 pieds; des bois y sont remplis de singes; l'anguille de Surinam, ou le *gymnotus electricus* y produit des effets semblables à ceux de la torpille & plus forts encore. M. Walsh a montré qu'il était l'effet d'une étincelle électrique que lance l'animal. Le sol y recouvre la marne qu'on trouve à un pied de profondeur; dans les parties élevées, il y a des forêts toujours vertes & qui fournissent des bois utiles, entr'autres des bois de teinture : le plus grand nombre des rivieres qui l'arrosent sont navigables pour les vaisseaux légers : la chaleur y serait ardente si des vents réglés n'y soufflaient durant le jour, & la bise leur succéde le soir : tous les tems y sont bons pour planter, pour recueillir. Les arbres dans le même tems, dans toutes les saisons, sont couverts de fleurs & de fruits; la sécheresse n'y est temperée que par des rosées, & c'est alors que l'air est plus dangereux.

En 1775 cette colonie occupait 60,000 esclaves de tout sexe & de tout âge, soumis à 2824 maitres, sans compter les femmes & les enfans, presque tous de divers pays & de diverses sectes. En 1775 on y comptait 3430 plantations, qui donnerent 243,200 quintaux de sucre brut, 153,870 quintaux de café, 790,854 livres de cacao, 152,844 livres de bois de couleur: le sirop, le rum, le chanvre, la gomme, les cuirs, le tabac ajoutent peu à ces productions, mais elles peuvent y ajouter dans la suite.

La compagnie est chargée des frais du gouvernement moyennant une taxe de six pour cent sur les productions du pays; sur les bénéfices du commerce, sur les gages des différens emplois, & un impôt de deux & demi pour cent sur les denrées qui sortent, d'un & demi sur celles qui entrent. Le bas prix du café y a causé du désordre, & a fait déchoir sa prospérité.

Paramabiro ou *Paramaribo*, ou encore *Paramairamba*, est le chef-lieu de la colonie: c'est une ville d'environ 400 maisons, dans une situation agréable, les maisons en sont jolies & commodes, quoique construites en bois qui repose sur des briques apportées d'Europe: son port est excellent, il est formé par le fleuve à cinq lieues de la mer. A deux lieues de l'embouchure du fleuve, sur sa rive occidentale, est le fort *Zelandia*; sur la rive opposée est le fort *Amsterdam*: ils défendent l'entrée de la colonie.

Les planteurs sont rassemblés dans sept à huit bourgades, situées près des fleuves. Un gouverneur qui a sous ses ordres un commandant, y est nommé par les directeurs de la compagnie, approuvé par les Etats-Généraux auxquels il prête serment: son pouvoir est presque limité: dans les affaires importantes, il consulte ou le conseil d'Etat, ou la cour de justice, sur lesquels il préside, où les affaires se décident à la pluralité des voix: le premier est composé du gouverneur, du commandant, de neuf conseillers: la seconde du gouverneur, de cinq juges, d'un bourguemestre & d'un secretaire. L'Etat entretient pour la défense de cette colonie quatre compagnies d'infanterie, elles suffisent en tems de paix. On joint à ces troupes régulieres la milice du pays, divisée en huit compagnies.

II. GUYANE FRANÇAISE.

On lui donne aussi le nom de *France équinoxiale*. Elle s'étend de la riviere Marony à quelque distance au-delà de celle de Vincent Pinçon ou d'Oyapock, dans un espace de plus de cent lieues : elle s'avance dans l'intérieur du pays d'environ 120 : elle touche aux possessions Hollandaises vers le nord-ouest; à la mer, au nord & à l'est, aux possessions Portugaises, par-tout ailleurs: elle est entre le 322° 4′ & le 326° 10′ de longitude, entre le 1° 30′ & le 6° de latitude septentrionale.

La mer baigne ses côtes, lesquelles sont faciles, ouvertes, sans obstacle à la navigation : le vent y est presque toujours favorable, & le fond par-tout excellent. On n'y voit que cinq isles; deux sont connues sous le nom d'*Isles du Salut*, situées à trois lieues du continent, séparées l'une de l'autre par un canal de 80 toises : il serait aisé de les réunir & il serait utile de le faire, parce qu'alors elles offriraient un abri suffisant aux vaisseaux, où ils pourraient être défendus avec facilité : les tortues en sont encore les seuls habitans. L'isle *Savacou* & les *Connétables* sont désertes. La cinquieme isle est *Cayenne* dont nous parlerons plus loin.

Ces avantages font compensés par des inconvéniens : des courans rapides s'opposent à l'approche des vaisseaux, & les côtes où ils ne se font pas sentir manquent de fond ; les rivieres n'y peuvent recevoir que de petits bâtimens, une vase molle en bouche l'entrée, & les vers, les pluies, les chaleurs y font dépérir en peu de tems les vaisseaux les mieux construits.

Le climat y est supportable ; les brouillards, la rosée, la longueur des nuits y temperent la chaleur du soleil : pendant six mois il y tombe des pluies abondantes qui dégradent les hauteurs, inondent les plaines, suspendent les travaux, les détruisent quelquefois : la végétation y est alors surabondante : puis arrive la sécheresse qui brûle la terre : le sol y est un tuf pierreux, recouvert de sable & de débris de végétaux : il est facile à cultiver, mais il est peu fécond & s'épuise en cinq ou six ans. C'est là que les Français vinrent s'établir en 1604, bientôt ils abandonnerent le Continent pour l'isle de Cayenne, où l'on fit long-tems de vains efforts pour fonder une colonie florissante ; elle fut abandonnée en 1655, possedée par les Hollandais qui en furent chassés en 1663, qui la reprirent en 1672, qui la perdirent quatre ans après. Les Français la possederent alors sans interruption ; mais ils n'y prospérerent pas.

Cayenne est une isle de quinze lieues de tour, formée par la riviere de son nom, qui se divise en deux branches pour se perdre dans la mer : ses côtes sont élevées, son centre est bas, des marais en coupent le terrain ; le sol en est sablonneux, noir à la surface, rouge & propre à faire des briques à deux pieds de profondeur. Ses collines sont agréables & cultivées ; à leurs pieds sont des pâturages où l'on entretient des chevaux, des moutons, des chêvres, du gros bétail qu'on y laiffe errer à leur gré : au mois de Septembre on y met le feu à l'herbe, & les cendres fervent d'engrais : le bœuf & le mouton y font excellens; mais les tigres rouges qui y paffent à la nage du Continent, les détruifent; il faut une vigilance continuelle pour les en écarter : l'isle a des parties couvertes de bois remplis de gibier; les herbes potageres d'Europe y réuffiffent, les arbres fruitiers n'y peuvent profpérer, la vigne y croît bien, mais le raifin n'y eft jamais bien mûr; cependant on en peut faire du fort bon vin. Un vent d'eft y rafraîchit l'air tous les matins; mais il y pleut prefque neuf mois de l'année, & l'humidité y eft exceffive : pendant les trois mois où le ciel eft ferein, la fécherefſe y fait fouvent périr de faim une partie du bétail : les mouftiques, les maringuoins, les chiques, les tiques, les fourmis, les raverds, les crapauds, une multitude d'infectes y rendraient la vie infupportable s'ils ne fe détruifaient les uns les autres : la *fourmi coureufe*, infecte paffager, eft fur-tout d'un grand fecours contr'eux; dès qu'elle arrive elle les tue tous; mouches, guèpes, raverds, araignées, rats mêmes, de quelque groffeur qu'ils puiffent être, elle les réduit promptement à l'état de fquelettes.

Le *tethanos*, la fievre & les vers font les maladies les plus redoutables dans cette isle : elle eft fertile en fucre, en rocou, en coton, en indigo, en café : le maïs, le manioc y profperent; la caffe, le papaie, la pomme d'acajou, la vanille, la pite, y offrent des objets de commerce : le dernier eft une herbe qui fert au même ufage que le chanvre, & dont le fil eft plus fort, plus fin que la soie : l'ébene noire, la verte, le bois de hêtre, celui de violette, d'autres bois de teinture & de menuiserie y sont communs.

Une riviere d'eau salée la partage presque en deux parties, facilite le transport des marchandises & la communication entre les plantations; elle a aussi de petites rivieres d'eaux douces dont on se sert pour boire, & pour mettre en mouvement les moulins à sucre : le meilleur endroit pour y jetter l'ancre est entre le cap Caperon dans l'isle & le cap Corbin en Terre-ferme : plus de cent vaisseaux peuvent y être en sûreté, mais il y a peu de fond. Vis-à-vis de la rade, à la pointe de l'isle, est un fort, bâti sur un sol élevé, dans une situation avantageuse, mais qui l'éloigne de l'eau douce; des citernes y conservent l'eau des pluies : c'est le fort *S. Louis*. La ville est dans une plaine de deux lieues qui pourrait être percée de canaux navigables, & dont on n'a point fait écouler les eaux : c'est un amas de deux à trois cents baraques ou maisons, entassées sans ordre & sans commodités, où l'été fait regner des fievres dangereuses. Elle est défendue par un chemin couvert, un large fossé, un rempart de terre & cinq bastions. A quatre lieues de la ville est la bourgade d'*Armire* ou *Remire*, habitée par des Juifs & des Négres dans sa partie basse, par des Français & des Négres dans sa partie haute. *Mahari* à l'embouchure de l'Oaya, à l'orient de l'isle. *Matouri*, près de la montagne de ce nom, dans sa partie occidentale, sont deux villages.

En 1752 on y comptait 90 familles Françaises, 125 Indiens, 1500 noirs; & les productions qu'ils retiraient de leurs cultures montaient à 260,541 livres de rocou, 80,363 livres de sucre, 26,881 de café, 91,910 de cacao, 618 pieds de bois.

Le continent est presque abandonné; ou du moins il est plus mal cultivé que l'isle: les habitations y changent souvent de place, des déserts immenses les séparent, elles n'ont aucune facilité pour les échanges, aucune des commodités d'une société policée; les loix, la police, les bienséances, l'émulation, l'espérance d'un appui, des secours, n'y raniment point l'activité du colon. *Rouara*, sur la riviere de Cayenne, en est la principale bourgade. *Oyapock*, sur le fleuve de ce nom, est une paroisse défendue par un fort. En 1775 on ne comptait que 1300 personnes libres & 8000 esclaves répandus sur cent lieues de côtes; ses productions ne s'éleverent qu'à 40 quintaux de sucre, 65,888 livres de café, 334 liv. d'indigo, 15,241 liv. de cacao, 30,355 de rocou, 97,260 de coton, 353 cuirs, 142,200 quintaux de bois. Un administrateur intelligent fait espérer d'y voir naître la prospérité. Au levant, le sol est montueux, désert, inconnu. Tout le pays est arrosé par le *Mana*, le *Stanamari*, le *Kourou*, l'*Oyac*, l'*Approuague* & l'*Oyapock*, au-delà duquel le pays est désert, montueux, inculte.

III. Guyane Portugaise.

On peut donner ce titre à toute l'étendue de pays située entre le Rio Negro & la mer, ou la riviere de Vincent Pinçon, le long de la rive septentrionale du fleuve des Amazones, jusqu'au bord de l'Océan & les possessions Françaises. Il forme le gouvernement de Para qui fait partie du Brésil, & c'est dans la description de cette partie du continent de l'Amérique qu'il doit être placé.

DU BRESIL.

Le Bresil est un continent immense, borné au nord par la riviere des Amazones, au midi par la riviere de la Plata, à l'orient par la mer, au couchant par une multitude de marais, de lacs, de torrens, de rivieres & de montagnes qui le séparent des possessions Espagnoles. En y comprenant la partie de la Guyane qui appartient au Portugal, il s'étend entre le 4° de latitude septentrionale & le 32° de latitude australe ou méridionale ; entre le 316 & le 343° de longitude. La côte, du fleuve des Amazones au cap St. Roque, se dirige entre l'orient & le midi, mais plus à l'orient qu'au midi, dans un espace de plus de 430 lieues ; & de ce cap au Rio Grande de S. Pedro qui borne aujourd'hui les possessions Portugaises, la côte se dirige entre le midi & le couchant, mais plus au midi qu'au couchant, dans un espace d'environ 660 lieues.

Ce pays fut découvert en 1500 par Alvarez Cabral, amiral Portugais, qui, pour éviter les calmes de la côte d'Afrique, prit le large, & vit au couchant une terre où la tempête le força de chercher un asyle. Il le nomma *Sainte-Croix*, mais bientôt après on lui donna le nom de *Bresil*, de l'abondance de ce bois de teinture qu'on y trouva, & qui était déja connu sous ce nom en Europe avant la découverte de ce pays. La cour en fit visiter les côtes, les ports, les rivieres, rien ne lui donna l'espérance d'y trouver de l'or ni de l'argent, & elle le négligea, elle ne le peupla que d'hommes flétris par des jugemens, que de femmes crapuleuses & viles : elle en fit le réceptacle des scélerats du royaume, on y exila les Juifs, les hommes échappés

échappés aux bûchers de l'inquifition, & c'étaient les colons les plus eftimables. On n'en tirait que des perroquets & des bois de teinture & de marqueterie : c'eft fur l'Afie qu'on fixait alors fon attention : cependant on y forma des plantations, & les Juifs fur-tout apprirent aux Portugais à eftimer le Brefil autant qu'il le méritait. Les grands y briguerent des poffeffions ; on accorda fucceffivement à plufieurs d'entr'eux des départemens de pays de 40 à 50 lieues de côtes, & ils y pouvaient exercer l'autorité la plus illimitée, la plus tyrannique : la couronne ne s'y réferva que le droit de condamner à mort, d'y fabriquer les monnaies, d'y prélever les dixmes. Les miffionnaires tempéraient ce pouvoir en devenant fes propagateurs, fes appuis : les jéfuites fe difperferent parmi les Indiens ; ils s'en firent chérir, ils en devinrent les dieux, & des hommes qu'on aurait maffacrés comme fauvages & comme ennemis, devinrent par eux des fujets utiles, ou du moins des amis ; ils laifferent les nouveaux venus cultiver paifiblement les terres dont ils s'étaient emparés : on y planta la canne à fucre ; la profpérité femblait y naître ; elle excita la jaloufie des Français : ils accoururent y former quelques établiffemens que l'inconftance & la légéreté leur firent abandonner : les Hollandais furent plus conftans & plus heureux : en 1624, ils vinrent s'emparer de S. Salvador, capitale de ce pays, & la province fut bientôt foumife : ils ne purent la garder que deux ans ; ils y revinrent en 1630 & conquirent Fernambuc & les contrées qui l'environnent, & formaient la plus grande province du Brefil, la mieux fortifiée, la plus abondante en denrées : bientôt ils tenterent la conquête du Brefil entier, fous la conduite de

Maurice de Nassau, & de l'Amazone jusqu'à S. Salvador, ils ne voyent qu'un pays soumis. Ils ne purent le garder long-tems : le luxe corrompit les commandans, la discipline disparut de l'armée, les fortifications s'écroulerent, tout tomba dans l'indolence & la corruption ; les Portugais opprimés se révolterent ; un domestique se mit à leur tête & montra les talens d'un grand général, d'un grand homme ; *Viera* ; c'était son nom, força enfin les Hollandais d'évacuer le Bresil en 1654, & ils n'y reparurent plus. Alors les Portugais étendirent leur domination sur le fleuve de Amazones ; les jésuites s'enfoncerent dans les forêts des pays qu'ils arrosent, & en 1766 ils y avaient rassemblé 10,000 habitans, distribués en 36 bourgades, 12 sur le Napa, 24 sur l'Amazone, & quelques-unes étaient éloignées l'une de l'autre de 150 à 180 lieues : on cherchait à les étendre, à les rendre florissantes ; la population n'y peut être nombreuse ; les hommes y sont faibles, les femmes n'y sont pas fécondes, le climat n'est pas sain ; la pêche, la chasse ne sont pas favorables à la multiplication des hommes, à l'esprit de société, & ces occupations sont une passion pour ces sauvages ; souvent le pays est submergé ; les bourgades si éloignées ne peuvent être d'aucun secours l'une à l'autre. Les mêmes obstacles s'opposent aux progrès des Portugais.

En général, le pays situé près des côtes est assez bas ; mais il est par-tout agréable : c'est une alternative riante de grandes prairies & de forêts d'arbres toujours verds. Vers le couchant & dans l'intérieur des terres, on voit des montagnes, d'où sortent d'innombrables sources, qui forment des lacs & plusieurs grands fleuves, qui viennent se jetter dans celui des Amazones, ou dans Rio de la Plata : les autres, coulant du couchant au levant, se rendent immédiatement dans l'Océan. Ces derniers sont en grand nombre & sont les plus utiles: c'est par eux que les Portugais font mouvoir leurs moulins à sucre; ce sont eux encore qui, se répandant sur le pays, l'arrosent & lui donnent une fertilité admirable.

La partie septentrionale du Bresil est située presque sous l'équateur, & comme tous les pays qui sont sous la ligne, elle est sujette à de grandes pluies, à des vents qui ont leurs périodes réguliers: ils commencent en Mars & en Septembre ; des tourbillons, des ouragans mêlés de pluie les annoncent: le pays est alors couvert d'eau, l'air y est mal-sain. La partie méridionale jouit d'un climat plus tempéré, d'un air plus sain qu'aucun des pays situés sous la zone torride comme elle, avantage qu'elle doit aux vents frais de la mer, ou qui descendent des montagnes élevées, couvertes de neiges, & plus frais encore que ceux qui viennent de la mer.

Le sol y est bon ; il porte de grands arbres, & plusieurs sont d'une utilité générale. Les savanes & les prairies sont revêtues de belles plantes & de gazon, & lorsqu'on les cultive, elles rendent avec usure tout ce qu'on leur confie. Parmi les arbres qui croissent naturellement dans les forêts, on remarque le *sapiera*, arbre élevé, qui fournit le meilleur bois de construction pour les maisons : le *vermiatico*, aussi grand que le premier, & dont la tige droite donne des canots qui ne submergent jamais & des planches larges & durables : le *guieteba*, le *commisserie* servent principalement pour la construction des vaisseaux ; ils sont aussi utiles, aussi estimés que le chêne l'est parmi nous, mais leur bois est moins ferme: le *ferrie* est égal à notre orme, & coupé dans l'hiver, il dure très-long-tems: le *mangrov* est de trois especes, la rouge, la noire & la blanche; toutes sont utiles, la premiere à tanner les cuirs, la seconde à faire de bonnes planches, la troisieme à fournir des mâts & des vergues pour les petits vaisseaux : ces deux dernieres y croissent à une plus grande hauteur que dans les provinces voisines du golfe du Mexique : le *cocotier sauvage* y est moins haut, moins grand que dans les Antilles & aux Indes orientales ; ses noix sont beaucoup moins grosses aussi, & servent à faire des têtes de pipes, des boutons, des chapelets & autres bagatelles semblables : au sommet de l'arbre, entre les feuilles, sortent des fils noirs, semblables à la criniere du cheval, mais beaucoup plus longs, dont on fait des cordages très-forts, très-durables, qui même, lorsqu'ils sont plus exposés à la chaleur & à l'humidité, se pourrissent moins facilement que les cordes de chanvre : le *mangaba*, grand arbre qui produit deux sortes de fruits, l'un qui se mange en bouton, l'autre qui est un vrai fruit, est très-sain, & on en fait une espece de vin: l'*ambú*, dont on mange les racines qui sont douces & rafraîchissantes, & qui porte un fruit agréable qui gâte les dents: le *jacapuya* porte un fruit semblable à un gobelet qui a son couvercle & renferme des especes de chataignes ; quand elles sont mûres, le couvercle s'ouvre, le gobelet se penche & le fruit tombe: on le mange rôti: l'*araticu* porte un fruit d'un goût, d'un parfum agréable, & donne un bois qui sert aux mêmes usages que le liege : le *pequea* est de diverses especes; son fruit donne une liqueur sucrée: le *guaberiba*, arbre dont le bois est durable, & qui donne un excellent baume quand on fait une incision à son écorce : le *cupayba* donne beaucoup d'huile, & une huile qui sert pour les lampes, qui est un baume pour les plaies : l'*abyaba* a la feuille si rude qu'on s'en sert pour user & polir le bois : l'*ambiaytinga*, qui porte au sommet une vessie qui distille, lorsqu'on la perce, une liqueur salutaire : l'*igciega* fournit un mastic d'une odeur excellente ; l'*igtaigeica*, une sorte d'encens ; le *curupicaiba*, une bonne glu : le bois du *caaroba* sert au même usage que le gayac : le *janipaba* est un des plus beaux arbres qu'on puisse voir ; son admirable verdure se renouvelle tous les mois, son suc devient noir & sert aux Indiens pour se tracer des figures sur la peau : l'*araboutan* est un arbre dont le bois est rouge, très-sec, cassant, & dont les cendres même ont cette couleur qu'il ne perd jamais : c'est le bois de brésil : la variété des bois de teinture y est très-grande : il en est de violets, de jaunes, de rouges. On y trouve beaucoup d'autres arbres & de plantes, mais dont il serait trop long de faire l'énumeration. On y voit trois especes de cotonnier ; un seul donne le coton : il croît en buisson.

Le Brésil produit différentes sortes de raisins, des oranges, des limons, des grenades, des citrons ou pommes-citrons qui y ont été transportés du Portugal, & beaucoup d'autres fruits, tels que les jenipah, des papais, des cocos, des ananas, des bananes, des plantains, des pommes de custard, des soursops, &c. le premier est une espece de courge de la grosseur d'un œuf de canard, de couleur grise, dont la chair est blanche, d'un suc âpre, mais agréable : le *soursop* a la grosseur de la tête d'un homme, ovoïde, partagé dans sa longueur par une raie qui sépare une partie du fruit qui est jaune, de celle qui est verte; son enveloppe est épaisse, grossiere, couverte de rugosités; sa chair est spongieuse, remplie d'un suc agréable & sain; l'arbrisseau qui porte ce fruit est haut de dix à douze pieds; sa tige est courte, ses branches s'étendent vers le haut : l'*arisah* est un fruit excellent, plus gros que les plus belles cerises, qui de loin a l'apparence d'une petite pomme, est suspendu à un pédicule délié, est verd à l'extérieur, & renferme un suc aigrelet & sain : le *mericasah* est délicieux : il en est de deux sortes, l'une croît sur un petit arbre & c'est le plus estimé; l'autre sur un arbrisseau semblable au sep de vigne, & qui s'éleve comme lui : ses feuilles larges donnent une ombre épaisse; on le plante autour des arbres : le fruit est de la grosseur d'une petite orange ; il est rond, verd, tendre lorsqu'il est mûr, rempli d'une chair blanche d'un suc aigrelet, sain, très-agréable : le *petango* croît sur un arbrisseau; il est petit, rouge, moins rond qu'une cerise, plat sur un des côtés, d'un goût qui plait beaucoup : le *mungaroo* est gros comme une cerise, rouge d'un côté, blanc de l'autre : le *musteran de Ave* est de la grosseur, de la forme d'une belle aveline, recouvert d'une coque mince & cassante, de couleur noire : la chair a la même couleur.

Il y a encore au Brésil beaucoup de callavances, de melons d'eau, de melons musqués, de courges, d'ignames, de patates, de cassave, de choux, de navets, d'oignons, de porreaux, diverses sortes de salades, beaucoup de plantes médicinales, comme le sassafras, la salsepareille, &c.

Le maïs y réussit mieux que tout autre grain : le seigle, le froment y végétent avec force, mais n'y produifent prefque que de la paille : il femble que le fol y foit trop riche en fucs pour qu'ils y donnent du grain : les femailles fe font au commencement de la faifon des pluies, les moiffons commencent lorfqu'elle finit : les arbres & les buiffons y portent toute l'année des feuilles, des fleurs & des fruits, & ce n'eft pas feulement ceux qui font naturels au pays qui végétent ainfi fans ceffe ; il en eft de même des arbres qu'on y tranfplanta, comme l'oranger, le limonier, &c. On y taille la vigne en différens tems, afin d'avoir des raifins mûrs pendant toute l'année ; ces raifins font beaux, mais remplis d'un fuc mielleux qui fouleve prefque le cœur : on n'en peut faire du vin fupportable.

Les minéraux qu'on trouve font l'or, l'argent, beaucoup de diamans, de jafpe, d'émeraudes & autres pierres précieufes : l'or fe trouve dans les montagnes voifines de Rio Janeiro ; des Indiens qui faifaient des hameçons avec ce métal en donnerent l'indice ; on fut qu'ils le trouvaient parmi le fable & le caillou des vallées, où les torrens le dépofaient : ce n'eft que depuis un fiecle qu'on apporte de l'or du Brefil en Europe ; mais depuis qu'on l'a découvert, les exportations annuelles s'en font toujours accrues, parce qu'on a découvert de nouvelles mines. On dit aujourd'hui qu'une veine de ce métal s'étend par tout le pays, à une profondeur de vingt-quatre pieds au-deffous de la fuperficie ; mais qu'elle eft fi maigre,& fi peu profonde, qu'elle ne rendrait pas les frais de l'exploitation. On fe borne à le chercher dans les lieux où les rivieres en dépofent depuis long-tems, après l'avoir détaché des montagnes : on détourne la riviere & on le trouve dans le fable de fon lit defféché : c'eft le moyen le plus facile, le plus ufité dans le Brefil :

on n'y creufe point la terre, on n'y fuit point les veines du métal au travers des rocs : ce font des negres qu'on emploie à ce travail : ils y font en grand nombre & doivent l'ètre. Chacun d'eux doit fournir un huitieme d'once d'or à fon maître tous les jours ; & s'il en trouve plus, l'excédent eft pour lui : on en a vu d'affez heureux, ou d'affez actifs, charger d'autres efclaves de fa tâche, s'enrichir enfuite par eux & vivre dans l'opulence. L'or qu'on recueille ainfi par le lavage, fe porte chaque année à Liffabon, où l'on préleve la cinquieme partie qui revient au roi. L'argent y eft affez rare.

Les diamans furent trouvés auffi dans les torrens que les pluies forment dans les montagnes ; mais les mines en font moins communes que celles de l'or, & ne fe trouvent que dans de certains cantons : on les rejetta long-tems avec le fable & les cailloux avec lefquels ils font mêlés ; on foupçonna enfin que ces pierres brillantes & dures pouvaient être précieufes ; on fit des expériences qui trouverent d'abord des incrédules ; puis lorfqu'on fut convaincu, tout rocher parut diamant, ou matrice de diamant. Le roi mit des bornes à cette cupidité ; il créa une compagnie qui feule eut le privilege exclufif de les faire chercher, qui en acheta la poffeffion par une fomme confiderable, & elle fut aftreinte à n'employer à ce travail que 6 ou 800 efclaves. Pour qu'elle jouït plus fûrement de ce qu'elle acheta affez cher, on dépeupla une ville & tout le pays fitué aux environs des lieux où l'on trouvait cette pierre précieufe, & on en difperfa les habitans au nombre de 6000, en divers autres établiffemens du pays.

Les animaux qu'on trouva au Brefil lorfqu'on en fit la découverte, étaient en général les mêmes que

BRESIL.

ceux du Mexique & du Pérou : on y voit entr'autres la brebis péruvienne qu'on nomme *pecarée*, à laquelle les Européens donnent communément le nom de *sanglier* ou de *porc*, parce qu'en effet elle leur ressemble : on y voit une grande variété de singes, de chevreuils, de lievres, de lapins, de loups & des tigres : ceux-ci sont aussi grands, mais non aussi courageux que ceux d'Afrique : on y remarque aussi l'ours des fourmis, ou le fourmillier, le tamandua, le porc-épic, le racoon, l'huy, le couti, l'écureuil volant, l'armadillo ou le tatou, l'opossum, le guano & le sloth. Le premier a la hauteur & la longueur d'un chien de moyenne taille ; ses jambes de derriere ressemblent à celles de l'ours, celles de devant sont plus minces : sa tête est longue & se termine en un museau pointu : ses yeux sont petits, noirs, ronds ; ses oreilles sont très-noires ; sa langue, longue de deux pieds, se retire dans sa gueule en replis tortueux : il vit de fourmis, & plonge sa langue ointe d'une humidité gluante dans les fourmillieres, qu'il a bientôt dépeuplées ; sa queue ressemble à celle du renard : elle est longue de deux pieds, presque platte, couverte de poils rudes & forts, longs de 15 à 20 pouces ; il la meut à son gré, l'étend sur son dos, & s'en couvre si bien qu'elle le met à couvert de la pluie qu'il craint & supporte avec peine.

La tête de l'*armadillo*, son corps, sa queue sont couvertes d'un bouclier d'une nature osseuse qui semble être formé des plus belles écailles : dans la partie supérieure de son cou, il a deux jointures qui lui sont nécessaires pour mouvoir sa tête à son gré ; son dos est partagé en sept divisions, jointes par une peau jaunâtre assez transparente pour qu'on les puisse distinguer : ses pieds sont recouverts d'une cuirasse plus mince ; la partie inférieure de son corps est nue & sans défense; sa tête ressemble à celle du porc ; son museau est pointu ; ses yeux petits, enfoncés profondément dans la tête ; sa langue étroite & pointue ; ses oreilles nues, brunes, courtes ; sa queue épaisse de quatre pouces à sa racine, & se termine en pointe : il se nourrit de melons, de patates, de diverses racines ; il creuse un terrier avec son museau ; il a le sens du toucher très-exercé, & lorsqu'il est frappé de quelque crainte, il présente de tous côtés son bouclier en se resserrant en boule ; sa chair est blanche, grasse, délicate, & pour la rendre plus agréable encore, on l'apprête avec des aromates.

Les singes du Bresil sont d'especes très-variées; l'une d'elles que les habitans nomment *aquiqui*, est plus grande que les autres, a le visage blanc, une barbe noire, un poil rougeâtre sur tout le corps ; le singe *cays* est fort petit, & sa figure est agréable ; il vit sur des arbres à siliques dont il se nourrit. Parmi les reptiles, on remarque le *tonou*, lézard gris, qui a quatre à cinq pieds de long, une figure hideuse & une chair délicate ; de gros serpens dont il en est qui vivent dans les maisons sans nuire à personne : le *giboïa* a quelquefois vingt pieds de long & a quatre pattes ; il est redoutable aux animaux, mais il est sans venin : le *giraupiagara* est noir sur le dos, jaune sous le ventre & vit d'œufs : le *boytiopua* vit de grenouilles : le *gaytiepu* est d'une grosseur, d'une puanteur insupportable ; il en est quatre especes, redoutables par leur venin, comprises sous le nom de *jaraca* : le *curucucu* est affreux & terrible par sa figure & son venin ; le *boicininga* par son venin & son agilité ; l'*iburacaa* par la violence & les effets de son poison : l'*ibiboca* est venimeux, lent, mais d'une beauté admirable par l'ordre des taches & des lignes rouges, noires, blanches dont il est marqueté : enfin, il n'est pas de pays où l'on trouve plus de serpens. Les scorpions y sont communs, mais rarement leurs blessures sont mortelles : les insectes y sont à-peu-près les mêmes que dans les pays voisins : la chaleur les y fait pulluler : on y compte onze especes d'abeilles qui y donnent un miel agréable, mais la cire en en noire : la mouche *porte-lanterne* y est très-commune ; en repos on ne la distingue pas du ver luisant.

Les oiseaux y sont en grand nombre : on y remarque trois especes de faisans, un oiseau nommé *mouton*, dont le plumage approche de celui du paon : le *macacouas* ou *maccaws*, les *inaubou-anassous* sont deux especes de perdrix très-grosses : il en est trois autres encore : l'*arat* a les plumes des ailes & de la queue longues d'un pied & demi ; la moitié de ces plumes est du plus bel écarlate, l'autre d'une couleur céleste : le reste du corps est azuré : le *canidé* est couleur d'or sous le ventre, autour des ailes ; & du plus beau bleu sur le dos, les ailes & la queue : on y trouve un grand nombre de perroquets différens par la grandeur, la beauté de la taille, les couleurs du plumage : on y trouve beaucoup d'autruches, d'aigles, de vautours, d'éperviers ; le toucan y est petit : un grand nombre d'autres oiseaux y animent les forêts & les embellissent : tel est le *quereiva*, qui a l'estomac d'un beau rouge, les ailes noires, le reste du corps bleu, le *quianpian*, qui est du plus bel écarlate ; le *guirapanga* qui est blanc & dont la voix rétentit au loin comme le son d'une cloche ; le colibri y est commun, les chauve-souris y sont grosses & sanguinaires. Les principaux oiseaux de mer sont le *guimantinga*, qui est blanc & de la grosseur d'une grue; le *caripira*, le *guiratenteon* qui est d'une beauté rare, le *calcamar*, l'*ayaca*, le *caracura*, la *guara* qui est couleur écarlate.

Le manatée ou lamentin se pêche sur ses côtes: c'est un poisson excellent: celui qu'on y nomme *acarapep* est plat & donne une graisse jaune qui lui sert de sauce: les *raies* y sont grandes & venimeuses: le *beyupira* qui ressemble à l'éturgeon, le *baopes* au thon, le *piraëmbu* au ronfleur, le *puraque* à la torpille: le *camarupi* a le corps parsemé d'épines, le dos orné d'une crête; un seul fait la charge de deux hommes: l'*arnausan* est court & de couleurs variées; il croasse, il s'enfle comme la grenouille; il a les yeux beaux & la chair fort bonne: l'*itaëca* est de forme triangulaire: la peau, le foie, les intestins en sont venimeux, le reste en est bon: le *caramarus* ressemble à un serpent marin, ses dents sont très-grosses & venimeuses: l'*amorcati* est venimeux aussi; il ressemble à une grenouille hérissée de pointes: l'*aiona* a la queue fourchue, sa tête égale en longueur le reste de son corps & ressemble à celle du bœuf; il en est un grand nombre d'autres peu connus; il en est dont on raconte bien des fables. On y compte trois espèces de tortues: l'*apula* est un coquillage qui ressemble aux couteaux: l'*ura*, écrevisse de mer, était la principale nourriture des peuples qui habitaient les côtes: l'*aratu* dévore les huîtres & leur ressemble; les huîtres ont souvent des perles; leurs écailles servent à faire de la chaux: tels sont les coquillages les plus communs du Brésil: les poissons des fleuves n'y sont guere moins nombreux: les crocodiles y sont communs, ainsi que le *cachora de agua*, grand poisson couvert de poils de couleur obscure.

On voyait errer dans le Brésil un grand nombre

de peuplades diverses : les plus considerables, les plus dignes d'être remarquées sont les *Petiguares* ou *Petivares*, qui habitent les rives du fleuve *Paraïba* riches en bois de teinture ; ils détestent les Portugais, sont civils & braves, percent leurs levres, n'ont point de religion, prennent plusieurs femmes, ne tuent aucun animal femelle quand l'une d'elles est enceinte, se met au lit quand elle est accouchée : les *Viatans*, autrefois nombreux, aujourd'hui presque détruits par les premiers : parce que les Portugais leur permirent & les exciterent à les manger, à les vendre : les *Topinabes* ou *Toupinamboux*, peuple divisé en plusieurs branches qui se font la guerre, habitent les parties méridionales du Bresil : leur teint a la couleur d'un cuivre clair : les *Tupinaques*, qui sont les plus attachés à leurs opinions, les plus vindicatifs des sauvages du pays : les *Caroes*, qui habitent les contrées voisines de Rio de la Plata : les *Tapuyas*, qui sont de haute taille, infatigables, agiles ; leur teint est couleur de cuivre sombre ; ils vivent errans, sans habitations régulieres, se nourrissent de racines, de fruits cruds, de chair, & celle de l'homme n'est pas la moins agréable pour eux ; leurs armes sont grandes & fortes, leurs massues sont armées de pierres, leurs cheveux flottent sur leurs épaules ; ils sont nuds, leur corps est peint de diverses couleurs ou garni de plumes qu'ils y attachent avec de la gomme. On compte jusqu'à 60 peuplades de cette nation dans les parties septentrionales du Bresil : les *Anhelimes*, les *Aracuitos*, les *Caiviares*, habitent dans des souterrains : les *Canucuiares* ont, dit-on, les mamelles pendantes jusqu'aux cuisses : les *Cumpehas* sont les seuls peut-être qui ne mangent point de chair humaine : les *Tapiguiris*, hommes robustes, mais si petits que les Portugais leur ont donné le nom de *Pigmées* : les *Guaitacas* qui ne demeurent dans leurs cabanes que pendant leur sommeil : les *Muriguités*, dont les femmes sont guerrieres, & qui ne sortent point des forêts : les *Tomomymis* qui habitent des especes de villes entourées de palissades & d'un mur de cailloux, dont les maisons sont construites de terre & de solives qui en forment les murs, d'écorces d'arbres qui en forment les toits : les *Ovaitaguades*, qui habitent un pays bourbeux, & couchent à terre sur la mousse ; ils sont grands, hardis dans les combats où leurs femmes les suivent : les *Ouaiyanasses* qui sont courts, peu courageux, ont le ventre gros, les cheveux très-longs : les *Poriès* vivent de fruits, sont paisibles, habitent sous des toits, sur des arbres dont ils entrelassent les branches pour leur servir de hamacs ; les femmes seules y sont nues : les *Molopagnes* ont de la barbe & s'habillent avec décence, ce sont les plus policés des sauvages : ils ont un chef qui seul peut prendre plusieurs femmes : ils ont des especes de villes environnées d'un mur de solives : leurs femmes sont belles, aimables, décentes : tous sont propres, ont des usages ou des mœurs honnêtes, & possedent un pays riche en or; ils ont conservé l'usage de manger leurs ennemis : les *Anayanaonassones* qui sont simples, grossiers, de belle taille, d'une figure agréable, mais paresseux, & passant le jour à dormir tandis que leurs femmes travaillent.

Presque tous ces hommes étaient sains, ils vivaient long-tems. En général les femmes y portaient les cheveux longs, les hommes courts ; les premieres peignaient leur visage, les seconds leur corps : chaque peuplade avait son idiome particulier, peu différens les uns des autres, & aucun ne pouvait exprimer d'idées univerfelles; au bord de la mer, ils vivaient de coquillages; fur les fleuves, de poiffons; dans les forêts, de gibier: tous connaiffaient l'ufage du manioc & de quelques racines: tous aimaient la danfe, le chant: quelques-uns tremblaient à la voix du devin, aucun n'était inquiet d'une vie future, ils n'avaient point de patrie, point de gouvernement, point de loix : cependant fi dans l'ivreffe, ou à la fuite d'une querelle malheureufe, l'un en tuait un autre, le premier était livré aux parens qui l'immolaient à leur vengeance; puis les deux familles faifaient enfemble un feftin où elles fe réconciliaient: ils prenaient autant de femmes qu'ils pouvaient s'en procurer; ils les répudiaient quand ils le voulaient; la femme adultere y était punie de mort : le jour après leur couche, on les voyait retourner au travail, leur enfant pendu à leur cou par une écharpe de coton: l'hofpitalité était connue de tous; le voyageur reçu, fêté dans une cabane, ne pouvait la quitter pour un autre fans faire un outrage à fon premier hôte; on y honorait les morts, on célébrait leurs exploits, on les enterrait debout dans une foffe ronde avec leurs ornemens & leurs armes; la vengeance feule forçait ces peuples à prendre les armes, c'étaient une maffue, un arc, des fleches de bois d'ébene; des os de leurs ennemis ils faifaient des flûtes guerrieres: la rufe, la furprife y donnaient ordinairement la victoire; on mangeait fes ennemis en s'exhortant à mériter ce mets honorable par fon courage : la tête de l'ennemi mort y fervait de trophée, ainfi que les découpures qu'on s'y faifait fur le corps.

Le Brefil était divifé autrefois en quinze provinces

ou capitaineries, dont huit dépendaient immédiatement de la couronne, & les autres étaient des fiefs appartenant à des nobles. Aujourd'hui le gouvernement y eft plus fimple; toutes les provinces font dans les mains du roi, & l'efpace prefque immenfe que renferme le Brefil eft divifé en neuf gouvernemens, qui chacun ont leur chef particulier, obligés de fe conformer aux réglemens généraux que le viceroi juge à propos de faire : mais ils reçoivent directement leurs ordres de la cour de Lisbonne qui les nomme pour trois ans, prolonge ce terme à fon gré, & leur fait toujours rendre compte. Il ne leur eft pas permis de prendre une femme dans leur jurifdiction, de faire aucun commerce, de recevoir de préfens, de recevoir des émolumens pour les fonctions de leur charge : auffi ils y font rarement fortune. Si un gouverneur meurt dans fa place, l'évêque, le premier officier militaire & le premier magiftrat tiennent enfemble fa place jufqu'à ce qu'il ait un fucceffeur.

Chaque diftrict particulier a fon juge, qui décide les procès civils, qui punit les fautes légeres : on appelle de fa fentence aux tribunaux fupérieurs de Bahia & de Rio Janeiro; quelquefois à Lisbonne, lorfqu'il s'agit d'objets très-importans. Le grand Para, le Maragnan feuls ont le droit de porter les procès à la métropole en feconde inftance : les forfaits reffortiffent du gouvernement. Dans chaque province il y a un tribunal pour recueillir les fucceffions qui tombent à des héritiers qui habitent au-delà des mers; il les fait paffer en Portugal, mais en retient le vingtieme pour fes honoraires. Le commandant, joint à quatre magiftrats, adminiftrent les finances de chaque province; le tréfor royal de la métropole examine féverement

leurs

leurs comptes. Chaque ville, chaque bourg à des magistrats municipaux qui veillent sur la police, reglent les légeres taxes dont elle a besoin, ont plusieurs privileges, tel est celui de pouvoir accuser leur gouverneur auprès du trône.

Les troupes y sont sous le commandement de chaque gouverneur, qui nomme les officiers jusqu'à celui de capitaine exclusivement; il exerce les mêmes pouvoirs sur la milice, composée de tout ce qui n'est pas de la haute noblesse ou magistrat: un besoin pressant les fait seul rassembler dans l'intérieur des terres; tous ceux qui la forment ont un uniforme qu'ils achetent à leurs frais; tous sont divisés en trois corps qui se rassemblent à Fernambouc, à Bahia, ou à Rio Janeiro, où on les exerce un mois chaque année, pendant lequel ils sont nourris par le fisc; les Indiens y combattent avec les blancs; les negres & les mulâtres y ont des drapeaux particuliers. On y compte 15,900 hommes de troupes réglées & 21,850 hommes de milice.

Il y a un archevêque au Bresil, c'est celui de Bahia ou S. Salvador, évêché en 1552, archevêché en 1676: il y a six évêques: ce sont ceux de Para, de S. Luis de Maranion, d'Olinde ou Fernambuc, de San Salvador, de Rio Janeiro & de St. Paul: tous jouissent commodément de ces sieges honorables, avec des émolumens qui varient entre 12,500 & 30,000 livres, payés par le roi qui retire le produit des dixmes ecclésiastiques & celui de la bulle de la croisade: les missionnaires reçoivent une pension du fisc; les curés vivent des tributs annuels qu'ils reçoivent de chaque famille, d'une imposition sur les baptêmes, sur les mariages, & ces sources de revenus sont d'autant plus grandes que le peuple est plus ignorant & plus superstitieux ; puissant motif pour les engager à en éloigner la raison & la vérité.

Il n'est point permis dans le Bresil d'y élever de couvens de religieuses; mais on tolere quelques asyles pour les vieilles filles à Bahia & Rio Janeiro : on y compte 22 couvens de moines, dont les plus riches, les plus libertins, les plus oisifs, sont les bénédictins ; mais aucun n'est établi dans les pays où l'on trouve de l'or. Il n'y a point de tribunal de l'inquisition ; celui de Lisbonne y nomme des prêtres chargés d'agir pour lui, & selon ses maximes : leur rigueur sur l'accusation de judaïsme y a jetté quelquefois la terreur & le découragement.

Les esclaves noirs y sont peut-être moins malheureux qu'ailleurs ; ils sont jugés par la loi commune : les maîtres les nourrissent & leur abandonnent un petit terrein qu'ils peuvent cultiver les jours de fêtes & les dimanches ; les plus sages, les plus laborieux parviennent tôt ou tard à pouvoir acheter la liberté, qui rarement leur est refusée, & qu'ils peuvent exiger au prix fixé par les réglemens lorsqu'on les opprime : aussi n'y voit-on presque pas de negres fugitifs ; leur sang se mêle & se confond bientôt avec celui de leurs maîtres, pour ne former qu'un même peuple : ceux qui deviennent libres jouissent du droit de cité comme les mulâtres: seulement ils n'y peuvent devenir ni prêtres, ni magistrats : dans les troupes ils ne peuvent être officiers que dans leurs propres bataillons.

Les Indiens y furent d'abord vendus dans les marchés comme esclaves, & ils travaillaient comme tels dans les plantations : le gouvernement les déclara libres, & pendant long-tems il ne fut point écouté ; ce ne fut que lorsque le nombre des negres plus forts, plus induſtrieux, plus actifs, ſe fut augmenté, qu'on ceſſa de les faire eſclaves. Enfin en 1755, ils furent déclarés citoyens; ils purent aſpirer à tous les grades, à tous les honneurs: mais il reſte encore à les en rendre capables, à les éclairer, à en faire en effet des hommes dignes du nom de citoyens, & l'on eſt loin d'y être parvenu. A Para, à Maragnan, à Matto-Groſſo, à Goyas, à St. Paul, les Indiens ont été réunis dans 117 bourgades, chacune préſidée par un blanc qui regle les travaux, dirige les cultures, fait le commerce des objets de néceſſité, punit & récompenſe, recueille les tributs. Un chef revêtu d'une grande autorité les ſurveille tous; mais en faiſant ainſi pour les Indiens tout ce qui pourrait exercer les facultés de leur eſprit, & augmenter le nombre de leurs idées, on les condamne à reſter ce qu'ils étaient, tout en les déclarant les égaux des Portugais.

Le Breſil a beaucoup augmenté les revenus du Portugal: le fiſc s'y eſt attribué en Europe la voiture des métaux réſervée aux vaiſſeaux de guerre, la vente des diamans, la vente des monopoles, la ſurcharge des douanes; & en Amérique le quint de l'or & des diamans qui monte à ſix ou ſept millions de livres, la dixme des productions perçue par abonnement avec chaque paroiſſe, rend près de trois millions, l'achat de la cruſade qui monte à 160,000 livres, les droits ſur les eſclaves qui s'élevent à plus d'un million. On y exige du peuple, pour la réédification de Lisbonne & l'entretien des écoles publiques près de 400 mille livres; des officiers municipaux plus de 150,000; le dix pour cent ſur tout ce qui entre, pour ce qui ſort, objet qui rend près de cinq millions; pour la circulation libre des boissons & des marchandises arrivées dans les ports, plus d'onze cent mille livres; & il s'est reservé le monopole du sel, du savon, du mercure, de l'eau forte & des cartes à jouer, qu'il afferme 710,320 livres. Tous ces revenus tirent du Bresil seul plus de 18 millions de livres, & cependant le gouvernement y a contracté pour plus de onze millions de dettes pour la construction de nouveaux forts, pour la guerre faite aux Guaranis, pour celle soutenue contre l'Espagne.

Le Bresil commerce avec l'Afrique : on y employe des vaisseaux qu'on y construit, & du port de 60 à 140 tonneaux, dont l'équipage est formé en grande partie de noirs & de mulâtres: chaque année on en tire 2000 esclaves qu'on achete avec de l'or, du tabac, des eaux de vie de sucre, des toiles de coton, de la verroterie, des miroirs, des bonnets rouges, des rubans, de la quincaillerie. Il reçoit de Madere du vin, du vinaigre, de l'eau-de-vie; il en reçoit aussi des Açores, ainsi que des toiles de lin, des viandes salées, des farines, qu'il paie avec ses productions: autrefois les vaisseaux qui revenaient des Indes orientales y abordaient, aujourd'hui on ne les y voit plus. La somme des richesses que cette vaste contrée envoye en Portugal s'éleve annuellement à près de 57 millions de livres. L'or, les diamans, 143,000 quintaux de sucre, 58,500 de tabac, 4500 de coton, 20,000 de bois de teinture, 114,420 cuirs, formaient en 1775 les principaux objets de ses riches cargaisons: aujourd'hui elle envoye un peu moins de cuirs & d'or, mais plus d'indigo, de café, de sucre, de coton & de riz: le Portugal fournit en échange divers objets dont il fournit la moitié par lui-même.

Venons à présent à la description particuliere des gouvernemens du Bresil.

1. *Gouvernement de Para ou de Belem.*

Il comprend la Guyane Portugaise, le cours de l'Amazone depuis le confluent de la Madeire & du Mamore & tout l'espace qui est à l'orient du Cababour : il est situé entre le 4° de latitude septentrionale, & le 6° de latitude méridionale; entre le 315 & le 320° de longitude. C'est en général la partie de ces contrées la plus stérile, la moins saine & la plus déferte. Sa partie septentrionale est inculte; les bords du Rio Negro pourraient seuls devenir florissans par la culture, & produire différentes sortes de grains; mais ils sont habités par des Indiens indolens, habitués à trouver leur subsistance dans la pèche de la tortue; c'est avec peine qu'on les a engagés à la coupe de quelques bois de marqueterie : près du Cayari qui se jette dans le Rio Negro, on découvrit en 1749 une mine d'argent qu'on n'exploite point.

L'*Amazone* l'arrose pendant l'espace de plus de 300 lieues : il y reçoit un grand nombre de rivieres larges & profondes; ses eaux forment un grand nombre d'isles qu'il submerge souvent : son embouchure, agrandie par diverses isles, est large de cinquante lieues; ses bords, souvent inondés, ne sont pas susceptibles de culture, & les insectes de toute espece en rendent le séjour presqu'insupportable.

Au midi de l'Amazone, le sol souvent marécageux, y est plus solide, moins infesté de reptiles & d'insectes, & les grandes rivieres qui l'arrosent y faciliteraient le commerce & les liaisons entre les divers établissemens. Les missionnaires ont rassemblé dans 78 bourgades un grand nombre d'Indiens dispersés autrefois dans les forêts : ils y demeurent quatre ou cinq mois, puis en sortent pour se répandre dans de vastes solitudes où ils recueillent du cacao sauvage, de la vanille, des écailles de tortues, de la salsepareille, de l'huile de coupan, de la laine végétale, qui se portent ensuite à Belem.

Les principales rivieres qui s'y jettent dans l'Amazone viennent du midi : telles sont la *Madeira*, le *Tapuyas*, le *Xingu*, la riviere des *Tocantins* : cette derniere a environ 400 lieues de cours : mais celui de la Madeira est plus étendu encore; elle prend sa source près du Potosi

Les lieux les plus remarquables sont le fort de *Rio-Negro*, qui est situé à deux lieues de l'embouchure de cette riviere dans l'Amazone, dans un lieu où elle se resserre & n'a qu'un peu plus de 1200 toises de large : un détachement de la garnison de Para est toujours campé sur ses bords qui sont élevés, bordés de bois peu épais : en remontant quinze jours & davantage le long de cette riviere on arrive à des isles & des lacs qu'elle forme.

Pauxis, est un fort sur l'Amazone, qui est resserré dans un détroit de 905 toises : le flux de la mer s'y fait sentir, quoiqu'elle soit encore à 200 lieues de-là.

Topayos est encore un fort sur la riviere de ce nom qui descend des mines du Bresil : le bourg situé auprès s'est formé des débris de celui de *Tupinambara*, situé autrefois dans une isle de la Madeira : c'est presque l'unique reste de la nation courageuse des Tupinambas, dominante il y a deux

BRESIL.

siecles dans ce pays où ils ont laissé leur langue.

Paru, fort rebâti sur les ruines d'un autre que les Hollandais y avaient élevé, vis-à-vis de l'embouchure de Xingu, riviere qu'on peut remonter pendant deux mois, bordée de bois aromatiques, dont un seul est bien connu : c'est le *crab*, & on en transporte en Europe : le fort est près du confluent du Genipapé & de l'Amazone : les bois voisins y sont formés de très-grands arbres.

Curupa, est sur le bord méridional de l'Amazone : il fut bâti par les Hollandais : il est gardé par des Portugais, habité par des Indiens : le sol en est élevé, la situation agréable.

Belem ou *Para*, ville sur le Muju, riviere qui communique avec l'Amazone, sur laquelle les frégates cinglent à pleines voiles, & qui fait avec lui l'isle de *Joannes* ou de *Marajo*; c'est une grande ville au milieu du confluent de diverses rivieres; ses rues sont bien alignées, ses maisons riantes, bâties la plupart en pierres & en moilon, ses églises sont magnifiques; son commerce avec Lisbonne fournit ses habitans de toutes les commodités de l'Europe; son évêque y vit dans l'opulence : elle est à vingt lieues de l'Océan, sur un terrein qui s'éleve de treize lieues au-dessus du niveau de la mer : le port qui s'appelle proprement *Para* ou riviere, est d'une approche difficile : des courans, des isles rendent la marche des vaisseaux incertaine & lente; le canal y diminue toujours de profondeur, & peut-être que dans peu il ne sera plus praticable : autour d'elle on cultive le coton, les cannes à sucre, le café, le riz, le cacao. Sa longitude est de 329°, sa latitude australe de 1° 20′.

L'isle de *Marajo* ou de *Joannes* qui est devant elle, a 50 lieues de long & 35 de large : ses bords sont en partie inondés ou marécageux; son sol est plat & sablonneux, couvert de pâturages où l'on nourrit beaucoup de bestiaux : on n'y voit que la bourgade d'*Engenh-real*, située dans sa partie méridionale.

La colonie qui cultive les terres de ce gouvernement est composée de 4128 blancs, de 9919 noirs esclaves ou mulâtres libres, de 34,844 Indiens. Elle peut être plus florissante; mais tout annonce qu'elle ne parviendra au plus haut point de sa prospérité qu'avec beaucoup de lenteur.

2. *Gouvernement de Marannon ou Maragnan.*

Il touche au nord & au couchant à celui de Para, dont la riviere des Tocantins le sépare au midi, au levant à celui de Goyas, limité par la Cordeliere Guracuagua, & à celui de Fernambuc, dont les monts Ypiapaba forment la borne commune. Les Portugais y aborderent en 1535, ils s'y établirent en 1599, les Français s'en emparerent en 1612 & s'y soutinrent trois ans, les Hollandais qui le soumirent en 1641 ne le garderent pas plus long-tems : depuis lors il n'a point cessé d'appartenir aux Portugais : il est situé entre le 328° 40′ & le 340° 30′ de longitude : entre le 1° 40′ & le 8° 20′ de latitude australe ou méridionale.

L'ambre gris qu'on trouvait sur ses côtes fut le premier objet de l'attention des Européens : ils eurent bientôt épuisé cette ressource : l'établissement languit long-tems malgré la bonté de son sol : aujourd'hui on y recueille le meilleur coton de l'Amérique, du riz inférieur à celui du levant, mais bon cependant; l'indigo y sera bientôt un grand objet de commerce; la soie n'a pu y prospérer;

on y trouve des mines de soufre, d'alun, de fer, de couperose, de plomb, d'antimoine; elles sont d'une exploitation facile, & cependant négligées : on en exploita une d'argent en 1752, puis il fut ordonné de l'abandonner.

Le lieu de ce gouvernement qui a été le plus anciennement habité est l'isle de *St. Luis*, nommée aussi de *Marannon*, quoique ce nom soit proprement celui de la baie où elle est située : elle a sept lieues de long, quatre de large, & n'est séparée de la terre ferme que par une petite riviere : le ciel y est ordinairement pur & sérein, le froid y est inconnu, les tempêtes, les ouragans, la sécheresse n'y sont jamais destructifs, les brouillards jamais épais; le tonnerre y est rare, mais les éclairs y sont fréquens le soir & le matin; la saison des pluies y est peu désagréable; les jours & les nuits y sont presque toujours égaux, la température toujours égale : elle abonde en sources d'eaux douces, pures & saines : sans engrais, sans repos, il donne en trois mois une récolte abondante de maïs, de fruits, de racines, de légumes : on y trouve des bois de teinture, des pierres précieuses, du safran, du chanvre, du rocou, de la laque, du baume, du tabac, du poivre nommé *axi* : la canne à sucre y peut réussir; ses monts sont couverts d'arbres, enrichis de sources; ses plaines sont arrosées & riantes. On y comptait 27 bourgs ou villages d'Indiens, formés d'une vaste habitation, longue de trois à cinq cent pieds, dont les murs, soutenus par des arbres, sont formés de branches entrelassées, revêtus de feuilles de palmier : plusieurs centaines d'Indiens y vivaient ensemble sous le même toit. La ville de *St. Luis*, nommée aujourd'hui *S. Felipe*, y rassemble les commerçans ; elle eſt peuplée, mais la rade en eſt mauvaiſe : elle eſt le ſiege d'un évèque.

La baie profonde dans laquelle elle eſt ſituée, eſt formée par trois fleuves qui s'y réuniſſent : le plus large eſt le plus oriental ; c'eſt le *Mounin* ou *Mony*, mais ſon cours eſt peu étendu : le ſecond eſt l'*Ytapicorié* ou *Taboucourou*, qui a un cours de plus de 150 lieues ; le troiſieme eſt le *Miary* ou *Mearym*, dont l'embouchure a deux lieues de large : d'autres rivieres ſe joignent à celles-là ; telles ſont le *Pinaré*, l'*Ouaicou*, &c. L'impétuoſité de leur cours, les bancs, les écueils qui ſe ſont accumulés à leur embouchure rendent difficile l'approche de l'iſle.

Le continent aux environs de l'iſle eſt fertile, bien arroſé, ſouvent preſque inondé : les côtes y ſont baſſes & preſque ſans arbres, coupées par différens fleuves.

On remarque encore deux eſpeces de villes dans ce gouvernement : ce ſont *Séara* & *Ocivas* : la premiere, nommée auſſi *Ciara*, fut le chef-lieu d'une capitainerie ; on y voit peu de Portugais : un fort ſitué au pied d'une montagne, ſur la rive droite du port, la défend : une riviere s'y jette : ſon commerce conſiſte en chanvre, criſtal, bois de teinture, pierres précieuſes ; les cannes à ſucre croiſſent ſans ſoins autour d'elle : à quelque diſtance eſt le lac d'eau douce nommé *Upezès*.

Ocivas eſt au pied des hautes montagnes qui ſéparent ce gouvernement de celui de Goyas, dans le pays de *Pauchy* ou *Pauby*, qui a été difficilement ſubjugué, & ne l'eſt pas même bien encore. Le ſol en eſt inégal, ſablonneux, très-élevé, couvert de ſalpêtre : des peuples paſteurs l'habitent. On y éleve un grand nombre de chevaux, de

BRESIL.

bêtes à cornes, qui font l'objet d'un commerce avantageux avec les provinces voifines : mais la féchereffe y fait fouvent périr des troupeaux entiers quand ils font trop rapprochés. Le mouton y dégénere, excepté dans le canton de *Coritibe*.

A l'extrémité de ce gouvernement, font les *falines de Guamara*, qui doivent leur nom à cette riviere, dont on tire une grande abondance d'un fel très-blanc qui s'y forme naturellement.

La population dans ce gouvernement contient environ 9000 blancs, 17844 noirs ou mulâtres, libres ou efclaves, 38940 Indiens épars, ou réunis en dix bourgades. Le monopole y a defféché plufieurs fources de commerce, & fes exportations annuelles n'ont pas excédé la valeur de 700,000 livres : devenu libre, le commerce y deviendra bientôt plus confiderable.

3. *Gouvernement de Fernambuc, ou d'Olinde.*

Il forme la partie la plus orientale du Brefil : au nord & au levant il eft baigné par la mer ; au couchant & au midi, fes limites confinent à celles des gouvernemens de Marannon, de Goyas & de Bahia : il eft fitué entre le 337° 30' & le 343° de longitude ; entre le 5 & le 11° de latitude méridionale.

Son nom tel qu'il doit être eft *Pernambuc* : c'eft en 1527 qu'on forma le deffein de le peupler ; fon étendue renferma autrefois quatre capitaineries : il eft environné de divers rameaux de Cordelieres & par la riviere St. François. Ses côtes offrent des cotonniers : fes rocs, fon fol donnent du nitre : aucune contrée du Brefil ne produit autant & d'auffi bon fucre que fes plaines bien arrofées ; fes montagnes font remplies de bêtes à cornes, & lui fournissent beaucoup de cuir : c'est dans son enceinte seule qu'on trouve le bois de Bresil, arbre qui ressemble au *brefillet* des Antilles, au *tara* du Pérou : son tronc est élevé, branchu, couvert d'une écorce brune, hériffée d'épines : ses feuilles sont composées de quatre ou six rangs de folioles découpées, vertes, luisantes ; les fleurs sont rassemblées en épis à l'extrèmité des rameaux ; elles sont petites, très-odorantes, composées de cinq pétales, dont quatre sont jaunes & une d'un beau rouge : le fruit est une gousse applatie, hériffée de pointes, remplie de semences rouges ; son aubier est épais & inutile ; le bois seul sert aux ouvrages du tour & prend bien le poli ; son principal usage est dans la teinture rouge où il tient lieu d'une double quantité de bois de Campêche : il prospere dans les terreins arides, sur les rochers les plus escarpés : son commerce est soumis au monopole : deux Anglais qui se sont chargés du commerce des 20,000 quintaux qu'on en coupe chaque année, en payent 40 livres le quintal.

Ce gouvernement renferme diverses villes & bourgades connues : *Rio Grande* forma une capitainerie en 1654, qui fut réunie à la couronne peu de tems après : jusqu'alors ce canton avait été négligé : il doit son nom à une riviere que les Brasiliens nomment *Poteingi* : elle est navigable, mais l'entrée en est difficile : les Portugais y éleverent un fort sur la rive gauche du fleuve près de son embouchure, sur un rocher qu'un canal étroit sépare du continent, défendu par divers ouvrages & une artillerie nombreuse : près de lui est une bourgade où l'on cultive la canne à sucre, où l'on nourrit des bestiaux : au midi sont des bois épais, des étangs, des favannes étendues où font difperfées quelques métairies.

Paraïba doit fon nom à un fleuve, & le donna encore à une capitainerie qui forma peu de tems après un fief particulier : le fleuve a une large embouchure, & forme une ifle longue, couverte d'arbres, où les François qui poffederent quelque tems les contrées voifines avaient élevé un fort : des rocs & des bancs de fable en rendent la navigation pénible ; cependant on le remonte fans danger jufqu'à la ville qui eft à trois lieues de la mer : cette ville eft devenue floriffante par le commerce ; elle a environ mille habitans Portugais, & eft entourée de murs, de foffés & de quelques ouvrages extérieurs. Plus au midi eft la ville de *Notre-Dame de Neves*, que Philippe III, roi d'Efpagne, y fit élever. Les contrées voifines font agréables, & d'une extrême fertilité ; on prétend même qu'elles renferment des mines d'argent.

Tamaraca ou *Itamaraca* fut la partie de ce gouvernement qui a été d'abord habitée : elle fut un fief qui revint à la couronne peu après l'élévation de la maifon de Bragance fur le trône. Elle doit fon nom à une isle longue de trois lieues, large de deux, détachée du continent par un petit canal, où eft un bon port défendu par un château fur une colline élevée & d'un accès difficile. On y cultive & on y affine le fucre, ainfi que dans le continent voifin.

Olinde ou *Fernambuc* fut une capitainerie donnée en fief l'an 1527, réunie à la couronne en 1654. Cette ville eft connue par fa fituation & par fa grandeur : elle renferme plufieurs collines dans fon enceinte, & leur forme eft fi bizarre qu'on ne peut, dit-on, faire de la ville une place forte.

Sur la pente de l'une d'elles eſt le college qui fut aux jéſuites & que le roi Sebaſtien fonda : on y voit divers couvens : celui de S. Dominique eſt ſur le rivage ; celui des bénédictins eſt ſur une colline & fait la principale défenſe de la ville. Elle eſt le ſiege d'un évèque ; les vivres y ſont chers, ſon port eſt petit, peu commode, embarraſſé de rochers : on n'y entre que par un canal étroit qui conduit à un baſſin éloigné de la ville d'environ une lieue, & ſur les bords duquel eſt une bourgade, divers magaſins de ſucre & de marchandiſes, & un petit fort.

A peu de diſtance eſt *Geraſu*, bourg d'abord peuplé d'artiſans, dont les Hollandais voulaient faire une ville : il communique avec la mer par la riviere qui l'arroſe. *Amatta do Braſil* eſt un bourg peuplé d'habitans occupés à la coupe du bois de teinture. *S. Lorenzo* eſt riche par le ſucre recueilli dans ſes environs. *Le Recif*, bourg fermé d'un mur & d'une paliſſade, défendu par des forts élevés par les Hollandais. *Alagoa*, petite ville ſituée à l'embouchure de deux rivieres qui ſe joignent en ſe jettant dans l'Océan. *Poyucar* eſt ſur le fleuve de ce nom, près du cap St. Auguſtin.

A ſoixante & dix lieues des côtes de ce gouvernement eſt l'isle *Fernando de Noronha* ou *Naronho* : on ne ſait d'où lui vient ſon nom : elle eſt hériſſée de monts & de collines qui ont une apparence volcanique, mais revètues aujourd'hui d'une riche verdure ; l'intérieur renferme de belles plaines où le ſol eſt nitreux, profond & fertile ; des ſécbereſſes qui y durent ſouvent trois ou quatre ans n'y permettent pas d'y entreprendre de culture ; les ſoldats qui gardent les ſept forts qu'on y a élevé, qu'on y a entouré d'une artillerie redoutable, quelques bannis, un petit nombre de meftices très-pauvres, & les Indiens employés aux travaux publics, y vivent de tortues qu'on y trouve pendant cinq mois, & le refte de l'année de provifions qu'on tire du continent : elle n'a pas une lieue de long, & fa forme eft celle d'une feuille de laurier; diverfes fources y coulent; & toutes, dit-on, ont l'odeur du nitre ; les côtes en font efcarpées, femées de rochers : elle a deux rades qui n'y font pas à couvert des vents du nord, vents qui y font périodiques & de peu de durée.

4. *Gouvernement de Bahia.*

Il eft terminé au nord & au couchant par la riviere de St. François & par le *Preto*, branche de la riviere verte; au midi par la riviere Doce, au levant par l'Océan. Il s'étend du 10° 50' au 19° de latitude méridionale, du 334 au 340° de longitude. Il renferme les capitaineries de Sergippe, de Itheos, de Porto Seguro, & du pays de Baya.

C'eft la partie du Brefil la plus peuplée & la plus riche : on y compte 39,790 blancs, 49,700 Indiens, 68,000 negres : on y cultive le fucre, le coton, toutes les productions qui menent à l'aifance; la pèche de la baleine, le tabac y font des fources de richeffes que les autres n'ont pas.

La pèche de la baleine y eft l'objet d'un privilege exclufif; l'huile qu'elle produit rend annuellement plus de 600,000 livres, & les fanons plus de 300,000 : elle ferait plus floriffante, plus générale fi elle était délivrée du joug du monopole. Le tabac fe cultive dans prefque toutes les contrées du Bresil, mais il n'est un objet important que dans celle-ci : on l'y cultive avec succès dans un espace de 90 lieues, c'est dans le district de Cochoeira qu'il réussit le mieux : les taxes en rendaient le commerce si onereux, qu'en 1773 on n'en exporta que 20,000 quintaux : ces taxes furent enlevées, & la culture en reprit une nouvelle activité : aujourd'hui il en passe 10,000 quintaux en Afrique, 58,500 en Portugal, ceux-ci sont déposés dans des magasins publics à Lisbonne, d'où il se répand en diverses contrées de l'Europe : ces deux envois réunis rapportent à la colonie plus de deux millions & demi.

Cette province doit son nom à la baie fameuse que les Portugais appellent *Bahia de todos Santos*: elle est profonde de plus de 14 lieues, reçoit plusieurs rivieres, dont les plus considerables sont celles de *Pitange* ou *Paraguaca*, de *Geresippe* & de *Gachorica*; & renferme plusieurs isles parmi lesquelles on remarque celle de *Taperica*, qui a une forme oblongue, celle de *Marre*, qui est longue d'une lieue, celle des *Moines*, qui est triangulaire, celle de *Mevé*, qui est au-devant d'une espece de lac. Presque toutes sont remplies de cotonniers, & forment une perspective agréable. C'est sur cette baie qu'est située St. Salvador, la capitale de la province, & qui l'était autrefois de tout le Bresil. D'autres villes sont placées sur les côtes.

Sergipe ou *Seregipo del Rey*, est une ville située au nord d'un petit golfe : elle fut le chef-lieu d'une colonie dont les révolutions nous sont inconnues : ses terres communiquent avec la baie par une petite riviere qui l'arrose & s'y jette.

S. Salvador fut d'abord placée dans le lieu où est la bourgade de *Villa-veja*, à l'entrée de la baie; elle

elle est aujourd'hui plus dans l'intérieur de cette même baie, dont l'entrée large de deux lieues & demie, est défendue par deux forteresses. La ville renferme environ 2000 maisons, la plupart magnifiquement bâties en pierres ou en briques, meublées d'autant plus richement, que des réglemens sévères y interdisent l'usage des étoffes d'or ou d'argent, & des galons sur les habits : on a cherché à s'en dédommager par des croix, des médailles de ces deux métaux, par des chapelets de diamans, par les galons qu'on prodigue dans la parure des esclaves.

La situation de la ville, sur une colline rapide, n'y permet pas de se servir de carrosses ; mais les riches se font porter dans des hamacs de coton, nommés *serpentines*, où ils sont mollement couchés sur des carreaux de velours, & entourés de rideaux de soie : la jalousie y prive les femmes de cette commodité, elles sortent rarement & toujours enveloppées dans des mantes : les riches y sont civils & polis, la populace superstitieuse, orgueilleuse, féroce : on y compte plus de 12000 Portugais, & trois fois plus de negres. Les maisons mêlées aux arbres qui les ombragent offrent un coup d'œil charmant : les principales rues sont grandes ; toutes sont pavées, plusieurs se réunissent à des places de marché assez vastes : les églises, les couvens, les hôpitaux sont décorés au dehors avec magnificence, & au dedans par de belles peintures, par des ornemens rares & précieux : l'église métropolitaine est dans la partie haute de la ville : l'église qui appartint aux jésuites, est toute entiere de marbres apportés d'Europe ; la construction en est belle, & le college qui en dépend ne la dépare pas. Le palais du gouverneur, celui de l'archevêque, celui où s'assemblent les tribunaux, sont des édifices somptueux.

Les artisans les plus considerables de S. Salvador sont les chapeliers, les forgerons, les cordonniers, les scieurs de bois, les charpentiers, les faiseurs de barques, les tailleurs & les bouchers: tous achetent des negres qu'ils instruisent dans leurs professions. Les porte-faix sont aussi des esclaves d'une grande utilité, parce que le commerce y étant très-actif & la colline trop escarpée pour s'y servir de chariots, les marchandises ne se portent dans les différens magasins que par leur secours. Les commerçans qui habitent la partie de la colline située sur le port, se servent d'une espece de grue fort commode: les fardeaux y tiennent par une corde qui les souleve & les fait glisser le long de planches unies jusqu'à ce qu'ils soient parvenus dans les magasins. Cette ville est sous le 338° de longitude, sous le 12° 50′ de latitude méridionale.

Paripe est une petite ville à quatre lieues de S. Salvador, dans l'intérieur des terres.

S. Jorge, chef-lieu de la capitainerie del'Ilheos, qui dut son nom aux isles qui coupent l'entrée de la baie, au fond de laquelle la ville est située: S. Jorge a 200 habitans blancs; une riviere qui la traverse a divers moulins à sucre sur ses bords; l'agriculture y est la principale occupation des Portugais, & ils en amenent les productions dans les villes commerçantes sur des barques: à sept lieues de ses murs, dans l'intérieur des terres, est un lac d'eau douce, où l'on peut arriver dans des esquifs par des canaux étroits; ses eaux s'enflent par les vents: elles nourrissent divers genres de poissons, très-gros, excellens au goût; tels sont des lamentins qui pesent jusqu'à mille livres : les caymans & les requins y sont très-grands aussi. Dans les champs voisins est un arbre, d'où par incision on fait découler un baume estimé : on a dit que parmi les peuples sauvages qui habitaient cette contrée, il en était un qui dévorait quelquefois ses propres enfans : c'est là sans doute une exagération de missionnaires.

Porto Seguro est le premier endroit du Brésil qu'on ait découvert : il fut un fief de la famille *Tourinno*, & il retourna au roi par son extinction. La ville est située au sommet d'un rocher blanchâtre, au pied duquel le terrein s'applanit jusqu'à la mer qui y forme un bon port : elle est mal peuplée. *St. Amaro*, *Santa Crux*, sont deux petites villes voisines : la derniere a un port pour les petits vaisseaux.

C'est au midi & vers le couchant de cette province qu'on a trouvé des diamans ; c'est près de là qu'est la *Villa nova del Principe*. On trouve quelques mines dans ce gouvernement : on exploite celles de *Jacobina* & de *Rio-das-Contas*.

5. Gouvernement de Goyas.

Il est situé au couchant de celui de Bahia, le pays n'est pas bien connu ; il n'a été un gouvernement que dans ce siecle, & encore aujourd'hui il a de vastes contrées désertes : il s'étend du 324 au 336° de longitude ; du 6° 30′ au 19° de latitude septentrionale : dans toute cette vaste étendue on ne compte que 8930 blancs, 29,630 Indiens, 34,100 negres ; presqu'uniquement occupés à ramasser de l'or. Ses mines ne furent découvertes qu'en 1726. Celles de la *Natividade* sont placées entre la riviere des Tocantins & celle de los Remedios qui s'y jettent. Celles de *S. Felix* font encore au levant de la même riviere : les plus connues font enfuite celles de *Meia Ponta*, d'*O Fanado*, de *Mocambo*, de *las Rixas*. Le chef-lieu du pays eft *Villa-Boa*, fur fes confins méridionaux, au pied de montagnes prefque incultes.

6. *Gouvernement de Matto-Groſſo.*

Il eft au couchant du précédent : il eft beaucoup moins peuplé, & eft peut-être plus étendu encore; c'eft la partie la plus orientale de la domination Portugaife; il touche, à l'occident, au pays des Chiquites & à celui de Moxos, peuples que les travaux des jéfuites ont aſſùjettis à l'Efpagne : un grand nombre de rivieres qui fe réuniſſent à la riviere du Paraguai & à celle de Parana y prennent leur fource : on y trouve des mines à *Saint Vincent*, à *Chapada*, à *Sainte Anne*, à *Cuiaba*, à *Araés*. Le chef-lieu du gouvernement eft *Villa-Bella*, bourgade près d'une mine, fur les frontieres de Chiquitos, à quelque diftance du Guaparé. D'autres bourgades font placées près des mines : telle eft *El Jeſus de Cuyaba*, élevée près du fommet d'une montagne : telle eft encore *Villa de l'Oro*. On voit quelques lacs dans cette vafte contrée; le plus confiderable eft celui de *Xarayes*, long de quarante lieues, large de fept à huit, & renfermant quelques isles qu'on peut cultiver. C'eft de-là qu'on fait defcendre le fleuve du Paraguay ou de la Plata, mais il n'y nait pas, il ne fait que le traverfer. La population de Matto-Groſſo n'eft que de 2040 blancs, de 4335 Indiens & de 7350 efclaves. Il est entre le 314 & le 326° de longitude ; entre le 10 & le 23° de latitude méridionale.

7. *Gouvernement de Minas-Geraes.*

Il est borné à l'occident par celui que nous venons de décrire, au nord par ceux de Goyaz & de Bahia, à l'orient par celui de Rio Janeiro, au midi par celui de St. Paul : il est entre le 327 & le 335° de longitude ; entre le 15 & le 22° de latitude méridionale : c'est le plus riche & le moins étendu des gouvernemens des mines. On commença à en découvrir en 1699 : les lieux où l'on ramasse de l'or dans son étendue sont *Sabara*, *Do-Carmo*, situées dans une chaine de monts, d'où descendent le Sabara & le Espiritu-santo, dans la partie orientale du pays : *Rio das Mortes*, dans sa partie méridionale, sur la riviere de ce nom qui se jette dans le Parana : *Cachoeira*, *Paracatu*, *Rio-das-Velhas*, dans la partie occidentale, sur des rivieres qui se jettent dans le Rio Grande de Parana ; ses mines étaient déjà connues en 1588 : *Minas Geraes* au nord, *Ouro Preto* au nord encore, près du Preto qui se jette dans le fleuve S. François & *Rio-Doce* au levant, dans le lit de cette riviere qui se rend à la mer sans perdre son nom. *Villa-Rica* en est la capitale : on lui donne aussi le nom de *Mariana* ; elle est située au pied d'une chaine de monts. On compte dans ce gouvernement 35,180 blancs, 26,075 Indiens, 108,400 esclaves.

Dans toutes ces contrées, l'or le plus pur se trouve à la surface : rarement on creuse à plus de quinze pieds : au dessous on trouve une couche sablonneuse qui détruit l'espérance de trouver des métaux plus bas encore : les veines qui donnent le plus d'or font celles dont la furface eft parfemée de cryftaux : fon titre eft de 23 carats & demi partout où il n'eft pas mêlé au foufre, à l'argent, au fer, ou au mercure. Le quint que le roi retire de l'or que les mineurs recueillent a été de neuf millions de livres : depuis 1734 il a fucceffivement diminué & ne rend plus aujourd'hui qu'environ cinq millions. Le produit total des mines peut monter à 26 millions. Les métaux qui circulent dans le Brefil ne font évalués qu'à vingt millions de livres.

8. *Gouvernement de Rio-Janeiro.*

Il s'étend en longueur fur les bords de la mer, des limites fixées au gouvernement de Buenos-Aires à celles de Bahia, dans un efpace de 450 lieues ; il renferme les anciennes capitaineries de Rio Janeiro ou Capo Frio & de Efpiritu fanto ou Paraiba du fud : il eft fitué entre le 324 & le 337° de longitude, entre le 19 & le 32° 40′ de latitude méridionale : au levant, au midi, fes bornes font formées par l'Océan ; au nord elles le font par celles des gouvernemens de Bahia, de Minas Geraes & de St. Paul ; au couchant, par les poffeffions Efpagnoles.

La culture y devient floriffante ; elle y fut longtems négligée. Les plantations de tabac y font belles ; celles des cannes à fucre s'y étendent tous les jours, fur-tout dans les plaines de Guatacazès : celles d'un excellent indigo commencent à y profpérer. Le café y eft d'une bonté, d'une abondance médiocre ; les parties méridionales fourniffent des cuirs, des viandes falées, des farines ; on y compte quinze efpeces de bois de teinture ; on y peut

BRESIL.

recueillir cinq especes de gomme : on y a trouvé un arbuste dont le bois est blanc, ou jaune, ou violet, qui fournit des fibres souples qui servent pour faire des toiles & des cordages ; une espece d'aloës nommée *pithe* sert au même usage : ses feuilles se rouissent comme le chanvre. Ses côtes abondent en poissons, parmi lesquels on remarque le *balaou*, la *brune*, la *lame d'épée*, la *lune* qui semble couverte d'une lame d'argent, des crapauds de mer, différens coquillages & d'excellentes huîtres. La population y est de 46,270 blancs, de 32,130 Indiens, de 54,100 negres. On y compte diverses villes que nous allons parcourir du nord au midi.

Spiritu santo, ou *Espiritu santo*, chef-lieu d'une ancienne capitainerie : c'est une ville de mille habitans, située sur la rive droite d'un port assez bon : elle n'est point ceinte de murs : un mauvais fort est sa seule défense : elle a trois églises & un riche couvent de bénédictins : son port est formé par une baie profonde dont il occupe le fond : son entrée est resserrée par une isle longue qu'un banc de sable semble lier au continent : d'un côté on y voit un rocher aride, de l'autre une montagne qui ressemble à un pain de sucre, & en porte le nom : les jésuites avaient rassemblé autour d'elle un assez grand nombre d'Indiens qu'ils avaient fixé dans six bourgades.

Les contrées voisines sont abondantes en tout ce qui est nécessaire à la vie ; la chasse, la pêche dans la mer, & sur-tout celle des rivieres, y peuvent fournir des objets de commerce & des ressources : les terres y sont arrosées d'un grand nombre de ruisseaux d'eaux pures & saines : là coule le Paraïba du sud, riviere navigable. On nommait les anciens habitans de cette partie du Bresil *Margajats* : ils ont troublé autrefois les jouissances des Portugais, aujourd'hui ils les partagent.

S. Sebastien de Rio Janeiro est aujourd'hui la capitale du Bresil : elle est située au couchant de la baie, au bord du Rio Janeiro, qui est plutôt un bras de mer qu'une riviere, & qui est nommée ainsi parce qu'elle fut découverte le jour de la fête de St. Janvier : elle est au pied de plusieurs montagnes disposées en amphithéâtre : son sol est plat ; son plan est assez bien distribué ; ses maisons sont de pierres ou de briques, hautes de deux étages, couvertes de tuiles, ornées d'un balcon entouré d'une jalousie : son circuit est d'une lieue, ses rues sont larges, coupées à angles droits, terminées par un oratoire, où le peuple chante tous les soirs des cantiques devant un saint richement décoré : la citadelle est sur un mont voisin qui la commande : les églises y sont riches, obscures, chargées d'ornemens de mauvais goût. Un aqueduc qui reçoit l'eau des montagnes, la fait circuler dans des canaux qui se réunissent dans une fontaine élevée dans la grande place, vis-à-vis le palais du viceroi : là des soldats veillent pour maintenir le bon ordre entre ceux qui accourent pour s'y fournir d'une eau assez mauvaise : l'hôtel des monnaies y est un édifice remarquable ; mais il y est le seul.

Le gouvernement y est mixte pour la forme, absolu en effet. Un viceroi, un gouverneur, un conseil le composent : le premier préside dans le conseil sans lequel on n'exécute aucun acte judiciaire : cependant le gouverneur & le viceroi se saisissent souvent d'un particulier, l'emprisonnent, l'envoyent à Lisbonne sans que sa famille sache ce qu'il est devenu. On compte dans la ville 37000

BRESIL.

blancs & un plus grand nombre de noirs : les Indiens habitent l'intérieur des terres, & viennent tour-à-tour faire le travail qu'on leur impose pour le compte du roi, au nom duquel on leur donne un léger salaire : le militaire de tout le gouvernement y est composé de six régimens Portugais, de six Créoles, de douze de milice nationale : les habitans tremblent devant le soldat, ne pas le saluer est un crime dont on le punit sur le champ. Ces soldats veillent sur-tout sur les particuliers, pour les empêcher de passer les limites fixées par le roi, dans la crainte qu'il n'en pénétre dans le pays des mines d'or & de diamant : les meurtres n'y sont pas rares, & les églises sont encore un asyle sûr pour les criminels.

Le pays autour de la ville est très-beau : les lieux incultes y sont embellis par des fleurs éclatantes ; les arbres, les arbrisseaux y sont remplis d'une multitude d'oiseaux ; les insectes y sont nombreux, agiles, brillans, sur-tout les papillons : les bords de la mer & des ruisseaux y sont couverts de petits crabes (*cancer vocans*), dont les femelles sont fort petites & les mâles ont de larges pattes. Il y a peu de terres cultivées : on voit autour de la ville de petits jardins où sont presque tous les légumes d'Europe, mais inférieurs en bonté : là & plus loin encore, on recueille la pomme de pin, les melons d'eau, les melons musqués, les oranges, les citrons, les bananes, les cocos, les manjos, les noix d'acajou, de palmier & les noix ordinaires, les jambos de deux espèces, &c. Les melons d'eau & les oranges y sont les meilleurs de tous les fruits : on y trouve des ignames & du *mandiboca* ou cassave ; quelques lieux voisins montrent des champs de tabac & de sucre ; mais on n'y voit point de bleds : la farine y est apportée du Portugal, souvent gâtée, toujours fort chere: toutes les productions des isles y prospéreraient, & on y apporte le café & le chocolat de Lisbonne. Le terrein n'y produit en général que des pâturages où paissent de maigres troupeaux : la plante la plus commune y est le cresson : le *pareira*, le *baume de copahu*, drogues salutaires y sont communes. On n'y a d'autres manufactures que celles des hamacs de coton qui servent de voiture à ses habitans.

La côte de Rio Janeiro est fort élevée : on en distingue le port par un mont en pain de sucre, qui s'éleve sur le rivage occidental, & mieux encore par les isles situées vis-à-vis : l'une d'elles nommée *Rodonda* est élevée, ronde comme une meule de foin : elle est à deux lieues & demie de la baie. Le havre est un des plus beaux que l'on connaisse ; l'entrée en est étroite, mais elle s'élargit insensiblement ; il est vaste, sûr & commode : un vent de mer qui s'éleve à dix heures & ne cesse qu'à la nuit en rend l'abord facile ; le fond est de vase, sa profondeur est d'environ trente pieds ; deux forts sont placés à son embouchure, ce sont ceux de *Santa Cruz* & de *Lozia*, élevés sur les deux rivages opposés : le dernier est sur un rocher qu'environne la mer : là le canal est étroit, la mer y est violemment agitée par le flux & le reflux, le fond est de roc ; il serait dangereux d'abandonner le milieu du courant. Devant la ville est l'isle *dos Cobras*, & c'est sur sa côte septentrionale qu'on jette l'ancre. Cette riviere ou ce golfe nourrit un grand nombre de poissons inconnus aux naturalistes. Le climat y est très-chaud, mais sain ; on y trouve toutes sortes de rafraichissemens, excepté du pain

& de la farine : le rum, les sucres, les melasses y sont excellens & à un prix raisonnable ; le tabac y est mauvais & à bas prix. Il y a un chantier pour construire les vaisseaux & un ponton pour les mettre à la bande.

Dias de Solis découvrit ce port en 1525. Des protestans Français, conduits par Villegagnon, y formerent, en 1555, un établissement dans une isle, composé de cabanes de branches d'arbres, recouvertes d'herbes : de faibles boulevards, entourés de quelques pieces de canon, lui firent donner le nom de *Coligni*. Emmanuel de Sa le détruisit en 1558 & fonda Rio Janeiro, que le voisinage des mines a rendu la capitale du Bresil : c'est l'entrepôt des richesses qui du Bresil se répandent dans le Portugal ; c'est le rendez-vous des flottes qui partent pour approvisionner ces contrées des choses qui leur manquent : les dépenses ordinaires du gouvernement y versent seules plus de trois millions. Sa longitude est de 335° 15′, sa latitude méridionale est de 22° 40′.

A l'orient de Rio Janeiro est le *Capo Frio* ; au midi l'isle de *los Ingoas*, peu éloignée d'un golfe ou baie profonde nommée *dos Reyes*, sur les bords de laquelle est située la bourgade d'*Angra dos Reyes*. Les côtes de ce gouvernement sont interrompues par celles du gouvernement de St. Paul, arrangement dont on ne voit point les raisons, & qui n'en a point peut-être : elles recommencent à l'isle & au bourg de St. François, d'où l'on passe à l'isle *Sainte Chathérine*.

Cette isle est longue de neuf lieues, large de deux : son sol est élevé ; cependant on la distingue à peine à la distance de dix lieues, parce que les montagnes du continent dominent sur elle. Plus près on la reconnait à une multitude d'islots difperfés à chacune de fes extrèmités & le long de fon rivage oriental. Parmi ces islots on remarque celui de *S. Gal*, fitué au nord, & celui d'*Alvoreda* au midi.

Le fol y produit fans culture toutes fortes de fruits; il eft fans ceffe couvert d'arbres toujours verds, qui forment comme une forêt non interrompue, & font entrelaffés par des ronces, des arbriffeaux épineux & de petits bois. Excepté quelques places découvertes, que les habitans ont nettaiées pour y faire des plantages le long des côtes, tout le refte de l'isle eft caché fous fes taillis & fes buiffons. Cette vafte forêt eft parfumée d'un grand nombre d'arbres aromatiques & d'épiceries. Les fruits & les plantes de tous les climats étrangers y profperent prefque fans culture : le fol y reproduit abondamment tout ce qu'on lui confie : on y trouve des citrons, des oranges, des limons, des ananas, des bananes, des choux palmiftes, des giraumons, des pêches, des abricots, des melons, des oignons, des patates, &c. Le coton y vient naturellement ; le faffafras, le gayac; un beau capillaire, diverfes plantes falutaires & aromatiques s'y trouvent à chaque inftant fous les pas. On y voit des palmiers d'une hauteur prodigieufe, & deux efpeces de fenfitives, dont on dit que les feuilles mangées font un poifon auquel on ne peut trouver d'antidote que dans la racine de la même plante. Un petit bœuf fauvage qui reffemble au buffle, dont la chair eft filaffeufe & d'un goût défagréable, & des finges, y font prefque les feuls quadrupedes dont on puiffe manger la chair. Les lions, les pantheres, les tigres y font communs ; les ferpens très-nombreux : il en eft de gris,

BRESIL. 61

de rouges, de couleur aurore, de jaunes. On y voit beaucoup de faifans & de perroquets : l'eau douce y eft excellente : le port fourmille de poiſſons ; mais les bois & les monts qui l'entourent y gênent la libre circulation de l'air : une végétation très-forte, toujours conftante, & la chaleur concentrée y élevent une abondance incroyable de vapeurs qui fe répandent dans l'isle durant la nuit & la couvrent d'une épaiffe nuée tous les matins : la force du foleil la diffipe, un vent de mer l'éleve & la chaffe ; mais en général, elle y rend l'air fombre & humide. Pendant le jour, les mofquites, ou peut-être les mouftiques y défolent les hommes : à ces moucherons, qui difparaiffent au coucher du foleil, fuccédent des mouches qui s'élevent du fable de la mer : telle eft leur petiteffe, qu'on peut à peine les diftinguer à l'œil nud : leur bourdonnement eft incommode ; leur piquûre éleve une petite tumeur où bientôt on reffent une démangeaifon douloureufe : les *nigues* ou *piques* y incommodent auffi beaucoup : le *cancrelas* ou *ravet* y infecte les maifons.

La cour avait donné en 1654 cette isle à Dias Velho, maffacré peu de tems après : on l'oublia enfuite, elle devint l'afyle de quelques vagabonds qui fe difaient & fe croyaient Portugais ; mais qui recevaient dans leur port toutes les nations ; ils échangeaient leurs bœufs, leurs fruits, leurs légumes pour des armes, de l'eau de vie, des toiles, des habits : ils étaient indifférens pour tout le refte. Ils vivaient ainfi paifiblement lorfque, vers l'an 1738, on leur donna un gouverneur, une adminiftration régulière, des troupes, des fortifications, qui ont attiré fur eux les armes des Efpagnols en 1778, & n'ont pas fuffi pour les défendre : ils ont été rendus au Portugal peu de tems après; aujourd'hui ils s'occupent de la cochenille.

La baie est défendue par trois forts, l'un sur une péninsule, les deux autres dans les isles Ratonne & Sainte-Croix: à cinq lieues de-là est une petite ville de 150 maisons qui n'ont qu'un étage: on y voit des hommes de toutes les nuances entre le blanc & le noir: les maîtres y sont habillés grossierement; les esclaves y sont presque nuds.

Villa de Laguna, que Fresier nomme *Lagoa*, petite ville à l'entrée d'un port, sur la presqu'isle septentrionale qui le forme: la bourgade de Morrès de Santa Maria, est sur la méridionale. *Tramanday*, bourgade sur une longue péninsule. *Ciudad del Rio del S. Pedro* est le lieu le plus méridional des possessions Portugaises: elle est à l'entrée de la riviere de St. Pierre, qui sert de canal de communication entre l'Océan & le lac de *los Pratos* qui a plus de trente lieues de long. Sur une des rivieres qui s'y jettent est *Viamon*, petite ville. A quelques lieues de la riviere S. Pierre ou San Pedro sont les bornes communes aux deux nations; l'Espagnole & la Portugaise: de-là elles se dirigent vers le nord jusqu'au confluent du Parana & de l'Ygassu.

Divers peuples sauvages habitent cet espace, les plus connus sont les *Gunanas*, les *Bituruna* & les *Caribes* ou *Cariges*.

9. *Gouvernement de St. Paul.*

Il est borné au nord par des montagnes & le Sapucui ou Sapucachy qui le séparent de Minas Geraes; à l'orient par la mer, le gouvernement de

Rio Janeiro, au midi par la riviere de Parnagua, & des montagnes qui se dirigent vers les sources de l'Y-gassu qui le séparent de Rio Janeiro, au couchant par le Parana, le Rio Grande & la riviere des Morts. Il est situé entre le 323 & le 334° de longitude; entre le 19 & le 25° 20′ de latitude méridionale. A la république de brigands qu'on nommait les *Paulistes*, on a uni les capitaineries de St. Vincent & de St. Amaro. Cette étendue assez vaste fournit peu au commerce : on y cultive des grains, & l'excédent de ses farines est porté à Rio Janeiro : on y sale beaucoup de viandes qu'on y porte aussi : il ne fournit qu'un peu de coton à l'Europe : on pourrait peut-être y naturaliser la soie; l'expérience a prouvé que le lin & le chanvre y peuvent réussir : on sait que dans les monts Parananpiacaba, entre les rivieres de Theclé & de Mogyassu, il renferme d'abondantes mines de fer & d'étain qu'on pourrait exploiter avec facilité & beaucoup d'avantage. La population actuelle de ce gouvernement est d'environ 11,100 blancs, 32,130 Indiens & 9000 noirs ou mulâtres.

En suivant la côte on trouve les isles *St. Sebastien*, qui pourraient devenir fertiles avec quelques soins : entre la plus grande & le continent, les vaisseaux trouvent un asyle sûr contre les vagues & les vents; elle est couverte de bois & offre différens havres, dont le principal est nommé *Porto dos Castellanos* : vis-à-vis, sur le continent, sont quelques villages, parmi lesquels on remarque celui d'*Una*.

Santos est dans une baie où les grands vaisseaux peuvent mouiller : c'est encore une petite ville, dans les environs de laquelle on trouve des plantations de cannes à sucre : un mur l'environne, deux forts la défendent, une riviere l'arrofe. Les bénédictins y ont un couvent.

S. Vincent donna fon nom à une capitainerie; elle eft dans une isle; fes maifons font agréables, mais fon port eft prefqu'inacceffible aux grands vaiffeaux: elle a été détruite par des pirates. Dans fon voifinage & fur le continent font les bourgs de *Tanfe* & de *Cabane*, dont le terroir eft connu par fa fécondité. Plus loin font les monts *Pernabiacaba* ou *Paranonbiacaba*, qui forment une chaîne élevée, fur laquelle on parvient avec peine après deux heures de marche, par des chemins taillés en degrés parmi les arbres: fon fommet, large de 100 à 150 pas, offre un chemin qui, par d'autres montagnes & des forêts, conduit à la ville de St. Paul.

Le long de la côte, on trouve la bourgade d'*Iguitpo*, plus au midi encore celle d'*Ipetuba*.

St. Paul, capitale du gouvernement, eft fituée fur une colline élevée de 300 pieds, à 13 lieues de l'Océan, fous un climat délicieux, dans des campagnes charmantes: au midi, au levant, au nord, on y jouit d'une perfpective magnifique, fur des plaines prefque fans bornes: au couchant elle a de grandes forêts. Du pied de la colline où elle eft affife fortent deux ruiffeaux qui, après avoir arrofé des prairies, vont fe joindre à l'Injambi ou Ticté, qui fortant des monts Paranonbiacapa, coule au couchant; c'eft un fleuve poiffonneux, dont le lit eft affez large, qui pourrait porter des bateaux; il reçoit dans fon cours un grand nombre de petites rivieres, s'enfle toujours davantage, forme de fréquentes cataractes, & fe perd enfin dans le Parana. Cette ville renferme trois couvens.

Le

BRÉSIL.

Le commerce n'y confifte guere qu'en beftiaux, fruits & froment d'une couleur pâle : l'huile, le fel, le vin font abondans autour d'elle ; l'air y eft pur ; en été il eft rafraichi par les vents qui defcendent des montagnes ; l'hiver y eft rarement affez fort pour y montrer de la glace.

Cette ville fut fondée en 1570 par les malfaiteurs que le Portugal envoyait dans le nouveau monde : impatiens du joug qu'on voulait leur impofer, ils fe refugierent dans des lieux écartés, & fe fixerent dans un lieu facile à défendre : ils s'y maintinrent libres long-tems, ils parcoururent en tyrans l'intérieur du Brefil, tuaient tout ce qui leur y réfiftait, faifaient prifonniers ceux qui ceffaient de fe défendre, & s'en fervaient comme efclaves : quelques troupes d'entre ces brigands s'établirent en différens lieux & formerent des peuplades, qui ont été l'origine de tous les établiffemens que le Portugal poffède dans l'intérieur des terres ; elles fe foumirent à la couronne en différens tems, & la république de St. Paul fuivit leur exemple. Sa longitude eft de 331°, fa latitude de 23° 30'.

Les monts qui forment diverfes chaînes dans l'étendue de ce gouvernement renferment différentes richeffes : celles qui font au nord du Tieté récélent de l'or en grains & en poudre. Dans celle de *Noftra Senora de Monferatte*, à douze lieues au couchant de St. Paul, on trouve quelquefois des grains qui pefent trois onces : dans celles de *Berafuëaba*, fituées à trente lieues au midi de la capitale, on trouve des veines d'or & de fer : les Portugais y ont bâti la petite ville de *St. Philipe*.

St. Miguel, *Magi-Miri*, font des bourgades, fur les bords de l'Injambi vers le levant : au-delà des

Tome XII. E

montagnes où naît ce fleuve, font de vastes plaines, arrosées par le Rio Sarobis & d'autres rivieres qui forment la Paraïba du sud. Du côté opposé, au midi & au couchant, sont d'immenses campagnes incultes & la plupart désertes, arrosées par différentes rivieres, qui toutes se jettent dans la grande Parana. On y trouve aussi dans les montagnes des veines d'or & d'argent.

Avant de revenir aux possessions Espagnoles, plaçons ici deux isles dont nous n'avons pu parler jusqu'ici.

L'*Ascension* ou l'*Acençaon* est sous le 20° 25′ de latitude méridionale, & le 351° de longitude : c'est un rocher stérile, long d'une lieue & demie, qui vu du couchant & du midi, montre une colline qui ressemble à une haute tour, un peu conique; & du côté du levant forme deux têtes. On y trouve vers le côté du nord une belle cascade; mais il est dangereux d'en approcher, parce que le rivage y est bordé de rocs : on n'y découvre point de bois, mais des arbustes, des bruieres, des buhauts & beaucoup d'oiseaux. Autour d'elle sont trois islots aussi stériles qu'elle, que Pernette crut être les isles de la Trinité.

La *Trinité*, sont deux isles & un rocher, situés sous le 19° 30′ de latitude & le 338 de longitude. Elles sont arides, peu connues, abandonnées au milieu de l'Océan, & n'ayant aucun possesseur. Nous ne les assignons au Brésil, que parce que c'était le lieu d'en parler.

VICEROYAUTÉ DE BUENOS-AYRES, ou DU PARAGUAY.

Elle fut érigée en 1776 : jufqu'alors les provinces qui en font partie dépendirent du viceroi du Pérou, & des contrées qui étaient à plus de 700 lieues de Lima, reſſortiſſaient de ſes tribunaux : des officiers ſubalternes, éloignés des regards de l'adminiſtration, devenaient de petits tyrans, qui joignaient l'oppreſſion à l'inſolence, & on aimait mieux ſupporter leurs injuſtices que de s'expoſer à des voyages longs, pénibles & coûteux, pour y porter des plaintes qu'on n'était pas certain de pouvoir faire entendre. C'eſt pour remédier à cet inconvénient qu'on érigea une quatrieme viceroyauté, qui eſt compoſée d'une partie du dioceſe de Cuſco, de celui de la Paz, de l'archevèché de la Plata, qui forment la plus grande partie des contrées ſoumiſes à l'audience de Charcas ; du Paraguay, du Tucuman, du Potoſi, de Santa Crux de la Sierra, & des villes de Mendoza & de St. Jean, ou de la province de Cuyo, & des provinces du gouvernement de Buenos-Ayres. Le ſiege en a été placé à Buenos-Ayres, lieu acceſſible pour toutes les provinces par le grand fleuve qui l'arroſe, & qui facilite les meſures que la cour a priſes pour ſupprimer la contrebande avec les Portugais.

Ce nouveau royaume confine donc, vers le nord, aux miſſions des Amazones, ou à la viceroyauté de Grenade ; vers le couchant, au Pérou & au Chili ; vers le midi, à l'Océan ; vers le levant, aux poſſeſſions Portugaiſes. Il s'étend du 10 au 40° de latitude méridionale, ſi l'on n'y comprend que la partie du continent habitée par les Eſpagnols ; ou du 10 au 56° de cette même latitude, si l'on y renferme toutes les contrées sur lesquelles les Espagnols étendent leurs prétentions ; c'est-à-dire, sur toute la partie méridionale de l'Amérique, en y comprenant la Terre de Feu : du 307.e de longitude il s'étend encore jusqu'au 324e.

Nous ferons la description particuliere des provinces qui le composent, en commençant par les plus septentrionales. Des régions peu connues ne peuvent qu'être décrites un peu vaguement ; & c'est ce qui nous justifie, si nous ne donnons pas à quelques-unes de ses parties toute la précision qu'on pourrait desirer.

I. Partie du diocese de Cusco.

C'en est la partie orientale, la plus étendue, mais la moins peuplée, & la moins connue. Elle ne renferme aucune ville ; mais seulement quelques bourgades d'Indiens, quelques peuplades distinctes, parmi lesquelles on remarque les *Quatosis*, dont le pays est arrosé par l'Yatay & l'Araza, rivieres qui se jettent dans l'Amazone : les *Abiscas* qui sont à la source de ces mêmes rivieres, au pied des Andes ou Cordelieres de Cusco : les *Chuncos*, dont l'Ucayalé arrrose les champs : ces contrées sont au nord-est de Cusco : au levant sont des montagnes & des plaines presque désertes. Au sud-est sont trois des corrégimens de Cusco, qui en ont été retranchés pour faire partie du nouveau royaume : nous allons les parcourir : ils forment la province de Carabayo ou Caravaya.

1. *Corrégiment de Caravaya ou Carabayo.*

Il a près de 50 lieues d'étendue : il est hérissé de monts; les vallées basses, exposées au soleil, éprouvent seules les chaleurs de la zone torride, sous laquelle ce pays est situé, & là, on recueille du *coca*, plante dont les Indiens font leurs délices, & dont nous avons parlé dans la description de la province de Quito : nous en parlerons encore dans un autre article : par-tout ailleurs l'air y est froid : cependant les grains, les fruits, les légumes y prosperent : on y voit de vastes & beaux pâturages : les mines d'argent y sont communes; celles d'or l'y sont moins, mais il en est cependant & d'abondantes : telle est celle d'*Aporoma*, dont l'or est à 23 carats. Là, coule une riviere qui charrie assez d'or dans son sable pour que les chefs des peuplades Indiennes puissent payer le tribut qu'ils doivent au roi avec le métal qu'ils y font ramasser. En 1713 on découvrit sur la montagne d'Ucuntaya une grande croûte d'argent massive qui rendit plusieurs millions, mais qui fut bientôt épuisée. C'est dans cette province que sont les Lavoirs ou Lavaderos de *S. Juan de l'Oro y Pablo Cobla*, & de *Monte de Anama* : le premier est situé sur les bords d'Ucayalé, à quinze lieues de sa source : il est le chef-lieu du corrégiment.

2. *Corrégiment d'Asangaro & d'Asilo.*

Il est à cinquante lieues au midi de Cusco; les campagnes en sont arrosées par le lac *Titucaca* ou *Titicaca*, & par quelques petites rivieres qui s'y jettent : le sol en est élevé & froid; il renferme des pâturages féconds, & des champs qui ne rapportent guere que des racines qui ne demandent, pas pour végéter une chaleur bien forte ; telles sont les *Papas*, les *Quinoas*, les *Canuagas*, & elles y croissent abondamment : dans les monts qui sont au nord-est, on trouve des mines d'argent.

3. *Corrégiment d'Apolobamba.*

Il est situé entre les deux dont nous venons de parler, & la province des Moxos. On y compte sept bourgades d'Indiens de diverses nations, convertis au christianisme par les religieux Franciscains. Sur elles préside un officier revêtu de l'autorité civile & militaire : il commande la milice de ces sept communautés, il y juge les différends ; il y fait respecter les missionnaires, & les défend contre les excursions des peuples voisins qui n'ont point encore été soumis.

II. Diocese ou province de la Paz.

Cette province fut connue sous le nom de *Chuquiyapu*, mot qu'on changea en celui de *Chuquiabo*: elle est au midi des Corrégimens que nous venons de parcourir. Les Incas en avaient fait la conquête ; les Espagnols peu de temps après s'en être rendu maîtres, y bâtirent la ville de la Paz, qui lui donne aujourd'hui son nom : on la divise en six Corrégimens.

1. *Corrégiment de la Paz.*

Il ne s'étend guere au delà de l'enceinte de la ville même. *La Paz* fut fondée en 1548, par les ordres du président de la Gasca, qui lui fit donner ce nom pour conserver le souvenir de la paix qu'il venait de donner au Pérou, en y étouffant la révolte : elle est située dans la vallée de *las Pacasas*, pays fertile & peuplé : elle devint un évêché en 1608 : des ravins qui descendent des montagnes en ont creusé le sol & l'ont rendu inégal, des collines l'environnent & en bornent la vue ; on n'y voit au loin la campagne qu'en portant ses regards sur les bords de la riviere qui parcourt la vallée, & va se jetter dans le Chuquiabo : cette riviere enflée par les pluies ou la fonte des neiges, entraîne avec elle des rochers & souvent des morceaux d'or, on en a trouvé un sur ses bords qui fut acheté 12000 piastres, & qu'on a placé dans le cabinet du roi d'Espagne.

On compte environ 2000 ames dans cette ville : elle a un gouvernement municipal, & renferme cinq églises, six couvens d'hommes, deux de filles, & un séminaire. Les montagnes rendent le pays froid, exposé aux frimats, à la neige, aux gelées subites & fortes ; mais les environs de la ville sont à couvert de cette intempérie par les collines qui les dominent : il y fait même assez chaud pour cultiver dans les lieux les mieux abrités la canne à sucre, le maïs, le coca & diverses sortes de fruits : les monts voisins sont ornés d'arbres, infestés par des ours, des tigres & des léopards. On voit vers l'orient, à une distance de quatorze lieues, une montagne toujours couverte de neige, de laquelle un coup de tonnerre détacha au commencement de ce siecle, un roc qui renfermait des veines d'or si riches, que pendant quelques tems l'once de ce métal ne valut que huit piastres dans cette ville ; mais les neiges ne permettent pas d'exploiter une mine qui paraît si abondante.

2. *Corrégiment d'Omasuios.*

Il s'étend des portes de la Paz à vingt lieues au nord-ouest, jusqu'aux rivages du lac Titucaca ou Chicuito ; on y jouit d'un air tempéré, que les vents des montagnes rendent froid trop souvent : sa plus grande richesse est dans ses pâturages, où l'on éleve de grands troupeaux de bétail: les bourgades Indiennes voisines du lac s'occupent de la pêche, qui leur fournit un bon objet de commerce : telles sont celles de *Guaki* & de *Tiaguanaco.*

3. *Corregiment de Pacajes.*

Il s'étend au sud-ouest de la ville : il renferme les montagnes de Santa Juana, & de Tampaya dont on a déja tiré de grandes richesses ; on y trouve beaucoup d'autres mines d'argent, exploitées sous les Incas du Pérou, mais négligées aujourd'hui, parce qu'on les avoit presqu'épuisées : on tire de quelques-unes de ces mines le minerai, connu sous le nom de *Vereguenla :* l'air y est quelquefois tempéré, souvent frais, rarement chaud : les pâturages sont les principales richesses de son sol, & les bestiaux les principaux objets de son commerce : on y trouve des carrieres de marbre de différentes couleurs, une mine d'émeraude dont on n'a point encore fait usage, des mines d'un talc d'une blancheur éclatante, & d'une transparence qui égale presque celle du verre, dont il tient lieu pour les fenêtres des églises & des maisons : on l'y appelle jaspe blanc de Vereguenla.

4. Corrégiment de Laricaxas.

Il est situé au nord de la Paz, & a trente lieues du nord au midi; il en a cent du couchant au levant: le climat y est varié, & presque dans le même tems, on y voit régner le printems, l'automne & l'été: on y cultive beaucoup de grains & de légumes; on y recueille différens fruits, des troupeaux nombreux paissent dans ses pâturages: on y trouve des mines d'or, dont le titre ordinaire est de 23 karats & demi: on en tirait beaucoup de la montagne de *Suncheuli*; mais la mine s'est remplie d'eau, & on a en vain tenté de la dessécher, en perçant le pied de la montagne.

5. Corrégiment de Paucar-Colla.

Il renferme une partie du pays situé au nord du lac de Titucaca; le climat y est moins chaud encore que dans les districts précédens: on y nourrit beaucoup de moutons originaires d'Europe, ainsi que de ceux du pays; & les Indiens en employent la laine grossière à faire des sacs, principal objet de leur commerce. Ses montagnes y sont riches en mines d'argent; mais les eaux qui les pénètrent, les inondent, & dont on n'a pu les délivrer, les fait négliger aujourd'hui: celle de *Lay ca-cota* donnait autrefois un mineral si pur, qu'il falloit le couper au ciseau. *Puno*, petite ville au bord du lac de Titucaca, en est le chef-lieu, c'est une ville d'environ 1000 ames: le climat y est mauvais. *Tiguillaca* est une de ses principales bourgades.

6. *Corrégiment de Chicuito* ou *Chucuito*.

Il occupe la partie orientale du lac auquel il donne quelquefois fon nom, & a 28 lieues du nord au midi, 40 du levant au couchant : l'air y eft ordinairement froid ; il y gèle dans prefque tous les mois de l'année, mais jamais fortement ni long-temps. Auffi le fol n'y produit que des racines comme des papas, & des quinoas qui ne font qu'une variété de la pomme de terre : elles y fervent à nourrir les habitans, à engraiffer les beftiaux, dont la chair falée procure par des échanges avec les diftricts fitués plus au couchant, toutes les denrées que la province ne produit pas. On exploitait autrefois les mines d'argent de fes montagnes. Ce qu'elle offre de plus intéreffant eft fon lac, le plus grand de toute cette partie de l'Amérique : c'eft ici le lieu d'en faire la defcription.

Ce lac a une forme bifarre ; il forme trois golfes profonds, l'un au nord, l'autre au midi, le troifieme au couchant ; & chacun de ces golfes reçoit les eaux d'une riviere : il a plus de 80 lieues de tour ; & fa plus grande profondeur eft de 4 à 500 pieds ; douze rivieres viennent s'y rendre, une feule en fort : c'eft le *Défaguadero*, qui courant pendant l'efpace d'environ quatre vingt lieues, entre le midi & le levant, forme la Laguna de *Paria* ou *d'Aullagas*, qui fe perd dans les terres par des conduits fouterrains : fes eaux font douces & limpides : celle du lac eft épaiffe, dégoutante, d'un goût défagréable : on y pêche deux efpeces de poiffons, l'un nommé *Suchis* eft bon à manger ; c'eft le plus grand : l'autre nommé *Bogas* eft d'un mauvais goût & plein d'arrêtes : divers oiseaux aquatiques se jouent sur ses ondes ; ses bords sont couverts de glayeuls & de joncs: sa partie méridionale renferme diverses isles, dont l'une nommée *Titucaca* ou colline de plomb, lui a donné son nom. C'est-là que l'Inca Mango-Capac assurait avoir reçu du soleil les loix qu'il donna aux peuples du Pérou ; & cette opinion y fit bâtir un temple dont les murs étaient revêtus de plaques d'or & d'argent, & autour duquel on avait rassemblé des richesses immenses, fruits de la vénération des peuples pour ce lieu sacré. On dit que pour les sauver de la main rapace des Espagnols, les Indiens les ensevelirent dans le lac. Sur la riviere qui le joint à celui de Paria est un pont de glayeul & de jonc, long de 270 pieds : il est formé de quatre énormes tresses de paille, qui vont d'une rive à l'autre, sur lesquelles on mit en travers des bottes de jonc & de glayeul, liées & arrêtées sur les especes de cordes qui les soutenaient.

III. Province des Moxes.

Entre les contrées dépendantes de Cusco & les possessions Portugaises, est la *Province des Moxes*, peuple sauvage que les Jésuites ont rassemblé en différentes bourgades, mais que nous ne connoissons pas assez pour en faire un long article : la Guaparé borne cette province au nord & au levant, elle la sépare du gouvernement de Matto-Grosso ; au midi elle touche à la contrée habitée par les Chiquitos ; au couchant elle est bornée par le Rio Grande de la Plata & le Mamora dans lequel il se jette. La Croix dit que la Madeira y prend sa source ; il parait cependant que cette riviere naît dans l'archevèché de la Plata; mais diverses rivieres comme le Rio Grande de la Plata, le Mamoré, l'Ubai de la Magdelana qui arrosent ce pays, viennent s'y réunir. Son principal lieu est la *Trinidad* située au bord du Mancoré. Les *Pampas* habitent la partie du nord de cette Province; les *Guarayos* celles du levant.

IV. PROVINCE DES CHIQUITOS.

Elle est située au midi de la précédente, & n'est pas mieux connue: ce sont aussi les Jésuites qui seuls avaient sû en rassembler dans des bourgades les habitans épars, sur la fin du dernier siecle: en 1732, ils y avaient formé sept peuplades chacune d'environ 600 familles: ces *Chiquitos* ou *Chiquites* sont des hommes bien faits & belliqueux: leurs armes sont le fusil, le sabre & les fléches empoisonnées; leur langue est différente de celle des peuples du Paraguai, & leurs usages sont les mêmes. Leur pays est hérissé de montagnes & coupé de marais: les parties qui sont les plus saines, produisent sans culture toutes sortes de fruits; la vanille y est commune; on y voit un cocotier dont le fruit ressemble plus au melon qu'à une noix de coco. La partie septentrionale de la province de Chiquitos est habitée par les *Magnacicas*: elle est arrosée par un grand nombre de rivieres poissonneuses, ceinte de forêts où les rayons du soleil ne peuvent pénètrer, & qui s'étendent au loin à l'orient & à l'occident: au delà de ces forêts sont de vertes solitudes presque toujours inondées, & dont les habitans épars de loin en loin sont couverts d'une espece de lépre. Parmi les animaux qu'on y trouve, on remarque le *Famacosio*, qui a la tête du tigre & le corps d'un mâtin : il n'a point de queue ; sa férocité égale sa légéreté : l'homme qu'il attaque peut difficilement lui échapper s'il est sans armes.

V. Santa cruz de la Sierra.

Cette province est au levant de celle des Chiquitos qui même en fait partie, selon quelques voyageurs, & qui dépend au moins du même évèque. Seule, elle forme un gouvernement & un évêché particuliers : elle a au nord la province des Moxes, au couchant l'archevêché de la Plata, au midi le Chaco. Son étendue est vaste, mais on y compte peu d'Espagnols ; la plus grande partie de ses bourgs y ont été formés par les Jésuites du Paraguai. On y voit de très-hautes montagnes : diverses rivieres y coulent, & plusieurs y prennent leur source. Sa capitale prend le nom qui la distingue de sa situation sur une montagne ; elle devint un évêché en 1605, l'évêque n'y demeure pas : c'est à *Misque Pocona* qu'il réside, & cette petite ville est à 80 lieues de celle de Santa Crux de la Sierra : elle est presque déserte : mais ses environs sont peuplés & sa jurisdiction s'étend dans un espace de 30 lieues ; l'air y est chaud ; la vallée de son nom a plus de huit lieues de tour, & produit abondamment toutes sortes de fruits, de légumes & de grains ; on y recueille de beaux raisins : ses bois, ses montagnes fournissent du miel & de la cire, objets importans de son commerce.

La ville de *Santa Cruz ou la Sierra la Nueva* est à 90 lieues Nord-est de Plata : autrefois elle était située plus au midi, près des montagnes de

Chiriguans, peuple sauvage qui hait les Chiquitos & leur fait souvent une guerre cruelle dont les bons ou mauvais succès leur faisaient mépriser ou écouter les missionnaires, selon le besoin qu'ils en avaient, ou l'indépendance où ils en étaient. Santa-Cruz a été ruinée, puis rebâtie sans y avoir gagné par ses agrémens. Sa grandeur est médiocre. Son Evêché est le second de l'audience des Charcas.

VI. Archevêché de Plata.

Il comprend une vaste contrée entrecoupée de déserts, des montagnes couvertes d'épaisses forèts, couronnées par la chaine de Cordelieres, & de belles plaines. On le divise en quatorze Corregimens.

1. *Corregiment de Plata.*

Il est très-étendu & renferme deux villes célebres dont nous parlerons avec quelque détail.

Plata eut aussi le nom de *Chuquisaca*, parce qu'elle fut fondée en 1539, sur les ruines d'un bourg Indien de ce nom. : elle est à peu de distance de la montagne *del Porco*, d'où les Incas du Perou avaient tiré une grande quantité d'argent, & c'est de-là que lui vint son nom de *Ciudad de la Plata*, cité d'argent. Autour d'elle est une plaine ceinte de montagnes qui la mettent à couvert des vents : les maisons y sont de pierres & couvertes de tuiles ; elles sont grandes, bien distribuées, ornées de jardins & de vergers, surtout celles qui décorent la grande place : on y compte environ 14000 ames, dit l'histoire des voyages; d'autres écrivains bornent sa population à 4000. La chaleur n'y est pas étouffante dans l'été : durant les mois de Décembre, Janvier, Fevrier & Mars, les pluies y sont fréquentes & presque toujours accompagnées d'éclairs & de tonnerres : le ciel y est sérein & l'air tranquille pendant les autres mois de l'année : l'eau courante y est rare ; mais des fontaines élevées en divers quartiers suffisent à sa consommation.

C'est dans cette ville que réside une des douze audiences érigées dans les possessions Espagnoles: les provinces dont nous venons de parler, toutes celles dont nous parlerons dans cet article, excepté celles qui dépendent du gouvernement de Buenos Ayrés, sont de son ressort. Son président est gouverneur & capitaine-général de son district; sous lui sont cinq auditeurs, deux surnuméraires, un fiscal, un protecteur des Indiens.

La ville a un gouvernement municipal composé de regidors choisis parmi les nobles, présidés par un corregidor, & aidés par deux alcades qui veillent sur la police. Son église devint épiscopale en 1551, métropole en 1608 : elle a deux paroisses, l'une composée d'Indiens, l'autre d'Indiens & d'Espagnols : celle-ci a deux curés, un pour chaque nation. On y compte six couvens d'hommes & deux de filles. Elle est encore le siége d'un tribunal de l'inquisition, d'un tribunal de la cruzade ; d'un autre qui prend soin du bien des défunts dont les héritiers sont absens, & d'une université dont le chef est ecclésiastique & les professeurs laïques.

A deux lieues de Plata coule le Cachymayo dont les bords sont embellis par un grand nombre de maisons de campagne : à six lieues coule encore le Pilco-Mayo qui fournit d'excellens poissons pendant toute l année.

Potosi, ville que les Espagnols décorent du nom d'impériale ; elle doit sa fondation, sa grandeur, son opulence aux fameuses mines de ce nom, découvertes en 1545 dans la montagne du Potose : on lui donne deux lieues de tour ; ses environs sont arides & stériles : il n'y croît point de grains, point de fruits, & si l'on en croit des relations, nulle herbe n'y végète excepté l'ichu, qui est une espece de jonc : mais ses richesses y rendent tout abondant : les vivres, les marchandises y arrivent sans cesse des provinces voisines : le commerce de cette ville ne le céde qu'à celui de Lima. On y a fixé le tribunal des finances, établi d'abord à Plata : dans les campagnes voisines sont des sources d'eaux minérales chaudes, célebres par les qualités qu'on leur attribue ; on les nomme *Bains de Don Diego*. La montagne, d'où descend un air froid, qui détruit la végétation à quatre lieues à la ronde, renfermait des richesses immenses : un Indien nommé Hualpa les découvrit, & en jouissait seul : un de ses voisins découvrit son secret, se brouilla avec lui, & revela tout aux Espagnols, qui accoururent autour de cette montagne. On y en compte aujourd'hui dix mille qui y vivent dans le luxe, la mollesse & l'opulence, avec un plus grand nombre d'Indiens & d'étrangers : les trésors des églises y sont très-riches ; les paroisses circonvoisines sont obligées de fournir des ouvriers pour travailler dans les mines : la montagne où elles sont est escarpée ; c'est un cône qui couvre une lieue de surface, & qui s'éleve à 600 toises de hauteur ; à son pied est une montagne plus basse, qui semble s'être formée de ses débris :
elle

elle est percée de toutes parts de divers conduits souterrains faits par la main de l'homme : la premiere des mines eut le nom de Découvreuse : trois autres furent découvertes après elles, celle d'étain, la riche, & celle de *Mandiétas* : un plus grand nombre les croise en tous sens ; mais les richesses diminuent à mesure que les travaux s'y multiplient. Dans les premieres années on en tiroit pour plus de 173 millions de livres par année : aujourd'hui on n'en tire plus que pour environ sept millions ; mais il y a bientôt deux siecles & demi qu'on l'exploite :

2. *Corrégiment de Tomina.*

Il est au midi de celui de Plata, à dix-huit lieues de cette ville : à l'orient il confine à la nation des Chiriguans, sa jurisdiction comprend un espace de quarante lieues ; l'air y est chaud, le sol y produit beaucoup de grains, & des fruits : il y a beaucoup de plantations de cannes à sucre.

3. *Corrégiment de Porco.*

Ses limites sont voisines de la ville du Potosi, & il s'étend au couchant à vingt lieues de cette ville : l'air y est froid ; le terroir peu fécond en grains & en fruits ; mais il est riche en pâturages : il doit son nom aux montagnes de Porco, situées dans son enceinte ; & dont nous avons parlé plus haut.

4. *Corrégiment de Tarija ou Chichas.*

Cette province est étendue : l'air est chaud dans

une partie , froid dans l'autre , & le fol en eft par conféquent plus ou moins fertile : on y nourrit beaucoup de beftiaux ; on y trouve des mines d'argent, mais peu abondantes : c'eft la partie du Pérou où l'on trouve aujourd'hui le plus d'or. Le fable des bords de la riviere Tipuanys eft mêlé de beaucoup d'or. Les Indiens qui l'habitent, appellés Chichas ou Chicas, font doux & patiens : c'eft parmi eux fur-tout qu'on cherche des ouvriers pour travailler dans les mines. On fait aujourd'hui deux petites provinces de ce corrégiment: l'une eft celle des *Chichas*, dont la capitale eft *Sant Jago de Cotayayta*, & celle de *Tarija*, fituée au levant de la premiere, & dont le chef-lieu eft *S. Bernardo de Tarija*.

5. *Corrégiment de Lipes.*

Il eft fitué plus au couchant, & renferme une étendue de 25 lieues : l'air y eft froid ; le terroir y eft couvert de paturâges où fe nourriffent de grands troupeaux de vicunnas ou vigognes, des paifibles lamas, d'alpacas ou tarucas, qui fupportent le froid des montagnes : ce diftrict a des mines d'or, aujourd'hui abandonnées, mais qui furent très-riches, fur-tout celles des montagnes *Abitanis*, voifines de Colcha, d'où l'on détachait l'or avec le cifeau : on y comptait encore au commencement de ce fiecle 14 moulins occupés à piler le minerais. La ville de *Lipes* eft compofées de deux amas de maifons, à un demi quart de lieue de diftance l'un de l'autre, dont l'un eft proprement Lipes, l'autre eft appellé *Guaico* : on y compte 800 habitans, fans y comprendre ceux qui travaillent aux mines fituées au bas de la colline dont cette ville occupe le penchant : cette colline est un roc calcaire tout crevassé.

6. Corrégiment d'Amparaes.

Des environs de Plata, il s'étend à l'orient jusqu'aux limites de Santa Cruz de la Sierra, ou de la Misque Pocona : les Indiens qui travaillent aux mines de Plata, dépendent du chef de ce district : le terroir en est varié, les grains & sur-tout l'orge y prospere ; ils sont avec quelques troupeaux, les objets du commerce de ses habitans.

7. Corrégiment d'Oruro.

Il est situé au nord de la Plata : le sol n'y est abondant qu'en pâturages ; mais il renferme de l'or, & ses mines d'argent étaient les plus abondantes du Pérou, avant que les eaux qui les inondent les eussent fait abandonner, on a cherché en vain à les saigner ; jusqu'à aujourd'hui on a fait de vains efforts pour y parvenir. Il n'y a plus que les mines de la montagne de Popo, qui rendent encore un produit très-riche : elles sont à douze lieues de *S. Philippe d'Austria d'Oruro*, que quelques auteurs disent être une grande ville, bien peuplée, & très-commerçante ; & que Frezier appelle une petite ville.

8. Corrégiment de Pilaya & Paspaya.

On en trouve les limites à environ quarante lieues entre le midi & le levant de Plata ; des ravins en ont creusé le sol, & y ont formé des collines & des vallées étroites : l'air y est doux &

fain : le fol y produit toutes fortes de grains, de fruits & de légumes, & fur-tout beaucoup de raifins : ce font là les objets de fon commerce. *Pafpaya* & *Zinti* font les principales villes qu'on y trouve.

9. *Corrégiment de Cochabamba.*

Il eft fitué à 56 lieues au fud-eft du Potofi : c'eft un des plus beaux pays du Pérou : il eft arrofé par un grand nombre de ruiffeaux & de rivieres. Les champs y font d'une fécondité extraordinaire, & l'abondance des grains qu'ils produifent l'ont fait regarder comme le grenier de toutes ces contrées ; l'air y eft fain & pur : on y jouit des véritables richeffes & des plus fûres : on y trouve encore quelques mines d'argent. Sa capitale qui lui donne fon nom, eft une ville confidérable, dont la jurifdiction s'étend à quarante lieues de fes murs ; elle eft dans une plaine fertile & délicieufe.

10. *Corrégiment de Chayautas.*

Il a 40 lieues de tour, & fes mines d'or aujourd'hui abandonnées à l'eau qui les fubmerge, fes mines d'argent encore exploitées & toujours abondantes, le rendent célebre. Une petite riviere qui le traverfe roule des grains d'or dans le fable de fes rives : & les pâturages nourriffent affez de beftiaux pour fuffire à fes habitans.

11. *Corrégiment de Paria.*

Il s'étend entre le nord & le couchant de Plata, fon étendue égale celle des précédens : une bourgade, un lac formé de l'écoulement du lac Titucaca, lui donne fon nom; l'air y eft froid; le terroir n'y offre que des pâturages qui nourriffent beaucoup de beftiaux : l'une de fes principales richeffes font fes fromages, qui font recherchés dans tout le Pérou.

12. *Corrégiment de Carangas.*

Cette province a cinquante lieues de long; elle eft à 70 lieues au couchant de Plata; l'air y eft froid; le terroir n'y produit que différentes fortes de patates, & nourrit de nombreux troupeaux de bétail. On y trouve diverfes mines d'argent, dans lefquelles les filons du métal forment un tiffu admirable de fils d'argent incruftés avec la pierre : il en eft encore de plus fingulieres : telles font celles de Turco, dont le métal eft nommé *machaca* par les habitans de la montagne; le métal n'eft ni dans les montagnes, ni dans le roc; mais on le trouve par morceaux dans le fable auquel il eft attaché; il fuffit d'y faire un creux pour le trouver au fond. On croit que les feux fouterrains l'ont fondu, & raffemblé de cette maniere. On divife aujourd'hui ce corrégiment en deux parties, dont celle de Carangas eft la plus confidérable : celles de *Taracaffa* eft au midi :

13. *Corrégiment de Cicacia.*

Il eft fitué au nord du précédent; à 90 lieues de Plata, à 40 de la Paz : il en a 100 d'étendue. Son chef-lieu eft un bourg; le climat n'y eft pas par-tout le même. Dans les parties où l'air eft chaud, il produit beaucoup de coca, objet d'un commerce considérable : là où il est froid, les pâturages couvrent ses collines & ses plaines, un grand nombre de bestiaux s'y nourrissent : on y trouve quelques mines d'argent, mais peu considérables.

14. *Corrégiment d'Atacama.*

Il est au midi de Carangas, au couchant de Chichas, & s'étend le long des côtes occidentales de l'Océan Pacifique : le sol en est fertile, mais coupé de champs couverts de sable, surtout dans la partie méridionale où il touche au Chili, & qui forme le désert d'Atacama : on y recueille ailleurs beaucoup de grains & de fruits. Sur les rivages de la mer, on pêche le *Tollos*, poisson qu'on sale & répand au loin dans l'intérieur du pays. *S. François d'Atacama* n'est qu'un grand bourg, mais il donne son nom au pays & en est le chef-lieu. *Cobija* est son port, une chaîne de montagnes dont la partie la plus élevée est derriere lui, le fait reconnoître ; il est profond d'un tiers de lieue, le fond en est bon, les vents du sud & du sud-ouest n'y sont point à craindre : sur le rivage on compte une cinquantaine de cabanes habitées par les Indiens, construites avec des peaux de loups marins. Le sol y est stérile ; on n'y vit que de poissons, de maïs & de toupinambous ; on n'y a d'eau qu'un filet, encore elle est un peu salée.

VI. LE CHACO.

Il est estimé un des meilleurs pays de l'Amérique on lui donne 250 lieues de long, sur 150 de large. Un grand nombre de petites nations l'habitent, & l'on croit en connaître 47. Le fleuve du Paraguai ou de la Plata le borde au levant; les Chiquitos le terminent au nord; au couchant il touche au pays que nous venons de décrire; au midi il est terminé par le Tucuman & par l'Yapizlaga: diverses rivieres l'arrosent, le *Rio Salado*, le *Vermejo*, le *Tarija*, le *Pilcomayo*, sont les plus considérables: le dernier se divise en deux branches avant de tomber dans le Paraguai, & sa branche septentrionale devient presque salée par la quantité de salpêtre qui couvre les champs qu'il arrose. On le remonta en 1702; on tenta de le faire encore en 1721, puis on l'a négligé; quelquefois les eaux en sont trop basses, quelquefois trop impétueuses. Des jésuites ont cependant pénétré dans le pays, & ont fixé une part de ses peuplades vagabondes, accrues par les Péruviens qui fuyaient la cupidité cruelle des Espagnols: ils y avaient formé quatorze bourgades, où l'on comptait trois mille ames: sept d'entr'elles sont voisines du Tucuman, quatre sur les frontieres de l'évêché de Santa Cruz de la Sierra, deux vers Taixa, une près du Paraguai & de l'Assomption.

Au couchant, une chaîne de montagnes rend ce pays presque inaccessible: ces montagnes sont d'une hauteur singuliere; les nuées n'y parviennent pas jusqu'au sommet, & le voyageur qui les traverse domine au-dessus d'elles: l'air y est presque toujours serein: les vents y soufflent avec tant de violence, que souvent on a vu enlever les cavaliers de dessus la selle: les précipices qu'elles présentent effraient l'homme plus intrépide; les nues qu'on a sous ses pieds en cachent seules la profondeur : elles sont une branche des Cordelieres, & on croit qu'elles renferment de l'or : il en descend un grand nombre de rivieres, dont les eaux pures portent la fertilité dans tout le pays.

Rio Salado se nomme vers sa source *riviere de passage*: son cours, d'abord rapide, se ralentit ensuite, ses eaux, d'abord limpides, prennent une einture de couleur de sang, que lui communique, dit-on, le terroir de la vallée de Calchaqui qu'elle arrose ; mais, en recevant d'autres rivieres, elle reprend insensiblement sa couleur naturelle.

Rio Vermejo change souvent de nom ; quand elle parvient au Paraguaï, elle a celui de Rio grade : son cours est tranquille, & un vent faibl du midi qui s'y leve tous les matins suffit pou la faire remonter à la voile : ses bords sont armans ; ses eaux, dit-on, guérissent les indestions, la goute, l'hydropisie, la colique la pierre : vertu qu'elle tire de l'*Yerva de Urina*, pnte commune sur ses bords ; mais sa qualité la plus utile & la plus sûre est de nourrir un grand ombre de poissons. On attribue de même des qualités singulieres à d'autres rivieres qui arrost le Chaco : il en est qui rentrent dans le sein de la terre ; phénomène commun dans les pays levés & formés de montagnes secondaires qui on beaucoup de crevasses, & où les eaux se forme un cours souterrain pour ressortir à leur pie Celle qui passait près de la ville ruinée de *Nu Rioja* avait ses eaux teintes en vert : celle qu rt des Cordelieres Chiriguane a ses eaux ch ées de sel. Ce grand nombre de rivieres chang Chaco en une vaste mer, dans les saisons de ies : ses habitans vivent alors dans leurs pirog ou dans

BUENOS-AYRES.

des cabanes bâties fur le fommet des arbres. Dès que ces eaux fe font écoulées, tout le pays devient un vafte parterre, qui préfente la perfpective la plus riante & la plus magnifique au voyageur étonné qui traverfe les montagnes. Une nation induftrieufe & amie du travail ferait du Chaco une des contrées les plus riches & des plus belles de la terre. Mais les fauvages qui font errans dans fes vaftes prairies, fe contentent de remuer la terre avec un bâton pointu, pour lui faire produire différentes racines ; la chaffe, la pêche fuffifent même à leurs befoins. On y voit des forêts de plufieurs lieues, où l'on ne trouve d'eaux que dans le creux des arbres, où elle fe conferve faine & claire. Les chaleurs y feraient très-forte, fi le vent du midi ne les temperait : chaque jour ce vent s'élève, & y répand la plus agréable fraicheur : le froid fe fait même fentir dans la partie méridionale du pays.

Chacune des nations qui l'habitent ne compofe que trois ou quatre bourgades ; & la pareffe, l'ivrognerie, les guerres, les maladies épidémiques les font diminuer tous les jours : prefque toutes different par leurs ufages, leur caracteres, leur figures. Les *Cullus* ou *Cullugas*, font appellés *Suripchaquins* ou pieds d'autruche, en langue péruvienne, parce qu'ils n'ont point de mollets aux jambes, dit le Pere Loçano ; leur taille eft prefque gigantefque ; un cheval ne peut les atteindre à la courfe ; leur courage les rend redoutables ; ils ne font armés que d'une lance. Le Pere Oforio parle d'une autre nation d'une taille très-haute, d'un caractere doux & facile : leur langue eft riche, ils font polis, ingénieux, modeftes, & cependant courageux. Tous ces Indiens font en général. d'une taille avantageuse : les couleurs dont ils se peignent le corps, les rend un objet de terreur pour ceux qui ne les ont point vus encore : la plupart sont nuds, ou n'ont qu'une ceinture d'écorce d'arbres, ornée de plumes de différentes couleurs : dans leurs fêtes, ils portent un bonnet garni de plumes semblables : en hiver, ils se couvrent d'une peau préparée & peinte de diverses figures. Les femmes n'y sont pas habillées plus exactement ; cette habitude d'être exposés sans cesse à l'inclémence des saisons, leur rend la peau épaisse & dure en général. On les accuse d'ivrognerie, de férocité, d'inconstance : leur vivacité semble un effet de leur tempérament ; elle n'aide point à leur intelligence : presque tous sont antropophages : la guerre & le pillage sont leurs principales occupations, leurs principales ressources ; leur patience pour attendre le moment favorable, l'art de cacher des desseins funestes sous l'apparence d'une confiance entiere, leur courage à braver le péril quand ils sont exposés, & leur acharnement, les ont rendus redoutables dans le combat, & ils le seraient bien davantage s'ils avaient des armes à feu : ils ne se servent que de l'arc, de la flèche, d'une lance de bois bien travaillée, longue de 10 à 11 pieds & grosse à proportion, armée d'une pointe de corne de cerf taillée en hameçon : leurs victoires sont cruelles, & la peau de la tête de leurs ennemis sert de décoration à leurs fêtes ; ils ont dompté les chevaux dont les Espagnols ont peuplé les déserts de ces contrées, & s'élancent sur ces animaux par les côtés ou par la croupe, aidés de leurs javelots ; ils les manient sans étriers au moyen d'un simple licou, & avec une vigueur & une adresse qui étonnent l'Européen. Les femmes recherchent la beauté en se deſſinant le corps avec des piquures, ſur-tout au viſage, ſur la poitrine & les bras : elles ſont très-robuſtes, accouchent aiſément, & baignent ſouvent leurs enfans naiſſans dans le ruiſſeau le plus proche ; les hommes les traitent avec dureté, & elles s'en vengent ſur leurs enfans, auxquels elles paraiſſent, dit-on, peu attachées.

Si l'un d'eux meurt, on l'enſevelit dans le lieu même où il vient d'expirer ; un javelot & le crâne d'un ennemi ſont les ornemens de ſa foſſe, le monument qu'on lui élève : puis on s'en éloigne juſqu'à ce que ſon ſouvenir ſoit effacé.

Les *Chiriguanes* ſont une des nations du Chaco, & une des plus connues ; ils habitaient depuis pluſieurs ſiecles ſes montagnes ; leur langue eſt la même que celle des Guaranis, ce qui fait croire qu'ils en ſont une colonie ; elle eſt répandue en diverſes contrées ; en général, il eſt peu de peuple plus fier, plus inconſtant, & plus difficile à conduire, on n'a pu le ſoumettre ; mais on en a pu faire quelquefois un ami. On dit que les Chiriguanes n'ont ordinairement qu'une femme ; ils font quelquefois des concubines de leurs priſonnieres ; la crainte, l'intérêt employés avec adreſſe, ſont les moyens de les conduire : ils deviennent l'ennemi de celui dont ils n'eſperent rien.

Sur les rives de Vermejo, on trouve quelques nations pacifiques qui n'attaquent jamais leurs voiſins ; mais ſavent ſe réunir pour réſiſter ſi on les attaque elles-mêmes : elles cultivent la terre, nourriſſent des beſtiaux, & reçoivent avec humanité tous les étrangers qui pénètrent chez elles.

Les Espagnols avaient bâti quelques villes sur les frontieres du Chaco ; mais elles n'ont pu s'y soutenir & ont bientôt été détruites. Ajoutons ici ce que l'on connait de l'histoire naturelle de ces contrées.

Les arbres y sont d'une beauté singuliere : nulle part on ne trouve de cédres plus élevés, & on y en voit des forêts entieres qui ont 15 pieds de circonférence : le quinquina y est un grand arbre : son bois est rouge, d'une odeur agréable, & il en suinte une résine odoriférante : son fruit est une fève fort dure & qui sert pour diverses maladies : on y voit aussi des forêts de palmiers longues de dix lieues : on cuit le cœur de ces arbres avec leur moëlle, ce qui donne un aliment sain & de bon goût : on y connait deux especes de gayac, & un arbre hérissé d'épines larges & dures, on le nomme *rival* : ses feuilles mâchées sont utiles pour les maux des yeux, son fruit est agréable & doux.

Ce pays nourrit des lions : ils ont le poil rouge & fort long, mais leur caractere est bien différent de celui qu'ils ont en Afrique ; ils sont doux & timides, le cri d'un chien les met en fuite ; la crainte les rend quelquefois immobiles, & ils se laissent prendre ; mais les tigres y sont grands & furieux ; ils savent chasser dans l'eau comme sur la terre ; on se préserve de leur fureur, dit-on, en leur montrant de l'urine dont ils ne peuvent souffrir l'odeur ; on y trouve aussi des peccaris noirs & des gris : les chèvres y sont noires ou rouges, on n'en voit de blanches que sur les bords du Pilco-mayo ; l'anta y differe de celui du Pérou : il a au Chaco le poil chatain & long, la tête d'un cheval, les oreilles d'un mulet, les levres d'un veau, les pieds de devant fendus en deux, ceux de derriere en trois : fur fon museau est une trompe qu'il allonge dans fa colere ; fa queue est courte, fes jambes déliées, fes dents pointues, il a deux estomacs & rumine : fa peau préparée est impénétrable aux coups de feu, fa chair est semblable à celle du bœuf ; on dit qu'il fait fe faigner avec la pointe d'une canne. Le *guanaco* est une espece de Llama que les Anglais nomment aussi *wanatra*, & qu'on ne voit jamais qu'en troupes ; pendant qu'ils passent, il en est un qui veille fur une hauteur, & qui les avertit du danger qu'ils ont à craindre par un hennissement : à ce cri, on les voit fe refugier en hâte, les femelles & leurs petits marchant les premieres, dans des lieux bordés de précipices, où ils peuvent fe défendre, où souvent on ne peut les attaquer : leur chair est d'assez bon goût, mais un peu seche : ils fournissent des bezoards pesant trois livres & demi ; le *zorillo* du Chaco parait être la moffete du Canada : le *capivara* est un amphibie qui a la figure d'un porc ; l'*iguana* est semblable à celui de l'Isthme ; le *quinquinchon* est rare : il porte des écailles dans lesquelles il fe replie tout entier : fa figure approche du porc : il fe creuse un terrier avec fes pattes & fon museau : un poil long & épais fort des écailles qu'il a fous le ventre : on dit que lorsqu'il pleut, il fe renverse fur le dos, & préfente fa coque à la pluie fous la forme d'une vafe qui fe remplit, & attend ainsi qu'un daim alteré vienne pour étancher fa foif, qu'alors il ferre fon museau, lui coupe la respiration, le fait perir ainsi, & le dévore. On en trouve une espece au Paraguai, à laquelle on donne le nom de *tatou*, & une au Tucuman, qu'on y nomme *mulica* : ils forment de leur coque une boule où l'on ne voit point de jointure. Ces deux dernieres n'ont pas de poil, & leur chair a beaucoup de reſſemblance avec celle du cochon de lait. Au bas des montagnes qui féparent le Chaco des contrées qui appartiennent au Perou, on trouve le Llama même, animal qui reſſemble à un petit chameau ſans boſſe, & qui ſert de bête de charge. On trouve encore au Chaco divers animaux vénimeux ; mais les remedes y ſont communs auſſi : les contrepoiſons les plus ſalutaires ſont le *contra-yerva* ou *dorſtenia*, la *viperina*, le *colmillo de vibora*, la feuille de tabac, l'épi & le tuyau de maïs, &c.

Les forêts de Chaco ſont remplies d'abeilles ; il n'y a preſque pas de gros arbre qui ne ſoit une ruche féconde & nombreuſe ; auſſi le miel & la cire y donnaient-ils un objet très-important de commerce, d'autant plus qu'on ne connait pas en Amérique de miel & de cire ſupérieurs en qualité. On parle peu des oiſeaux du pays, leur plumage y eſt éclatant & varié ; mais il n'en eſt pas dont le chant flate l'oreille.

VII. LE TUCUMAN ou TACMA.

Le Tucuman eſt uni, bien arroſé ; le climat y eſt tempéré & l'air ſain. Vers le nord il confine à la province de Chicas & de Tarija ; au levant au Chaco & à la province d'Yapizlaga, au midi à celle de Cordova, au couchant aux Cordelieres qui le ſéparent du Chili. Du 22° 30′ de latitude méridionale, il s'étend juſqu'au 30°, & du 309° de longitude juſqu'au 316. Sa plus grande richeſſe actuelle eſt le coton ; mais on y recueille auſſi beaucoup de bleds ; l'indigo peut y proſperer ;

toutes les productions particulieres au Nouveau-Monde s'y cultiveraient probablement avec succès ; ses forêts, comme celles du Chaco, sont remplies de miel, ses pâturages sont les meilleurs peut-être de l'Amérique Méridionale : la plupart de ses bois sont d'une qualité supérieure ; l'arbre nommé *quebracho* ou *kebracho* a dit-on, un bois qui approche de la dureté, de la pesanteur, de la durée du meilleur marbre ; on le vend fort cher au Potosi : la partie des Andes ou Cordelieres qui est renfermée dans ses limites, est abondante en or & en cuivre, & déjà on en exploite quelques mines. Ce qu'on sait de l'histoire naturelle de ce pays, est peu de chose, & differe peu de ce que nous avons dit du Chaco ; les reptiles y sont très-nombreux : les serpens y sont communs, mais tous ne sont pas venimeux : il en est de 20 pieds de long qui avalent, disent quelques missionnaires, un cerf entier ; les Indiens connaissent ceux qui sont sans venin, & ils se font des ceintures de quelques-uns sans éprouver aucun accident.

Cette contrée fournit annuellement à celles du Potosi, environ 18000 bœufs & 4 à 5000 chevaux, qu'on éleve dans ses vastes campagnes : elle pourrait en fournir vingt fois davantage si elle avait quelque débouché qui put y rendre ce commerce plus avantageux ; d'ailleurs on y manque de bras : cette province qui seule pourrait former un royaume puissant, n'a pas plus de cent mille habitans, Espagnols, Indiens ou Negres, dont une partie habite sept bourgades ou villes ; & le reste est dispersé dans des domaines épars, dont quelques-uns ont douze lieues d'étendue, & comptent dans leur enceinte jusqu'à 4000 bêtes à corne, 6000 chevaux, fans compter d'autres troupeaux moins remarquables. Les mules y font en très-grand nombre.

Les villes du Tucuman font *Jugui* ou *Jujvi* ou *Xuqui*, fur une riviere qui se jette dans le Tarija. *Salta*, située au pied d'une chaine de monts & arrosée par la petite riviere de St. Salvador, qui se joint aussi au Tarija. *St. Miguel de Tucuman* au confluent de trois rivieres qui forment celle de Dulce qui vient se perdre dans les étangs ou lacs de *Salados de los Porongos* : fur cette même riviere, 30 lieues plus bas, fur un fol fertilisé par les débordemens de la riviere, est *St. Yago de l'Estero*, qui est le chef-lieu, ou la capitale du Tucuman. *St. Fernando* est plus au couchant, *Rioja* plus à l'orient : celle-ci est dans une plaine entourée de montagnes qui font partie des Cordelieres. Au nord de cette ville est la riviere & les lacs d'Andala : le plus méridional de ces deux lacs a une isle habitée, longue de 7 lieues.

Cette province s'était soumise volontairement aux Incas : elle resista peu au joug des Espagnols : le président de la Gaïca y fit bâtir 4 villes ; la premiere fut St. Yago, la seconde St. Miguel, la troisieme *Nuestra Senora de Talavera*, dont on ignore aujourd'hui la situation, & *Cordova* qui aujourd'hui est le chef-lieu de la province de son nom. Le gouverneur de la province réside à Salta, & l'évêque à Cordoue : chaque ville a son corregidor.

VIII. PROVINCE DE CUYOS ou CUYTO, ou CHIQUITO.

Elle est peu connue : elle a au nord le Tucuman,

man, au couchant, au midi le Chili, au levant, la province de Cordova : du levant au couchant elle a près de 100 lieues d'étendue, du nord au sud elle en a plus de 160 ; son sol, ses productions, ses richesses, ses habitans, sont à-peu-près les mêmes que ceux du Tucuman ; on y seme du froment & il y réussit : la vigne y prospere ; le coton y croît en buisson, & sa fleur est semblable à la tulipe jaune. On y voit d'assez grands lacs ; tel est celui de *Guanacache* qui a 15 lieues de long : la chaine de monts qui la sépare de la province de Cordova forme différentes vallées agréables ; celle qui la sépare du Chili est semée de volcans. Elle renferme différentes bourgades : celle de *Villa de Vallé fertile*, est la plus septentrionale, *Magna*, *Mercedes*, sont des villages encore. *S. Juan de Frontera* est arrosée par une riviere qui se jette dans le lac Guanacache ; *Mendoça* est dans une plaine à peu de distance des Cordelieres : on y fait du vin qui égale en bonté celui d'Espagne, & un savon recherché ; elle est remplie de jardins : on y compte quatre couvens & 200 familles, dont la moitié sont de race mêlée ; les autres sont Espagnoles. *San Luis de la Punta* est plus au levant ; cette derniere a aussi le nom de *S. Luis de Loyola* : les environs en sont peuplés, mais dans son enceinte on ne compte que 25 maisons & 50 chefs de famille. Ces trois dernieres villes sont les chefs-lieux d'autant de jurisdictions, qui partagent la province ; celle de St. Juan est habitée par plus de 20000 Indiens tributaires, qui sont plus blancs que les autres Américains, leur femmes sont belles ; leurs montagnes renferment de l'or : cette province, ou du moins une grande partie, faisait partie du Chili.

Tome XII. G

IX. Province de Cordova.

Elle est moins connue encore que la derniere : au midi, elle confine au pays de los Pompas ; au levant à la province de Buenos-Aires, au nord au Tucuman, au couchant à la province dont nous venons de parler. Du nord au sud, elle a environ 120 lieues ; du levant au couchant elle en a quatre-vingt-dix ; elle est traversée par diverses chaines de montagnes, arrosée par diverses rivieres, qu'on distingue sous le nom de premiere, seconde, troisieme & quatrieme ; la premiere est la plus septentrionale : la troisieme ou *Tercero* est la seule qui se rend dans le Rio de la Plata ; les autres se perdent dans des étangs renfermés dans la province ; ses richesses sont les mêmes que celles du Tucuman ; le bled, la vigne y réussissent ; mais les habitans manquent au sol : on n'y voit que quelques villages, & la ville qui donne son nom à la province, fondée par Nugnès Prado, en 1550, devenue épiscopale vingt ans après : une riviere qui se rend dans les étangs ou lac Salados de los Porongos, arrose & fertilise des campagnes où l'on recueille un vin qui est gros, fort & monte à la tête. Cette province a été comprise autrefois sous le nom de Tucuman, ainsi que la suivante sous celui de Chaco.

X. Province d'Yapizlaga.

C'est le nom qu'on donne aujourd'hui aux vastes plaines qu'arrosent, au nord le Pilcomayo, au midi le Vermejo ou Rio Grande, & qui furent connues autrefois sous celui de *Llanos de Manso* ou plaines de Manso, nom qu'elles doivent au capitaine Manso qui entreprit en 1556 d'y bâtir une ville : il s'en occupait dans la plus grande sécurité, lorsqu'il fut massacré avec les siens par les Chiriguanes. Ces peuples ne sont pas les seuls qui habitent ces plaines, les Zamucos cultivent la partie du nord : les Lenguas, les Guaycurus, les Paraguas, les contrées de l'est ; ce que nous avons dit du Chaco doit servir pour cette province ; nous n'en connaissons rien de plus.

XI. PROVINCE DU PARAGUAI.

Peut-être les Gaycurus ont fait donner ce nom à la riviere, joint à celui de Para, qui dans la langue de presque tous ces sauvages, signifie grande eau. Cette contrée s'étend sur les deux rives du fleuve ; mais sa plus grande partie est du côté de sa rive orientale, entre lui & la Parana. Une partie du Paraguai est renfermé dans les limites du gouvernement de Matto-Grosso qui est au nord : au levant cette province confine au gouvernement de St. Paul; au midi, à la province de Buenos-Ayres.

Cette contrée est célebre par ses productions, par ses habitans, par ses législateurs. Les lacs, les forêts, les rivieres qui l'arrosent y rendent l'air humide : l'air y est doux en général ; il est froid dans quelques-unes de ses parties ; le sol y est fertile en toutes sortes de grains, ou légumes, & en fruits ; on y cultive beaucoup de coton, & il y a peu de villages qui n'en recueillent plus de 60000 livres, dont les habitans font des toiles & des étoffes ; on y plante beaucoup de tabac, de canne à sucre, & une quantité prodigieuse d'herbe du Paraguai qui fait la principale richesse de cette colonie ; c'est improprement qu'on l'appelle une herbe, c'est la feuille d'un arbre qui n'a été observé ni décrit par aucun botaniste : il est de moyenne grandeur ; sa feuille a la forme de celle de l'oranger ; elle a quelque ressemblance au coca du Pérou, & son goût approche de celui de la mauve : son nom générique est *caa*, mais elle se divise en trois especes, qui sont *caacyus*, *caamini*, *caaguazu* : la premiere est formée du premier bouton cueilli au moment où la feuille commence à se déployer ; la seconde est la feuille dans toute sa grandeur, mais à laquelle on a ôté les côtés ; on les a laissées dans le caaguazu ou palos ; la caacyus est supérieure aux deux autres pour le goût, mais il se conserve difficilement, & ne peut se transporter au loin : les trois autres ont sur les lieux une amertume & une vertu qu'elles n'ont plus lorsqu'elles ont été transportées : on grille ces feuilles, & on les conserve dans des fossés creusés en terre & couverts d'une peau de bœuf ; quand on en veut faire usage, on jette la feuille en poudre dans l'eau bouillante, on la passe dans un linge, on la hume avec un chalumeau, après y avoir mêlé du jus de citron, & on y fait fondre de petites pastilles d'une odeur fort douce : cette liqueur s'appelle ordinairement *matté* : elle est apéritive & diurétique, mais les jésuites lui ont donné peut-être plus de réputation que ses qualités n'en méritent : on dirait à entendre les Espagnols qu'elle est une panacée universelle ; l'excès peut enivrer, & cependant elle a quelquefois des effets contraires, comme de réveiller ceux qui sont léthargiques, & de procurer le sommeil à ceux qui sont tourmentés d'insomnie ; elle est purgative & nourrissante ; l'usage la rend nécessaire : on en boit dans tous les tems ; & la difette de cette efpèce de thé à des effets auffi funeftes que celle des alimens même. Elle n'a pas la même bonté dans tous les lieux où on la trouve : la meilleure vient dans les fonds marécageux qui coupent la chaîne des monts *Maracayu*, qui s'élève à peu de diftance de la rive occidentale de la Parana, & s'étend parallelement à fon cours ; le Chili & le Pérou en tirent annuellement de ces lieux trois millions de livres pefant, qui rapportent dans le pays environ deux millions huit cent mille livres. Les Indiens en ont tranfporté des graines dans les provinces d'Uraguai & de Parana, & elles n'y ont prefque pas dégénérés. Ceux-ci ne font point de caacyus ; ils gardent pour leur ufage le caamini, & paient leur impôt à l'Efpagne avec le caagazu. Le premier entrepôt du commerce de cette efpèce de thé fut à l'Affomption, capitale du Paraguai ; mais le long trajet qu'il fallait faire pour ce commerce la dépeupla ; bientôt fes campagnes devinrent un défert, elle eut des richeffes & prefque point de bras. *Villa-Rica* plus voifine des monts Maracayu fuccéda au moment d'éclat qu'avait eu l'Affomption, & eut le même fort. Enfin au commencement de ce fiecle, on bâtit au pied du mont même, la ville de *Cunuguati* ou *Cunuguales* ou *Nueva Villa-Rica*, & elle eft aujourd'hui le marché de cette herbe ; au moins de celle qu'on recueille dans les vallées profondes du Maracayu. Outre cette marchandife fi précieufe à cette partie de l'Amérique, le Paraguai fournit d'autres objets plus utiles pour l'Europe, tel eft le bois de conftruction, les cuirs fournis par une multitude de bêtes à cornes, qui ont propagés dans ces parcs immenfes que l'homme n'habitait pas. Les mules &

les mulets y sont encore un des plus grands objets de son commerce avec ses voisins.

Comme le gouvernement de ces contrées n'a pas été détruit avec les jésuites qui l'établirent, il convient d'en donner une idée. Ces religieux parurent dans le Paraguay peu de temps après que l'Assomption fut fondée; ils convertirent une cinquantaine de familles indiennes: la paix, la sécurité qu'ils y faisaient regner en accrut bientôt le nombre: ces peuplades errantes avaient résisté aux armes des Espagnols; mais vaincus par les insinuations des jésuites, elles reçurent leurs instructions. Les jésuites, pour se les attacher, avaient appris leur langue & se conformaient à leurs mœurs; cette condescendance leur donna sur ces hommes simples une autorité presque absolue, & ils jetterent les fondemens d'un empire qui pouvait être durable.

Ils commencerent à rassembler ces sauvages dans des bourgades; ils s'enfonçaient dans les forêts pour les chercher, pour les persuader de renoncer à leurs habitudes & à leurs préjugés; pour leur faire aimer les douceurs d'une société qu'ils ne connaissaient pas. Ces sociétés furent soumises à un système régulier de police: ils s'engagerent à les protéger contre l'insolence du soldat, la tyrannie des gouverneurs; & pour repousser les incursions des Portugais, ils obtinrent de la cour d'Espagne la permission d'armer leurs néophites. Bientôt ils compterent douze mille hommes soumis à leurs loix; ils les disciplinerent, leur enseignerent l'usage de l'arme à feu, à tenir ferme contre l'ennemi, à échapper dans un instant à sa poursuite. La douceur du joug de la religion, l'exemption des marques d'esclavage, la juste répartition des travaux & des biens, faciliterent les soins infatigables des peres; ils se virent enfin à la tête de 34,000 familles qui obéissaient respectueusement à leurs ordres, & reconnaissaient leur autorité, sans y être portés par la contrainte.

Les missions du Paraguay étaient environnées de nations pacifiques, & d'autres qui les fatiguaient par leurs incursions: les jésuites se firent entendre de toutes, leur firent adopter leurs principes, les amenerent dans leurs bourgades & les instruisirent.

Sur les rives du Paraguay & du Parana sont dispersées 60 paroisses, éloignées les unes des autres d'environ dix lieues: dans chacune était un jésuite qui exerçait l'autorité ecclésiastique, civile & militaire: on le respectait comme un souverain; on l'écoutait, il était obéi comme un oracle. Cependant il y avait un gouverneur choisi parmi les Indiens, mais avec l'agrément de ces prêtres: chaque année on y élisait des régidors & des alcades qui, réunis au gouverneur, maintenaient le bon ordre & la paix parmi les habitans. Mais ces magistrats, qui rarement avaient une grande capacité, pouvaient abuser de leur pouvoir, & s'en servir pour se venger; on les soumit au prêtre: ils ne purent faire punir personne sans son aveu: s'il trouvait leur sentence équitable, on l'exécutait: les fautes légeres étaient punies par quelques jours de prison; les plus graves par le fouet: avant l'exécution de la sentence, le prêtre parlait au délinquant; il lui représentait avec douceur la nature de sa faute, la bassesse où il était descendu en la commettant; il faisait reconnaitre l'équité du jugement, & la punition était alors envisagée, plutôt comme une correction pa ternelle que comme un châtiment févere. Auffi ces peuples véneraient fi fort les jéfuites, qu'ils ne croyaient pas poffible qu'ils fuffent jamais injuftes.

Chaque bourgade avait fon arfenal particulier, où toutes les armes à feu, les fabres & les autres armes étaient dépofées; on en armait la milice lorfqu'elle s'exerçait en plein champ, ou lorfqu'elle était en marche pour repouffer l'ennemi: on l'exerçait tous les dimanches & tous les jours de fête dans la grande place qui décorait chaque ville: tous ceux qui pouvaient porter les armes étaient enrôlés, diftribués en compagnies: chacune avait fes officiers élevés à ce rang par leur capacité: ils ne portaient leur uniforme que dans ces circonftances, & les galons annonçaient le grade où ils étaient parvenus. Le gouverneur, les régidors, les alcades avaient auffi des habits de cérémonie magnifiques. Dans chaque ville était une école où l'on enfeignait à lire, à écrire, la mufique & la danfe: on y étudiait l'aptitude, le génie de chacun avant que de le deftiner à quelque fcience, à quelque profeffion. Autour de la cour de la maifon qu'habitait le pere dans chaque bourgade, étaient les atteliers publics pour les peintres, les graveurs, les doreurs, les orfevres, les ferruriers, les charpentiers, les tifferans, les horlogers & autres artiftes. Là, les Indiens, fous l'infpection des maitres & du prêtre, travaillaient pour l'avantage commun de leur ville: on y inftruifait les jeunes gens dans l'art pour lequel ils montraient le plus de difpofition.

Dans chaque bourgade était une maifon où l'on raffemblait les femmes de mauvaife réputation; on y recevait auffi les femmes qui n'avaient point de familles, & dont les époux étaient abfens. Pour l'entretien de cette maifon, pour celui des orphelins, des vieillards & des infirmes, il y avait deux jours de la femaine où les habitans de chaque village venaient cultiver & femer des champs qu'on appellait la *commune*, ou le *labor de la comunidad*. Le fuperflu qui en provenait fervait à acheter des vafes & des ornemens pour les églifes, pour habiller les pauvres, les orphelins & les vieillards: par ce plan il n'y avait plus de miferables, & tous les fujets étaient affurés du néceffaire.

Afin que les Indiens ne manquaffent jamais de matériaux pour le travail, il fallait que le prêtre eût toujours une provifion d'inftrumens, d'étoffes & autres marchandifes toujours prêtes; qu'il pût fournir ce dont on manquait, en l'échangeant contre de la cire ou d'autres productions. Il envoyait ce qu'on lui avait donné en échange au fupérieur de la miffion, qui lui faifait parvenir en retour les marchandifes qui lui étaient les plus néceffaires. Le prêtre vifitait fouvent lui-même les plantations des Indiens, afin de réprimer le penchant à la pareffe, naturel aux fauvages: il allait auffi dans les lieux où chaque jour on tuait du bétail pour les befoins de la peuplade, & il diftribuait la chair des animaux à chaque famille, felon le nombre de perfonnes qui la compofaient: il vifitait les malades, s'affurait fi l'on en prenait les foins que leur état exigeait, & s'ils ne manquaient point des fecours qu'on leur devait.

Le gouvernement civil de chaque ville avait pour but la tranquillité, la fûreté, le bonheur de ceux qui l'habitaient, & le prêtre veillait à ce qu'ils ne fe corrompiffent point. Il inftruifait les Indiens de fon diftrict, prenait foin qu'ils affiftaffent ponctuellement à l'office tous les jours de fête : tous les matins, les enfans confacraient les prémices du jour en fe rendant à l'églife, où ils fe plaçaient felon l'ordre des familles : l'un d'eux y faifait pour tous les prieres du matin ; on s'y inftruifait fur la religion jufqu'au foleil levant, tems auquel on difait la meffe : puis on fe rendait à fon travail, & le foir on raffemblait les jeunes gens pour les catéchifer, & les hommes pour faire la priere.

Le mariage était une grande folemnité qui fe célebrait le dimanche : on chantait la grand meffe, & on infcrivait le nouveau couple dans les regiftres de la chancellerie. Après l'office, on lifait une lifte des habitans de la paroiffe, pour connaître ceux qui ne s'y étaient pas rendus, & l'on y exigeait des réparations pour toutes les injuftices qui pouvaient s'être commifes. Cette régularité avait été utile peut-être pour rendre des hommes naturellement pareffeux & indolens, exacts à remplir leurs devoirs religieux, fideles dans le commerce, charitables, humbles, obéiffans ; mais on fent trop que cette législation fut dictée par des moines, & elles faifaient de chaque ville un grand monaftere. Ils n'avaient point de loix civiles, parce qu'ils ne connaiffaient pas la propriété ; ils n'avaient pas de loix criminelles, parce que chacun s'accufait & puniffait en quelque maniere volontairement : toutes les loix y étaient des préceptes de religion : ils avaient beaucoup d'arts & de commodités ; mais l'ufage de la monnaie y était ignoré : il n'y avait ni riches, ni pauvres, & point de diftinction entre les états : l'égalité entre les fujets y était entiere.

Les églifes paroiffiales du Paraguay font grandes,

riches, propres, magnifiquement décorées : les dorures, les peintures y frappent par-tout les yeux, y ébranlent l'imagination : tous les vases qui servent au service divin sont d'or ou d'argent ; beaucoup tirent leur plus grand prix de la délicatesse du travail, & des pierres précieuses qu'on y a enchassées. A l'un des côtés de l'autel sont des galeries superbes pour les magistrats civils ; de l'autre il y en a pour les officiers militaires : le peuple est placé avec ordre dans l'enceinte de l'église. Chacune a son orchestre, formé par des instrumens & de belles voix ; tout s'y exécute avec la pompe qu'on remarque dans des cathédrales : elle se fait remarquer encore dans les processions, sur-tout dans celles de la fête-Dieu, où le gouverneur, les régidors & les alcades assistent dans leurs habits de cérémonie, où la milice est parée de son uniforme, où le reste du peuple porte des flambeaux. On danse aussi dans ces processions : les danseurs y sont parés de leurs plus riches habits, assortis à l'objet qui les rassemble : tout s'y fait avec une solemnité qui en impose ; le culte enfin y est, ou y était si bien réglé, qu'il occupait l'esprit & subjuguait l'imagination des faibles & des incrédules.

La maison, ou plutôt le palais du prêtre, qui pouvait être envisagé comme le prince dans sa jurisdiction, était bâtie en forme d'église, pour imprimer du respect à ceux qui en approchaient, & rendre plus vénérable celui qui l'habitait : elle avait autant de divisions que le prêtre exerçait d'emplois civils ou ecclésiastiques : tous les matins, après la priere, il écoutait la plainte des opprimés ; il mettait ordre à leurs griefs. A midi, son devoir lui ordonnait d'écouter les confessions, de donner l'abſolution, & ſur ce point il était très-exact, très-ſévere. Après midi, il faiſait ſes viſites publiques & particulieres; il voyait le travail des enfans. Le ſoir il les interrogeait; il leur parlait de la religion & des mœurs.

Les maiſons des Indiens ſont bâties avec ſymmétrie; elles ſont commodes, auſſi bien meublées que celles des Eſpagnols aiſés dans pluſieurs villes de cette partie de l'Amérique. Cependant la plupart n'ont que des murs de terre: quelques unes ſont de briques ſéchées au ſoleil; d'autres de pierres communes; mais toutes ſont couvertes de tuiles. Chaque particulier, ſous les Jéſuites, devait avoir de la poudre dans ſa maiſon, afin de n'en manquer jamais, quand des fêtes, des exercices ou des attaques inopinées, demandaient qu'on s'en ſervit.

Tel eſt le tableau que nous tracent Ulloa & Muratori, les meilleurs guides en cette matiere, du gouvernement des Jéſuites dans le Paraguay. Leur projet était grand, il était même ſage & humain, & ceux qui les en ont voulu punir, n'en avaient le droit peut-être que par leur puiſſance.

Il faut remarquer encore qu'outre le gouvernement provincial, il y avait encore une diette formée de l'aſſemblée annuelle de tous les peres: là on traitait des intérêts communs des miſſions, des regles à ſuivre, des nouvelles loix à faire, des anciennes qu'il falloit changer ou perfectionner, de tout ce que les circonſtances faiſaient naître d'intéreſſant. Un gouvernement ſi ſage ſemblait devoir proſpérer, & cependant il ne proſpérait pas: la population n'y devint point conſidérable. Quoique ce nouvel état s'étendit juſqu'aux rives de l'Uruguay, il ne comprit jamais plus de 122000 hommes : le défaut de propriété, une vie uniforme où tout était réglé, ordonné, où l'homme n'exerçait presque aucune de ses facultés intellectuelles, était peu propre à exciter l'émulation ; elle laissoit l'indolence dans le cœur, & ne l'ôtait que méchaniquement du milieu de ces peuples : les guerres avec les Portugais, le commerce de l'herbe du Paraguay, funeste & destructif par les longues & pénibles courses qu'il rendait nécessaires, les ravages de la petite vérole, les vices du climat, détruisaient des générations aussi fortement que d'autres causes tendaient à les faire naître.

Ces missions sont sorties des mains des Jésuites en 1768 : on y comptait alors 769,353 bêtes à cornes, environ 96000 mulets ou chevaux, 221,500 moutons : les arts de nécessité y étaient perfectionnés, on y en connaissait quelques-uns d'agréables : l'abondance y était universelle. Un nouveau gouvernement n'a pu ajouter à ces biens. Un chef auquel on a donné trois lieutenans, gouvernent la contrée : & tout ce qui est du ressort de la religion a été confié à des moines de St. Dominique, de St. François & de la Merci ; on n'a rien changé aux principales loix ; mais on a pensé à faire sortir ce peuple créé par les Jésuites, les Guaranis, des campagnes humides & mal saines qu'ils cultivent entre le Paraguay & l'Uruguay, pour les répandre le long des rives du Paraguay ou Rio de la Plata, entre Buenos-Ayres, & l'*Assomption*.

Cette derniere ville que nous avons appellée la capitale du Paraguay, est petite, irréguliere, & cependant la plus belle, la plus grande du pays : ses maisons sont dispersées sans ordre au milieu de jardins & de plantations : elle eft la réfidence d'un gouverneur, elle l'eft d'un évèque, dont le chapitre n'eft formé que par trois dignitaires, & deux chanoines. *Villa-rica* eft moins grande encore; la paroiffe eft deffervie par les Francifcains.

XII. Province de Buenos-Ayres.

Nous renfermons fous ce titre, tout l'efpace qui eft borné au nord par l'Yapizlaga & le Paraguay, au levant par les poffeffions Portugaifes, au midi par la mer & les contrées défertes ou habitées par les peuples errans, comprifes fous le nom général de terres Magellaniques, au couchant par la province de Cordova & le Tucuman : il eft compris entre le 27° & le 36° de latitude méridionale; entre le 317 & le 324° de longitude. Il formait le 5⁸ évèché de l'audience de Charcas, & a pris fon nom de la capitale, qui le doit à la pureté de l'air qu'on y refpire. Le climat y eft fain & affez tempéré, quoique la différence de l'été & de l'hiver y foit très-fenfible. Dans l'été, l'air y eft férein & d'une chaleur exceffive, jufqu'à ce qu'il s'élève vers les 8 ou 9 heures du matin un vent qui la rend très-fupportable : dans l'hiver, les orages, les pluies y font fréquentes, les éclairs & les tonnerres effrayans ; ils confternent & impriment la terreur dans ceux même qui y font le plus accoutumés.

Parmi les fleuves qui l'arrofent, les deux plus confidérables font le Paraguay ou Rio de la Plata, & l'Uruguay. Le premier naît comme nous l'avons dit, au pied des montagnes qui bornent au midi le gouvernement de Para, dans le Compos de Parefis ; il fe jette dans le lac de Xarayes qu'il traverse, & dont il sort par son extrêmité méridionale; il reçoit ensuite diverses rivieres, & perd son nom en recevant la Parana, fleuve plus large & plus impétueux, qui après avoir coulé encore au midi, reçoit l'Uruguay, prend enfin le nom de Rio de la Plata, & se jette dans la mer, par une embouchure large de plus de 50 lieues. Dias de Solis est le premier qui ait découvert ce fleuve, & il lui donna le nom de Rio de Soles. Sébastien Cabot le remonta jusqu'au delà du confluent du Parana & du Paraguay, où ayant reçu des lingots d'or & d'argent en échange, contre des marchandises de peu de prix, il crut le pays très-riche en mines, & donna à cette riviere le nom de *Rio de la Plata*. Soit que de son embouchure on remonte vers les sources de la Parana, ou vers celles du Paraguay, on trouvera que ce fleuve a plus de 600 lieues de cours. On y trouve trois bancs de sable, avant que d'arriver à Buenos-Ayres.

L'Uruguay prend sa source dans le gouvernement de Rio Janeiro; il coule au couchant, reçoit diverses rivieres: parmi lesquelles est l'Ybiaci, & celle qui sort du lac d'Ybera: son cours n'est pas toujours d'une égale rapidité; il a 370 lieues d'étendue, & se joint à Rio de la Plata, à 40 lieues de son embouchure.

Le pays est habité par différentes peuplades de sauvages, dont on ne connait bien que celles qui sont voisines du fleuve de la Plata; tels sont les *Charruas*, les *Minuanas*, les *Guanas*, sur la rive orientale; sur l'occidentale on remarque les *Chechehets* & les *Pampas*. Ces derniers sont peu dociles, & n'ont pu le devenir, même en fréquentant Buenos-Ayres où ils portent vendre des denrées. Tous en général, ont la tête & les pieds nuds : ils sont couverts d'une espece de manteau composé de peaux de chevreuils avec leurs poils, cousues ensemble, & formant un quarré long, qu'ils attachent aux épaules avec deux courroies. Sur le côté intérieur sont peintes en rouges & en bleus gris différentes figures quarrées, triangles, lozanges; & ceux de l'est viennent à Buenos-Ayres, à Monte-Video, & y apportent des peaux, des sacs de peaux de tigre, qu'ils échangent souvent contre du vin & de l'eau de vie : ils ont le corps droit, la jambe & le bras bien tournés, la poitrine large, les muscles forts & bien dessinés; leur taille est avantageuse, leur visage rond, leurs yeux sont grands & pleins de feu ; ils ont le nez un peu large & la bouche grande, les dents blanches : leurs cheveux longs & noirs tombent sur le cou & sur le front ; ils les oignent de graisse ainsi que leurs corps, ce qui contribue à donner à leur peau la couleur du cuivre bronzé : leurs femmes y sont petites, & s'occupent à la culture du manioc, à coudre les manteaux dont nous avons parlé, à préparer les repas, tandis que les hommes chassent, pêchent, ou s'exercent à cheval. Dans chaque hameau est un vieillard qui préside : le respect qu'on a pour les vieillards y tient lieu de gouvernement.

C'est principalement à la chasse du taureau que les hommes sont occupés ; ils s'y servent de las, de lances & d'arcs : avec le premier ils se saisissent d'un homme, d'un taureau, d'un tigre même : ils sont faits de lanieres de cuirs, tordues & rendues souples en les graissant & les étirant : un taureau ne peut rompre ce lien que l'homme lance sur lui en courant à toute bride : ils portent

tent toujours des fers de flèches qu'ils n'emmanchent à un roseau qu'au moment où ils veulent les lancer; & cette arme est d'autant plus dangereuse qu'on ne peut l'arracher sans que le roseau ne reste à la main, & le fer dans la blessure.

La multitude de ces taureaux peut être présumée, par ce qu'en dit D. Ulloa : au commencement de ce siecle, un vaisseau ne sortait pas de Buenos-Ayres sans être chargé de 40 à 50 mille cuirs, & il fallait en avoir tué 80000 pour en fournir cette quantité; parce que toutes les peaux qui ne sont pas de taureau, & d'une certaine mesure, n'entrent pas dans le commerce; & que les chasseurs en tuent beaucoup, dont ils ne prennent que la langue & la graisse; de plus, les animaux féroces en dévorent beaucoup.

Les chevaux sont très-nombreux dans le pays; ils l'ont été au moins, & on en peut juger par leur prix; ils s'échangeaient contre deux aiguilles : ils sont excellens, vifs, agiles, & d'un pas extrêmement sûr & allongé; ils marchent l'amble, & très-vite; ils ne se distinguent point par l'élégance de la taille, mais par leur légéreté, leur docilité, leur courage & leur sobriété : ils paissent toute l'année dans les champs, & ne sont jamais ferrés. Les taureaux s'étendent dans ce vaste espace, qui s'étend à l'orient & au couchant de Rio de la Plata. Les tigres y sont très-communs, & en général, ils y sont plus gros & plus féroces que dans les déserts de l'Afrique; quelquefois cependant ou réussit à en apprivoiser. Les caymans y sont aussi en grand nombre; il en est qui ont quelquefois 20 pieds de long; leurs dents peuvent couper un homme par le milieu du corps, & leurs écailles résistent à une balle de mousquet;

Tome XII. H

ils remontent le long des rivieres, & leurs cris ont quelque reſſemblance à ceux d'un enfant. Parmi les animaux moins redoutables à l'homme, on y remarque le *Zorillos*: il eſt de la grandeur d'une belette; ſon poil eſt fauve, il eſt preſque gris ſous le ventre: deux lignes blanches s'étendent le long de ſon dos, & forment, de ſon cou à ſa queue, une figure preſque ovale: ſa queue eſt bien fournie de poils, & l'animal la tient toujours élevée: lorſqu'il eſt pourſuivi, ou qu'il s'irrite, il lâche ſon urine qui infecte l'air, dit-on, à plus d'une demi-lieue à la ronde: il y a dans les provinces voiſines, un animal qui paraît être de la même eſpece, & qu'on nomme *Chinche*, que le pere Feuillée dit être de la groſſeur d'un chat: il a la tête longue & pointue: ſa gueule eſt fendue juſqu'aux yeux, qui ſont longs & étroits: ſes oreilles reſſemblent à celles de l'homme, il exhale une odeur inſupportable. Le *tatou*, nommé *encubertado* par les Portugais, eſt auſſi commun dans ces contrées.

Entre les oiſeaux, on remarque la *perruche*, dont le plumage eſt d'un beau verd, excepté ſur le cou, l'eſtomac & une partie du ventre où il eſt d'un gris argenté; leur bec eſt court, recourbé, couleur de chair: leur queue eſt extrêmement longue: cet oiſeau s'apprivoiſe, devient doux, careſſant, apprend à parler, & aime la compagnie, les perroquets y ſont en grand nombre, ainſi que diverſes ſortes d'oiſeaux. La macreuſe y égale en groſſeur une poule domeſtique.

Il y a peu de coquillages ſur la côte de ce pays: cependant on y trouve de beaux nautiles papyracées. Mais le regne végétal y eſt plus riche: on y compte diverſes plantes qui paraiſſent être particulieres au pays : tel est le *Méona* qui ressemble au serpolet, dont la tige est rouge & rampante, la racine genouillée, le fruit une graine jaunâtre, renfermée dans une gousse spirale; rompue, il en découle un suc laiteux; prise en infusion, elle guérit, dit-on, les rétentions d'urine: l'*ebreno* ou *mio-mio* a la tige rampante, la feuille plus déliée encore que le fenouil, sa racine est rousse & sa fleur herbeuse; elle vient en ombelle, & sert contre les fluxions & les rhumes : le *moté* a la tige droite, ronde, branchue, velue, haute d'un pied & demi, d'un gris rougeâtre; ses feuilles sont velues, d'un verd blanchâtre, longues d'un pouce, larges de quatre : ses fleurs sont solitaires, dispersées le long des branches, monopétales & jaunes. Les feuilles sont excellentes pour les blessures : le *cachen-laguen* ou *cancha-tagua* ressemble à la petite centaurée d'Europe; elle guérit du mal de gorge, & est un excellent febrifuge: le *mechoacan* est une plante rampante, dont la racine menue & blanchâtre, s'étend à fleur de terre, qui pousse différentes tiges qui n'ont de feuilles qu'à leur extrémité : sa racine est très-purgative : le *guaycuru* a une racine rougeâtre & luisante, d'où s'élevent des feuilles épaisses & d'un beau verd, du milieu desquelles sort une petite tige, pleine, sans feuilles, se partageant en une douzaine de petites branches qui portent à leur cime de petites fleurs inodores, herbeuses, formant un parasol: c'est un des astringens les plus puissans que l'on connaisse : le *payco* ressemble à la turquette; ses feuilles sont découpées en scies, grasses & sans pétiole, sa fleur couvre presque les branches, elle est très-petite: toute la plante est d'un verd tendre, quelquefois rougeâtre ; elle exhale une odeur de citron ; c'est un puissant sudorifique : le *colaguala* a une tige composée de différens rameaux qui se font jour au travers le sable dans les lieux stériles ; ils sont noueux, les feuilles petites, en petit nombre, sessiles ; sa racine est d'un rouge brun, & sert contre les maux vénériens, & l'épilepsie ; le *carqueja* est un petit arbuste haut d'un pied ; sa tige se partage en fibres déliées, souples, qui se rassemblant au sommet forme une tête ; sa racine dissout le sang caillé, le purifie & enleve les obstructions. La *birabida*, espece d'immortelle, est un fébrifuge ; on range encore dans cette classe l'*yguerilla*, la *zarca*, la *charrua*, surtout le *safran*, espece de carthame ; sa fleur est appellée *safran bâtard* ; on la cultive dans les jardins, parce qu'on couvre tous les mets de ses fleurs.

Près des rivages de la mer on trouve quelquefois des *galeres*, espece de vessie du genre des holotures, qui semble n'être ni plante, ni poisson, & vit cependant, se meut, & fait remarquer en elle un mouvement péristaltique, tel que celui des intestins ; les plus grandes ont sept pouces de long & cinq de haut : elle est claire & transparente comme le crystal ; mais les bords, son dos, ses jambes, ont les couleurs d'une flamme sulfureuse ; son attouchement est dangereux & empoisonne la chair des poissons sans les faire mourir.

Les Portugais ont possédé une partie de ce pays ; en 1680 : ils y avaient formé la colonie du *St. Sacrement*, presque vis-à-vis de Buenos-Ayres, mais entourée des possessions Espagnoles, & resserrée par les bourgades de Maldonado & de Monte-Video. En 1750, le Portugal échangea cette colonie contre sept des missions formées sur les rives orientales de l'Uruguai, qui se défendirent contre les troupes des deux puissances : l'arrangement ne put avoir lieu, & la guerre décida en 1778, que le Portugal devait abandonner sa colonie, & ne recevoir en échange que le territoire de la riviere San Pedro.

Nueſtra Sennora de Buenos-Ayres, capitale de la vice-royauté, fut bâtie en 1535, sur la rive occidentale de Rio de la Plata, près d'une petite riviere qui s'y jette ; elle fut abandonnée peu de temps après, rebâtie en 1582, érigée en évêché en 1620. Elle est située dans une grande plaine, dont le penchant presqu'insensible se termine à la rive du fleuve. On y compte plus de trois mille maisons : ainsi que les villes situées sur les rives des fleuves, elle est plus longue que large, mais les rues en sont droites, larges, formées de maisons fort basses, mais toutes embellies par des jardins : la situation en est saine & agréable ; l'air y est tempéré, les édifices publics & particuliers y étaient de terre glaise, & couverts de feuilles dans le siecle passé ; ils sont devenus plus solides, plus commodes, depuis qu'on y a pu faire de la brique & de la chaux : ils sont couvertes de tuiles ; elle a une grande place située au bord de la petite riviere qui se rend dans le fleuve ; sa cathedrale est un beau & vaste bâtiment qui sert principalement pour les Espagnols, une grande église paroissiale élevée à l'extrèmité de la ville, est principalement destinée aux Indiens. On y trouve des couvens de différens ordres, & on y compte environ trente mille ames. Une forteresse, gardée par six à sept cent hommes, défend un côté de la ville, & les eaux du fleuve environnent le reste de son enceinte ; environ trois mille hommes Espagnols, Indiens, negres ou mulâtres libres, sont toujours en état de se joindre aux troupes régulieres qui en éloignent l'ennemi: elle est à soixante lieues de la mer, & l'on y parvient par le fleuve embarrassé de bancs de sable, d'isles & d'écueils; où les tempètes sont plus communes & plus terribles que sur mer; où l'on est obligé de mouiller tous les soirs à l'endroit où l'on se trouve; où dans les jours les plus calmes, il faut que les pilotes aillent toujours la sonde à la main, au devant des vaisseaux pour en indiquer la route. La ville est sous le $319° 15'$ de longitude, sous le $34°\ 4°$ de latitude méridionale.

Dans ses environs sont de beaux pâturages; le seul arbre qui s'y soit perfectionné, est le pècher: la vigne n'a pu s'y naturaliser; plus loin sont des monts & de vastes forèts, habitées par un grand nombre de vaches & de taureaux sauvages; dans toute l'Amérique, & dans l'Europe mème, il n'est pas de contrée où l'on trouve de meilleure viande; elle y est toujours grasse, savoureuse, & si abondante, que souvent on ne vend pas plus un bœuf que sa peau seule. Le bœuf pris en vie dans ces vastes campagnes, ne coute souvent, ou du moins ne coutait en 1740 que quatre réales, & un cheval qu'un écu; la chasse plus fréquente & plus destructive, une population plus nombreuse en ont fait hausser le prix: les cuirs sont encore les principaux objets de son commerce.

Pour la facilité des navigateurs, on avait formé des entrepôts sur les rives du fleuve, entre Buenos-Ayres & la mer; sur la rive occidentale est *Incenada de Barragan*, à huit lieues au dessous de Buenos-Ayres, bourgade formée de cabanes construites avec du jonc, couvertes de cuirs & dispersées sans ordre, n'ayant ni magasins, ni subsistance, habitée par des hommes indolens & paresseux; l'embouchure d'une riviere large de plus de deux lieues lui sert de port, mais les navires qui ne prennent que douze pieds d'eau peuvent seuls y entrer: les autres jettent l'ancre derriere une pointe voisine où le mouillage est incommode, mais peu dangereux: sur la rive orientale, on trouve *Maldonado* & *Monte-Video*.

Maldonado, est une bourgade assez miserable, au fond d'une baie qui présente un asyle dangereux: le havre, devant lequel est la petite isle de même nom, est un des plus mauvais qu'il y ait dans ces mers.

Monte-Video est une colonie nouvelle où l'on ne voyait que quelques baraques en 1740: c'est aujourd'hui une petite ville qui s'embellit tous les jours, les rues y sont tirées au cordeau & assez larges, les maisons n'y ont que le rez-de-chaussée qui a 14 ou 15 pieds de hauteur, y compris le comble qui est fait de roseau: une salle, quelques chambres, une cuisine où est l'unique cheminée de la maison, quelques meubles de bois, quelques mauvaises tapisseries, c'est tout ce qu'elles renferment; la ville ne compte que peu de commerçans, que peu d'artistes, & ce sont ceux-là seulement qui ne vivent pas dans une oisiveté absolue: les femmes y sont bien faites, & s'habillent avec élégance : on y chante, on y danse; les mœurs y sont simples, trop chargées de cérémonies; mais il n'y a point d'activité, & peu de richesses; tous les vivres y sont à bas prix; la ville est peu peuplée: chaque maison a un jardin que le possesseur néglige de cultiver, & les légumes y sont rares; le gouverneur y a un vaste verger rempli d'arbres fruitiers & de plantes rares. Les environs forment une plaine à perte de vue : le fol y eft noir, fort, & la plus légere culture le fait produire abondamment : il n'y manque que des cultivateurs pour en faire un pays riche ; l'air y eft fain, le ciel beau, les chaleurs tempérées ; le bois ne s'y trouve qu'au bord des rivieres ; une citadelle la défend du côté de terre, des batteries du côté du fleuve ; tant d'avantages dévraient faire prospérer cette ville, & cependant on peut prévoir qu'elle ne deviendra jamais bien floriffante, parce que fa baie qui a deux lieues de profondeur n'a que 4 ou 5 braffes d'eau : il faut s'y laiffer échouer, & les vaiffeaux s'arquent & périffent vite dans la vafe.

A quatre-vingt-dix lieues, vers le nord de Buenos-Ayres, fur la rive occidentale, eft *Santa-Fé*; cette ville eft placée près du confluent de la riviere Dulce ou Salado, avec celle de la Plata ou Parana : elle eft petite & mal bâtie ; les Indiens libres l'ont fouvent ravagée ; fes environs font fertiles & agréables, embellis par différens villages. Elle eft en quelque maniere le canal de communication entre le Paraguay & la capitale, furtout pour l'herbe.

Las Corrientes eft à cent lieues au nord de Santa Fé, fur la rive orientale du Parana qui s'y joint au Paraguay : c'eft une bourgade mal bâtie, elle a peu de commerce, fes environs font humides, mais très-féconds quand on les cultive bien. Ces deux villes ont leur corregidor particulier : leurs habitans & ceux de leurs campagnes font claffés en troupes de milice.

Entr'elles, fur la rive orientale du fleuve, eft le hameau de *Sainte Lucie*, dans un pays très-agréable ;

mais presque désert. *Melinque*, *Pergamino*, sont de petites bourgades dans les plaines qui sont au nord-ouest de Buenos-Ayres.

Il y a une riviere de Sainte Lucie, entre Monte-Video & le St. Sacrement, qui semble devoir attirer l'attention du gouvernement, par la facilité d'y faire un des plus beaux ports du monde, avec peu de dépense : il ne s'agirait que de creuser le banc de sable qui en rend l'entrée difficile.

Les isles de *St. Gabriel* sont formées par le fleuve de la Plata, vis-à-vis de Buenos-Ayres : ces isles sont couvertes d'arbres : le sol en est fertile ; on y peut faire d'agréables retraites : la plus méridionale a une lieue de tour, & n'est pas la plus grande.

TERRES MAGELLANIQUES.

On donne ce nom à toute la partie du continent de l'Amérique, bornée au nord par la viceroyauté de Buenos-Ayres ; à l'orient, par l'Océan Atlantique ; au midi, par le détroit de Magellan, dont elles tirent leur nom ; au couchant, par la mer du sud & le Chili. Du 36° de latitude méridionale, elles s'étendent jusqu'au-delà du 54e ; & du 304e. de longitude, jusqu'au 320.

Les Espagnols croient en devoir être les possesseurs, quoiqu'ils n'y aient point d'habitations, point de colonies, & on ne leur dispute pas leurs prétentions, parce que ces terres sont en partie inconnues, en partie désertes. On n'y voit aucun arbre, excepté dans quelques contrées où les Espagnols ont planté des pêchers qui y ont réussi, sur-tout près de Buenos-Ayres. De-là, on ne trouve, sur les côtes orientales, dans un espace de 400 lieues, & même dans l'intérieur du pays auffi loin qu'on y a pu pénétrer, aucune forêt, aucun arbre, mais feulement quelques buiffons épars. Mais prefque par-tout ce fol offre des prairies fécondes : il eft léger, fec, pierreux ; & cependant, là même où il l'eft davantage, il fe couvre bientôt d'une herbe épaiffe & longue, difperfée en touffes entre des efpaces de fables ftériles. Cette herbe eft très-nourriffante pour le gros bétail ; & les Efpagnols y ayant laiffé errer à leur gré des bêtes à cornes amenées d'Europe, elles s'y multiplierent d'une maniere étonnante. Leur grand nombre les a fait repandre au loin dans ces vaftes contrées ; & les parties feptentrionales fur-tout en font remplies, comme peuvent l'être les poffeffions d'un particulier vigilant : les chaffeurs en tuent chaque année plufieurs milliers pour en avoir la peau & le fuif.

La chaffe de ces animaux eft particuliere à ces contrées, & demande une courte defcription. Les chaffeurs font tous à cheval, & les Indiens font auffi exercés dans cet art que l'Efpagnol lui-même : ils font armés d'une lance, dont l'extrémité porte une lame qui fait équerre avec elle : ils pourfuivent l'animal, & lorfqu'ils en font affez près par derriere, ils lui coupent le jarret avec la lame acérée ; il tombe & ne peut plus fe relever : le chaffeur l'abandonne pour en fuivre un autre qu'il abbat de la même maniere. Quelquefois les chaffeurs font accompagnés d'une autre troupe qui tue l'animal abbatu, l'écorche, & lui enleve la peau ; mais fouvent ils le laiffent fouffrir pendant plufieurs jours, afin que l'angoiffe & les tourmens qu'il éprouve rendent fa peau plus facile à fe détacher. Cet ufage cruel a été condamné par les prêtres, qui s'y sont opposés avec force, & toujours en vain.

L'animal est abandonné quand on lui a ôté la peau; quelquefois on en sépare & emporte le suif & la langue: le reste est dissipé par la fermentation, ou dévoré par les oiseaux & les autres bêtes carnassieres: la plus grande partie devient la proie des chiens sauvages, dont on trouve des armées nombreuses dans ce pays; ils sont descendus de chiens espagnols de Buenos-Ayres, que la multitude des cadavres & la facilité de s'en nourrir, ont fait abandonner leurs maitres: ils sont devenus féroces: quoiqu'on en voie errer çà & là plusieurs milliers, ils ne détruisent point le bétail, ni ne s'opposent point à sa multiplication; ils se bornent à se disputer les restes mutilés que les chasseurs leur abandonnent, sans attaquer les troupeaux qui paissent rassemblés dans les prairies.

Souvent on a besoin de ces bêtes à cornes pour attacher à la charrue, ou servir à d'autres objets; alors on cherche à s'en saisir avec beaucoup d'adresse: le chasseur lui lance une laniere de cuir, longue de plusieurs brasses, qui a un lacet vers son extrêmité: il cherche à y enlasser ses cornes: un autre chasseur suit le même animal & lui lance un lacet pour saisir ses jambes de derriere: les chevaux dressés à ce manege prennent alors une route opposée, & les courroies attachées à la selle du cavalier, tirant l'animal en sens contraire, le font tomber sur la terre où il se débat avec violence: les chevaux s'arrêtent, les chasseurs descendent & lient leur proie, de maniere à pouvoir l'amener facilement où ils desirent.

On prend encore avec le lacet des chevaux & des tigres même. Les chevaux y furent aussi amenés d'Espagne; ils s'y sont multipliés d'une maniere incroyable, & se sont répandus plus loin encore que les bœufs: il en est d'excellens; mais leur grand nombre les met à vil prix; quelque bon qu'il puisse être, son prix ordinaire n'est aujourd'hui que d'une piastre.

On trouve aussi dans toutes ces contrées un grand nombre de vigognes ou brebis du Pérou; mais on ne parvient à s'en saisir qu'avec beaucoup de peine, parce qu'elles sont aussi craintives que vites à la course. Sur les côtes orientales, on trouve des quantités innombrables de chiens de mer, & d'oiseaux aquatiques: les plus remarquables de ces derniers sont les pengouins, semblables à l'oie par la figure & la grosseur. Ses plumes sont noires sur le dos, blanches sous le ventre: sa peau est très-épaisse & dure; ses ailes courtes & lourdes lui servent pour nager, non pour voler; son bec est étroit; sa démarche, sa grandeur le feraient prendre de loin pour un petit homme: il a une chair de bon goût.

Les côtes orientales sont peu habitées; rarement les vaisseaux qui s'en approchent, y voyent plus de 4 à 5 familles à la fois. Nous allons parcourir leurs différens lieux connus.

Au midi de Buenos-Ayres, entre l'Océan & les Pampas, est le pays *del Tuyu* : tout ce qu'on en connaît se réduit à des plaines humides, entrecoupées de petits lacs & d'étangs, de chaînes de montagnes arrosées par quelques rivieres peu considérables: la seule dont on connaisse le cours, est celle de *Hucugue*, qui se jette dans la mer, par une embouchure assez grande, coupée dans une côte élevée & sablonneuse. Le cap de St. André n'y est remarquable ni par sa hauteur, ni par son prolongement. Le mont *Cafubati*, éloigné de la mer de 20 lieues, peut cependant être apperçu par les navigateurs.

Plus au midi, habite une peuplade d'Indiens, nommés *Doquetecs* : on ne connaît de ce pays que la baye *Anegada*, large, profonde, mais qui manque d'eaux douces.

C'eft plus au midi encore que vient fe jetter dans l'Océan le fleuve de *las Barrancas*, ou *Colorado*, qui naît dans le pays des Pampas, arrofe celui des *Serranos*, pays montueux, ainfi que celui des *Chechehets* qui le touche au fud ; entre ces derniers & l'Océan, eft le pays de *Toelchus de à Caballo* : là eft le cap & la profonde & large baie *d'Aporcelade*, où les vaiffeaux peuvent être en sûreté, mais non renouveller leurs provifions : on n'y découvre ni eaux douces, ni bois, ni hommes, ni animaux.

Au couchant de ce pays coule la Riviere noire, ou *Rio Negro*, qui prend fa fource dans le Chili, & a plus de 200 lieues de cours. Elle termine au nord le pays de *Toelchus de Apié*, contrée inhabitée, qu'une chaîne de montagnes fépare du *défert de Comarca*, renfermé dans les limites du Chili. Le Rio Negro a une embouchure affez large, & forme la baie de *Sinfonds* ou le port *Matthias*.

Le lieu le plus remarquable que l'on trouve enfuite, eft la baie de *los Camarones*. Elle eft fort grande, l'eau y eft profonde, & le fond de fable fin : près de la terre, on n'y a point à craindre les vents : au milieu eft une ifle longue d'une lieue; dont la pointe orientale forme une fuite de basfonds & d'iflots couverts d'oifeaux de mer, & de loups marins : l'ifle a le nom de *S. Jofeph*. Le terrein qui l'environne est couvert de rochers & d'épines: on y marque une riviere dans les cartes; mais ce n'est qu'un ravin qui dans les tems de pluie & de fonte de neige, se remplit d'eau, & demeure à sec le reste de l'année. Les côtes voisines sont basses, & par-tout stériles. Au midi de cette baie, est le cap des *Buissons* ou de *las Matas*, où l'on ne voit que des collines arides, où l'on ne voit pas une plante; la côte est d'une hauteur médiocre, mais elle est coupée par des rochers: le cap forme une baie, où l'on peut entrer sans danger, où l'eau est si profonde, que dans toutes ses parties, on trouve 35 à 40 pieds d'eau, à 10 toises du rivage: le fond est de sable noir; on n'y peut craindre que les vents d'orient, assez rares dans ces parages: vis-à-vis du cap, sont deux isles: la plus élevée, la plus grande, est à une lieue du continent: elles sont aussi stériles que lui: les courans y sont violens.

Au midi encore, est la baie *St. George*, ou *S. Jorge*, où vient se rendre une petite riviere qui arrose le pays des *Césares*, *Cessares* ou *Arguels*. Ce pays, dit le Pere Feuillée, est extrèmement fertile & agréable, fermé au couchant par une riviere grande & rapide, qui les sépare de peuples bien différens, où l'on se sert de linges & de cloches, ce qui semble désigner des contrées du Chili; une loi, dit-on, défend l'entrée de ce pays aux Espagnols, & à tous autres étrangers: les Cordelieres qui s'y prolongent le rendent encore d'un difficile accès: ses habitans ont le teint blanc, & on les croit descendus des restes vagabonds de l'équipage de trois vaisseaux Espagnols, qui se fixerent dans une terre féconde, où ils se sont multipliés, & où ils forment aujourd'hui une république bien ordonnée. Ces peuples, ajoute-t-on, n'ayant rien à défirer, confervent en s'ifolant, une tranquilité qu'ils troubleraient par des liaifons avec des peuples voifins.

Au deffous de la baie *St. George*, eft le *Cap Blanc*, près duquel vient fe jetter une riviere qu'on nomme *Frabajos* ; du rocher qui forme ce cap jufqu'au Port defiré eft une anfe très-étendue, dont la terre eft haute & découpée par quelques ouvertures remplies de buiffons, & dont le bas forme des falines. C'eft dans cet efpace qu'eft la baie *Spirino*, où eft un pays coupé d'agréables collines & de petits enfoncemens fablonneux.

Puerto Defeado, ou le *Port Defiré*, eft un des meilleurs ports du monde ; mais on y manque de tout ce qui fert à la nourriture de l'homme : on y trouverait cependant les ingrédiens néceffaires pour fabriquer le favon & le verre ; on y voit beaucoup de marbre veiné de blanc, de noir & de verd, des pierres calcaires, de grands rochers de pierres à fufil blanche & rouge, qui renferment un talc auffi brillant que le diamant, & d'autres qui femblent renfermer du vitriol. A l'entrée eft une isle qui porte le nom d'*Isle des Rois* : plus avant on rencontre les isles de *Pengouins*, de *Los Paxaros* & de *Roldan* : elles font couvertes de débris de roc ; on n'y voit aucuns végétaux, excepté au centre où le fol graveleux produit quelques plantes ; les lions marins habitent leurs côtes : c'eft un animal qui reffemble au loup marin ; le plus grand eft de la taille d'un bœuf de trois ans ; il a la tête & le cou d'un veau, dit Quiroga ; fes pieds de devant font des nageoires qu'il étend comme des ailes : ceux de derriere ont cinq doigts, dont trois feulement ont des ongles : il en est de diverses couleurs, rouges, blancs, noirs : leur cri qui se fait entendre au loin ressemble au meuglement d'une vache : leur queue est celle d'un poisson : ils marchent avec lenteur, & se défendent avec courage; ils se secourent mutuellement & vivent de poissons.

Le sol, au septentrion du port, présente un sol inégal, sec, plein de crevasse, semé de monticules, de rochers, de pierres à chaux, sans aucuns arbres; les fonds les plus bas en présentent quelques-uns, mais petits & entremêlés de buissons & de halliers; on n'y découvre d'eau douce que celle d'un ancien puits connu des Hollandais, & dont l'eau est fort saine. Sur une haute montagne, on a trouvé un squelette sous un monceau de pierres : de-là on découvre un grand espace de pays où la terre est inculte, & ne peut cesser de l'être; il n'y a pas un ruisseau, on n'y voit point d'animaux ni de plantes pour se nourrir, point de bois pour se bâtir une cabane. Il y a cependant, selon Narborough, des vallées couvertes de taureaux, & des dunes où sont des touffes d'une herbe seche & longue : & dans l'intérieur du pays, il y a des pois sauvages, une plante semblable à la sauge, une autre à l'ivraie. Quelques oiseaux voltigent dans ces plaines abandonnées; quelques guanasco y rampent; quelques lievres & des chiens s'y font appercevoir; mais ces êtres animés ne troublent point la solitude de ces contrées, n'éloignent point l'image de la faim & de l'abandon qu'ils présentent sans cesse.

Le pays situé au midi, a quelques avantages sur celui-là; on y trouve un petit ruisseau où l'on peut puiser facilement une eau limpide & saine; des guanacos, des petits renards, des lievres s'y

font

font voir de loin en loin : au devant de fa côte est l'isle d'*Olivares* où l'on trouve quelques végétaux, quelques lievres, des autruches, & des huitres : on y voit encore du marbre de différentes couleurs, mais point d'eaux potables, & par-tout un terrein fec & pierreux. Le lieu le plus fûr pour les vaiffeaux eft au couchant de l'isle des *Pengouins*, ils y font à l'abri de tous les vents. La baie s'enfonce très-avant dans les terres.

En continuant fa route au midi, on arrive au port *St. Julien* : la côte eft élevée dans l'efpace qui les fépare, mais à fon pied eft une plage baffe qui ne permet pas aux vaiffeaux d'en approcher : on n'y voit point d'arbres, ni rien qui plaife à la vue ; elle ne peut s'étendre que fur une chaine de montagnes pelées qui parait au loin. La baie & le port *St. Julien* offrent un fond gras, noir & blanc ; au fond eft une riviere felon des navigateurs; il n'y en a point felon d'autres : elle eft profonde de plus d'une lieue & demi : on y voit une isle que la marée couvre en partie, & dont le refte eft toujours prefque couvert d'oies & de poules d'eau : des buiffons épineux font les feuls arbres que la terre y préfente ; des puits d'une eau faumâtre fe voyent fur fes bords ; plus loin on trouve un peu d'eau douce, & de petits lacs dont la furface fe couvre de fel, dont les rives font couvertes d'épines : le pays au loin parait inculte, ftérile, défert : on n'y voit que des guanacos, des autruches ; rarement quelques fauvages errans, & ils n'y pourraient fubfifter long-tems : fur les monts, dans les vallées, on trouve de grandes écailles d'huitres, & on n'en voit point dans le port même : vers le couchant, la terre devient bonne & fe couvre de beaux pâturages ; on y voit des troupes de guanacos, des renards, des armadillos, des tigres, des mouffettes, des lievres, des perdrix, des beccaſſines, des oies ſauvages, beaucoup de petits oiſeaux, des milans, des faucons, des hiboux, &c. Peut-être quelques ſauvages du Chili, ou de la nation des *Aucaes*, des *Péguenchés*, des *Puelchés*, y viennent quelquefois à la chaſſe, ou y faire des proviſions de ſel. Les obſervations des Eſpagnols ne permettent plus de croire que cette baie reçoive une grande riviere, ſortie d'un grand lac, d'où ſort auſſi une autre riviere nommée *Campana*, qui ſe rend à la mer du ſud; que par conſéquent, la baie communique à l'Océan pacifique, & que le reſte du continent eſt une iſle. Cette erreur détruite, a fait tomber les projets qu'on fondait ſur elle.

Ce pays & celui qui s'étend juſqu'à l'entrée du détroit de Magellan, eſt ce qu'on appelle le pays des *Patagons*. Long-tems on a peint ſes habitans comme des géans, comme des hommes hauts de 9 à 10 pieds: aujourd'hui les obſervations de navigateurs plus éclairés & moins exagérateurs, les réduiſent à la taille ordinaire de l'homme, & tout au plus à une quarure large, & à une belle taille. Il parait que les mêmes peuplades ne paraiſſent pas toujours dans les mêmes lieux, & qu'il en eſt dont les hommes n'ont rien de remarquable dans la taille, tandis que d'autres ſont en effet d'une taille élevée. Les derniers navigateurs qui en aient vu ſont MM. de la Giraudais, Duclos & Guyot, & ils diſent que le moins grand d'entr'eux avait cinq pieds 7 pouces. *Byron*, *Carteret* & *Wallis* confirment leurs récits. En général, ces hommes ont les membres gros & nerveux, les pieds & les mains petits, la face large, le teint très-bazahé, le front grand, le nez épatté, les dents blanches & ferrées, les cheveux noirs & rudes, liés avec une ficelle de coton. Ils font vêtus de peaux de guanacos, de vigognes, de loutres & d'autres animaux, coufues enfemble, qui des épaules defcendent jufqu'à la cheville du pied : ils ont auffi des efpeces de bottines de peaux, dont le poil eft quelquefois en dedans; l'intérieur de la peau qui eft alors en dehors, eft deffiné en quarrés, lofanges & autres figures bleues ou rouges : ils portent des chapeaux qui ont de la reffemblance avec des toques efpagnoles : la plupart ont la tête nue; leurs armes font l'arc, la fleche, & une efpece de fronde de boyau, & de peau fine, liée par fes deux extrémités, portant une pierre à chacune : celui qui la lance la fait tourner avec rapidité, tenant la pierre la plus petite dans fes mains; il lâche le tout qui tournaie dans l'air, & tue ou enlaffe un animal à la diftance de 400 pas : c'eft ainfi qu'ils arrêtent le guanacos & l'autruche dans leur courfe rapide : ils mangent leur chair crue. Leurs femmes font moins bazanées qu'eux, moins grandes que les hommes, habillées comme eux d'un manteau & de brodequins de peaux, auxquels elles joignent un petit tablier qui ne defcend que jufqu'à moitié cuiffe; elles n'ont point de fourcils, fe peignent les paupieres en noir, & fe parent de colliers faits avec des coquillages. Leurs maris ne paraiffent point être jaloux, & elles font familieres, difent quelques voyageurs : ils font jaloux, & leurs femmes modeftes, difent quelques autres. Ils montent des chevaux affez faibles, mais qu'ils dirigent avec adreffe : ils fe fervent de brides, de felles, d'étriers, d'éperons & de fouets; la felle eft compofée de deux morceaux de bois, garnis de cuir ; elle est fourrée de paille : le mors de la bride est de bois, les rennes sont de boyaux tressés : deux morceaux de bois qui se joignent derriere le talon forment leurs éperons : ils paraissent avoir des liaisons avec les Espagnols, connaissent quelques mots de leur langue, & l'usage du pain, font leurs bottines ou guêtres à la maniere des Indiens du Chili, aiment la pipe & fument comme eux : quelques peuplades ignorent cet usage. Ils sont hardis, rusés, & cependant simples, aiment à recevoir, & cherchent à voler ce qu'on ne leur donne pas. Ils vivent errans, bâtissent des cabanes dans les lieux où ils trouvent du gibier, ou des coquillages, ou des poissons qu'ils pêchent avec des rêts faits de boyaux : on croit qu'ils ont des chefs, & que les marques de leurs dignités consistent dans un bouquet de plumes : ils semblent avoir des idées vagues sur la religion, & adorer le ciel, l'univers entier, & quelque autre divinité qu'on n'a pu connaître.

En général, ces hommes sont maigres ; ils vivent de guanacos, de vigognes de renards, de chiens, d'oiseaux & de poissons : ils mangent du suif, & boivent de l'huile avec délices. Leurs canots sont grossierement travaillés avec des cailloux en place du fer qu'ils n'ont pas : les femmes rament & pêchent, leur pays est aride, inculte, désert sur les côtes, mais plus habitable dans l'intérieur. De là on parvient au détroit de Magellan, dont nous allons faire une description abrégée.

Détroit de Magellan.

Ce détroit forme un canal sinueux, long d'environ cent quatre vingt lieues, quelquefois large de 15 lieues, quelquefois seulement de deux ou d'une, embarrassé d'isles, de rocs, d'écueils, bordé de montagnes très-hautes & souvent chargées de neige. Il fut découvert par un Portugais au service de l'Espagne, nommé *Hernando Magalhaens*, qui le traversa en 1519. Parcourons-en les diverses parties connues, qui tiennent au continent de l'Amérique.

Son ouverture orientale est formée par le cap des *Vierges* au nord, & le *Promontoire de la reine Catherine*, ou plutôt le Cap *Saint Esprit* au midi, tous les deux formés par des collines & des rochers élevés; mais ceux du premier sont blancs & escarpés : sa largeur y est de 8 à 9 lieues; mais elle est resserrée par des bas-fonds & des écueils : le pays n'offre ni bois ni eau : plus loin on arrive à une vaste baie circulaire, qu'on a nommée *Baie de Possession*, d'où l'on voit au loin vers le nord, des montagnes que leur figure a fait nommer, les *Oreilles d'ânes* : l'entrée en est dangereuse : la terre y est séche & stérile ; cependant le pays voisin est habité. Wallis y vit 3 à 400 hommes rassemblés dans un beau vallon vert. De là, on arrive au premier Goulet qui à peine est large d'une lieue : ces lieux où le canal se resserre, nommés *Goulets*, peuvent être dangereux par les courans rapides qu'y font naître les vents & la marée. En sortant de celui-là, on arrive dans un vaste bassin circulaire, long de 8 lieues, large de 7 : placé au centre, on s'y croit environné de la terre de toutes parts, sans voir l'entrée par où l'on y est venu, ni celle par laquelle on en doit sortir : des baleines, des marsouins s'y jouent sur les ondes ; les côtes y sont plates & stériles ; on n'y trouve point d'eau, point de bois : dans les terres on voit quelques quadrupedes, sur-tout des rats qui vivent dans des trous, & vivent de coquillages différens : sur les rivages où voltigent différens oiseaux de mer, & des bécassines, on recueille des jambles & des moules dont les coquilles sont d'une beauté charmante.

Le second Goulet est long de 3 lieues : à l'orient il est terminé par les promontoires *Grégoire* & *Sweepstakes* : il est bordé de rochers blancs & escarpés : à sa sortie, le détroit s'élargit, & c'est dans cette partie qu'il est le plus large : les côtes y sont bordées de rochers blancs : là sont les trois isles de *St. Elizabeth*, de *St. Barthélémi*, & de *St. George*.

La première est la plus grande & la plus septentrionale : elle a 7 lieues de circuit. Narborough qui y descendit, y trouva des habitans d'une taille médiocre & ramassée ; ils ont la tête petite, le visage rond, le front bas, le nez médiocre, les yeux noirs, les dents blanches, unies, serrées, les oreilles petites, les cheveux noirs, droits & faits, plus rudes sur le devant de la tête que sur le derriere : ils ont la poitrine large ; leur corps est peint en rouge ; leurs joues, leurs bras, leurs pieds barbouillés de blanc, & rayés de noir : ils sont couverts d'un manteau quarré, fait de peaux de guanacos, de veaux marins, & de loutres cousues ensemble : leurs bonnets sont de peaux d'oiseaux, qui conservent leurs plumes ; ils sont nuds quand ils agissent, & la plus forte gelée semble ne leur faire aucune impression ; ils n'ont point de barbe, point de poils : les femmes seules portent une ceinture de peau ; elles ont le même vêtement que les hommes ; mais elles se diſtinguent par leurs colliers & leurs bracelets de coquilles : elles ſont plus petites que leurs maris, ont le viſage moins plein, & la voix plus douce : tous vivent de chair & de poiſſons : ils n'ont ni gouvernement ni religion, & ſont armés d'arcs & de flèches ; les premiers ſont longs de 4 pieds, & ont une corde de boyaux, les flèches ont 18 pouces de longueur, & elles ſont armées de deux plumes, & d'une pointe de caillou aiguiſée. Le commodore Byron y vit auſſi des habitans ; Wallis y trouva des chiens, des débris de lepas & de moules, des cabanes circulaires, formées par des branches d'arbres enfoncées en terre par un bout, réunies enſemble par l'autre : c'eſt le premier endroit de cette partie de l'Amérique où il ait vu des arbres ; de hautes montagnes dont le ſommet était couvert de neige au milieu de l'été, en étaient boiſées juſqu'aux trois quarts de ſa hauteur. L'iſle offre aux matelots de belles plantes de celleri.

L'iſle de *St. George* n'a qu'une grande lieue de tour : elle eſt haute & ſèche, dit Froger ; on y trouve des champignons, des oiſeaux de mer, & des cabanes de ſauvages. Celle de *St. Barthelémi* eſt entr'elles, auſſi petite que la derniere ; on n'en connait ni les productions, ni les habitans.

Plus au couchant, le pays commence à devenir agréable & plus varié. La baie *Sandy* ou de ſable, eſt miſe à couvert des flots par une pointe couverte de bois : on y trouve des ſources d'eau douce ; les arbres, la verdure, y offrent la perſpective la plus agréable, dans une étendue de deux lieues : au de-là de la pointe, on voit une plaine unie, dont le ſol eſt fertile, ſouvent orné de fleurs, parmi leſquelles on diſtingue celles des pois, du céleri & de diverſes plantes utiles. Des oiseaux, auxquels Byron donne le nom d'*oies peintes*, semblent s'y plaire : divers ruisseaux arrosent cette contrée ; l'eau en est douce & transparente ; mais les vaisseaux n'en approchent pas sans danger, car l'eau y est basse, & la mer y brise avec violence : l'air y est pur : les oies, les sarcelles, les bécassines, & d'autres oiseaux y sont communs. On y vit des cabanes, des feux éteints qui annonçaient que ces lieux n'étaient point déserts.

Plus au midi est la baie que Narbourough nomma *Freshwater-bay* : elle est dans un recoin, environnée de terres basses : la marée y monte, y descend de dix pieds, sans incommoder les vaisseaux : deux ruisseaux d'eau douce viennent s'y rendre ; elle est entourée d'arbres, semblables au hêtre, dont le tronc a 40 pieds de long, & 18 pouces de diametre ; le bois en est propre à la charpente ; on y trouve aussi des groseliers sauvages, & beaucoup d'autres arbrisseaux : le fond y est vaseux, & dans le milieu on trouve un banc de sable, dit un navigateur Français. Dans l'intérieur des terres, on voit des vallées embellies par des arbres semblables au bouleau & dont les feuilles d'un beau verd répandent une odeur agréable, & de vastes prairies qui semblent ceintes d'un enclos, & annoncer des habitans.

A environ cinq lieues de cette baie, s'avance le Cap *Anne*, pointe escarpée, revêtue de grands buissons, & d'arbres élevés, bordée de rochers sans être dangereuse ; c'est au midi de ce promontoire qu'est le *Port Famine* : c'est un port assuré, sans écueils, sans bancs, où le vent du sud-est qui est très-rare, peut seul se faire sentir, où l'on peut même échouer sans crainte de dommage : le long des côtes, flottent sans cesse des bois abattus par les vents, amenés par les torrens ; la rivière *Sedger* vient s'y perdre : & cette rivière navigable pendant quelques lieues pour les canots, y fournit une eau excellente; des troncs d'arbres cachés fous l'eau, en embarraffent le cours : fes bords font plantés d'arbres fuperbes, qui pourroient fournir des mâts & des planches : il en eft, dont le tronc a 8 pieds de diametre : le poivrier, l'écorce de winter, le grofeiller, le canneberge, d'autres arbuftes utiles y font communs : une foule innombrable de perroquets & d'oifeaux du plus beau plumage les habitent ; les oies, les canards, les farcelles, des bécaffines, des pluviers, &c. y font en grand nombre : le poiffon y foifonne : au midi le fol peut produire toutes fortes de plantes utiles ; trois rivieres, plufieurs ruiffeaux l'arrofent : les plantes qu'on y trouve vers le nord, femblent annoncer que cette contrée pourrait devenir par la culture une des plus belles de l'univers ; mais les hivers y font très-rigoureux : des bêtes féroces y inquietent, mais elles n'y font pas nombreufes. Au loin, vers le nord encore, on voit de hautes montagnes efcarpées, chargées de neige à leurs fommets, d'arbres fur leurs pentes rapides : l'une d'elles ne montre que des bois coupés, & c'eft près d'elle fans doute que fût bâtie *Philipéville*. Les Efpagnols pour fe rendre maitres du détroit, y éleverent cette ville, & y laifferent 400 perfonnes en 1501. Sept ans après, Cavendish y paffa, & ne trouva plus de cette colonie qu'un feul homme qu'il recueillit : tout le refte avait péri de mifere & dans l'abandon : c'eft ce qui fit donner à ce port le nom qu'il porte, & qu'il ne femble pas mériter. Narborough foupçonne que les montagnes y renferment des mines d'or, de cuivre ou d'autre métal. Près de là, Froger vit des sauvages construire des canots d'écorce; ils étaient armés de frondes & de flèches dont les pointes étaient de pierres à fusil; ils avaient de petits chiens, & se servaient de cailloux aiguisés pour couper le bois; leurs cabanes ne formaient qu'un demi-cercle de branches d'arbres entre-lassées.

Entre la baie *Famine* & le cap *Froward*, est un espace circulaire où l'on trouve la baie de *l'Angle*, celle de *Bougainville*, la baie *Française*, qui semble être la baie *Hallis*; cette derniere est grande & commode: on y trouve une belle riviere, à laquelle on donna le nom du commandant Français de Gennes qui s'y arrêta en 1696: les chaloupes peuvent y remonter, l'eau en est bonne; les bords en sont fournis de bois: toute cette étendue est couverte de bois, d'eau, de céleri sauvage, de canneberges, de groseillers, de beaux arbustes, de canards, de pluviers, de faucons, de race-horses, &c.

Le cap *Froward* est la terre la plus méridionale du continent de l'Amérique; il est sous le 54.° 54' de latitude méridionale: à son pied l'eau est profonde; à quelque distance on ne trouve plus le fond avec une sonde de 1000 pieds; le canal y a trois lieues de large; derriere le cap, la terre ne présente que des rocs pointus, élevés, escarpés, d'un gris noirâtre. Plus au couchant est la baie à laquelle Narborough donna le nom de *Wood*, & à quelque distance celle du cap *Holland*; le fond est très-bon dans celle-ci: on y voit une grande riviere navigable pour les chaloupes pendant quelques lieues, & quelques ruisseaux: la côte y est bordée de bois, le rivage couvert de moules & de lepas; la terre de céleri de canneberges ou couffinet des marais : les oies, les canards, les farcelles, les race-horfes s'y trouvent ainfi que divers poiffons ; mais ils n'y font pas abondans : des deux côtés du détroit, les montagnes paraiffent affreufes, efcarpées, hériffées de pointes & couvertes de neige.

La côte, pendant un efpace de quinze lieues, paraît affez uniforme : on y remarque deux baies connues, celles d'*Andrew* & celle de *Cordes*, celle-ci eft la plus grande ; mais elles n'ont rien qui leur donne de l'importance : le pays y eft aride, & fauvage. Près du cap *Gallant* eft la baie *Fortefcue* qui renferme le port *Gallant* : elle eft profonde, & on y entre avec fûreté ; au couchant eft un fond de roc, au levant un fond d'argile : une étroite & longue peninfule s'avance & ne laiffe qu'un paffage refferré qui conduit au port Gallant, lequel fait le fond de la baie : le débarquement y eft commode, & le pays couvert de bois, & de plantes utiles, arrofé par deux rivieres, habité par des poules fauvages & d'autres oifeaux ; le rivage y eft riche en coquillages, & la mer en poiffons. Ici le canal eft embarraffé d'ifles que Narborough nomma *Isles Royales* : la premiere eft vis-à-vis de la baie Fortefcue, & on la nomme *Charles* : elle n'eft pas toujours déferte, & peut avoir 4 lieues & demie de tour : celles de *Jaques*, de *Monmouth*, de *Rupert*, font plus petites & rangées du levant au couchant ; plus au couchant encore font deux ifles longues, dont la plus grande a 5 lieues de long, qui partagent le canal, & forment au nord la rue *Crochue*, au midi le *Canal des Baleines*, nom qu'il doit au grand nombre de ces animaux qu'on y voit. Ces deux ifles font montueufes, & encore fans nom pour les Anglais : les Français ont donné à l'une le nom de Louis le *Grand*; vis-à-vis de l'orientale est la baie *Elizabeth*, dont l'entrée est gênée par deux rochers qui s'élevent au dessus de l'eau : tout autour du rivage le débarquement est facile; mais on y est exposé aux vents du couchant: le pays est bien arrosé, & on y trouve diverses plantes : plus loin est la rade *Yorck*, où l'on trouve les mêmes commodités que dans les précédentes : le rivage y est bas & couvert de bois ; à quelque distance est une vallée où coule une riviere qu'on a nommée *Batchelor*, basse quand la marée l'est, mais ayant 8 à 10 pieds d'eau , quand la marée est haute ; & d'où l'on voit des monts élevés, de l'un desquels tombe une cascade qui a plus de mille piés de hauteur ; on trouve ensuite le canal de *St. Jérôme*, qui se dirigeant au nord, en joint un plus large, qu'on nomme canal *Indien*, dans lequel on trouve de petites isles, & qu'on n'a pu suivre long-temps vers le nord où il s'étend. De la pointe *St. Jérôme* qui le termine, sur sa côte occidentale, on arrive au cap *Quad*, vis-à-vis duquel est la plus occidentale des deux isles dont nous avons parlé, & qui présente diverses baies où les navigateurs peuvent être en sûreté : telles sont l'anse *St. David*, la baie *Ridder* où le mouillage est bon, où l'on ne peut craindre les vents; la baie *Butler* qui est petite, environnée de rochers, abondante en bois, en eau, en coquillages, en poissons, en poules sauvages: la baie du *Hasard* : cette isle & le continent voisin ne sont pas sans habitans, quoiqu'ils paraissent tristes & déserts, & ne pouvoir cesser de l'être. Les hommes y sont couverts de peaux de veaux-marins, & exhalent une puanteur insupportable ; ils ne dédaignent pas de se nourrir de viande pourrie & de poissons cruds, ils vivent encore de fruits & de coquillage : leur teint est le même que celui des Indiens dont nous avons parlé ci-dessus ; mais leur taille est plus petite ; ils vivent presque pendant 7 mois autour de grands feux qu'ils allument en frappant un caillou avec cette substance dure & pierreuse qu'on nomme *mondik*, & qui se trouve dans les mines d'étain : l'étincelle qui en tombe est reçue sur un mélange de mousse séche & de terre blanche qui prend feu comme l'amadou. Outre l'arc & la flèche, ils sont armés d'une javeline, dont la pointe est formée par un caillou aiguisé en langue de serpent, & qu'ils lancent avec beaucoup d'adresse & de force : rarement ils manquent leur but : ils paraissent insouciants ; les objets nouveaux leur font plaisir ; mais ils les quittent bientôt avec indifférence ; ce qu'ils possedent les satisfait : la pirite blanche qu'on nomme *mondic*, semble prouver qu'il y a des mines d'étain dans leurs montagnes.

Du cap *Quad* à celui de *Notch* on trouve différentes baies : telle est l'*Anse du Lion* & celle de *Goodluck* : la premiere est entourée de rochers, l'eau y est profonde, le fond assuré ; mais elle n'offre un abri qu'à un seul vaisseau : on n'y trouve point de bois, elle a de l'eau douce, des coquillages, du céleri : la seconde est aussi entourée de rochers, le fond y est mauvais, il y a peu de bois, & l'entrée en est difficile ; mais l'eau y est abondante & le poisson commun : près du cap *Notoch* est la *Baie de bon succès*, sur les bords de laquelle vient se jetter une riviere. De-là, la côte se dirige presque en ligne droite jusqu'à la baie *Buckley* qui est large, profonde, semble communiquer au canal Indien, & faire avec le détroit & le canal de St. Jerôme, une grande isle de la côte Septentrionale qui est entr'eux.

Plus au couchant est le cap de la *Providence*, près duquel est une baie dangereuse par les rocs & les islots dont elle est semée : on trouve ensuite celle à qui Byron donna le nom d'un de ses vaisseaux, la *Tamar* : elle est large, circulaire, bordée de montagnes : au-delà, le canal s'élargit ; de petites isles l'embarrassent, des montagnes le bordent jusqu'au Cap de la Victoire, où commence l'océan pacifique. Parmi ces isles on remarque celles que Narborough nomma *Westminster Hall*, parce que les trois isles auxquelles on donne ce nom présentent l'aspect de ce vaste bâtiment ; il donna le nom de *Layers* ou *Gens de Loix* à d'autres petites isles plus voisines du rivage : les plus éloignées vers le couchant, sont les quatre isles de *Direction*, parce qu'elles servent à diriger les navigateurs pour sortir du détroit : elles sont nommées par les Français les *Quatre Evangelisses*. Au-delà est une mer libre. Au nord est un promontoire formé par le continent ; on le nomme le *cap de la Victoire*. Toute la côte septentrionale de ce cap à celui de *Froward* est un pays affreux, plein de rochers & de montagnes, il est bordé de rochers découpés par de grandes baies, & des anses profondes. Les habitans de cette partie du continent paraissent avoir moins d'intelligence encore que ceux des contrées précédentes ; leurs pirogues, ou canots, sont faites de planches cousues ensemble ; une pierre tranchante leur sert de couteau : ils sont presque nuds, un manteau de peau de loup marin est jetté négligemment sur leurs épaules ; dans leurs repas, l'un d'eux découpe la viande avec les dents pour la diſtribuer aux autres : des poiſſons pourris font un de leurs mets.

L'extrémité occidentale du détroit eſt formée au midi par une péninſule quatrée qui forme deux caps, l'un nommé *Pillars*, ou des *Piliers*, l'autre *Deſeada* ou *Deſiré*, ſous le 52° 52′ de latitude méridionale ; elle eſt terminée au nord par le Cap Victoire, ſous le 52°15 de latitude méridionale, & vers le 302° de longitude.

C'eſt par ce détroit que les Eſpagnols pourraient entretenir les correſpondances mutuelles du Pérou & du Chili avec Buenos-Ayres ; cette route eſt préférable à celle du cap Horn, du mois de Septembre à celui de Mars, parce qu'on y trouve de l'eau, du bois, divers rafraîchiſſemens, des ports commodes ; mais dans l'hiver il faut préférer une mer libre & ouverte à un détroit où l'on ne pourrait avancer que durant le jour, qui alors y eſt court, & où la rapidité des courans, la violence des vents, l'impétuoſité des vagues menacent ſans ceſſe du naufrage.

La partie occidentale des terres Magellaniques eſt peu connue, & ſans doute peu habitée : là eſt l'Archipel de *Toledo*, compoſé d'iſles, la plupart déſertes, & dont une a plus de vingt lieues de long : vis-à-vis eſt le volcan de *los Gigantes*. Plus au nord eſt l'iſle de *Madre de Dios* : ſa longueur eſt de trente-cinq lieues, ſa largeur de dix ; une partie de ſon ſol eſt ſablonneux & ſtérile : le reſte nourrit des plantes, des arbres, des animaux : elle forme l'entrée du golfe de la *Trinidad* par lequel on arrive auſſi à l'Archipel de Toledo. Plus au nord encore eſt l'iſle de *Ste. Barbara*, longue de douze lieues ſur quatre de large, formant avec le continent un canal où les vaisseaux peuvent être en sûreté. La côte semée d'islots forme ensuite une enceinte presque circulaire, qu'on nomme le *Golfe de Pennas*, lequel se termine à une presqu'isle longue de vingt-six lieues sur dix dans sa plus grande largeur; c'est ce qu'on appelle la *Peninsule des montagnes*: à l'orient elle tient à la terre, & touche à un golfe profond; au nord elle est bordée d'isles, & forme la baie de *Tenquenhuen*; au couchant, elle est baignée par la mer du sud, & on voit de ses bords quelques isles dont la plus considérable est celle de *Santa Calatina*. Elle est trop peu connue encore pour en parler davantage. C'est par elle que nous terminons l'article des terres Magellaniques; ce qui est plus au nord dépend aujourd'hui du Chili.

Après avoir dit tout ce qu'on a pu savoir de cette partie de l'Amérique, nous devons retourner sur nos pas pour décrire les isles qui sont au levant & au midi de ces contrées.

La premiere qu'on devrait découvrir si elle existait, est celle de *Pepys* qu'on marque sous le 47° de latitude méridionale, à environ cinquante à soixante lieues du continent; mais la position de cette isle est très-incertaine, & le navigateur Cowley est le seul qui prétende l'avoir vue: il dit qu'elle est couverte de bois, qu'elle a un beau port, mais il n'y entra point: il y a vu voltiger un grand nombre d'oiseaux: après lui on l'a cherchée sans la trouver, & il parait qu'il se trompa, ou que l'isle qu'il a vu est une des isles Falkland, ou Malouines.

Sous le 51°36' de latitude méridionale, sont les trois isles *Sebald de Weert* ou *Sebaldes*: ce sont trois petites isles d'environ demi lieue de long, rangées

en

en triangle, elles font élevées, pierreufes, ftériles, fans étang & fans ruiffeau d'eau douce : autour, la mer eft couverte d'écreviffes rouges ; les deux plus feptentrionales font prefqu'inacceffibles.

DES ISLES FALKLAND ou MALOUINES.

Magellan ou Mangalaens, Shearp & Drake les virent ; on croit cependant que Davies fut le premier qui les découvrit en 1592. Sir Richard Hawkins leur donna deux ans après le nom de *Virginie d'Hawkins*, & il y vit des feux qui lui firent croire qu'elles étoient habitées ; en 1700, le Maurepas, & le St. Louis, vaiffeaux de la compagnie des Indes les virent de près, & le dernier y fit fa provifion d'eau dans un étang ; Wood Rogers en parcourut la côte nord-oueft en 1708, le Jean Baptifte, & l'Anican les virent encore, & ce dernier leur donna fon nom en 1714. Roggewin qui en côtoia la côte orientale vers l'an 1721, leur donna le nom de *Belgie Auftrale* : quelques capitaines Anglais leur ont donné le nom d'*Isles de Falkland* ; des armateurs Français celui d'*Isles Neuves de St. Louis*, d'autres celui d'*Isles Malouines*.

On crut d'abord qu'elles étaient une partie d'un vafte continent ; Roggewin reconnut que c'était une ou plufieurs isles d'environ deux cent lieues de tour ; il en parcourut la côte orientale & la jugea déferte. Enfin les derniers navigateurs les ont mieux fait connaitre & en ont fixé la fituation. Les Anglais ont décrit la partie occidentale, les Français la partie orientale : ce font eux que nous allons confulter.

Ces isles font en grand nombre ; mais il n'en

est que deux qui soient d'une grande étendue : elles sont situées entre le 314° & le 319°36' de longitude ; entre le 51° 30' & le 32° 50' de latitude méridionale.

Celle où les Français aborderent en 1764 est une des plus grandes : ils débarquerent dans une vaste baie dont l'entrée est admirable, qui peut contenir plus de mille vaisseaux, que des isles & islots mettent à couvert des vagues dans tous les vents, & où ils sont en pleine sureté ; diverses rivieres viennent s'y rendre, & il en est une de navigable pour les chaloupes : elle renferme diverses petites isles, dont la plus grande fut nommée *isle brulée* ou *des Pingouins*, de la multitude de ces oiseaux qu'on y trouve, & du feu mis à l'herbe séche dont elle était couverte : les trois autres sont l'*isle aux Loups marins*, l'*isle ronde*, l'*isle au tonnelier*. Au fond de cette anse vaste est un port naturel sur la rive duquel les Français éleverent des habitations & un fort qu'ils nommerent *St. Louis*. A une lieue delà on voyait un amas de blocs de grès porphyrisé, taillés en tables plus ou moins grandes, plus ou moins épaisses, posées en tout sens, bouleversées les unes sur les autres, présentant ici l'aspect de murs de villes, là les voutes d'un amphithéâtre : les ravins qui en sont proches, sont remplis de pierres moins grandes d'un grès dur & sans angles : tout semble y annoncer l'effet d'un tremblement de terre. Ailleurs on trouve du spath, du quartz, des terres rougeâtres & ochreuses, des pierres rouillées & ferrugineuses, tous indices de mines : on y voit aussi des pyrites rondes sulphureuses, & des paillettes brillantes d'un mica ou talc jaune.

On trouve sur les hauteurs de cette isle des

espèces de mottes vertes; elles s'élevent d'environ trois pieds au-deſſus du ſol; il en ſuinte une gomme réſineuſe, blanche, qui prend la couleur de l'ambre en ſe ſéchant, & exhale une odeur aromatique auſſi forte que celle de l'encens: elle brûle comme la réſine la plus fine, répandant une odeur ſuave, laiſſant pour réſidu une huile noirâtre; elle ſemble être la gomme ammoniac, & pourrait donner un vernis excellent. Ces mottes ſont formées par une plante qui pouſſe des tiges légères, ſpongieuſes, dont la feuille découpée en trois, comme celles du pourpier, eſt d'un beau verd; elles ſont ſerrées, diſpoſées en rond, formant un entonnoir applati garni de feuilles, comme l'extérieur de la pomme d'un artichaud: c'eſt du bord déchiré de ces feuilles que coule cette réſine qui ſe congule à l'air: ſes racines, ſes tiges rompues donnent auſſi la même ſubſtance.

On n'y a vu qu'un chien ſauvage ou renard; on a prétendu auſſi qu'on y trouvait un animal plus grand que le bœuf auquel il reſſemble: un examen plus ſuivi n'en a découvert aucun autre, & l'on aſſure qu'il n'y a ni bimane, ni quadrupede, ni reptile, mais les oiſeaux y ſont en grand nombre: on y trouve des grives, des merles, des beccaſſines, des becfigues, des oies ſauvages, dont le plumage eſt d'une blancheur éblouïſſante dans les mâles, gris ſur le dos dans les femelles, & dont le duvet eſt auſſi beau que celui du cygne: les ſercelles y ſont plus belles qu'en Europe: elles ont le bec & les pieds bleus, les ailes d'un verd doré, le reſte du corps plus beau que celui des pintades; on voit encore un grand oiſeau carnaſſier auquel on a donné le nom de *Mouton* ou *quebrante-veſſos*, & dont le bec eſt formé de plufieurs pieces ; une efpece de poule d'eau dont les yeux ont plus d'éclat que les plus beaux rubis ; un grand nombre d'aigles d'une petite efpece, des faucons, des éperviers, des émouchets, des pinguoins, une efpece de fanfonnet qui a le deffous du cou & le ventre d'un très-beau rouge, mêlé de tâches noires ; des roitelets, des corlieux, des alouettes de mer, une efpece de canard qui ne vole pas, nage en troupes, & ne fe fert de fes aîles que pour fe foutenir en courant fur l'eau ; ils pefent 20 livres, mais leur chair eft huileufe, & fent le marécage : des canards femblables aux nôtres, une quantité prodigieufe de plongeons ftupides qui volent en troupes, des chevaliers, des pipeliennes, des pies de mer, des outardes dont la chair eft exquife ; beaucoup d'autres petits oifeaux femblables à des tarins, à des linottes, à des bergeronettes, une efpece de goelan blanc, un oifeau de proie qui nage comme le canard, & eft carnaffier, un petit heron à aigrettes blanches, & une efpece de cigne qui a le bec rouge, le cou d'un beau noir & le refte du plumage blanc.

Le rivage y offre des limas, des burgos, des moules : les coquillages de ces derniers font très-brillans ; les lepas ou patelles font d'une beauté bien fupérieure à ceux de France ; l'extérieur en eft ftrié, cannelé fur un fond varié de nacre, & l'écaille dorée : l'intérieur eft fouvent tapiffé d'un rouge brun doré : les plus grands ont trois pouces & quelques lignes de diametre : il en eft de quatre efpeces, ainfi que des moules, & toutes font belles ; on y trouve auffi des buccins feuilletés, des buccins armés, différentes fortes de vis, des pourpres, des nerites, des cames unies, d'autres à ſtries, des ricardeaux ou coquilles de St. Jacques, des ourſins, des étoiles de mer, des poulettes ou coqs qu'on ne connaiſſait encore que foſſiles.

Les anſes, les rivieres y ſont remplies de poiſſons: le plus commun eſt nommé *pajes* par les Eſpagnols; il reſſemble au *meuille* de Saintonge, & a le goût du furmulet, peſant trois ou quatre livres; ils ſont preſque tranſparens, & d'une extrême délicateſſe: on y en remarque encore trois eſpeces: l'un a la forme du brochet, la chair comme tranſparente, & eſt marqué d'une raie bleue entre deux jaunes qui vont des ouies à la queue: c'eſt le *rovalos* du Chili; la feconde eſt une eſpece de lotte large & à tête plate: le troiſieme eſt diſtinguée par les traits jaunes qu'elle a autour des ouies. Les amphibies les plus ſinguliers ſont le *lion marin* & le *loup de mer*; les premiers ſont d'une groſſeur prodigieuſe, il en eſt de pluſieurs eſpeces, ainſi que des ſeconds qui ont de 10 à 20 pieds de long, 8 à 15 de circonférence: leur corps eſt couvert d'un poil fauve & court; leur tête a la figure de celle du dogue: ils ont des barbes comme les tigres: ces animaux abondent en ſang, & ont entre cuir & chair une enveloppe de graiſſe de pluſieurs pouces: ils vivent en partie dans des touffes de glayeux: lorſqu'ils ſont dans la mer, leur tête demeure ordinairement au-deſſus de la ſurface de l'eau: leur cri tient du rugiſſement du lion, leurs yeux ſont très-beaux, ils ſe traînent plutôt qu'ils ne marchent, mais cependant avec aſſez de célérité; ils vivent d'herbes, de poiſſons, d'oiſeaux, quand ils en peuvent atteindre. Le *lion marin* n'eſt qu'une eſpece de loup de mer; il s'en diſtingue par la longueur du poil qui lui couvre le derriere de la tête, le col & les épaules; par ſa tête qui a l'aspect de celle du lion des forêts, par sa grandeur qui va jusqu'à 26 pieds sur 19 à 20 de circonférence, par ses dents plus fortes & plus solides : il en est qui ne sont pas les plus grandes, & ont cependant sept pouces de long sur trois de diamètre : elles sont d'un blanc éblouissant, & leur dureté égale presque celui du caillou ; ces animaux sont très lourds & très-pesans : ils vivent comme le loup de mer, se retirent comme eux la nuit dans les glayeux, y font leurs petits & les y allaitent : leur chair peut se manger sans dégoût ; l'huile qu'on en tire est, dit-on, préférable à celle de la baleine ; leur peau sert pour des porte-manteaux, des bottines, des souliers, des couvertures de malles ; tannées, elles ont presque le grain du maroquin, & sont plus durables.

Les plantes sont très-nombreuses & variées dans ces isles : on y trouve du céleri rouge & du blanc, de la corne de cerf ou roquette, du cresson alenois, la grenouillette ou renoncule, d'autres plantes connues en Europe, & plusieurs autres qui paraissent ne l'être pas : telle est une plante qui a quelque ressemblance avec l'oxalis, qui pousse dix-huit ou vingt feuilles en cœur allongé, d'un verd clair, rassemblées en long sur un pétiole long de sept à huit pouces, dont la tige presque semblable à celle des feuilles, porte une fleur blanche semblable à une petite tulipe, exhalant une odeur d'amande : sa racine est rouge, écaillée, formée en chapelet ; sa feuille, sa tige, sa racine ont un goût aigrelet. Telle est une autre plante qu'on pourrait ranger parmi les satyrions, parce qu'elle en a la feuille, mais sa racine est composée de dix ou douze navets en bottes, dont la longueur est de trois pouces, le diamètre de six lignes, & qui sont couverts

ISLES FALKLAND.

d'une petite peau mince qui recouvre une substance caffante, tendre, aqueuse, douce d'abord, laissant ensuite sur le palais une saveur fort ambrée: sa tige est haute de huit pouces, on n'en connait pas la fleur, mais on a vu au haut de la tige des capsules semblables à une houpe de petales desséchées, divisées en quatre ou cinq loges remplies d'une poussiere rousse : elle semble être l'*epipactis amplo flore luteo* du Pere Feuillée. Dans les lieux humides croît une espece de ceterac dont les feuilles sont verticales autour de la tige qui s'éleve droite, formée en feuille creuse & longue, où la graine est renfermée : parmi les gramens de la plaine, on voit une plante dont la fleur est radiée, les pétales pointus & blancs, & qui a l'odeur du benjoin; ses feuilles qui sont longues de trois pouces sont d'un verd cotonneux : une autre qui porte des fleurs jaunes, radiées, en bouquets, au nombre de 12 ou 15, agréables à la vue & à l'odorat ; la racine en est filamenteuse : une troisieme porte un fruit semblable à la framboise, mais la plante est rampante & la feuille est semblable à celle du charme. Au milieu des bruyeres croît une plante dont le fruit est beau & plait au goût : elle a l'odeur du myrthe, & ses branches rampent comme le serpolet, auquel elle ressemble par ses tiges & par ses feuilles : le fruit plus gros que celui du myrthe lui ressemble: rouge d'abord, il blanchit en murissant ; il exhale un parfum très-gracieux d'ambre & de musc; on le connait dans le Canada sous le nom de *lucet musqué*, & les Indiens disent que l'infusion de cette plante réjouit le cœur, rétablit & fortifie l'estomac, dégage le cerveau, & porte un baume dans le sang. Dans les lieux sablonneux près du rivage, croît une plante à feuilles cotonneuses, à fleurs jaunes radiées, disposées en bouquets, soutenues par un calice qui s'arrondit comme celui de l'artichaut, & dont la graine angulaire & longue approche de celles de la chicorée.

Dans ce grand amas d'isles, on ne trouve pas un seul arbre ; on n'y voit qu'une espece d'arbuste qui végéte dans les terres humides, ou les pentes bien arrosées : il est de la hauteur du romarin, auquel il ressemble par ses feuilles ; ses fleurs sont blanches, semblables à la marguerite des champs, & il en est tout couvert : ses fleurs comme ses feuilles, sont inodores ; son écorce est grisâtre, lisse ; son bois est jaune. On pourrait donner encore le nom d'arbuste à une plante ligneuse qui croît sur les bords des eaux courantes : sa feuille est celle de la pimprenelle, son goût en approche ; l'enveloppe de son fruit est celle de la chataigne ; sa tige est rampante, longue de quatre à cinq pieds : les terreins moins humides produisent trois especes de bruyere, qui toutes ont une odeur de resine ; l'une d'elles a le goût des jeunes pousses de sapin, & sert à faire une liqueur fermentée : elle a la feuille & la tige d'un verd jaune pâle, sa fleur herbeuse ne porte point de fruit. On voit sur les bords de la mer diverses plantes aquatiques, telles que celles qu'on nomme vulgairement *baudreux* dont les branches s'étendent au loin jusqu'à vingt brasses, & s'y soutiennent par une espece d'ampoule remplie d'air qui est à la naissance de chaque feuille, ordinairement large de quatre pouces, & longue de deux pieds & demi : ses racines forment un gros paquet où divers coquillages se retirent : chaque paquet produit une trentaine de tiges, desquelles il suinte une humeur mucillagineuse & baveuse qui

Isles Falkland. 153

nourrit le limas, les pourpres, &c. Cette plante est proprement une espece de goémon.

L'air, le climat y font sains; on n'y trouve point de reptiles malfaisans; les seuls insectes qu'on y remarque sont de petites mouches communes, de petites araignées des champs, & quelques grelots. Le seul obstacle qui puisse détourner d'y faire un établissement stable, est le défaut de bois; il faut l'aller chercher dans le détroit de Magellan, mais il y a de la tourbe, & les champs sont couverts de glayeuls & de joncs. On y transporta des quadrupedes qui trouverent sur les monts & les vallées de cette isle des pâturages abondans, & ils y peuvent prospérer en plein champ; le froid y est peu rigoureux: les plantes potageres y réussissent; les bleds y produisent de beaux épis & point de grains.

Les Français ont cédé ce qu'ils possédaient dans ces isles aux Espagnols, & les Anglais les ont imité: voyons ce que ces derniers nous en ont fait connaitre.

Ils ont fait le tour de ces isles, ont découvert le canal qui sépare les deux plus grandes, & le capitaine Stroug en 1689 le nomma *Falkland*; une division de ce canal sépare une isle assez considérable, de la grande isle où les Français s'étaient établis, & il le nomma *canal Gratham*. La grande baie où M. Bougainville fixa sa colonie, parait être la *baie Acaron* des Anglais. Le *port Egmont* où ils s'établirent est dans la partie septentrionale de l'isle la plus étendue, dans celle qu'on appelait avant qu'on en eut une connoissance plus exacte, *côte de l'Assomption*; un long canal formé par une presqu'isle & l'isle *Saunders* y conduit: tous les vaisseaux de l'Angleterre y pourraient mouiller en sureté & à l'abri de tous les vents; plufieurs ruiffeaux d'eau douce viennent s'y rendre; une multitude d'oifeaux, des oies, des canards, des farcelles y voltigent fans ceffe; on y trouve de bois que des troncs d'arbres qui flottent le long des côtes, & que les vagues paraiffent y avoir apportés du détroit de Magellan; dans les environs croiffent diverfes plantes anti-fcorbutiques, comme le celeri & l'ofeille. On y voit des lions marins d'une taille énorme, un plus grand nombre de loups marins, de pingoins, de coquillages différens. On n'y a découvert qu'un quadrupede qui reffemble au renard, mais il eft plus grand, & fa queue eft moins fournie : ces animaux font de la groffeur d'un chien ordinaire, leurs dents font longues & tranchantes, ils fe creufent des terriers où ils fe retirent la nuit, & où ils font leurs petits; ils dévorent des pingoins, même des loups marins, & ils font très-nombreux. La terre creufée à deux pieds de profondeur y préfente deux couches, l'une de terre noire & friable, l'autre de terre glaife légere.

Ces deux, ou plutôt ces trois grandes isles furent nommées auffi *Maidenland*: la plus grande à près de trente lieues de long; au nord elle forme une prefqu'isle que le commodore Byron nomma le *cap Tamar*; plus au couchant font les petites isles Keppel, puis les isles de *Saunders*, de *Sedge*, de *Jafon*, diverfes baies, les isles du *pain de fucre*; les isles & le cap *Percival*, les caps d'*Oxford* & de *Meredith* qui font partie de la grande isle; les ports de *Setphens*, d'*Albemarle*, du *Renard* qui font fur fa côte orientale, les quayes & islets qui embarraffent le canal Falkland qui paraiffent être les isles d'*Anican*; d'autres chaînes d'isles fituées

Isles Falkland. 155

au midi de l'isle que les Français habitaient; celle de *Beauchene* qui est plus au sud d'un degré de latitude, qui a quatre lieue de long, une & demi de large, fut découverte par Beauchene en 1699, & beaucoup d'autres qu'on n'a point nommées, & qui ne méritent point de l'être.

Il semble que ces isles ont fait partie de la terre des Patagons; la position de leurs montagnes, le désordre des lits de pierre, semblent y annoncer qu'elles ont éprouvé des révolutions violentes; la disette d'arbres communes aux deux pays, des plantes, les pierres qui sont semblables, peuvent confirmer cette conjecture. Aujourd'hui il parait que les Espagnols ont conservé les deux établissemens : ils ont nommé celui des Anglais port *Egmont de la Cruzada*, & celui des Français, l'*Annonciation*.

TERRE DE FEU ou TERRA DEL FUEGO.

Elle est une grande isle, ou plutôt un amas d'isles, borné au nord par le détroit de Magellan; & par-tout ailleurs de l'Océan méridional; il s'étend entre 304° 20′ de longitude; entre le 51° 30′ & le 57° 30′ de latitude méridionale. On y a vu & visité l'entrée de divers canaux, qu'on suppose partager la grande isle : il est très-probable qu'elle l'est comme on le suppose; mais on ne connaît pas de navigateurs qui aient pénétré par ces canaux de l'Océan, dans le détroit de Magellan, un seul en est sorti.

On ne connaît pas l'intérieur de cette terre, & pour exposer ici tout ce qu'on en connaît, il faut en faire le tour : c'est ce que nous allons faire, après avoir dit en général, que cette Terre est remplie de montagnes, qui laissent entr'elles des vallées, arrosées par des ruisseaux agréables; que ces montagnes sont couvertes d'arbres qui penchent tous vers l'orient; qu'il semble que la terre y est creuse, & que la croûte n'a que deux ou trois piés de profondeur; que les vents y regnent toujours, & que les tempêtes y sont fréquentes; que ses habitans naissent blancs, qu'ils se peignent ensuite différemment & avec différentes couleurs; que leur taille est celle des Européens, qu'ils ont les dents affilées, sont couverts d'une peau de chien marin, ont des huttes rondes, faites de branches d'arbres, & enduites de boue: que leurs meubles se réduisent à quelques corbeilles de jonc, remplies de lignes & d'hameçons faits de pierre, & dont les amorces sont différens coquillages; que les uns sont armés d'arcs & de fleches, d'autres de longs javelots armés d'un os tranchant; le plus grand nombre de frondes, de massues & de couteaux de pierre; que leurs canots sont faits d'écorces d'arbres, jointes & cousues ensemble, sur une forme de bois; garnis d'un bout à l'autre de pieces qui les traversent, & sont recouvertes d'une autre écorce, pouvant contenir 7 à 8 hommes; qu'ils sont sales, impudens, rusés & perfides. Tel est le tableau qu'en ont tracé les Hollandais qui visiterent ce pays en 1624, sous leur chef Jacques l'Hermite.

Nous avons dit que la partie méridionale de l'embouchure orientale du détroit de Magellan, était terminée par le promontoire de la reine Catherine, ou Charlotte, (car on le trouve désigné sous ces deux noms) ou sous celui du St. Esprit. De là, la côte s'étend au couchant jusqu'à un large promontoire, terminé par un mondrain remarquable qui forme la côte méridionale du premier goulet; puis la côte se creuse en un bassin circulaire jusqu'au second goulet, formé au midi par le promontoire de *Sweepstakes*, d'où le détroit se dirigeant au midi, forme un arc de cercle ouvert, coupé par le cap *Monmouth*, & le canal de *Sebastien* dont on ignore l'issue. Au midi est la baie *Sauvage*: de là s'étend vers le midi, puis au couchant une terre inconnue, qui montre de hautes montagnes arides, & présente l'apparence de divers canaux, jusqu'à celui dont l'embouchure est vis-à-vis l'isle Charles, & qui paraît être large & libre. On trouve ensuite la côte, qui forme au midi le canal des Baleines: au delà est le havre auquel le Swallow donna son nom: l'entrée peut en être dangereuse, parce qu'elle est embarrassée de rochers, mais dans son enceinte, on est à l'abri de tous les vents; on y trouve de l'eau & du petit bois; le débarquement y est facile; on y trouve quelques coquillages & quelques poissons: autour les montagnes ont l'aspect le plus horrible, & offrent l'image de la solitude la plus entiere: une belle cascade s'y jette. En continuant de s'avancer au couchant, la côte est hérissée de montagnes, coupées par diverses ouvertures, par diverses baies, où la terre est chargée de monts élancés dans les nues, dépouillés de leur sommet jusqu'à la base, séparés par des vallons couverts de couches profondes de neiges, excepté dans quelques endroits où les torrens l'emportent bientôt, mais où l'aridité du sol n'en est pas moins affreuse.

Après avoir passé les baies de *Piss-pot*, & du *Monday*, on arrive à celle d'*Upright*, qui est sûre & abondante en eaux excellentes; le bois y est petit ; on y trouve des poules sauvages, des moules, du *rockfish* : le débarquement y est pénible.

Les habitans de ces côtes ne sont couverts que d'une peau de veaux marins : ils sont voraces, mangent de tout, déchirent, dévorent le poisson crud avec ses nageoires, ses boyaux, ses écailles, & ses arrêtes ; ils sont armés de javelines grossiérement travaillées, & armées d'un os ; ils s'en servent pour percer les veaux marins, les poissons, les pingoins : leurs canots longs de 15 pieds, larges & profonds de trois, sont faits d'écorces d'arbres, cousues ensemble avec des boyaux tordus ou des lanieres de cuirs, calfatées avec une espece de jonc enduit de résine ou de gomme, affermis par des branches courbées en arcs, & placées en travers, sur lesquelles passe une piece de bois qui va d'un bout du canot à l'autre : ils sont mal propres, exhalent une odeur très-désagréable, ont les yeux malades, peut-être parce que la fumée est renfermée dans leurs huttes : ils aiment tendrement leurs enfans, & sont jaloux de leurs femmes.

Plus au couchant est la baie des *Isles*, vaste, mais incommode : la côte forme de là plusieurs sinuosités, plusieurs baies, jusqu'à l'embouchure du détroit, terminée par le cap Pillar ou des Piliers, d'où la côte se dirigeant vers le midi pendant deux lieues, forme ensuite le cap *Daseada*.

Ce cap est une terre élevée, près de laquelle sont de petites isles & rochers qui s'étendent assez loin dans la mer : de là la côte se dirige entre le midi & l'orient : la terre y a un aspect triste, & paraît découpée en petites isles peu élevées, mais noires & stériles : derriere sont des monts couverts de neige : on n'y a vu d'autres habitans que des oiseaux: une pointe remarquable se découvre ensuite, c'est le cap de *Glocester* ; il présente une surface ronde, fort élevée, ayant de la ressemblance avec une isle: jusqu'à lui, la côte forme deux baies, garnies d'islots, de roches, de brisans; elle semble coupée par des canaux, & former des isles: derriere ce cap, la terre est montueuse, rocailleuse, stérile, parsemée çà & là de touffes de bois & de plaques de neige: six lieues plus loin est le cap *Noir*, rocher escarpé, très-haut, & attaché à une terre qui semble d'abord former une isle; plus au levant est la vaste baie de *Sainte Barbe* ou *Santa Barbara*, au fond duquel est un canal qui communique au détroit de Magellan, découvert en 1713. par une tartane qui lui donna son nom ; elle traversait le détroit, & par erreur s'engagea dans ce canal qui la conduisit en pleine mer, à quelque distance du cap noir. Les Espagnols en ont découvert d'autres, ainsi que diverses isles voisines ; mais on ne les connaît pas bien encore. L'extrèmité orientale de cette baie forme le cap *Désolation*, nommé ainsi parce que là commence le pays le plus stérile & le plus affreux de ces contrées ; il n'est rempli que de montagnes & de rocs dont les sommets escarpés se perdent dans la nue, & qui aboutissent à d'horribles précipices : les monts qui tiennent à la terre sont chargés de neige : ceux qui sont plus bas, séparés de la terre par des canaux, en ont peu, mais on n'y voit nul indice de végétation. L'une de ces isles est celle de *Gilbert*, dont la surface est composée de rochers en pic, & de hauteurs inégales : elle est entourée de brisans & d'isles plus petites. Dix-neuf lieues plus loin, est un promontoire élevé, qui semble se terminer en deux hautes tours ; c'est celui que le célébre Cook nomma cathédrale *d'York*. Il forme l'extrémité occidentale du canal de *Noël*, où ce navigateur relâcha.

La baie qui fait l'entrée de ce canal, est large de 5 lieues : au fond sont deux isles, l'une nommée *Shagg* ou des *Nigauds*, l'autre, isle des *Oies* : toutes les deux sont couvertes de rocs crevassés, d'un granit composé de feld-spath, de quartz, de mica noir : la premiere a une vallée ombragée par des arbres, & arrosée par un courant d'eau douce : la seconde doit son nom à la multitude d'oies qu'on y trouva : au nord est une isle plus petite à laquelle on a donné le nom d'*Œuf* : plus au nord encore est l'isle *Brûlée*, dont le sol est bas & formé d'un rocher d'ardoise jaunâtre, à couches horizontales, couverte d'un lit de terreau, & sur lequel on trouve quelques plantes inconnues en Europe, & un oiseau qui forme une nouvelle espece d'attrape-mouche ; dont le bec est fort, & qui vit de poissons à coquilles & de vers : on y vit des cabanes abandonnées, parsemées de branches d'arbres, recouvertes de feuilles. Au nord encore de cette isle est un beau lac que Cook nomma *Bassin du Diable* ; il est environné de rochers escarpés & fort hauts. Sur leurs flancs coulent plusieurs courans limpides ; à leur pied sont des bouquets d'arbres bons à brûler : le hâvre est profond & sûr, mais les monts sauvages qui le dominent & l'entourent, le prive des rayons du soleil : ses bords inférieurs sont dentelés par des arbres plus grands que ceux des lieux voisins : au commencement de l'été même, la terre y est couverte de neige ; on y découvre seulement quelques plantes en fleur, & des oiseaux

seaux qui s'apparient. Plus on avance dans le pays, plus la neige y est épaisse, plus l'air y est froid: les rocs qui bordent la mer, qui forment les isles, sont fendus, & montrent çà là des cavernes profondes, dont la voûte est élevée de près de cent pieds: quelquefois on peut entrer en bateau dans ces voûtes obscures, & on y fait de riches captures d'oiseaux qui s'y réfugient: tous les rochers sont d'un granit grossier, ou d'ardoises fendues & crevassées: en différens lieux à l'abri des tempêtes, exposés aux rayons du soleil, on trouve différens arbrisseaux qui végètent sur une couche légere de terres marécageuses, avec de petites plantes, qui croissent & s'entrelassent comme la mousse: on y trouve l'épine-vinette, divers autres arbrisseaux, dont l'un produit une mûre amere qu'on peut manger; & l'arbre qui donne l'écorce aromatique auquel on a donné le nom du capitaine Winter qui l'a fait connaître: il n'est ici qu'un arbrisseau tortu, haut de deux pieds; c'est un bel arbre par-tout ailleurs: on le reconnaît à sa feuille large, unie, d'un verd pâle en dehors, bleuâtre en dedans: l'écorce s'en détache avec facilité: c'est une épicerie aussi agréable que saine. Sur ces rochers on trouve des plantes inconnues, remarquables par la beauté & le parfum de leurs fleurs: les côtes sont ceintes d'immenses lis flottans & de passes-pierres: on y voit différens coquillages, différens oiseaux, une espece d'hirondelle; des pies de mer, des oies dont le mâle est d'un beau blanc, excepté son bec qui est noir, & ses pieds qui sont jaunes; dont la femelle est noire, rayée de blanc, & a la tête grise & quelques plumes vertes; différens canards sauvages, dont une espece est de la grosseur de l'oie, qui court

Tome XII. L

sur la surface de la mer avec une vitesse étonnante, en battant les flots de ses aîles & de ses pieds : ses aîles sont courtes & grosses, son plumage gris, son bec & ses pieds jaunes, deux grandes bosses calleuses, & nues de la même couleur vers les aîles : c'est l'oiseau que nous avons nommé plus haut *race-horse*, cheval de course ; on lui donne aussi le nom de *Loggerhead-duck*, ou canard lourdaut. On y voit encore de grandes mouettes, qui font leurs nids dans les herbes séches ; des *nigauds*, espece d'oiseaux stupides qui font leurs nids dans les fentes des rochers, auprès les uns des autres, dans les lieux les plus perpendiculaires, afin que si leurs petits tombent, le rocher ne les blesse pas, mais que l'eau les reçoive. Il y a plusieurs autres oiseaux aquatiques, & quelques-uns de terre, mais ceux-ci ne sont pas nombreux. Le poisson semble n'y pas être abondant.

Les hommes qui habitent ces contrées désolées sont des hommes petits, laids & très-maigres : leurs yeux sont petits & sans expression ; leurs cheveux sont noirs, lisses, & barbouillés d'huile ; ils ont peu de barbe ; leur nez répand continuellement du mucus dans leur bouche ouverte ; leurs épaules, leur estomac sont larges & osseux ; le reste de leur corps est mince & grêle, leurs jambes sont courbées, & leurs genoux très-gros : ils sont presque nuds : la plupart ne sont couverts que d'une peau de loup marin, assez large pour leur cacher les épaules ; quelques-uns ont un manteau de deux ou trois de ces peaux cousues ensemble : les femmes ont de plus une ceinture de la même étoffe, un collier de coquillage, une espéce de bonnet composé de grandes plumes d'oies blanches, placées toutes droites : leur teint naturel paraît être un brun olivâtre, luisant comme le cuivre; ils se bariolent le visage de raies blanches ou rouges : leurs enfans sont absolument nuds : ils ont des arcs, des traits, des dards ou harpons d'os enchassés au bout d'un bâton angulaire long de dix pieds : leurs pirogues sont d'écorces d'arbres, leurs pagayes sont mauvaises, & ils manœuvrent lentement : quand ils voyagent, ils placent dans leurs bateaux des peaux de loups marins pour se mettre à l'abri, & du feu, afin de pouvoir en allumer par-tout où ils abordent ; ils paraissent sans curiosité, sans intelligence ; ils reçoivent sans reconnoissance, ils donnent avec indifférence : tous semblent grasseyer fortement & parler du gozier : ils préferent les parties les plus huileuses du loup marin qui est leur principal aliment, & c'est un instinct commun à tous les peuples des pays froids : leur chair, leurs vêtemens, leurs armes, exhalent une puanteur insupportable qui se répand au loin. Il ne paraît y avoir parmi eux aucune espece de subordination : peut-être sont-ce des malheureux chassés des tribus voisines qui ont insensiblement perdu toutes leurs idées, excepté celles que renouvellent les besoins les plus pressans ; ils semblent errer d'une baie à l'autre, cherchant leur nourriture, & passent l'hiver dans les cantons les moins glacés de ce pays horrible. Jacques l'Hermite dit qu'ils sont cannibales, & leur état malheureux peut le faire croire. Cependant on dirait qu'ils manquent plus d'intelligence que de moyens : ils pourraient garnir leurs peaux de veaux marins de la peau & des plumes des oiseaux aquatiques, faire des vêtemens plus larges, leur donner plus de variété, une forme plus commode, & ils ne le font point.

Vers le midi du canal de Noël font les isles de *St. Ildefonfe* : elles forment un grouppe ceint de rochers, à 6 lieues de la côte, plus au midi eſt l'isle *Diégo Ramirès* : la Terre de Feu forme enſuite la baie *de Naſſau* où Jaques l'Hermite s'avança l'eſpace de deux lieues, où il trouva un aſyle ſûr, de l'eau douce qui deſcendait en torrens des montagnes, du bois, du leſt, des ſauvages peu farouches, mais qui aſſommerent 17 de ſes compagnons, & les dévorerent. La pointe occidentale de cette baie porte le nom de *Faux cap Horn*, & parait former la pointe méridionale de la Terre de Feu.

Le véritable *Cap Horn* eſt auſſi au couchant de cette baie : il ſe reconnait de loin à une colline ronde & élevée : il forme l'extrémité méridionale d'un groupe d'isles d'une étendue inégale, connues ſous le nom d'*Isles de l'Hermite* : quelques rochers font autour de lui, & il ſépare l'Océan Pacifique de la mer Atlantique : derriere le cap, on voit quelques collines dont le ſommet eſt de roc; mais leurs flancs, leurs vallées ſont couvertes de gazon & de touffes de bois.

Les côtes de la Terre de Feu, de la baie de Naſſau à celle de Valentin ſont peu connues : en général, le climat y parait plus doux que dans la partie que nous avons parcourue : la terre s'y abaiſſe inſenſiblement du haut des collines; & étend ſur la mer de longs promontoires unis, plats, & couverts de grandes forêts : la neige ne s'y conſerve que ſur les monts élevés dans l'intérieur du pays : il parait habité ; les feux qu'on y voit lorſque des vaiſſeaux s'en approchent, ſemblent en donner la certitude. La mer y eſt abondante en baleines & en veaux marins. A quelque distance de la terre, on rencontre diverses isles : telles sont celles de *Barnevelt*, qui sont au nombre de deux, petites, plattes, très-voisines l'une de l'autre, environnées de rochers de hauteur inégale ; celle d'*Evouts* & l'*isle Nouvelle*, longue de deux lieues, & terminée par un mondrain remarquable.

La baie *Valentin* a été confondue avec celle de *Bon Succès*, & ne doit pas l'être : c'est une baie profonde, large, dont l'entrée est resserrée par des rocs ; elle doit son nom à un pilote Hollandais : une petite riviere s'y rend : au couchant est une haute montagne en pain de sucre, qu'on découvre aussi du côté opposé de cette terre. Ses habitans ne paraissent pas cruels, mais ils sont misérables : la pêche y est abondante, sur-tout en un petit poisson qui a la figure & le goût du merlan. Elle est formée au levant par le cap *Bon Succès*, que suit la baie de ce nom : le séjour qu'y fit le capitaine Cook nous permet de décrire avec plus de détails cette partie de la Terre de Feu.

C'est une erreur de croire que ce pays manque de bois : les pentes des collines, les côtes de la mer sont parées en été de la plus agréable verdure : les hauteurs ont leurs sommets nuds, & cependant méritent à peine le nom de montagnes : le sol des vallées est riche & profond : au pied de chaque colline coule ordinairement un ruisseau dont les eaux ont une teinte rougeâtre, mais qui est sans mauvais goût. La montagne qui est au couchant de la baie de Valentin, & les *Trois freres* qui sont au nord de celle de Bon Succès, en font les parties les plus remarquables.

Des lions & des veaux marins, des chiens, sont les seuls quadrupedes qu'on ait vu sur cette côte :

ces chiens abaient ; ce que ne font point ceux qui font originaires de l'Amérique : on vit cependant encore au travers les bois les traces d'un grand animal dont on ne pût diftinguer l'efpece. On y trouve peu d'oifeaux de terre : ceux d'eau y font abondans, fur-tout les canards : il y a peu de poiffons, & la plupart ne font pas bons à manger : les lépas, les moules, les coquillages y font nombreux ; on n'y remarque ni coufins ni mouftiques, ni aucun infecte nuifible ou incommode : lorfque les bouffées de neige y obfcurciffent l'air, les infectes fe cachent ; ils reparaiffent vigoureux & agiles dès que le tems s'éclaircit. On y trouve une grande variété de plantes : outre le bouleau, & l'arbre de l'écorce de winter, il y a le hètre nommé par Linnæus, *fagus antarcticus*, qui, comme le bouleau, peut être employé pour la charpente. On y voit diverfes plantes nouvelles, auffi différentes de celles de nos montagnes que celles-ci le font des plantes de nos plaines : on y en peut cueillir qui font connues & antifcorbutiques : tel eft le creffon, *cardamine-antifcorbutica*, qui y végète dans les prés humides, dans le voifinage des fources, ou du rivage : jeune, il rampe fur la terre ; fes feuilles d'un verd clair, font placées deux à deux, oppofées l'une à l'autre, terminées par une impaire qui eft la cinquieme de chaque tige : elle pouffe des jets qui ont jufqu'à deux pieds de haut, & dont les extrémités portent de petites fleurs blanches qui font fuivies de longues filiques. Tel eft encore le céleri fauvage, *apium antarcticum* ; il eft femblable à celui de nos jardins ; fes fleurs font blanches, & raffemblées en petites touffes à l'extrémité des branches : les feuilles font d'un verd foncé : il croît près de la gréve, sur le sol le plus voisin du rivage couvert par la marée : sa saveur tient de celle du persil.

Près de l'anse du *Bon Succès* s'éleve une montagne où l'on voit une ceinture de bois, puis une plaine surmontée d'un rocher pelé : c'est là que les naturalistes Bancks & Solander, & l'astronome Green voulurent monter, & où ils furent surpris par la neige & un froid si vif, qu'il faillit à leur donner la mort, & la donna en effet à deux des hommes qui les accompagnaient : la plaine qu'on croit voir de loin est un marécage, couvert de buissons de bouleau de la hauteur de trois pieds, & si entrelassés les uns dans les autres, qu'il est impossible de s'y frayer un passage ; les bois qui la ceignent sont épais.

Ils allerent visiter un village américain, situé sur une colline aride & cependant couverte d'arbres : il consistait en une douzaine de huttes d'une structure grossiere : elles étaient formées de pieux plantés en terre, inclinés les uns vers les autres à leur sommet ; couvertes du côté du vent par des branchages & de l'herbe séche : une ouverture servait de porte & de cheminée : un peu de foin répandu à terre y tenait lieu de chaises & de lits : on n'y voyait d'ustensiles qu'un panier pour porter à la main, qu'un sac qu'on portait sur le dos, & une vessie d'animal qui renfermait de l'eau. Cette peuplade pouvait être de 50 personnes de tout sexe, de tout âge, tous de couleur de la rouille du fer & ayant des cheveux noirs : les hommes sont d'une taille assez haute ; ils sont gros & mal faits ; les femmes sont plus petites : une peau de guanaque ou de loup marin, jettée sur leurs épaules, est toute leur parure, tout leur vêtement : un morceau de la même peau leur enveloppe les pieds ; un autre sert, pour les femmes, au même usage que la feuille de figuier pour nos premiers parens : les hommes y portent sur la tête un réseau de fil brun, & leur manteau est ouvert : les femmes le ferment avec une courroie : elles peignent leur visage & les parties voisines de l'œil en blanc, & le reste en lignes horizontales rouges & noires : quelques hommes ont le corps entierement couvert de lignes noires dans tous les sens : ils ont des bracelets d'os & de coquilles sur le poignet ; les femmes en portent encore aux jambes : le rouge est la couleur qui leur plait le plus, & on les a vu préférer un grain de verroterie à une hache, à un couteau. Leur langage est en partie guttural, & ils prononcent quelques mots, comme s'ils faisaient des efforts pour rejetter un os qui leur blesse la gorge ; d'autres sont doux à l'oreille & faciles à imiter. Ils ne paraissent se nourrir que des coquillages que ramassent leurs femmes en suivant la marée qui se retire, armées d'un bâton dont elles se servent pour détacher le coquillage du roc auquel il s'est collé ; & chargées d'un sac & d'un panier où elles renferment leur proie. Leurs armes sont l'arc & la flèche : le premier est assez bien fait ; les flèches sont bien travaillées, le bois en est poli, & à leur pointe est enchâssé un morceau de verre ou de silex, barbelé, taillé & ajusté avec adresse. Ils ont quelques marchandises d'Europe, des cloux non travaillés, des anneaux, des boutons, des draps, des toiles ; ce qui peut faire croire qu'ils voyagent vers le nord, puisque les vaisseaux approchent très-rarement de ces côtés. Ils connaissent l'usage de l'arme à feu : ils paraissent être une horde errante ; car leurs maisons ne peuvent durer que peu de tems ; ils n'ont rien qu'ils ne puiſſent tranſporter avec facilité ; leur habillement ſuffit à peine pour les garantir du froid de leurs étés, & les coquillages qui les nourriſſent ne ſe montrent qu'un tems dans ces parages. Ce qui ajoute au poids de ces conjectures, c'eſt qu'on trouve fréquemment çà & là des cabanes abandonnées le long de ces côtes ; c'eſt encore qu'ils n'ont point de canots, ni rien de ſemblable, quoiqu'ils ne ſoient pas ſujets au mal de mer. Peut-être ils viennent ſur cette terre par un canal du détroit de Magellan où ils laiſſent leurs bateaux.

Ils ne paraiſſent ſoumis à aucun gouvernement, & n'obſerver aucune ſubordination ; ils vivent égaux, & cependant dans la plus parfaite intelligence : rien n'annonce qu'ils aient une religion ; ils paraiſſent être les plus miſérables & les plus ſtupides des hommes ; paſſant leur vie, nuds, ſous des cabanes où le vent, la neige, le froid pénétrent de toutes parts, deſtitués de toutes commodités, de tous moyens de préparer leur nourriture, & ils vivent contens, ne déſirent rien, n'admirent rien, ſont ſatisfaits de ce qu'ils poſſedent ; ils ne paraiſſaient voir avec plaiſir que des ornemens ſuperflus, ils en étaient privés ſans regrets & les quittaient avec facilité : ils ont peu de beſoins, & il eſt probable qu'ils les ſatisfont tous ; exemts de travail, d'inquiétudes, de ſoins, peut-être jouiſſent-ils autant que nous.

Quand on approche du rivage, ils ſemblent s'aſſurer, s'ils ont à craindre des ennemis, ou peuvent s'approcher en amis, par des cérémonies aſſez ſimples : ils s'aſſeyent à une certaine diſtance, puis quelqu'un d'eux jette entr'eux & les nouveaux venus un petit bâton qui eſt un ſigne de paix ; s'il est accepté, ils approchent, se mêlent aux Européens, montent sur les vaisseaux, reçoivent des présens, invitent les étrangers à les suivre dans leurs cabanes. Si l'on approche de leur village, deux députés viennent au-devant en cérémonie, poussent de grands cris, puis servent de conducteurs & d'introducteurs aux étrangers. On a remarqué qu'ils mangeaient sans plaisir le bœuf & le pain qu'on leur offrait, & marquaient du dégoût pour le vin & l'eau-de-vie.

En partant de la baie de *Bon Succès*, on trouve bientôt dans la direction que nous avons suivie, le *port Maurice* : c'est une petite anse d'une demi lieue de large, au fond de laquelle est une riviere peu large, peu profonde, mais qui fournit de l'eau pure ; le bois est abondant sur ses rives & dans ses environs. On voit ensuite le cap *St. Diego*, petite terre assez basse qui se joint dans l'intérieur des terres à un mondrain peu élevé : puis le cap *St. Vincent*, plus étendu que celui de St. Diego, mais aussi bas ; ils touchent à des collines rondes qui se succedent : près de celui-ci est une petite baie devant laquelle il y a plusieurs bancs de rochers couverts de quarante à quarante-cinq pieds d'eau, qui l'étaient cependant aussi de goémons, flottans à la surface de l'eau ; peut-être plus profonde encore ; en général les plantes qui croissent sur un fond de rocher dans ces parages, sont d'une grandeur énorme. Leurs feuilles ont quatre pieds de long ; quelques-unes des tiges en ont cent-vingt quoiqu'elles ne soient que de la grosseur du pouce : les naturalistes lui donnerent le nom de *Ficus giganteus* : on trouve dans les environs de la baie un grand nombre de plantes inconnues en Europe : le pays y est uni, le fond présente une plaine verte, divers ruisseaux y cou'ent; le bois, les oiseaux y sont en abondance; les arbres s'y ressemblent beaucoup, & parmi eux est une espece de bouleau appellée *Betula Antàrctica*, dont la tige a 30 ou 40 pieds de haut, sur deux ou trois pieds de diamètre; on en pourrait faire de petits mats: la feuille en est petite, le bois blanc, il se fend très-droit. On y trouve aussi l'arbre de l'écorce de Winter, beaucoup de canneberges rouges & blanches, du celeri sauvage & plusieurs plantes antiscorbutiques.

On y découvrit quelques huttes abandonnées: le pays paraît habité encore dans la partie de la côte, du lieu dont nous parlons à l'extrèmité orientale du détroit de Magellan; on en juge par les colonnes de fumée qu'on en a vu s'élever, & qui ne pouvaient être produites que par les feux que les habitans avaient allumés. Mais cette partie de la Terre de Feu est peu connue. On n'en connait que le cap de *St. Agnès*, plus au nord-ouest celui de *Penas*, qui termine au midi une baie profonde, & peut-être un canal qui va se joindre au détroit de Magellan; ou comme l'indiquent des cartes modernes, qui se dirige au midi & se joint à l'Océan; la baie de *nombre de Ipsa* qui est profonde aussi, est la plus voisine du cap *St. Esprit* par où nous avons commencé notre description de la Terre de Feu, les cartes Espagnoles y marquent un canal qui se divisant en trois, se joint au détroit par autant d'embouchures. On ne connait rien de l'intérieur. Le vaisseau le *St. Clément* y a vu un volcan à-peu-près sous la même longitude que les isles de St. Ildefonse, & c'est peut-être le même auquel on donne aujourd'hui le nom de *Nevado*.

Détroit de le Maire.

Il est borné au couchant par la Terre de Feu, au levant par celle des Etats ; il a cinq lieues de long & autant de large selon Cook ; il en a huit de large, si l'on s'en rapporte à le Maire, & huit de long, si l'on en croit le voyage du lord Anson ; la baye de *Bon Succès* est presque au milieu de sa longueur. Jacques le Maire la découvrit en 1615 ; & lui donna son nom. Les courans y sont rapides.

TERRE ou ISLE DES ETATS.

Jacques le Maire la découvrit & lui donna le nom qu'elle porte : elle a dix lieues de long & quatre de large. Le redacteur des voyages du lord Anson, lui donne un aspect horrible : elle n'offre, dit-il, qu'une suite de rochers inaccessibles, hérissés de pointes aiguës, d'une hauteur prodigieuse, couvertes d'une neige éternelle & ceintes de précipices : plusieurs de leurs sommets paroissent suspendus d'une maniere étonnante ; les rocs qui leur servent de base, ne semblent être séparés que par des crevasses qu'on croirait formées par des tremblemens de terre ; leurs côtes sont presque perpendiculaires. L'Hermite représente aussi cette isle comme des terres hautes, montueuses & entrecoupées. Elle se présenta sous un aspect moins sauvage au célebre Cook : la côte du nord lui parut avoir des baies & des havres ; la terre y était parée de verdure, la neige ne la cachait pas. La côte y est de roche & dentelée. Elle présente une surface de collines escarpées & fort hautes, sur-tout vers le couchant ; & à l'exception de leurs sommets, la terre y est couverte d'arbres, d'arbrisseaux, de différentes plantes. Sa partie occidentale renferme trois pointes avancées ; la plus septentrionale est le cap *St. Antoine*, la méridionale, le cap *Bartholome*; entr'eux est le cap *du milieu* : sa partie orientale est formée par le cap *St. Jean*, formé par un rocher élevé, & devant lequel est un islot. A trois lieues au couchant de ce cap, sur la côte septentrionale est un port qui a deux petites isles à son entrée. Cook lui donna le nom de *Havre du nouvel An*; il a presque une lieue de long sur la moitié de large; le fond y est bon, ses côtes couvertes de bois à brûler, & plusieurs courans d'eau douces viennent s'y rendre : on n'en peut approcher par les vents d'est & du nord ; mais ils y sont rares ; on y trouve des oies, des canards, des races-horses ou chevaux de course, qui sont aussi des especes de canards, une multitude de mouettes, qui jettent comme pour se défendre, une fiente dont l'odeur est plus forte que celle de l'assa fœtida.

La latitude de cette isle est 54°42 : sa longitude de 312°30', il semble y avoir un canal qui la coupe dans sa partie orientale.

Isles du nouvel An.

Ce sont cinq ou six isles situées près de la côte septentrionale de l'isle des Etats : le sol, l'aspect en est fort différent ; le terrein en est inégal, élevé d'environ trente pieds au dessus de la mer ; une enceinte de rocs les défend contre les vagues ; l'intérieur est couvert d'un glayeu très-verd & fort long, qui croit sur de petits mondrains de deux ou trois pieds de diametre, & d'autant de hauteur, séparés par des intervalles vaseux & très-sales, probablement parce que les phoques ou veaux marins s'y retirent tout mouillés & bourbeux : les racines de la plante paraissent nattées ensemble : entre ces mondrains, on voit des sentiers tracés par les ours de mer & les pingoins. Outre cette plante qui est le *dactylis glomerata* ou *gladiolus*, on y trouve d'autres gramens, une espece de bruyere, du celeri, du cochlearia, une plante inconnue en Europe, de petits arbrisseaux de trois pieds. Leur surface parait humide par-tout, & sur la côte on voit plusieurs courans d'eau : on y trouve des lions marins qui ont treize à quatorze pieds de long ; selon l'abbé Pernetti, ils sont bien plus grands dans les isles Falkland, mais peut-être il a exagérés : il pesent 12 à 1500 livres ; cet animal a la couleur & la criniere du lion, & est par tout couvert de poils qui lui forment une robe luisante & polie, excepté à la téte ; ces pieds de devant sont des especes de nageoires qui commencent près de la poitrine, & sont semblables à de grandes bandes plates d'une membrane noire & coriace, au milieu de laquelle on distingue à peine des traces d'ongles : ceux de derriere sont des membranes séparées en trois longs doigts ; un cartilage se projette au-delà de ces doigts : sa queue est courte & cachée entre les pieds, sa croupe est ronde & couverte d'une quantité surprenante de graisse ; les vieux beuglent & mugissent comme des lions, les femelles bêlent comme les veaux, les petits comme les agneaux : ils vivent ensemble en grandes troupes ; les plus vieux se tiennent séparés chacun sur une large pierre dont il défend avec fureur les approches ; plusieurs portent sur le dos des balafres reçues dans des combats sanglans ; ils viennent à terre pour engendrer ; pendant le séjour qu'ils y font, ils ne mangent point, dit M. Forſter, ils y deviennent très-maigres, & avalent beaucoup de pierres pour tenir leur eſtomac tendu. On trouve encore dans ces iſles, des ours de mer, moins grands que les lions, car ils n'ont que huit à neuf pieds de longs ; leurs poils ſont d'un brun ſombre, tachetés de petites pointes gris-de-fer, plus longs, plus beaux que celui du lion, mais ne formant point de criniere : ils reſſemblent à ceux de la loutre ; la coupe du corps, la forme des nageoires ſont les mêmes dans ces deux eſpeces d'amphibies ; mais les ours ſont plus courageux & plus féroces ; la chair des vieux mâles eſt inſupportable : celle des jeunes & des femelles peut ſervir d'alimens : on tire de tous beaucoup d'huile. Ils fuient rarement quand on ne les effraye pas, dorment très-ſouvent, & ſont ſtupides : lorſqu'on les réveille, ils levent la tête, ronflent & montrent les dents d'un air farouche ; mais ils n'en ſont pas plus redoutables : des veaux marins y ſont nombreux auſſi. On y voit encore une quantité prodigieuſe de pingoins, oiſeaux amphibies, très-gras, dont la chair n'eſt bonne que dans la diſette, & que les Anglais ont nommé *Jumpings-Jaaks* dans les iſles Falkland (*a*) : les nigauds, qui ſemblent y pulluler abondamment, & dont la chair eſt bonne ; (ce ſont les oiſeaux nommés *becs-ſcie* par M. de Bougainville) : des oies de deux eſpeces, & deſquelles la plus grande a le plumage gris & les pieds noirs ; des canards dont quelques-uns peſent

---

(*a*) On a remarqué que le ſommeil de cet oiſeau eſt ſi profond, qu'on le roule & le ſecoue ſans le réveiller : ils ſe défendent avec courage, & ſont très-vivaces.

trente livres, des mouettes, des hirondelles, des poules, un grand oiseau brun, que les Espagnols appellent *quebrante huessa* ou briseur d'os ; des peterels gris, de la taille des albatrosses ; des vautours, des aigles ; un oiseau d'un nouveau genre très-blanc & de la grosseur d'un pigeon, qui est aquatique, marche à gué, a les pieds à demi palmés, & les yeux, ainsi que la base de son bec, entourés de petites glandes ou verrues blanches : il exhale une odeur si désagréable, que des hommes affamés n'en pourraient manger la chair ; des corlieux gris qui ont le cou jaunâtre & sont de très-beaux oiseaux ; des pies de mer, & quelques autres espèces plus petites. Tous ces animaux vivent en paix dans ces petites isles ; ils semblent s'être concertés pour ne point troubler leur tranquillité mutuelle. Les lions de mer occupent la plus grande partie de la côte, les ours marins habitent l'intérieur ; les nigauds se placent dans les lieux les plus élevés ; les pingoins, dans ceux qui ont avec la mer une communication facile ; & les autres oiseaux dans les lieux les plus retirés : on les voit quelquefois se mêler & marcher ensemble comme un troupeau domestique, ou comme la volaille dans une basse-cour, sans jamais se faire de mal : les aigles, les vautours même se mêlent parmi les nigauds sans les allarmer, sans leur nuire : les cadavres de poissons, de lions, d'ours marins, & d'oiseaux leur suffisent sans doute, & ils laissent en paix les vivans qui pourraient se défendre, pour dévorer tranquillement les morts.

Les couches du sol sont d'une pierre argilleuse, jaunâtre, & quelquefois d'une ardoise grise : ces deux espèces de pierres y ont, selon les lieux, différens degrés de dureté.

Nous

Nouvelle Géorgie. 177

Nous croyons devoir encore affigner à l'Amérique les dernieres découvertes que le capitaine Cook fit dans fon fecond voyage, & c'eft ici qu'elles doivent fe placer.

ISLE DE LA NOUVELLE GÉORGIE.

Elle eft à peu-près fous la même latitude que les isles précédentes, & fous le 340° de longitude. Elle a 31 lieues de long, & dix dans fa plus grande largeur : elle eft remplie de baies & de havres, mais la quantité prodigieufe de glaces qui s'attachent à fes bords la rendent inacceffible pendant la plus grande partie de l'année ; & quand on en approche, les glaces flottantes y rendent le mouillage dangereux ; l'afpect de la terre y eft le même par tout : les montagnes très-hautes vers le midi fe partagent en une quantité innombrable de pointes & de flèches pareilles aux flammes d'un grand feu : les côtes s'y terminent en rochers de glaces perpendiculaires & fort élevés : il s'en détache fouvent des morceaux qui retombent au fond des vallons ou dans la mer, & qui jettés çà & là par les vagues, reffemblent à des isles détachées : l'intérieur du pays n'eft pas moins fauvage ni moins affreux : les hautes cimes des rochers s'y perdent dans les nues ; les vallées font couvertes d'une neige éternelle ; on n'y voit pas un arbre, pas un arbriffeau : dans quelques endroits découverts végéte une forte de gramen groffier, dont le tuyau eft fort ; & qui croît en touffes : c'eft celui que nous avons nommé glayeul dans les isles Falkland ; là croiffent encore la pimprenelle des bois, & une plante pareille à la mouffe, qui fort des rochers.

Ces rochers font d'une ardoife d'un gris bleuâtre, difpofés en couches horizontales: plufieurs fragmens éclatés, couvrent la grève, & ils ne paraiffent point contenir de minéraux. Dans toute la côte on ne voit pas une riviere, pas un courant d'eau douce: comme l'intérieur en eft très-élevé, il n'éprouve jamais affez de chaleur pour fondre la neige & les maffes de glaces néceffaires pour nourrir une riviere ou un ruiffeau. La côte feule du nord-eft peut s'y découvrir l'été, par l'effet des rayons du foleil: celle qui lui eft oppofée, eft privée des effets de ces rayons vivifians par la hauteur des montagnes & par les vents froids du midi qu'elle reçoit.

Les veaux marins ou les ours de mer y font en affez grand nombre, mais plus petits que dans les lieux que nous venons de parcourir: on n'y en a point vu de l'efpèce qu'on nomme des lions: il y a une efpece de veaux marins qui a tout le corps d'un gris foncé, mèlée à une légere teinte d'olive: femblables à ceux de l'hémifphere feptentrional, par la couleur, ils le font encore par la forme de leurs pieds de devant, & par leurs oreilles, qui ne fe montrent point au dehors: leur nez fe projette fort au-delà de la bouche, leur peau eft ridée & mobile: il en eft de 13 pieds de long: ces animaux y font plus farouches que dans les isles du nouvel An; ils ne fuient pas comme eux, mais ils abayent, pourfuivent, & cherchent à mordre les jambes.

On y voit encore des troupes de pingoins, plus grands que ceux des pays dont nous avons parlé: quelques-uns pefent jufqu'à 38 livres, & ont trois pieds 3 pouces de long: leur ventre eft d'une groffeur énorme, & couvert de larges plaques de graisse : à chaque côté de la tète est une tâche ovale, d'un jaune brillant, ou de couleur d'orange, bordée de noir : tout le dos est d'un gris noirâtre : le ventre, le dessous des nageoires, & l'avant du corps sont blancs : ils n'y fuient point l'homme, ou par stupidité, ou parce qu'ils n'avaient pu apprendre à le craindre : ce sont les pingoins jaunes ou pingoins rois des isles Falkland. On y trouve aussi des albatrosses, des mouettes communes, des especes de poules, des hirondelles, des nigauds, des plongeurs, le nouvel oiseau blanc, & un petit oiseau semblable à ceux qu'on appelle oiseaux jaunes au Cap de bonne Espérance. Les seuls oiseaux de terre qu'on y a pu remarquer, paraissent être une espece d'alouette : on n'y a vu aucun quadrupede : cependant on y a vu de la fiente d'un animal qui parait devoir être un renard ou quelque animal semblable : les roches qui bordent les côtes de la mer ne sont pas couvertes de neige comme le reste de la contrée.

La multitude de glaces flottantes semble annoncer qu'il y a dans le voisinage quelques autres terres inconnues qui leur servent de points d'appui pour se former. Mais si elles existent sans qu'on les connaisse, on peut s'en consoler : à juger d'elles par celles-ci, elles sont inhabitables : l'homme ne pourrait vivre dans la nouvelle Géorgie ; il n'y a ni bois, ni aucune matiere combustible qui puisse en tenir lieu : les étés y sont froids, peut-être les hivers ne le sont pas dans la même proportion ; mais plusieurs degrés de froid ajoutés à ceux qu'on y ressent dans la saison la plus douce, suffiraient pour empêcher une race d'homme de s'y perpétuer. Nulle production ne peut y attirer des habitans, ni même des navigateurs, l'huile, la graisse de lions & des veaux marins n'y attirera des pêcheurs que lorsque ces animaux auront disparu des côtes désertes de l'Amérique méridionale, de celles des isles de Falkland & des Etats où ils sont plus gros, & où on les y prend avec moins de danger. Les baleines qui commencent à devenir rares dans l'hémisphere septentrional, n'y attireront pas davantage ceux qui s'occupent de cette pêche, parce qu'elle se fait & peut se faire dans des parages plus commodes que ceux de cette isle.

Mr. Guyot parait avoir vu la partie méridionale de cette terre en 1756, & il la nomma isle de *St. Pierre*. A ses deux extrèmités sont de petites isles: vers le couchant elle est terminée par le cap Nord, devant lequel sont les isles *Willis & Bird*, ou de l'Oiseau: la premiere est un rocher élevé, peu étendu, près duquel il y a des islots de roche: la seconde est plus grande, moins élevée, & doit son nom à la multitude des oiseaux qui l'habitent. Vers le levant sont les rochers de *Clerke*: ce sont 4 islots détachés, couverts d'une multitude d'oiseaux, & sur-tout de nigauds. Plus près de l'isle de la Géorgie australe est l'islot des *Tonneliers*. La côte septentrionale présente diverses baies & caps. En la parcourant du couchant au levant on trouva d'abord le cap *Buller*, devant lequel sont dispersés plusieurs rochers, puis la *Baie des Isles*, qui est large & semée de petites isles: celle de *Possession* a 5 lieues de profondeur, & un peu moins d'une de large: un vaisseau peut y être à l'abri de tous les vents; le fond & deux endroits sur les côtés se terminent par des rochers de glace perpendiculaire, qui s'y détachent de tems en tems: la baie *Royale*, celles de *Cumber-*

land & de *Sandwich*, fe fuccédent dans cet ordre : entre ces deux dernieres eft une pointe en faillie, qui fe termine par un mondrain rond ; on le nomma *cap Charlotte* ; à 18 lieues de ce cap eft l'isle *Cooper*, rocher élevé de 2 lieues de tour.

Sur la côte méridionale, on ne connait que le cap *Difapointment*, en travers duquel il y a trois petites isles, dont la plus méridionale eft verte, baffe, plate, & fituée à une lieue de la côte : l'isle *Pickersgill*, & la *Pointe d'Union*, mais elles n'offrent rien d'intéreffant.

Isles de la Chandeleur.

Elles furent découvertes par Cook en 1775 : leur nom vient du jour où il les vit, ce font deux isles qui ne font pas bien étendues, mais qui font fort élevées, & couvertes de neige de leur centre jufqu'à leurs bords : entr'elles font divers rochers : leur latitude eft de 57º 11′, leur longitude 330º, 30′.

Isle Saunders.

Peut-être fait-elle partie d'un continent ; mais Cook qui la découvrit lui trouva l'apparence d'une isle de 9 à 10 lieues de tour : elle préfente une furface très-élevée, dont le sommet fe perd dans les nues : il y obferva une pente qui fe prolongeait au nord, & qui était remplie de rochers empilés fans ordre : elle parait privée même des animaux amphibies qui habitent la Géorgie auftrale : tout y eft couvert d'une vafte nappe de neige ou de glace, excepté fur une pointe avancée vers le nord, & fur deux collines qu'on voyait au delà, qui font peut-être des isles : un vert gazon les fait contraster avec le blanc de toute l'isle, & avec la couleur de la mer. Sa latitude est de 57° 49′ ; sa longitude de 330° 8′.

Terre de Sandwich.

Cook a donné ce nom à une terre qu'il n'a vue que par intervalles, qui semble devoir lier des terres avancées qu'il a découvertes : telles sont celles qu'il a nommée cap de *Montaigu*, cap de *Bristol*, & la *Thulé méridionale*. Nous dirons ce qui distingue chacune de ces parties.

Le cap *Montaigu* est sous le 58° 27′ de latitude : c'est un promontoire derriere lequel la terre est élevée, & couverte d'une neige éternelle à plusieurs brasses de profondeur : les rochers seuls indiquent qu'il y a de la terre sous ces tas de neige : les bords en sont ceints de glace.

Le cap *de Bristol* montre une côte élevée : les sommets de ses monts se voyent au dessus des nuages, & sont chargés de neige : il est sous le 59° de latitude méridionale. Devant lui sont divers islots de roche, d'une hauteur considérable, noirs, caverneux & perpendiculaires, habités par des troupes de nigauds, & battus par des houles terribles ; le plus grand, le plus occidental de ces islots se termine en un pic élevé, qui s'éleve comme un pain de sucre, & auquel on donna le nom de Pic *Freeze Land*, ou Terre glacée : il a été estimé de deux milles ou de plus de 1600 toises de hauteur perpendiculaire.

La *Thulé australe* a reçu ce nom, parce qu'elle est la terre la plus méridionale qu'on ait découverte encore : sa latitude est de 59° 13′ 30″, sa longitude eft la même que celle des isles de la Chandeleur : entr'elle & le cap de Briftol on crut voir des terres, & il eft probable en effet qu'elles font liées & forment une grande baie, qu'on appella baie *de Forfter*. Thulé préfente une furface très-haute, & qui eft par-tout couverte de neige. Le fommet des montagnes dans cette partie & dans le voifinage de Freezeland ont paru enveloppées de brouillards ; & leurs flancs d'une neige, qui fe prolonge jufqu'au bord de l'eau : des rochers creux montraient que le tout n'était pas une immenfe isle de glace : ils faifaient diftinguer des cavernes noires. La mer dans toute cette partie éft remplie d'isles de glace flottantes ; elles bordent la terre d'où elles fe détachent, & il en eft de très-grandes. Parmi elles, Cook en remarqua une par fon étendue & par fa hauteur : les côtés en étaient perpendiculaires, & le choc répété des vagues n'y avait fait aucune impreffion, peut-être parce qu'il n'y avait pas long-tems qu'elle s'était détachée de quelque baie : fa furface était plate : il en eft de deux lieues de tour.

Il eft tems de revenir au continent de l'Amérique méridionale & aux poffeffions Efpagnoles.

DU CHILI.

Ce royaume eft fitué entre le 23° & le 45° de latitude méridionale ; entre le 303 & le 315 degré de longitude : il a 550 lieues du nord au midi, mais communément il n'a que 30 lieues de large : ce n'eft que vers le 30° de latitude qu'il s'élargit, & en a plus de deux cent jufqu'aux confins du gouvernement de Buenos-Ayres.

Les Incas avaient foumis à leurs loix la partie

septentrionale de cette vaste contrée ; ils se proposaient d'assujettir le reste, ils avaient fait déja des efforts pour y parvenir, mais presque sans succès, quand les Espagnols s'emparerent de leur empire, & succéderent à leurs projets. Diegue *Almagre*, l'un des conquérans du Pérou, se chargea de soumettre le Chili : il partit de Cusco dans les premiers jours de l'année 1535, à la tête de 570 Européens & 15000 Péruviens : deux routes s'offraient à lui, l'une sur les bords de la mer, au travers de sables brûlans, de marais, de pays arides & déserts ; l'autre était hérissée de montagnes escarpées, d'une hauteur prodigieuse, couvertes de neige. Il préféra celle-ci, parce qu'elle était la plus courte : ses troupes furent exposées à tous les maux qui suivent la fatigue excessive, les combats, la famine, la rigueur du climat dans des régions élevées de la Zone Torride, où le degré de froid égale presque celui qu'on éprouve sous le cercle polaire. *Ruydas*, un de ses capitaines, & plusieurs soldats y gelerent ; & 5 mois après on les retrouva debouts, appuyés contre les rochers, tenant encore dans leurs mains les brides de leurs chevaux. Il perdit environ les deux tiers de son armée, & son bagage ; mais il parvint dans les plaines du Chili : les peuples qui s'étaient déja soumis aux Incas, ne lui opposerent aucune résistance ; mais le pays était habité encore par des hommes intrépides, endurcis à la fatigue, passionnés pour l'indépendance dont ils jouissaient. C'étaient les Indiens *Puramanque*, & leurs confédérés. D'abord surpris de la venue de ces hommes inconnus, de la promptitude des opérations de la cavalerie, des effets étonnans des armes à feu, ils se rassurerent bientôt, se défendirent avec opiniâtreté, & oferent même les attaquer avec courage. Ils ne purent forcer leurs ennemis à rétrograder; mais ils les rebuterent, & ils allaient fe retirer lorfqu'une révolution les rappella au Pérou: ils y ramafferent cependant beaucoup de ce métal qui leur avait fait commettre de grands crimes, plus encore que de grandes actions.

Ils ne reparurent au Chili qu'en 1541. Valdivia était leur chef: il y pénétra fans réfiftance; il s'y établit, ou plutôt y combattit pendant 10 ans. Forcé à la retraite après un combat fanglant, il fut enveloppé & maffacré avec 150 cavaliers : les Indiens lui verferent de l'or fondu dans la bouche, pour l'abreuver, difaient-ils, d'un métal dont il avait paru fi altéré. Les Indiens ravagerent, détruifirent divers établiffemens des Efpagnols : ils les auraient chaffés, fi François de Villagua, lieutenant de Valdivia, n'avoit fauvé les débris de l'armée, & reçu de puiffans renforts : ils reprirent les poftes qu'on leur avait enlevés ; ils ont foumis peu-à-peu tout le plat pays qui borde la mer. Les montagnes font encore occupées par les Puelches, les Araucos & autres tribus puiffantes qui leur ont fait la guerre depuis plus de deux fiecles, excepté dans quelques intervalles de paix. Depuis 1771, ils n'ont point pris les armes.

Parmi ces Indiens, les plus belliqueux, les plus redoutables, font les *Araucos :* fouvent ils fe joignent avec les habitans de Tucapel, avec ceux qui habitent les rives du Biobio, & les tribus qui s'étendent dans les Cordelieres. Lorfqu'ils partent pour faire la guerre, ils ne portent ni tentes, ni bagages: ils fe nourriffent de fruits, & les mêmes arbres dont ils tirent leur nourriture, leur fourniffent des lances & des javelots. Tout le pays leur offre les mêmes moyens de vivre & de se défendre, & ils abandonnent sans regret celui dont on les chasse, parce que tout séjour leur est égal: ils avancent avec rapidité, attaquent avec courage, font leur retraite avec promptitude. La fronde, la masse, la hache & le sabre, les lacs de cuir, sont dans leurs mains des armes redoutables. On les voit attaquer les postes les mieux fortifiés ; mais rarement ils réussissent, lorsqu'on a prévu leur irruption : repoussés dans une partie du pays, ils retombent sur une autre ; ils ne s'estiment battus que lorsqu'ils sont enveloppés ; s'ils peuvent gagner un lieu d'un accès difficile, ils croyent avoir vaincus. S'il faut faire la guerre, le Cacique les avertit, avec une trompe de corne de bœuf, qu'on entend d'une hauteur à deux lieues à la ronde, ils accourent avec leur sac de farine d'orge ou de maïs qui les nourrit plusieurs jours, en la détrempant dans l'eau : chacun a son cheval & ses armes ; ils marchent au combat avec fierté, au son d'un tambour ; leurs armes sont peintes, & leur tête est ornée d'un panache de plumes. Avant qu'ils combattent, leur chef les harangue; ils répondent en frappant du pied, en jettant des cris épouvantables, pour s'encourager eux-mêmes, & pour effrayer l'ennemi. Ils connaissent l'usage des retranchemens : ils les font avec des palissades, ou se placent derriere de gros arbres, au devant desquels ils font des puits, dont ils hérissent le fond de pieux & d'épines, & qu'ils recouvrent ensuite de gazon ; ceux qui s'y laissent tromper sont déchirés avec barbarie; ils mettent la tête de leur ennemi s'il est un peu considéré au bout d'une pique, boivent dans son crâne, & dans leurs réjouissances, ce crâne devient leur tasse, comme les os des jambes sont changés en flutes avec lesquelles ils chantent leur victoire.

Les Indiens indépendans ne sont pas gouvernés par des Caciques comme au Pérou : l'âge y est le fondement de la subordination, & le plus ancien dans chaque famille en est comme le magistrat : mais quand ils forment une armée, ils élisent un général. Ceux sur-tout qui habitent la rive méridionale du Biobio, ceux qui sont dans le voisinage des Cordelieres, savent faire la guerre lorsqu'ils l'ont résolue ; en un instant ils répandent la flamme dans le pays ; & leurs mesures sont si secrettes qu'on ne connaît leur dessein que lorsqu'il s'exécute : l'attaque des villages annonce seule ce qu'ils ont déterminé : c'est leur déclaration de guerre, & ce qu'ils appellent lancer la flèche. La nuit, le jour, ils ne se reposent point : & quoique les Espagnols prennent soin de s'attacher les Indiens qui cultivent leurs frontieres, ils ne sont pas avertis à tems pour prévenir l'irruption ; mais seulement pour la repousser.

Cette guerre est plus nuisible aux Espagnols qu'aux Indiens, même lorsque ceux-ci ne remportent pas d'avantages : elle dure communément plusieurs années. Aussi ce sont ordinairement les premiers qui font les premieres propositions de paix ; & pour en traiter, il se fait un congrès où se rendent le gouverneur & le général-major du Chili, avec leurs principaux officiers, l'évêque de la Conception, & d'autres personnes d'un haut-rang. Le général des Indiens & les capitaines de son armée y paraissent comme représentans de leurs nations. Ce congrès s'assemble, non-seulement pour finir la guerre, mais encore toutes les fois qu'il arrive un nouveau gouverneur ou président : dans ces deux cas, on fait les mêmes cérémonies : en voici le précis.

D'abord le président fait savoir aux Indiens le jour & le lieu où il doit se rendre pour cet objet : les chefs des deux nations y viennent : tous y étalent une pompe grossiere ; tous ont une escorte formée d'un nombre d'hommes, dont on est convenu auparavant. Le président & sa suite habitent sous des tentes, & les Indiens non loin de-là sous des huttes. Les vieillards, ou les chefs des Indiens, font au président la premiere visite, boivent à sa santé, & lui présentent ensuite le même verre, afin qu'il y boive à son tour : puis on leur fait des présens, de couteaux, de ciseaux & autres bagatelles aux yeux des Européens, mais d'un grand prix pour ces peuples agrestes. On s'assied sur des tapis pour traiter des intérêts communs, pour convenir des articles de paix : puis les Indiens retournent à leurs huttes ; & le président leur rend visite & boit avec eux.

Les chefs des Indiens qui ne se sont pas trouvés à cette premiere visite, vont ensuite tous ensemble la rendre au président, qui leur fait aussi de petits présens, leur donne du vin, & ils donnent en échange des chevaux, du gros bétail, des oiseaux. Après ces préliminaires, & l'accord qui les suit, les deux nations se retirent dans leur demeure.

Pour gagner l'affection des Indiens, le président invite plusieurs d'entr'eux à sa table pendant les trois ou quatre jours que dure le congrès : il fait ce qu'il lui est possible pour se les attacher tous : dans ces occasions, il se fait une espece de foire dans les deux camps : une partie des Espagnols se rend chez les Indiens avec les marchandises qui leur agréent le plus; & ceux-ci portent chez les Espagnols du coton, des étoffes, des bestiaux; la fidélité la plus scrupuleuse s'observe dans ce commerce: aucun des deux partis ne parait avoir oublié que la probité est l'art le plus sûr de commercer avec avantage.

Dans leur plus grande fureur contre les Espagnols, les Indiens semblent les respecter encore; ils prennent les hommes blancs dans leurs huttes: ils les traitent comme leurs compagnons: ils en épargnent sur-tout les femmes qu'ils paraissent préférer aux leurs; & delà vient que plusieurs Indiens parmi ces nations sont de la couleur des Espagnols naturels. Dans les tems de paix, il en est qui viennent dans les possessions de ceux qui furent leurs ennemis; ils y travaillent pendant un certain tems comme manœuvres, & le terme expiré, ils retournent dans leurs maisons, apres avoir acheté de l'argent qu'ils ont reçu pour prix de leurs journées, les marchandises qui sont d'un plus grand débit chez eux.

Dans la paix, les Espagnols portent aux Indiens libres, divers instrumens de fer, des mords, des éperons, des couteaux & autres outils tranchans, de la quincaillerie, un peu de vin. Ce commerce ne se fait que par échange; car quoique le pays puisse fournir de l'or, ils ne veulent pas en ouvrir les mines, parce qu'ils connaissent l'avidité des Européens pour ce métal, & les calamités qu'il accumula sur leurs voisins; ils font donc leurs payemens en chevaux, bétail, étoffes de coton. Avant d'ouvrir son commerce avec une famille Indienne, les Espagnols vont offrir un verre de vin à son chef, si elle en a un; puis ils étalent leurs marchandises afin que chacun puisse choisir ce qui lui convient, ou attende qu'un autre l'apporte. Ils se rendent chez une autre peuplade, y font un petit préfent au chef qui permet aux fiens de commercer avec les Efpagnols comme avec des amis: ils vont enfuite fous fa protection, de huttes en huttes, & donnent à chaque chef de famille un verre de vin : car c'eft par là qu'ils commencent toutes leurs opérations. L'Indien a-t il choifi ce qui lui eft utile, le marchand va plus loin, fans attendre fon paiement, & va en d'autres huttes difperfées çà & là, jufqu'à ce qu'il ne lui refte plus rien. Il revient alors à la hutte du chef, appelle en chemin tous fes chalans, leur dit qu'il veut s'en retourner chez lui, & qu'ils ne manquent point d'apporter chez leur chef ce qu'ils lui doivent : bientôt il y reçoit le prix de fes marchandifes; tout s'y traite avec fidélité, & avec les témoignages de la confiance & de l'amitié. Chaque marchand fait fes adieux, & le chef leur donne une efcorte jufqu'aux frontieres, où il fait conduire le bétail qu'on leur a donné en échange. Les Efpagnols eux-mêmes reconnaiffent que la fidélité de ces Indiens dans le commerce eft admirable, qu'on n'a aucun exemple qu'ils aient manqué jamais à un engagement, & qu'ils font leurs paiemens avec une ponctualité rigoureufe.

Chez les Puelches, on fait le commerce un peu différemment ; le chef fait publier l'arrivée d'un marchand à fon de trompe ; chaque Indien qui veut acheter, accourt, vifite la boutique étalée, choifit, emporte ce qui lui plait : puis lorfque le marchand veut partir, la trompe va l'annoncer encore, & chaque acheteur vient livrer le prix de la marchandife dont il s'eft accommodé.

Le *poncho* eft le principal objet de commerce

fourni par les Indiens indépendans : c'est une étoffe de laine blanche ou bleue, longue de trois aunes, large de deux, percée au centre pour y passer la tête ; elle s'arrête sur les épaules & se déploie sur les autres parties du corps : tel est leur vêtement ; tel est celui des Chiliens soumis ; sa valeur varie selon la finesse de son tissu, & les bordures plus ou moins élégantes & riches qui le décore : les plus grossieres sont évaluées vingt-cinq à trente livres, les plus belles sont vendues jusqu'à mille livres. Il n'est plus permis de leur vendre du vin & de l'eau-de-vie, parce que lorsqu'ils étaient ivres, ils prenaient les armes, massacraient les Espagnols qu'ils rencontraient, dévastaient les champs voisins, & les guerres en étaient plus fréquentes. Un intérêt mieux entendu fit défendre ce commerce avec les Indiens dans l'année 1724, & on a lieu de s'applaudir de cet acte de sagesse autant que d'humanité.

On dit que ces Indiens n'ont pas de religion, mais ils ne peuvent être de vrais athées, comme un jésuite l'assurait à Frezier : ils ne nient, ni n'affirment la Divinité ; ils l'ignorent. L'amour de l'indépendance, la haine qu'ils ont longtems nourrie contre les Espagnols, les éloigna du christianisme, & les religieux y ont fait peu de progrès ; on ne trouve chez eux ni temples, ni vestiges d'idoles ; on a cru y voir quelque apparence de l'usage des sortilèges, qui n'y est que celui du poison. Quelques-uns croient à une autre vie, & mettent dans la tombe de ceux qui meurent des alimens pour se nourrir & des étoffes pour s'habiller : les femmes font pendant plusieurs jours la cuisine pour eux, les arrosent de la chicha qui fut leur boisson favorite, & accommodent leur bagage, pour qu'il puisse leur servir longtems; ils paraissent croire que leur ame va au-delà des mers dans des lieux de délices, que là, eux-mêmes regorgeront de viandes & de boissons, qu'ils auront plusieurs femmes, qu'elles n'auront point d'enfans, & ne seront occupées qu'à les servir, qu'à leur faire de la chicha, infiniment meilleure que celle qu'ils boivent. Ces idées sont très-confuses, & plusieurs d'entr'eux les regardent comme des rêves d'un malade.

Quoiqu'aucun n'ait de rois, ni de souverains, que chaque chef de famille soit maître chez lui, il en est chez qui ces familles se sont très-étendues, & sont devenues des especes de peuplades, soumises à des chefs qui ont des vassaux, ou des chefs inférieurs qui ne leur payent aucun tribut, mais leur obéissent en tems de guerre. Ces chefs rendent la justice, & les fils succedent à la dignité dont leurs peres furent revêtus.

Tous les Indiens du Chili sont de belle taille, ont les membres gros, l'estomac & le visage large, & peu agréable; ils sont imberbes; leurs cheveux sont plats, ressemblent à du crin, & sont ordinairement noirs : les Puelches se les coupent à la longueur de l'oreille, & ont les yeux extrèmement petits ; ce défaut rend leurs femmes presqu'hideuses. Leur couleur naturelle est basanée, approchant de celle du cuivre rouge : parmi ceux de la plaine, il en est qui ont un teint blanc & coloré de vermillon. Outre le poncho dont nous avons parlé, & qui fait leur principal habillement, ils ont encore une culotte ouverte tout le long des cuisses qui suffit à peine pour couvrir leur nudité. En tems de pluie, ils jettent sur eux une espece de tapis quarré, & affublent leur tête d'un bonnet dont le bord se développe & tombe sur leurs

leurs épaules; ils portent des especes de brodequins de laine: les Espagnols ont pris d'eux cet usage, ainsi que celui du *chony* ou *poncho*, sur-tout pour aller à cheval, parce qu'il garantit de la pluie, ne se défait point par le vent, sert de couverture la nuit, & de tapis pour se mettre en campagne.

Les femmes portent des robes longues sans manches, ouvertes du haut jusqu'en bas d'un côté où les bords se croisent & qui sont retenues par une ceinture qui passe sous le sein, & par deux crochets d'argent sur les épaules; cette robe s'appelle aussi *chony*; la couleur en est bleue, ou d'un brun obscur. Dans les villes, elles mettent sur le chony, une jupe & un *revos*; dans les campagnes elles n'y ajoutent que l'*iquella*, petite piece d'étoffe quarrée, dont deux côtés sont attachés sur le sein avec une grande éguille d'argent qui a une tête plate de quatre à cinq pouces de diamètre: elles portent leurs cheveux longs & tressés par derriere, coupés courts sur le front; à leurs oreilles sont suspendues des *oupelles*, ou plaques d'argent de deux pouces en quarré.

Les Indiens habitent sous des cabanes de branches d'arbres, plus ou moins grandes, selon le nombre de ceux qui composent la famille: les seuls meubles qu'elles renferment sont un petit coffre & des peaux de moutons sur lesquelles ils se couchent: ces cabanes ne se ferment jamais; ils ne connaissent pas l'usage des clefs, & cependant il ne s'y commet point de vols: ils respectent moins la propriété des Espagnols, qu'ils regardent comme des étrangers, comme les tyrans du pays; les Puelches sur-tout, sont pour les Européens de hardis voleurs. Ceux de la plaine, ceux des montagnes, ne se rassemblent point; ils ne forment point de villages, leurs cabanes font difperfées fans ordre, çà & là, ce qui ne donne pas un air peuplé au pays qu'ils cultivent. Leurs familles font nombreufes ; ils ont ordinairement plufieurs femmes, & un grand nombre d'enfans ; les filles fur-tout font leurs principales richeffes, parce qu'ils les vendent à celui qui les prend pour femmes : elles fervent leurs époux comme fi elles étaient efclaves, leurs maîtres les occupent aux travaux de la campagne, & les revendent s'ils n'en font pas contens. Les hommes ne bêchent la terre qu'une fois dans l'année pour femer le maïs, les haricots, les lentilles & autres légumes dont ils vivent ; & quand ils quittent l'ouvrage, ils fe raffemblent avec leurs amis, boivent, s'enivrent & fe repofent. Les femmes fément, arrofent, cueillent ; la favorite du jour eft alors cuifinière, elle regale fon époux, felle & bride fon cheval quelquefois mieux nourri qu'elle, mais moins ménagé encore. Ils font d'excellents cavaliers, ils ne voyagent & ne fe vifitent qu'à cheval ; ils montent & defcendent des rochers efcarpés, où un cheval européen ne pourrait fe tenir fans charge, & fuient au travers des bois en fe mettant fous le ventre de l'animal pour n'être point expofé au choc des branches : leur felle eft une double peau de mouton qui leur fert de matelas pour dormir en rafe campagne ; leurs étriers font des fabots de bois quarrés ; ils font en bois & en corne tout ce que les Européens font en fer ou en argent. Ils mangent leurs chevaux, fouvent ils les font mourir de fatigue, fans doute parce qu'ils font en très-grand nombre dans le pays, & à très-bas prix.

Pour connaître le nombre des beftiaux qu'ils nourriffent, & conferver la mémoire de leurs affaires, ils se servent de certains nœuds de laine, qui par la variété de leurs couleurs & des replis, leur tiennent lieu de caractere & d'écriture: c'est ce qu'ils appellent des *quipos*: leur usage est une science que les peres n'apprennent à leurs enfans que lorsqu'ils sont invalides ou mourans ; souvent le pere a pu la comprendre, & n'est jamais parvenu de la faire entendre à son fils moins intelligent que lui ; souvent encore, plusieurs se flattent vainement de la savoir, & elle n'est qu'une source d'erreur & de dommage pour eux. Ceux qui ont la mémoire la plus heureuse, sont chargés du soin d'apprendre & reciter aux autres l'histoire du pays ; c'est ainsi qu'ils nourrissent leur haine contre les Espagnols, & le souvenir des victoires qu'ils ont remporté sur eux : ils souffrent avec peine ceux qui prétendent au droit de leur commander ; comment souffriraient ils ceux qui les vexent ?

Les bestiaux leur viennent sur-tout des plaines du Paraguai : les Puelches les amenent par la vallée *Tapatapa*, qu'habitent les Pehvingues, Indiens indomptés : cette vallée est un passage au travers des Cordelieres, moins difficile que les autres qui sont presqu'impraticables aux mulets ; celui qui est le plus fréquenté après celui-là est au pied du volcan de la *Silla Velluda*, qui jette quelquefois du feu avec un bruit si horrible qu'on l'entend de quatre-vingt lieues : c'est par ce dernier passage qu'on se rend à Buenos-Ayres dans six semaines. Ces communications permettent de remplacer tous les ans les troupeaux nombreux de bœufs & de chévres qu'on tue au Chili, pour faire du suif & une sorte de graisse qui se tire par l'ébullition de la viande & de la moelle des os, & sert de beurre & d'huile dans toute l'Amérique méridionale Espagnole.

Ces Indiens ont divers jeux auxquels ils excellent : tel est la *fuaca*, espece de jeu de mail : ils font souvent des fêtes, des festins, des débauches, où ils ne sont point gais, mais deviennent quelquefois furieux : ils boivent avec excès de la cucha, chantent leurs exploits, ceux de leurs ancêtres, ou la fête, ou tout autre objet ; mais leurs chansons sont sans rime, & leur musique sans harmonie & sans cadence. Ceux de la plaine sur-tout, s'enivrent le jour & la nuit dans leurs fêtes, quelquefois 10 ou 15 jours de suite; ils tombent dans la boue, ou dans l'ordure, y dorment, puis se reveillent & recommencent à danser : quelquefois ils en meurent, souvent des querelles y font couler le sang.

Leur nourriture ordinaire sont les *toupinambours* ou *papas*, du maïs en épi bouilli ou rôti, de la chair de cheval & de mulet ; ils disent que celle du bœuf est mal saine : ils rôtissent le maïs dans un pot de terre avec du sable ; puis ils le broient avec de grosses pierres, telle est la farine qu'ils portent avec eux lorsqu'ils vont à la guerre. C'est avec ces alimens, ces débauches qu'ils vivent des siecles entiers : ils supportent fort longtems la faim & la soif dans la guerre & dans les voyages.

On divise en trois classes les Indiens du Chili; les *Indiens bravos* qui n'ont point été soumis ; ceux de *Reduction* qui par un traité, ont reconnu le roi d'Espagne pour leur souverain ; mais ne paient d'autre tribut qu'un secours d'hommes, pour travailler aux fortifications & défendre les frontieres ; les *subjugués* ou *yanaconas* qui sont tributaires, doivent au gouvernement dix piastres par an en argent ou en denrées, & sont encore employés au service des familles Espagnoles à qui le roi les donne : ils sont obligés de les servir comme valets, mais non comme esclaves : on les nourrit, & on leur donne trente écus par an ; s'ils ne veulent pas servir, ils en sont dispensés, en donnant à leur maitre dix écus par an ; au dessous de seize ans, au-dessus de cinquante, ils sont libres de servir ou non, sans être astreints à paier. Il y a encore des especes d'esclaves achetés des Indiens libres, qui vendent volontairement leurs enfans pour des armes, de la quincaillerie, &c. Cet esclavage n'est qu'un abus toléré : il n'est pas semblable à celui des noirs; ceux qui y sont soumis ne peuvent être revendus qu'en cachette & avec leur consentement; avec une lettre d'*amparo* ou de protection, ils peuvent redemander leur liberté, & le protecteur des Indiens qui siége dans chaque audience est obligé de parler alors pour eux. Leurs enfans suivent leur sort; mais si le pere est de la classe tributaire, ils n'ont pas le sort de leur mere; la servitude de cette troisieme classe étant autorisée par les loix, & l'esclavage ne l'étant point, ils ne deviennent que serfs.

Ces distinctions ne subsistent même plus aujourd'hui par les loix, & à l'exception de ceux qui ont été donnés à des Espagnols à perpétuité ; les Indiens soumis ne sont plus dépendans que de la couronne, mais ils n'en sont gueres plus heureux : ceux qui n'habitent pas les villes sont fixés dans les bourgades, qu'il ne leur est pas permis de quitter, où ils sont gouvernés par un cacique, où ils ont un domaine public qu'ils cultivent en commun pour les besoins publics, & un domaine particulier pour suffire à leurs propres besoins : mais ils sont seuls es corvées ; ils sont à tour de rôle à la disposition des citoyens pour les atteliers & les cultures de nécessité premiere, pendant dix-huit jours de suite, pour un salaire prescrit; ils doivent exploiter les mines : ceux qui n'en sont pas éloignés de plus de dix lieues doivent y envoyer la septieme partie de leur peuplade; ils y travaillent six mois pour le prix de quatre réaux par jour : les mines de Guanca-Velica les font venir de bien plus loin encore : de plus ils doivent un tribut annuel plus ou moins grand au gouverneur. Tel est aujourd'hui le sort des Indiens soumis. Passons à la description générale du pays.

La partie du Chili soumise aux Espagnols, formant une province de leur monarchie, est un district étroit, dont le climat est le plus délicieux du Nouveau-Monde; il n'y en a peut-être point qui l'égale dans la terre entiere. Situé presque sous la zone torride, les chaleurs n'y sont point insupportables : elles sont tempérées d'un côté par les vents qui descendent des Andes ou Cordelieres qui le bornent au levant, de l'autre par les vents de la mer. Sa température est si douce, si uniforme, que les Espagnols la préferent à celle de l'Andalousie, & des provinces de l'Espagne les plus agréables : l'air y est sain & le ciel toujours pur & toujours serein : son nom, qui dans la langue indienne signifie *froid*, vient du froid qu'on y ressent dans ses hautes montagnes; mais il ne s'y fait jamais sentir dans les plaines. La fertilité du sol répond à la douceur du climat : sur cette heureuse terre, les récoltes en vin, bled & huile sont quadruples de celles que nos travaux, notre activité nous procurent, & elles demandent peu de soins. Tous les fruits de l'Europe y mûrissent, aucun n'y dégénere. Les animaux qu'on y transporte s'y multiplient & s'y amélio-

CHILI.

rent; les chevaux y ont acquis une beauté, une vîtesse, une fierté que n'ont pas les Andalous dont ils descendent: les bêtes à corne y sont plus grosses qu'en Espagne. Et ce n'est pas seulement sur la surface de la terre que la nature a répandu ses richesses, c'est encore dans ses entrailles. On y trouve des mines d'or, d'argent, de plomb; surtout d'un cuivre excellent qu'on emploie utilement dans l'ancien & le nouveau monde.

La terre y est naturellement trop féconde pour qu'on y connaisse l'art de la cultiver. Elles y sont si faciles à oultiver, qu'en les grattant avec une branche d'arbre crochue, traînée par deux bœufs, le grain couvert à peine y rend le centuple: on y travaille peu les vignes, & cependant elles y sont très-abondantes : mais le vin prend un goût amer, approchant de celui de la thériaque, & une odeur à laquelle il est difficile de s'accoutumer dans des cruches de terre ou *botiches* qu'on enduit de résine, ne sachant pas les vernisser, & dans les peaux de bouc qui servent de vases pour les transporter.

Les fruits y viennent sans culture; on n'y sait point greffer les arbres, & on n'y voit pas l'utilité qu'il y aurait à l'apprendre. Les plaines, les pentes des collines y sont couvertes de pommiers & de poiriers qu'on n'y connaissait pas avant que les Européens se fussent emparés du pays: on est étonné de leur multiplication rapide : ils forment des bois épais. Des campagnes entieres y sont remplies d'une espece de fraisier qui differe des nôtres par ses feuilles velues, plus arrondies, plus charnues, & par la grosseur de ses fruits qui égalent ordinairement celle d'une noix, & quelquefois celle d'un œuf de poule : ces fraises sont d'un rouge blanchâtre, d'un goût moins délicat que nos fraises de bois, qu'on trouve aussi dans les forêts du Chili. Les champs y sont remplis de toutes nos especes de légumes, & quelques-uns y croissent naturellement: tels sont les navets, les patates, les chicorées, &c. On y voit végéter abondamment les herbes aromatiques de nos climats; telles que le petit baume, la mélisse, la tanésie ou herbe aux vers, la camomille, la menthe, la sauge, une espece de piloselle qui a l'odeur de l'absinthe; on y remarque une petite espece de sauge qui s'éleve en arbrisseau, dont la feuille approche de celle du romarin, dont l'odeur & le goût annoncent une plante qui abonde en principes volatils: une Alkekenge ou coqueret dont le fruit est plus odorant qu'en Europe. Les roses viennent sans soins sur les collines; l'espece la plus commune y est presque sans épines: on y trouve une espece de lys qu'on y nomme *Liuto*, différemment coloré, composé de six feuilles dont deux sont toujours panachées; on en seche la racine au four, & on en fait une farine qui sert pour les pâtes de confitures. On y cultive dans les jardins un arbre qui se couvre de fleurs en cloches blanches, longues de 8 à 10 pouces, larges de 4 par le bas, dont l'odeur est très-suave surtout pendant la nuit; la feuille en est velue, pointue comme celle du noier, & sert, ainsi qu'une espece de lierre terrestre, à résoudre des tumeurs. Une sorte de santoline ou semencine qu'on y nomme *quinchamali*, y fournit un remede infaillible pour dissoudre le sang extravasé dans des chûtes violentes: sa fleur est petite, de couleur jaune & rouge. Nos vulnéraires, nos plantes médicinales n'y sont point rares; les mauves, guimauves, mercuriales, digitales, polipodes, &c. y font communes, il en eft plufieurs de particulieres au pays. Il y a auffi divers végétaux qui fervent pour la teinture, & la font réfifter au favon ; telle eft la racine de *reilbon*, efpece de garance dont la feuille eft plus petite que la nôtre ; le *poquell*, efpece d'abrotanun ou de bouton d'or qui donne un jaune durable, tandis que la tige teint en verd : le *lanil* eft une efpece d'indigo, & donne la même couleur ; le *panque*, qui croît dans les marais, & dont la feuille ronde eft tiffue comme celle de l'acanthe, & a deux ou trois pieds de diametre; dont la tige & la racine donnent un beau noir : lorfque la tige en eft rougeâtre, on la mange crue; elle rafraîchit, & eft aftringente ; fi on la fait bouillir avec le *maki* & le *gouthiou*, deux efpeces d'arbriffeaux, elle teint en noir fans nuire aux étoffes.

Les forêts y font pleines d'arbriffeaux aromatiques; tels font diverfes efpeces de myrthe, une forte de laurier dont l'écorce a l'odeur du faffafras, & plus agréable encore ; le *boldu* dont la feuille a l'odeur de l'encens, l'écorce le goût de la canelle, & qui a une feuille plus grande que celle du grand laurier : c'eft peut-être un arbre à l'écorce de winter : les Indiens l'ont confacré aux cérémonies de la paix ; on en trempe un rameau dans le fang des moutons du pays, & on fe le préfente : c'eft une affurance que la guerre eft terminée. Parmi les arbres finguliers du Chili, on doit compter le *licti* dont l'ombre fait enfler celui qui repofe deffous : le *pelboqui* efpece de liferon, ou l'*hierba mora*, qui, pilée avec du fel, fait diffiper l'enflûre : le *peumo* donne une écorce qu'on prend en décoction & qui foulage les hydropiques ; fon fruit est rouge & semblable à l'olive ; son bois peut servir pour construire des vaisseaux : tel est encore le *roble*, espece de chêne ; son écorce semblable à celle de l'yeuse, y sert au même usage que le liége ; son bois est dur, & ne se pourrit point dans l'eau : des cédres ombragent les rives du Biobio ; ils servent pour la construction des navires ; ils fourniraient de beaux mâts si la riviere était navigable, ou pouvait les porter jusqu'à la mer. Les montagnes de Valparaiso, quoiqu'exposées à de longues séchereses, produisent un grand nombre de simples : on y connait d'excellens fébrifuges : telles sont la *cachinlagua*, espece de petite centaurée, plus amere, plus abondante en sels que celles d'Europe, & la *viraverda*, sorte d'immortelle. L'*unoperquen* est un séné semblable à celui du levant ; le *culen* ou *alva-quilla* est un arbrisseau dont la feuille a l'odeur du basilic, & contient un baume dont on a vu des effets surprenans sur les plaies : la fleur en est longue, disposée en épi, de couleur blanche, mêlée à une teinte de violet : l'*havillo* a la fleur du genêt ; sa feuille est petite, exhâle une odeur forte qui approche de celle du miel, & gluante du baume qu'elle contient : les effets en sont admirables : le *payco* a une feuille déchiquetée qui répand une odeur de citron pourri ; sa décoction est sudorifique & utile dans la pleurésie : le *palqui*, espece d'hieble à fleur jaune guérit la teigne : le *thouba*, est un arbrisseau de l'espece des *rapontics*, qui ressemble au laurier-rose ; sa fleur est d'un jaune aurore, & approche pour la figure de celle de l'aristoloche ; ses feuilles, son écorce rendent un suc utile contre les chancres, mais dont l'usage devient un poison violent : des vallées sont couvertes de *bisnagues*, plante qui ressemble au fenouil, on en fait des cure-dents en Espagne : le *quillay* est un arbre dont la feuille est découpée comme celle du chêne, dont l'écorce fermente dans l'eau comme le savon, & sert au même usage : elle est utile pour le lavage des laines, mais jaunit le linge : les Indiens s'en servent pour nettaier leurs cheveux, & c'est, dit-on, ce qui leur donne cette noirceur qui frappe & fait leur couleur commune : le *mollo*, ou *ovighan* est l'*aroeira* de Margrave, le *Shinnus molle* de Linnéus ; sa feuille est semblable à celle de l'acacia ou du lentisque, dentelée, ayant l'odeur du fenouil ; ses fleurs sont en rose & de couleur jaune pâle : son fruit croît en grappes : c'est un grain rouge qui a le goût du poivre & du genievre ; de son bois distile un suc laiteux qui dissipe la taie des yeux ; celui qui sort du cœur de ses rejetons éclaircit & fortifie la vue ; la décoction de son écorce fait une teinture couleur de café, tirant sur le rouge dont les Indiens teignent leurs filets de pêche pour les rendre moins visibles aux poissons. Près de Coquimbo croît une espece de ceterac, nommée *doradille* par les Espagnols ; sa feuille est frisée, & sa décoction purifie le sang, recrée & ranime le voyageur fatigué : le *lacotoya* est une espece de citrouilles dont on fait ramper la plante sur les maisons, qui toute l'année conserve sa verdure, & donne un fruit excellent en confiture : là aussi, on commence à voir le *lucumo*, arbre commun au Pérou, mais qu'on ne voit nulle autre part au Chili : sa feuille est celle de l'oranger ; son fruit ressemble à une poire : la peau en est jaunâtre dans sa maturité ; la chair en est jaune & a le goût & la consistance du fromage frais : le noiau ressemble à la châtaigne pour la peau, la couleur, la consistance, mais il est amer & inutile. Près des Cordelieres végète une herbe qu'on mange en salade dans sa naissance, & qui dans sa force aveugle & tue les chevaux qui la mangent. Dans la vallée d'Ilo croît le *Pacay*, qu'on nomme *bayroua* ou *pois sucrin* à la Guyane : c'est un arbre dont les feuilles sont de grandeurs inégales, mais d'une forme semblable à celles du noyer ; elles sont rangées deux à deux sur une même côte, & d'autant plus grandes qu'elles sont plus éloignées de la tige : sa fleur est jaune en cloche, découpée en 6 parties, garnies d'étamines blanches à sommet jaune ; la silique qui en nait est quarrée, d'une longueur inégale qui varie entre 4 & 12 pouces, divisées en petites loges, dont chacune renferme un grain de la forme d'une fève platte, enveloppée dans une substance blanche & filamenteuse, qui a l'apparence du coton ; mais n'est réellement qu'une huile crystalisée : elle est raffraichissante & laisse dans la bouche un goût musqué des plus agréables.

Entre les fleurs de jardin, il en est qui sont particulieres au pays : telle est la *niorbes* qui est semblable à la fleur de l'oranger ; l'odeur en est moins forte, & plus suave, les autres sont mal connues, & doivent peut-être les singularités qu'on en raconte à la superstition & à l'ignorance de leurs observateurs.

Les animaux qu'on trouve au Chili sont presque les mêmes que ceux qu'on trouve au Pérou : cet article sera donc court dans la description du royaume dont nous nous occupons. Les quadrupèdes utiles viennent la plupart du gouvernement de Buenos-Ayres. Dans les montagnes on trouve beaucoup de *guanacos* ; les moutons y ont 4 cornes,

& quelquefois 5 ou 6 ou 7, trois de chaque côté, & une au milieu, ou 4 d'un côté & 3 de l'autre.

Les campagnes sont peuplées d'une multitude d'oiseaux, sur-tout de pigeons ramiers, de tourterelles, de perdrix, de bécassines, de courlis, de sarcelles, de perroquets, de canards de diverses especes : l'une d'elles se nomme *patos réales*, & se distingue par une crête rouge sur le bec : la pipelienne y ressemble à un oiseau de mer qu'on nomme mauves ou mouettes : elle a le bec rouge, droit, long, étroit dans sa largeur, plat dans sa hauteur : leurs pieds ressemblent à ceux de l'autruche, leur chair est de bon goût : le *pechiolorados* est un gorge-rouge d'un beau ramage : les flamans y sont recherchés des Indiens, parce qu'ils ornent leurs bonnets de leurs plumes d'un beau blanc & d'un beau rouge. La chasse y est souvent troublée par des oiseaux qui dès qu'ils voyent un homme, crient & voltigent autour de lui, comme pour avertir les autres du danger qui les menace : leur habitude les a fait nommer *criards* par les Français ; ils se distinguent par une pointe rouge, longue d'un pouce, aiguë & dure comme un ergot, placée au dessus de l'articulation de chaque aîle ; ils s'en servent pour se battre contre les autres oiseaux ; c'est sans doute le canelon de Quito ; le *cahuitahu* du Para, ou du moins ils paraissent être des oiseaux de la même espece. Le *contur* ou *condor* est le tyran des monts du Chili, mais il est plus commun au Pérou, & c'est là que nous en parlerons.

Les insectes n'en sont pas bien connus ; il paraît qu'ils sont à-peu-près les mêmes que dans les contrées voisines. On voit aux environs de Valparaiso des araignées velues d'une grosseur monstrueufe, mais on n'en craint point le venin. On peut ranger dans la classe des insectes le *pulpo*, animal singulier, décrit par Frezier, & qui parait être l'*arumazia* de Margrave ; il est de la grosseur du petit doigt, long de 6 à 7 pouces, divisé en 5 articulations qui vont en diminuant vers la queue : lorsqu'il est sans mouvement, on le prendrait pour une petite branche d'arbre revêtue d'une écorce de chataigner : sa tête, sa queue en paraissent être les extrèmités rompues : s'il déploie ses six jambes, ordinairement repliées vers la tête, elles semblent autant de racines, & la tête un pivot cassé : on dit qu'il engourdit la main qui le touche : il renferme une vessie pleine d'une liqueur noire dont on fait une très-belle encre. On y trouve la *falamandre aquatique*, longue d'environ quinze pouces, ayant la peau noire avec une teinte d'indigo, délicatement chagrinée : son museau est plus petit que celui du lézard, sa tête est plus élevée & ornée d'une crête ondée, qui commence sur le front, & s'étend jusqu'au bout de la queue : elle n'a qu'une large narine qu'elle ouvre & ferme à son gré : ses yeux ont la couleur du safran, sa prunelle est d'un bleu foncé : sa gueule est fendue & armée de deux rangées de dents ; sa langue est épaisse, large, vermeille, attachée dans le gosier qui se gonfle & se restreint comme une vessie, ses bras sont courts, ses jambes longues, ses doigts joints par un cartilage, terminés par une crête qui leur sert d'ongles ; 15 côtes l'environnent comme les cercles d'une barrique ; sa queue est longue, étroite, ronde à sa naissance, s'élargissant ensuite comme une spatule, ayant ses bords dentelés, & le dessus relevé par une crête large & ondée.

Parmi les amphibies on remarque le *pengoin*,

les *loups marins*, ou veaux de mer, & d'autres animaux connus : parmi les poissons les *corbinos* qui sont connus en Espagne, les *tollos*, les *pejegallos* ou *poissons-coqs*, parce qu'il a une crête, ou plutôt une trompe qui lui a fait donner le nom d'*éléphant* par les Français, des mulets, une espece de turbots qu'on nomme *lenguados*, des *rovalos* qui ressemblent au brochet & ont une raie noire sur le dos, le *pejereyers* ou poisson de rois à cause de sa délicatesse, des sardines, une espece de morue, des aloses, des carreaux, une espece d'anchois &c. On y trouve une écrevisse singuliere, qui a de la ressemblance avec le *tetis* de Rondelet, la *squilla lutaria* de Rumphius : les couleurs en sont très-belles & extrêmement vives; ses nageoires voisines de la tête sont du plus beau bleu, & bordées de franges couleur d'or ; elle en a qui sont d'un verd faible & bordées de même; elle a des ailerons transparens ; son corcelet est couleur de musc, & les extrêmités couleur de chair bordées de blanc : sous l. tête elle a six jambes repliées qui ne paraissent pas, rondes à leur extrêmité, plates dans leur longueur, bleues & bordées de franges dorées. Le pere Feuillée décrit un poisson de ces contrées & le nomme *aper marinus aureus maculatus* : il a la forme du turbot, son corps est presqu'aussi large que long, & cette longueur n'est pas d'un pied : sa gueule est très-petite, avance en maniere de grouin, & est garnie de petites dents serrées, qui paraissent n'en faire qu'une ; ses yeux sont grands, ronds, dorés ; la prunelle en est d'un gris noir : la tête est presque toute renfermée dans la substance du corps, & couverte de très-petites écailles, sa queue ressemble à un petit éventail arrondi : le manche de cette queue & son corps sont couverts de petites écailles de quatre différentes couleurs; le fond du corps est d'une belle couleur d'or, traversée de bandes grises & noires; la queue est argentée & bordée d'un cercle jaune brillant : là où elle se joint au corps est un cercle d'un beau noir, bordé de deux petites nageoires semblables à une crête dorée : près des ouies sont aussi deux petites nageoires argentées & triangulaires : sur le dos est une rangée d'arrêtes pointues, les unes noires, les autres brunes & jaunes : sous le ventre sont deux autres nageoires noirâtres & deux petits aiguillons noirs, joints par un cartilage jaune. La chair en est de bon goût; mais il est rare d'en pêcher. Ce même moine vit sur le rivage du Chili une vescie ou *holoture*, ou *holoturie*, oblongue, ronde dans son contour, plus émoussée à une de ses extrêmités qu'à l'autre, composée d'une seule membrane déliée, transparente, semblable aux gonfles qui s'élevent quelquefois sur l'eau, formée de deux sortes de fibres, les unes circulaires, les autres longitudinales, qui ont un mouvement qui ressemble au mouvement péristaltique des intestins & du ventricule : elle est toujours enflée & vuide : à son extrêmité la moins émoussée on voit un peu d'eau claire dans une cloison, tendue comme la peau d'un tambour : le long du dos est une membrane déliée, ondée sur ses bords, semblable à une crête plissée, qui descend en sillons jusques sur le dos, se haussant, se baissant, servant comme de voile à cette espece d'animal : sous son ventre sont des jambes courtes, divisées en deux branches, & se soudivisant en plusieurs autres plus menues ; toutes ensemble semblent un amas de **vermisseaux entrelassés,** articulés par une multitude

d'anneaux

d'anneaux circulaires qui ont un mouvement de contraction, & forment de belles houpes pendantes, transparentes comme le plus beau cryſtal de roche, ayant de longs filamens azurés, brodés dans leur longueur par de petites veines circulaires couleur de feu, & toujours en mouvement : la couleur du corps eſt une confuſion de bleu, de violet & de rouge : on ne peut la toucher ſans reſſentir un feu violent qui augmente juſqu'à donner des convulſions : on peut comparer cette deſcription avec celle de la galere dont nous avons parlé ci-deſſus.

On trouve principalement des minieres dans les territoires de la Conception, de Tiltil, de Coquimbo. Dans le premier on trouve de l'or, & il s'y en eſt rencontré des morceaux très-purs, peſant huit à dix marcs : près d'Angol on y en trouverait encore ſi le pays était habité par des hommes actifs & laborieux ; il ſuffirait de le faire paſſer ſeulement dans l'eau pour l'avoir pur. Dans la partie qui s'étend au travers des Cordelieres, dans deux montagnes qui ne ſont éloignées que de douze lieues des *Pampas*, ſont des minieres d'un cuivre ſi pur & ſi ſingulierement abondantes, qu'on y en a retiré des morceaux de plus de cent quintaux : dans celle de *Payen* ou St. Joſeph, on en trouva un de quarante quintaux, dont on fit à la Conception ſix canons de campagne de huit livres de bale chacun. On y voit du *lapis azuli* & des pierres, dont une partie eſt de cuivre bien formé, & l'autre d'un cuivre imparfait ; ce qui fait penſer que la terre y en créé toujours du nouveau : l'autre montagne s'appelle *Cerro de Sta*, & n'eſt preſque formée que de pierres d'aimant. Il en eſt encore d'habitées par les Puelches, où l'on trouve des mines de sel, de soufre, de bon charbon de terre, qui n'est qu'à la profondeur d'un ou de deux pieds; mais on les néglige, & sur-tout ces dernieres. A *Tiltil* est une montagne élevée, remplie de mines d'or, qui sont presque abandonnées, parce que le minerai en est dur & la mine peu riche : il y a des moulins pour écraser ce minerai qui est de couleurs diverses, blanche, rougeâtre & noirâtre : la pierre pilée, on la mèle avec le mercure qui s'attache à l'or, & un filet d'eau passant rapidement dans un canal, en délaie la terre & l'entraîne au-dehors où il tombe : l'or incorporé au mercure demeure au fond par sa pesanteur. A la *Palme*, près de Valparaiso, sont des lavoirs d'or : il se trouve dans des coulées dont on délaie & enleve la terre en y conduisant un ruisseau, & remuant le fond jusqu'au banc où l'on voit de l'or : on prend la terre avec laquelle il est mêlé, on la porte dans un bassin où on la lave, la terre s'échappe avec le ruisseau qu'on y fait couler, l'or demeure au fond, avec un sable noir & fin, qu'on met ensuite dans un vase de bois, au milieu duquel est un enfoncement : on le remue avec la main, les particules & les grains d'or demeurent au fond & l'on fait écouler le reste.

Presque toutes les coulées renferment de la terre dont on peut tirer de l'or : la terre de leur surface est ordinairement rougeâtre; au-dessous, à cinq pieds de profondeur, on commence à trouver de l'or; plus bas est un banc, dont le fond pierreux est semblable à un rocher pourri, bleuâtre, mêlé de paillettes jaunes, qui sont des pyrites & des marcassites si minces & si légeres que l'eau les entraîne. Au-dessous de ces pierres, on ne trouve plus d'or.

La montagne de St. Chriftophe de Lampangui, renferme toutes fortes de métaux ; de l'or, de l'argent, du fer, du plomb, du cuivre, de l'étain : l'or y eft de 21 à 22 carats : le minerai en eft fort dur, tandis qu'à deux lieues de-là, dans la montagne de *Llaoin*, il eft prefque friable, & l'or y eft difféminé en poudre fi fine qu'on ne peut la diftinguer.

Les pluies abondantes font defcendre des montagnes voifines de Coquimbo des ruiffeaux qui dépofent de l'or fur leurs rives : là, font les lavoirs de la vallée d'*Andacoll*, dont l'or eft de 23 karats : on dit que la terre y eft créatrice de ce métal, & que celle qui a été lavée en redonne autant qu'auparavant, foixante ou quatre-vingt ans après. Cette vallée renferme un fi grand nombre de minieres d'or & d'argent, qu'elles pourraient occuper 40,000 hommes ; mais les bras y manquent. Les mines de cuivre font auffi très-fréquentes près de Coquimbo : on y en exploite depuis très-long-tems une, qui fournit feule de batteries de cuifine prefque toute la côte du Chili & du Pérou ; les autres font négligées, parce qu'on ne fait à quoi employer le métal qu'on en tirerait.

Il y a des mines d'argent à St. Jean de la Cordeliere ; mais on n'y peut travailler que quatre mois de l'année à caufe des neiges.

Un fi beau & fi riche pays femblerait devoir être très-peuplé, & il ne l'eft pas : une grande partie en eft encore inhabitée. Les métairies, ou *eftancias* y font très-écartées ; & à peine y comptait-on, en 1713, vingt mille blancs capables de porter les armes : le refte n'eft compofé que de meftices, de mulâtres & d'indiens, qui peuvent être au nombre de 60,000. Les Indiens amis, situés au-delà de la riviere Biobio, n'excédent pas le nombre de 15000, & l'on ne peut se reposer sur leur fidélité. La milice y est composée d'hommes dispersés, peu aguerris, assez mal armés : la partie du nord est presque déserte ; le midi est menacé par les Indiens libres & même par les soumis, qui regardent toujours les Espagnols comme leurs tyrans : on y voit peu de défenses contre les ennemis intérieurs. Deux villes maritimes peuvent seules y résister à des forces navales.

Le gouverneur y prend le titre de président & de capitaine général, & exerce les deux pouvoirs civil & militaire : il préside dans l'audience royale, composée de quatre oidors ou juges, de deux fiscaux, dont l'un exerce l'office de protecteur des Indiens, & est chargé des affaires de la Cruzade ; d'un aguazil major de Corte, & de quelques chanceliers-secretaires, &c. On n'appelle de ses arrêts qu'au conseil royal des Indes ; mais elle ne décide que sur les objets importans. Les ordinaires se jugent par un conseil, nommé *cubildo*, composé de deux alcades, d'un alferes real, d'un alguazil mayor, d'un dépositaire général, & de six régidors.

Le gouverneur ou président releve du vice-roi du Pérou : mais l'éloignement diminue cette dépendance, & on peut le regarder comme un vice-roi lui-même pendant les sept années que dure son emploi.

L'état ecclésiastique y dépend de Lima : le pouvoir de l'évêque y est limité, parce que les loix du pays ne laissent aucune cure à sa disposition ; il n'a que le droit de présenter trois sujets entre lesquels le président en choisit un au nom du roi : de plus des privileges des moines s'opposent à son autorité, & les moines forment des communautés très-nombreuses, & par conséquent redoutables. Le tribunal de l'inquisition y est établi : le chef réside à Sant-Yago, & ses *familiers*, ses *commissaires* sont dispersés dans toutes les villes & les villages : ils ne sont pas occupés du soin d'extirper l'hérésie, car on y étudie si peu, qu'on n'y connait pas les diverses opinions chrétiennes, & qu'on n'a pas l'esprit d'y en élever aucune qui soit digne de son animadversion : les visions des sorciers, la polygamie & autres semblables désordres, sont seuls l'objet de ses recherches & de ses décisions. L'ambition de parvenir à un grade honorable, d'avoir un titre, en force quelques-uns à se meubler l'esprit du jargon de la théologie Scholastique, & de quelques préceptes de morale qu'ils entendent mal & ne pratiquent point. Les dominicains y ont le droit de décorer un étudiant du titre de docteur, & quelquefois on l'achete.

On est étonné de l'indifférence des Espagnols pour un pays si abondant, si riche en métaux : mais si l'on refléchit à l'effet des principes de gouvernement adoptés par la cour, on en verra bientôt les causes. L'Espagne pendant deux siecles ne commerça dans ses colonies méridionales que par la flotte qui se rendait à Porto-Bello, où elle recevait les productions du Chili & du Pérou : les marchandises qui venaient de la métropole traversaient l'Isthme, passaient de Panama dans les ports de Callao & d'Arica : & par-là, les commerçans du Pérou étaient les arbitres, les maîtres de tout le commerce ; ils en profitaient seuls, & le Chili demeurait dépendant d'un royaume étranger pour le débit de ses productions & la traite de celles de pays éloignés qui leur devenaient nécessaires : cet ordre n'invitait point à s'y établir; il n'y favorisait pas la population, parce qu'il y faisait languir & étouffait l'industrie. Aujourd'hui, on peut croire qu'il deviendra bientôt plus florissant, parce que l'Espagne commerce immédiatement avec le Chili par des vaisseaux qui doublent le Cap Horn, & par ce que les habitans de cette vaste province peuvent échanger dans leur port leur or & leur argent pour les marchandises d'Europe : bientôt il deviendra le grenier du Pérou & des autres provinces situées le long de l'Océan Pacifique.

Le Chili fournit au Pérou des cuirs, des fruits secs, du cuivre, des viandes salées, des chevaux, du chanvre, des grains, & reçoit en échange du sucre, du tabac, du cacao, de la faïance, diverses marchandises fabriquées à Quito, & des objets de luxe arrivés de l'Europe : ce dernier article fut considérable : mais aujourd'hui il l'est peu. C'était autrefois la Conception qui était le centre de cette communication mutuelle; c'est de nos jours Val-Parayso qui reçoit les navires expédiés du Callao : autrefois ces voyages étaient très-longs, parce qu'on rasait les côtes qu'on n'osait perdre de vue; un pilote Européen, après y avoir observé les vents, y enseigna à faire dans un mois ce qu'on n'avait fait alors que dans un an; l'inquisition s'en saisit comme d'un sorcier, & il fut heureux de ce que son journal suffit pour le justifier : il y avait un siecle qu'on aurait été moins indulgent.

Le Chili envoye au Paraguay des vins, des eaux-de-vie, des huiles, sur-tout de l'or ; il reçoit en échange des mulets, de la cire, du coton, l'herbe du Paraguay, des nègres; c'est par les terres que ces deux contrées se communiquent, quoiqu'il y ait 364 lieues de Sant-Yago à Buenos-Aires, &

qu'il en faille faire plus de quarante au travers des neiges & des précipices des Cordelieres; mais on estime cette communication plus courte, plus sûre, moins dispendieuse que celle qu'on pourrait y établir par la mer. D'ailleurs les objets en sont diminués, depuis qu'en 1778, tous les ports de l'Espagne peuvent faire à leur gré des exportations pour le Chili. Dès-lors le Paraguay ne lui a plus fourni comme auparavant des marchandises de l'ancien Monde.

On divise le pays en quatre gouvernemens particuliers qui sont ceux de *Maëstria de Campo*, de *Valparayse*, de *Valdivia* ou *Baldivia*, de *Chiloé*, & en dix *Corregimens* qui sont ceux de *S. Yago*, de *Rancagua*, de *Cokchagua*, de *Chillan*, d'*Aconcagua*, de *Melipilla*, de *Quillota*, de *Coquimbo*, de *Copiapo* & *Guasco*, & la *Conception*.

I. Gouvernement de Chiloé, ou Chibvé.

Il prend son nom de la principale des isles qui la composent: toutes sont mal connues. L'isle de *Chiloé* est longue d'environ 50 lieues, large de 7 à 8; les Jésuites avaient réussi à y réunir & civiliser un grand nombre de sauvages, & c'est ce qui fit penser à l'ériger en gouvernement. Les Indiens convertis en occupent le centre : le sol qu'ils cultivent est fertile ; toutes les productions nécessaires à la vie y sont abondantes; le vin seul n'y a pu réussir encore. Le climat y est assez froid ; cependant ses habitans sont presque nuds, & ne se plaignent pas de n'avoir aucune des commodités dont nous nous entourons pour échapper aux rigueurs de l'hiver, les brebis qu'on y éleve donnent la meilleure laine qu'on emploie dans les manufactures du Chili.

Au fond d'un petit golfe, fur fa côte orientale, eft la ville de *Caftro*; c'eft la plus grande qu'il y ait dans l'ifle; mais le gouverneur n'y réfide pas: c'eft à *Chacao* qu'il eft fixé : cette place qui eft auffi fur la côte orientale, mais plus au nord, eft le principal port de l'ifle; elle eft fortifiée & munie d'une bonne garnifon. *Calbuco* eft encore une ville ou bourgade, plus grande que Chacao, mais qui n'eft la demeure que d'un corrégidor nommé par le préfident du Chili : elle eft peuplée d'Efpagnols, de meftices & d'Indiens, qui ne forment qu'une paroiffe; on y voit deux couvens, & il y en eut trois; le plus confidérable, celui qui fut le plus utile, était celui des jéfuites, & il n'y exifte plus. Le canal qui fépare Chiloé du continent eft large de 10 à 15 lieues.

Le paffage qui conduit aux ports de cette ifle eft embarraffé par de petites isles qu'on nomme *Farellones de Carelmalpe* : elles font défertes. Au midi de Chiloé eft l'archipel de *Guayatecas*, qui doit fon nom à une isle à laquelle on donne auffi le nom de *Nueftra fenora del Socoro*. Narborough y relâcha en 1670; à l'orient elle montre une terre élevée & ronde: au centre elle eft baffe; de loin elle préfente une figure de felle renverfée; au midi elle eft bordée de rochers : près d'elle, entre le midi & le levant, on voit deux rocs pointus qui fe joignent, & que la multitude des oifeaux a blanchi de leur fiente. L'isle a 16 lieues de long, fur 5 de large : on y connait des étangs d'eaux douces, mais on n'y a point vu de fruits, & prefque point d'herbe, parce que l'ombre épaiffe des forêts l'empêche d'y végéter: on ne croit pas qu'elle nourriffe de bêtes féroces; les oifeaux les plus communs y font les milans, les oies & les mouettes. Au levant est une autre isle, longue de 4 lieues, large de deux, semblable à la premiere par ses productions. Narborough lui donna son nom. Au midi sont répandues les isles qui forment avec celles-ci l'archipel de Guayateças en général; toutes sont hautes, toutes sont inhabitées, mais pourraient ne pas l'être. On donne aussi le nom d'*Archipel de Chonos* à cette chaine d'isles, qui s'étend le long de la côte au midi de Chiloé, côte inconnue, que les pilotes terminent à l'isle de *Campana*, vers les 48° 45′ de latitude méridionale.

II. GOUVERNEMENT DE VALDIVIA ou BALDIVIA.

Il est au nord de celui de Chiloé ; le roi en nomme le chef, qui commande les troupes qui gardent la place & les forts élevés à l'entrée de la riviere sur le bord de laquelle Valdivia est située : il a été quelque tems indépendant du gouverneur général du Chili, il ne reconnoissoit d'autre autorité que celle du vice-roi du Pérou, mais éloigné de Lima d'environ 600 lieues, ce chef ne pouvait y donner des soins, & on a fait rentrer Valdivia sous le pouvoir du président.

Le port de cette ville est le plus beau, le plus sûr qu'il y ait sur ces côtes : il est formé par la riviere de son nom, dont l'embouchure large de 6 lieues, est formée par la pointe *de la Galere* au midi, par le *Morne de Bonifacio* au nord : vis-à-vis celui-ci, 4 lieues plus au midi, sur la rive opposée, est le morne *Gonzalès*, où l'on a élevé une batterie ; de là les deux côtés se rapprochent, ne forment plus qu'un goulet large de demi lieue, dont l'entrée est défendue par quatre forts, deux de chaque côté, entre lesquels on remarque celui de *Nieble*, entouré de 30 pieces de canons, que des bas fonds obligent de rafer de fort près: ces bas fonds bordent le petit promontoire où eſt élevé le fort de la *Margue*, défendu par 20 canons, derriere lequel eſt le port de *Corral*, protégé par un petit fort de 18 canons. Plus au midi eſt une anſe profonde dont le fond eſt vaſeux: entre ce cul de ſac & le port Corral eſt un goulet qui ſe dirige au levant, & dont le milieu eſt occupé par la petite isle de *Conſtantino Perez*, ſur lequel on a élevé le fort de *Manſera*, où l'on compte 40 pieces d'artillerie: les chaloupes peuvent naviger dans le canal au nord de cette isle; les vaiſſeaux ne peuvent pénétrer plus avant que par celui du midi: au delà de l'isle eſt une enceinte circulaire dont le diametre eſt de 2 ou 3 lieues, & que l'*Isla Grande* occupe en partie; elle reçoit la riviere de Valdivia & celle de Calla Callas, & on la nomme *Puertos de los Gayenas*, entre l'Isla Grande & le continent: l'abord en eſt ſi commode que les vaiſſeaux peuvent y charger & décharger ſans chaloupes.

Dans toutes les différentes anſes du port de Valdivia, on eſt en ſûreté contre tous les vents, parce que le fond en eſt de vaſe ferme & dure, & que les vagues n'y pénètrent, ni ne s'y forment; par-tout on trouve des eaux douces & ſaines, beaucoup de bois pour le chauffage & pour la conſtruction; le ſol qui l'environne eſt cultivé, abondant en grains, en fruits, en légumes; les raiſins n'y mûriſſent pas; mais au défaut du vin qu'on n'y peut faire, on fait du cidre des pommes qu'on peut recueillir dans les petites forêts que les pommiers y forment.

CHILI.

Les Espagnols regardent ce port comme la clef de la mer du sud, & c'est par cette raison qu'ils l'ont fortifié avec soin. Pour qu'il y ait toujours des habitans & des défenseurs, on y envoie tous les blancs du Pérou & du Chili condamnés à l'exil pour quelque crime : c'est une peine semblable à celle des galeres ; on les y occupe à tous les travaux que l'entretien des fortifications exige; on en forme la plus grande partie de la garnison, & plusieurs y deviennent officiers, même pendant le tems de leur punition : le vice-roi du Pérou y doit envoyer tous les ans 300,000 écus pour la paie des ouvriers & des soldats, on les en nourrit, on les en habille; le gouverneur du Chili y ajoute annuellement une somme considérable, dont celui de Valdivia profite ; aussi ce poste, quoique désagréable & même révoltant par la bassesse & les vices des hommes dont on y est entouré, & par des pluies qui durent six mois sans discontinuer, est-il un des plus recherchés : l'avidité d'acquérir fait fermer les yeux sur les dégoûts de la jouissance.

C'est aussi d'hommes exilés que s'est repeuplée Valdivia, fondée en 1552 dans une plaine élevée de 4 à 5 toises au dessus du niveau de la mer: près d'elle était une forteresse pour tenir en bride les Indiens, mais ces peuples irrités des vexations qu'ils éprouvaient sous un gouvernement tyrannique, indignés qu'on osa les ensevelir dans des mines pour assouvir l'avarice de leurs oppresseurs, se rassemblerent, attaquerent leurs tyrans, tuerent leurs chefs, saccagerent la ville, & raserent la forteresse: aujourd'hui elle est rebâtie plus avant dans les terres, sur le bord de la riviere : on y compte environ 2 à 3000 ames ; elle est entourée de murailles de terre, & défendue par 12 pieces de canon de 16 livres de balle : elle ne forme qu'une paroisse, & ne renferme qu'un couvent, qui fut jadis habité par les Jésuites.

A 7 lieues de là, vers le nord, sur une éminence, est le fort de *Las Cruces*, défendu par une petite garnison, & quelques pieces d'artillerie : il fut élevé pour s'opposer aux courses imprévues des Indiens libres.

Les environs de Valdivia sont riches en mines d'or ; on y trouve aussi beaucoup de beaux arbres qui servent à la construction : on y fait beaucoup de planches.

Au midi de cette ville on trouve la ville d'*Osorno* : c'est plutôt une bourgade, à 10 lieues de la mer, sur une riviere qui se jette dans celle de Bueno. En 1600, on y fabriquait déja des étoffes de laine, & des toiles. Un volcan des Cordelieres porte son nom.

III. GOUVERNENENT DE LA MAESTRIA DE CAMPO.

Il comprend le gouvernement militaire des places ou forts de la frontiere. A cinq lieues au midi de la baie de la *Conception*, le fleuve Bobio se rend dans la mer : au midi de ce fleuve & vers sa source habitent les Indiens *bravos* ou libres, & pour se prémunir contre leurs irruptions soudaines, on a construit du rivage de la mer jusqu'auprès des montagnes de Tucapel, des forts pourvus de troupes & d'artillerie. Un mestre de camp préside sur les opérations, visite les forts, & y porte les secours nécessaires : un capitaine le fait en son absence ; les garnisons y sont composées de cavalerie &

d'infanterie. Le fort d'*Aramo* est le plus voisin de la mer, & c'est le plus considérable ; les autres sont ceux de *Santa Juana*, de *Purea*, de *los Angeles*, de *Tucapel* & d'*Yumbel*. Le mestre de camp doit résider dans celui d'*Aramo*, mais presque toujours il réside à la Conception. Cet officier est nommé par le président, parce qu'il est à portée de connaitre quels sont les hommes que la place & les circonstances demandent, quels sont ceux qui la méritent. Par le droit, le corregidor de la Conception doit être le général d'armée, & par conséquent il devrait nommer le mestre de camp ; mais comme ordinairement le corregidor n'est point un militaire, ce n'est point ordinairement lui qui nomme à un office qui suppose des connaissances dans l'art de la guerre, soit dans celui qui l'exerce, soit dans celui dont il est le choix.

IV. GOUVERNEMENT MILITAIRE DE VALPARAISO.

La ville qui lui donne son nom est à quatre-vingt lieues au nord du Biobio : elle n'est proprement qu'une bourgade, & eut des commencemens bien faibles. Ce fut d'abord un certain nombre de magasins bâtis par les commerçans de Sant-Yago, pour faciliter le transport de leurs marchandises au port de Callao : elle est le port du Chili le plus voisin de cette capitale, quoiqu'elle en soit à plus de 20 lieues : elle n'avait pour habitans que des commis, chargés de l'expédition & de la garde des marchandises : peu-à-peu les commerçans eux-mêmes s'y établirent avec leurs familles, ceux-là y attirerent d'autres habitans, & la bourgade devint grande & peuplée ; elle le serait davantage si elle était mieux placée : une montagne la domine de si près que la plupart des maisons sont bâties sur le penchant, ou dans des ravins : le reste s'étend sur le bord de la mer : c'en est la partie la plus large, la plus commode ; mais en hiver, elle est exposée aux vents du nord, dangereux par les lames qu'ils élevent de la mer jusqu'aux portes des maisons. La plupart des édifices y sont, ou de briques crues, ou de chaux & de moilons : on n'y compte qu'une paroisse, & deux couvens pauvres & mal bâtis ; les habitans sont un mèlange de blanc, de mestices, & de mulâtres, en 1713, on n'y comptait que 150 familles, parmi lesquelles il n'y en avait que 30 Européennes d'origine.

La forteresse a son gouverneur particulier : elle est au pied de la montagne, sur une éminence de hauteur moyenne : deux ravins lui forment deux fossés naturels & profonds de 20 à 25 toises ; la pente qui la joint à la mer est escarpée : vers la montagne, un fossé revêtu de briques, & creusé dans un roc pourri, joint les deux ravins ; elle n'est formée que de murs, de retranchemens qui suivent les contours de la hauteur, se flanquent peu & souvent point du tout. Au pied de la forteresse est une batterie sur un quai, & plus bas, il y en a une autre ; toutes deux de neuf pieces de canon.

Tout le commerce qui se faisait autrefois à la Conception, se fait aujourd'hui à Valparayso, à cause de son voisinage avec S. Yago. Les vaisseaux du Callao s'y rendent ordinairement à vuide, ou n'apportent que les denrées qui peuvent manquer au Chili : ils y chargent du froment, du savon, des maroquins, des cordages de chanvre, des fruits secs, &c. Un vaisseau fait trois fois ce voyage dans le cours de l'été, de Novembre en Juin ; &

pendant qu'il vient & va, les mules & les charrettes rempliſſent les magaſins vuides, & le commerce met en mouvement beaucoup de monde ſur la terre & la mer : les propriétaires des vaiſſeaux, établis à Lima ou à Callao, ſe mettent en ſociété avec les riches propriétaires des métairies du Chili, pour le faire avec plus d'avantage pour les uns & les autres. Il ſe fait principalement en été, & c'eſt alors que Valparayſo eſt le plus peuplé : les vivres y viennent abondamment des villages qui entourent S. Yago ; mais les viandes ſalées y ſont aſſez cheres. Entre les fruits de ce canton, où ils viennent très-gros, on vante ceux qu'on appelle *pommes de Quillota*, parce qu'elles viennent de la vallée de ce nom ; elles ſont plus groſſes que les pommes d'Eſpagne, ſont fondantes & ont un goût délicieux. Les perdrix y ſont très-communes, & ſans preſque ſe détourner du chemin, on en tue à coups de bâton. Il y en a moins près du port, & la pêche même y eſt peu abondante, ainſi que ſur toute la côte voiſine.

Cette côte forme une baie profonde de trois lieues, bornée d'un côté par la pointe de Concon, de l'autre par celle de Valparayſo : le port eſt entre le midi & le couchant de la derniere ; il s'avance d'une lieue dans les terres, le fond en eſt de vaſe ferme & viſqueuſe : les vaiſſeaux peuvent y jetter l'ancre à peu de diſtance du rivage, & dans toute ſon étendue on ne voit qu'un écueil ; c'eſt une roche à fleur d'eau qui ſe trouve à deux encablures du bord, au nord-eſt de la crevaſſe des Anges. Pour y entrer ſûrement, il faut raſer & ſuivre la pointe de Valparayſo pendant un quart de lieue : ſi l'on s'en écarte, on eſt réduit à louvoier long-tems avant que de ſurgir dans le port ;

sur-tout on doit éviter d'y arriver le matin. Pendant les mois d'Avril & de Mai, les vaisseaux y sont exposés à la violence des vents de la mousson du nord, & à celles des vagues tumultueuses qu'ils font entrer dans le port : on ne peut échapper au naufrage qu'avec des cables tres-forts & deux ou trois ancres amarrés à terre.

Le terroir aux environs est fertile : le bled qu'il produit fait une partie de celui qu'on embarque dans le port : chaque année il en part environ 40 vaisseaux chargés, & chacun en porte une quantité suffisante pour nourrir 6000 hommes pendant un an ; la provision d'un homme pendant ce même terme n'y coûte que dix à onze livres de France. Cette abondance étonne d'autant plus, que la terre n'y recevant point de pluie pendant huit ou neuf mois de l'année, on n'y peut cultiver que les champs voisins des ruisseaux. Les fruits y naissent, & y mûrissent toute l'année : souvent sur un pommier, on voit du fruit en fleur, à côté du fruit noué, voisin de pommes déja grosses, & d'autres en pleine maturité. Les montagnes voisines y sont ombragées par des cocotiers qui portent des grappes de cocos ronds, gros comme de petites noix, pleins d'une substance huileuse & blanche, qui est bonne à manger. Le coco, dans sa maturité, est enveloppé de plusieurs couvertures ; la plus extérieure le lie à la grappe commune ; l'intérieure s'ouvre quand le fruit jaunit, & présente deux grandes hémisphéroïdes, longues de trois pieds sur un de large, remplies de petites noix.

A deux lieues de Valparayso est la petite vallée de *Vinna à la Mar* où, ainsi que dans celles qui se terminent vers elle, croît du bois de construction : on y fait des planches d'une espece de laurier

rier dont le bois est blanc & léger; du *vellotu*, autre arbre dont le bois est fort blanc; du *peumo*, qui est beau, mais cassant; du *rauli*, & ce dernier est le meilleur, le plus liant: le *mayten*, arbre dont la feuille ressemble à celle de l'amandier, dont le bois est dur, rougeâtre, pliant; il y est utile sur-tout pour faire des courbes de vaisseaux.

Venons à la description des corrégimens: nous parlerons d'abord de ceux qui sont dans l'intérieur du pays.

1. *Corrégiment de Rancagua.*

On n'y trouve point de villes, pas même de villages: les familles y vivent dispersées dans les champs, chacune dans sa métairie éloignée souvent de toute autre habitation de 4 à 6 lieues, & quelquefois davantage. Le chef-lieu est une espece de bourgade formée par environ 50 maisons, dont les possesseurs sont la plupart des mestices. Dans toute son étendue, on compte à peine mille habitans.

2. *Corrégiment de Colchagua ou Collagua.*

Il est aussi étendu que le précédent, & ne renferme comme lui que des métairies dispersées, mais il est un peu mieux peuplé; on y compte jusqu'à quinze cent familles. Il y a un volcan de son nom dans les Cordelieres qui l'avoisinent.

3. *Corrégiment de Chillan ou Chilan.*

Le pays est semblable aux précédens; tout ce qui l'en distingue, c'est la ville ou bourgade de

Tome XII.   P

son nom, située sur la riviere d'Itata : on y compte 2 ou 300 chefs de famille ; mais il en est peu d'Espagnols.

4. *Corrégiment d'Aconcagua.*

Il est situé au nord de Sant Yago, à la source de la riviere de son nom : le village de ce nom est au pied des Cordelieres ; ses campagnes ont plusieurs métairies dispersées : la vallée qui forme la plus grande partie de cette jurisdiction est célebre par sa beauté & par la quantité prodigieuse de bled qu'on en tire tous les ans : les terres y rendent ordinairement 80 pour un, & quelquefois davantage : ses agrémens ont engagé à y fonder une ville en 1741, sous le nom de S. Philippe le Royal.

5. *Corrégiment de Mélipilla.*

Son ancien chef-lieu lui donne son nom, & est situé sur la riviere de Maypo : en 1742 on y fonda une ville sous le nom de S. Joseph de *Logragne*. Dans l'étendue de cette jurisdiction est le hameau de *Sapata*, le seul qu'on trouvait en 1713, pendant plus de 20 lieues de chemin : une haute montagne lui donne son nom : au pied est la vallée de *Poangue* qui arrose un torrent dangereux dans la saison des pluies. La plupart des campagnes y sont encore désertes & couvertes d'arbres épineux, qui s'étendant sur les chemins, les rendent incommodes.

6. *Corrégiment de Sant' Yago.*

Il est borné à l'enceinte de la ville de ce nom ;

capitale du Chili, & c'est ici le lieu de la décrire.

Sant' Yago de la nouvelle Estramadure, aujourd'hui appellée simplement *Sant' Yago*, est située dans la vallée ou plaine de Mapocho, & arrosée par le fleuve de ce nom; la premiere a 25 lieues d'étendue, & lui fournit toutes les productions nécessaires pour l'entretien & les commodités de la vie; la seconde y répand beaucoup d'eaux qui y sont conduites par des aqueducs, & entretiennent la fraicheur délicieuse & la fécondité de ses jardins. Elle a mille toises de long, & six cents de large: sur l'autre bord de la riviere est le grand fauxbourg de *Chimba*: vers l'orient elle est bornée par une colline nommée *Sainte Lucie*, qui varie la riche perspective de son sol & l'embellit: ses rues sont larges, droites, bien pavées, & se croisent si régulierement qu'il n'y en a pas une qui n'aille du midi au nord, ou du levant au couchant. Vers le nord est le palais de l'audience royale; au couchant est celui de l'évêque; au midi, sont de grandes boutiques embellies par des arcades; à l'orient sont de belles maisons particulieres. Tout l'intérieur est partagé en quarrés égaux & réguliers: les maisons y sont basses: la crainte des tremblemens de terre qu'on y a fréquemment éprouvés ne permet pas de les élever; toutes sont bâties en briques crues, construites de maniere que l'agrément & la commodité s'y trouvent réunies. Outre la cathédrale, on y compte trois autres paroisses; elle renferme trois couvens de l'ordre de St. François, deux d'Augustins, trois de différens ordres, cinq de Jésuites qui ne les habitent plus; quatre monasteres de filles, auxquels on peut ajouter la communauté libre de la *Beataria*, soumise à la régle de St. Auguftin : la plupart de leurs églifes font bâties en pierres.

On compte dans Sant'Yago 4000 familles ; la moitié font Efpagnoles, & les autres Indiennes ou de races mélées : leurs ufages, leurs habillemens font les mêmes qu'à Quito : les hommes font bien faits, les femmes ont les traits agréables, le teint blanc & naturellement coloré ; cependant elles fe fardent, & pour ajouter ou défigurer le doux incarnat que la nature répand fur leur vifage, elles fe gâtent la peau, les gencives & les dents.

On fait que cette ville eft le fiége du préfident pendant fix mois ; alors le corrégidor n'exerce d'autorité que fur la police & le gouvernement œconomique ; pendant ceux où le gouverneur eft abfent, le corrégidor exerce fes fonctions fous le titre de lieutenant général. Le corps de ville dont ce magiftrat eft le chef, confifte en plufieurs regidors & en deux alcades. Elle a un évêque dont les revenus font confidérables ; fon chapitre eft compofé de fept chanoines & de plufieurs prêtres fubalternes.

Ses environs font abondans en fruits & en denrées : l'air y eft fain : on engraiffe beaucoup de beftiaux dans les métairies difperfées fur la plaine qui l'environne : on voit des haras nombreux occuper une partie de fon étendue ; l'autre l'eft par des vignes & des arbres fruitiers : tous les ans on en exporte 225 mille quintaux de froment, 8000 de cordages de chanvre, & 18000 de faindoux ; à ces articles il faut ajouter encore des femelles de cuir, des cordouans, le *chargui* ou viande falée, les langues fumées, les noix & noifettes, les figues, poires & pommes féchées : on voit autour de la ville de belles plantations d'oliviers, &

l'on fait de la bonne huile des olives qu'ils produifent, mais elle ne fort pas du pays, parce que ceux avec lefquels ils commercent, jouiffent de la même abondance. En échange de ces productions, on reçoit du Pérou du fil, du cacao, des draps, des toiles fabriquées à Quito, des chapeaux, du fucre, des *chancacas*, efpece de gateaux au fucre, des conferves, du tabac, de la fayence, &c. Sant' Yago fournit auffi à Buenos-Ayres diverfes étoffes, des ponchos, du fucre, du tabac en poudre, des vins, de l'eau de vie, & reçoit en échange l'herbe du Paraguay, de la cire, une efpece de fuif qui fert à faire du favon, des negres. Elle fournit en denrées pour dix mille piaftres à Valdivia, & en reçoit des bois d'Alercé. Elle fournit à l'ifle de Chiloé, des vins, des eaux de vie, du miel, du fucre, du piment nommé *Agi*; & reçoit en paiement du bois d'excellente qualité, des ponchos qu'on y fabrique, des couvertures, des fardines fraiches, des jambons fi bien préparés qu'on les recherche même au Pérou. Elle envoie à Coquimbo des cordouans, du favon de Mendoza, & en retire du cuivre. Le commerce avec les Indiens libres eft auffi confidérable. La longitude de Sant' Yago eft de 305º. 30'. Sa latitude auftrale de 35º 40'.

7. *Corrégiment de la Conception ou de Penco.*

Il eft au midi de celui de Sant' Yago, & s'étend jufqu'à la riviere de Maule : on y voit peu de villages, mais une multitude de métairies & de chaumieres répandues dans la campagne, à quelque diftance les unes des autres. La *Conception* en eft la feule ville ; fon nom Indien *Penco*, fignifie *je trouve de l'eau*. Valdivia la fonda en 1550 : trois fois les Indiens en chafferent les Efpagnols, & la ville ne fe releva de fes ruines qu'en 1604. En 1713, il n'y reftait aucun veftige du fort conftruit fur une montagne voifine par le fils du marquis de Cagnete, viceroi du Pérou. La ville eft ouverte de tous côtés, commandée par des hauteurs dont une, nommée l'Hermitage, la découvre toute entiere : toutes fes défenfes confiftent en une batterie à barbette, fur le rivage de la mer, mal entretenue, & garnie de canons dont les affuts font négligés, dont les plus grands ont 13 pieds & demi de long; en une faible garnifon, & deux pieces de canon braquées devant le palais de l'oydor qui tient la place du gouverneur pendant fix mois de l'année.

La ville eft bâtie fur un fol inégal, fablonneux, un peu élevé; on y compte 7000 habitans; une petite riviere la traverfe : des tremblemens de terre fréquens y ont caufé de grands ravages : le dernier fut celui de 1730; on vit la mer fe retirer affez loin, puis s'enfler & retomber avec fureur fur les campagnes & la ville qu'elle inonda, mais où elle ne fit périr perfonne, parce que fes habitans s'étaient fauvé fur les montagnes voifines : le lendemain, de nouvelles fecouffes de la terre renverferent ce qui avoit réfifté à celle de la veille, ainfi qu'à la fureur de la mer. On en a rebâti les maifons, mais elles font fort baffes; les murs n'en font que de briques crues ou de torchis; toutes font couvertes de tuiles; le plus bel édifice qu'on y trouve eft le college où enfeignerent les Jéfuites; fes églifes, fes dix couvens font pauvres, fans apparence, & dans un pays riche, fur un fol abondant, on a droit de s'en étonner. Sa baie est la plus grande qu'on trouve sur ces côtes; elle a une profondeur de 4 lieues, sur 3 de large: son entrée est partagée par l'isle de *Quiriquina*, qui laisse à l'orient un passage large de plus de demi-lieue, qui est le plus sûr & le plus fréquenté, & au couchant un autre moins large, qui paraît impraticable par les brisans qu'on y découvre, & ne laisse pas d'être accessible. Au dedans on trouve trois ports où l'on peut mouiller sur un fond de vase; mais il n'en est qu'un où l'on soit à l'abri des vents; c'est celui de *Talcaguano*, situé derriere le cap de ce nom, à environ deux lieues de la ville. Deux rivieres viennent se rendre dans cette baie dont la ville occupe le centre: divers ruisseaux y fournissent aussi de l'eau, & le bois y est en abondance: quelques chaînes de rochers & de brisans demandent des soins au pilote qui veut y entrer: l'isle de *Quiriquina* n'a pas une lieue dans sa plus grande longueur; elle est peu élevée & est encore déserte.

La *Conception* a un corrégidor nommé par le roi; elle fut autrefois la capitale du Chili, le siege de son audience; aujourd'hui, elle n'a conservé de cette prérogative que d'être le siege du président du Chili pendant six mois: il y regle les affaires militaires, maintient l'ordre dans la milice, pourvoit aux forteresses, administre la justice, &c. Tous les habitans de la ville sont, ou doivent être soldats: ils sont divisés en compagnies qui, au premier mouvement des Indiens, doivent prendre les armes. Ils sont ou Espagnols, ou mestices: tous ont le teint blanc, & plusieurs sont blonds: on y compte plusieurs familles considerables, les unes Créoles, les autres venues d'Espagne: les hommes y sont bien faits, gros &

robustes; la beauté des femmes y est remarquable : l'habillement des hommes y diffère de ceux du Chili & du Pérou, quoique les usages soient presque les mêmes : au lieu de capes, ils portent des pomchos ; les pauvres, & ce qu'on appelle les *Guases*, ne le quittent qu'en se couchant; il ne nuit point au travail ; en le retroussant par les côtés jusques sur le dos, il laisse les mouvemens des bras & du corps libres. A cheval, c'est le vêtement à la mode pour les deux sexes, dans tous les âges & dans tous les rangs, & on ne les distingue que par la finesse de l'étoffe, & la richesse des bordures, qui sont bleues & rouges quand le fond est blanc. L'exercice du cheval est général dans le pays, & les femmes y montrent autant d'adresse & de légéreté que les hommes.

Ceux qu'on nomme à la Conception les *Guases*, sont des Indiens adroits à manier les lacs & la lance; rarement ils manquent d'enlasser l'animal qu'ils veulent atteindre : le mouvement du cheval, même en courant à toute bride, ne nuit point à la justesse de leur coup d'œil, à la précision de leur mouvement lorsqu'ils le lancent; le taureau le plus furieux, le cerf le plus vite, l'homme le plus rusé, ne leur échappent jamais : pour que ce las serre la proie qu'ils veulent saisir, ils poussent vivement leur cheval pour le jetter, de sorte que l'animal se trouve pris, entraîné & renversé avec une promptitude singuliere. S'ils ont entr'eux des querelles particulieres, ils se combattent avec le las & la demi-lance : ils savent éviter l'un, parer à l'autre, & souvent ils s'épuisent de fatigues sans que l'un d'eux ait été vaincu; ils se jettent plat à terre pour rendre inutile à leur adversaire le jet du las; quelquefois il suffit de se coller contre un arbre ou contre un mur, puis le lancer rapidement à son tour avant qu'on ait pu s'en mettre à couvert.

Le climat de la Conception differe peu de celui d'Europe: l'hiver y est plus froid que dans les provinces méridionales d'Espagne, il l'est moins que dans les septentrionales: la chaleur y est plus forte dans la ville que dans la campagne, effet qu'on n'attribue qu'à la disposition du terrein : ses champs sont arrosés par diverses rivieres, dont les plus grandes sont le Biobio & l'Aranco: la premiere est profonde; & à une lieue de son embouchure dans la mer, elle a une largeur presque égale à cette distance : les Indiens libres & idolâtres sont dispersés en avant sur sa rive méridionale: c'est sur la rive opposée que sont disposés les forts qu'on a opposé à leurs incursions.

Cette jurisdiction renferme des plaines belles & vastes; les montagnes s'enfoncent au levant, & laissent entr'elles & la côte un espace uni & fécond; à peine y distingue-t-on quelques collines parsemées au loin. Les fruits y sont les mêmes qu'en Espagne, ils les égalent en bonté & les surpassent par leur abondance : les arbres & toutes sortes de plantes y ont leur saison, y embellissent les champs, & flattent la vue avant de flatter le goût: les seules productions qu'on peut espérer de l'Espagne méridionale, & non des plaines de la Conception, c'est la canne à sucre, les orangers & les citronniers : les oliviers y réussissent, mais avec peine; dans tout le reste, les dernieres l'emportent; & la fertilité du sol y est telle, qu'on y regarde comme une mauvaise année celle où les grains ne rendent pas le cent pour un. Les raisins de toute espece y viennent heureusement, tous y croiffent en treilles & non pas en feps; on en fait des vins plus eftimés que ceux du Pérou; prefque tous font rouges: les mufcats furpaffent ceux d'Efpagne pour le parfum & pour le goût: le foin y eft fi abondant que le plus beau bœuf, le plus gras, ne fe vend que quatre piaftres. La maniere de tuer le bétail en rend, dit-on, la chair plus délicate; c'eft toujours à la courfe qu'on le tue, même ceux qu'on éleve dans les étables; un Guafe le pourfuit, armé d'une lance longue de dix à quinze pieds, terminée par un croiffant d'acier bien effilé; il lui coupe les jarrets, le tue, le dépouille de fa peau, de fa graiffe, & en dépéce la chair: le fuif eft enveloppé dans le cuir, & le tout eft emporté dans la métairie fur la croupe du cheval: fouvent plufieurs Guafes pourfuivent à la fois plufieurs bœufs, & cet exercice dure quelquefois plufieurs jours: fi l'animal furpaffe l'Indien à la courfe, celui-ci l'arrète avec fon las.

Le défaut de population y nuit au commerce; il y ferait riche fi le pays était auffi peuplé qu'il a d'étendue & de fertilité: Callao y envoye un vaiffeau tous les ans, quelquefois on y en voit arriver de Chiloé & de Valdivia: ils y viennent chercher du fain-doux, de la graiffe, une efpece de maroquin que nous avons appellé *cordouar* dans l'article qui précéde, du beurre, des fruits fecs: ils y apportent des draps, des *cucuyos* de Quito, du fer, des merceries, quelques étoffes d'Europe, quelques baiettes, mais en petit nombre, parce qu'on en fabrique dans le pays.

La Conception était autrefois dépendante, pour le fpirituel, du diocefe d'*Imperialé*, ville bâtie à 35 lieues plus au midi, par Valdivia, fur la riviere de Cauten, qui prit enfin le nom de la ville : la ville était à cinq lieues dans les terres ; la riviere n'y conduisait point même de chaloupes ; elle fut détruite par les Indiens, & la Conception est devenue épiscopale : son chapitre est composé de quatre chanoines. Sa longitude est de 304° 50′, sa latitude australe de 36° 40′ 53″.

Vers le nord de la Conception est l'isle *Sainte Marie* : elle est petite, déserte, sous le 37° 3′ de latitude méridionale, & le 306° de longitude : à une lieue & demi de son rivage, au nord-ouest, est un écueil fort haut, très-escarpé, environné de brisans. Ce lieu n'est rien, mais pourrait devenir un jour quelque chose par sa situation. Plus au midi est l'isle *Mocha*, aujourd'hui déserte, autrefois habitée.

8. *Corrégiment de Quillota.*

Il doit son nom à un village qui renferme une centaine de familles ; dans toute l'étendue de cette jurisdiction on n'en compte guere plus encore de mille. La vallée qui lui donne son nom est à neuf lieues au nord-est de Valpareyso, & c'est un des premiers endroits du Chili où les Espagnols s'établirent : elle est traversée par la riviere de *Chilé*, qui a donné, disent quelques-uns, son nom au Chili, étymologie qui semble plus vraisemblable que celle dont nous avons parlé ailleurs. Cette vallée est si abondante en or, que les Espagnols crurent y devoir élever une forteresse pour leur sûreté, & soumettre les Indiens qu'on forçait à le tirer de la terre ; mais ces peuples s'en saisirent par une ruse employée quelquefois par les Européens. Un d'entr'eux y porta un jour une marmite remplie de poudre d'or, pour exciter l'avidité des soldats de la garnison : en effet, ce petit trésor les attire, ils l'entourent & s'occupent à le partager : tandis que cet objet fixe leur attention, des Indiens armés les furprennent fans défenfe, & détruifent le fort qui n'a plus été rétabli. Aujourd'hui ce n'eft plus l'or qui fait la richeffe de la vallée, c'eft la fertilité de fon terroir ; on y cultive le blé & le chanvre ; on y fait des cordages blancs & fans goudron, parce qu'on n'y a que celui de Guayaquil & du Mexique qui brûle le chanvre, & ne peut être appliqué que fur les bois des navires. La vue y eft frappée de la beauté des campagnes qui abondent en fruits, les meilleurs & les plus beaux de l'Europe qui y furent tranfplantés & qui réuffirent fingulierement, fur-tout les pêchers qui croiffent fans culture dans les petits bois qu'ils forment ; on n'en a d'autre foin que celui de faire couler au pied des arbres des filets d'eau tirés de la riviere, pour fuppléer à la pluie très-rare pendant l'été. Le Chilé eft connu auffi fous le nom de *riviere d'Aconcagua*.

9. *Corrégiment de Coquimbo, ou de la Serena.*

Une ville, qui fut la feconde fondée par Valdivia, lui donne fon nom. *Coquimbo* eft fituée dans la vallée de *Cuquimbu*, dont fon nom actuel n'eft qu'une corruption : celui de *Serena* lui fut donné par fon fondateur, c'était celui de fa patrie ; il voulut que cette ville contînt les Indiens qui habitaient la vallée, & fervît à la communication facile du Pérou & du Chili : elle eft à l'embouchure de cette vallée, à un quart de lieue de la mer, fur une petite éminence d'environ trente pieds de haut, taillée par la nature en terraffe irréguliere qui s'étend en ligne droite du nord au midi dans un efpace de 500 toifes : fa premiere rue forme une promenade fort agréable, d'où l'on découvre la mer & un payfage charmant: la ville fe dirige enfuite dans une petite vallée, remplie de cette efpece de myrthe que les Efpagnols nomment *arrayannes*, & dont le feuillage eft toujours verd: au milieu des jolis bocages qu'il forme, on voit ferpenter la riviere de Coquimbo, qui eft toujours guéable, & fournit toujours de l'eau à la ville: après s'être échappée des montagnes où elle fertilife des vallées riantes & fertiles, qui ne refufent rien aux foins du laboureur, elle vivifie les prairies voifines de la ville, & ajoute à la richeffe de la perfpective.

Le plan de la ville répond à la beauté du pays: les rues en font droites, alignées d'un bout à l'autre, les unes du nord au midi ; les autres du levant au couchant : chaque quartier y a fon petit ruiffeau : elle ferait une ville charmante fi elle était peuplée, fi fes rues étaient propres & pavées ; fi les maifons n'y étaient pauvres, conftruites en terre, couvertes de chaume : fes rues font bordées de figuiers, d'oliviers, d'orangers & de palmiers, toujours couverts de verdure qui lui donnent un air de campagne : deux places, cinq couvens, deux églifes, occupent la plus grande partie de l'étendue de la ville. Autrefois on voyait encore une églife au fommet d'une colline qui s'avance en pointe au centre de la ville & lui commande : aujourd'hui l'églife n'eft plus, mais de la place où elle fut, on voit, comme d'un amphithéâtre, le plus beau païfage, compofé de l'afpect de la ville, de la plaine qui l'entoure, de la baie qui la termine & de la mer. Cette colline, nommée *Sainte Lucie*, était peuplée avant que les flibuftiers l'euffent dévaftée; on n'a pu la rebâtir,

& la découverte des mines de Copiapo lui enleve encore des habitans : quoiqu'éloignées de cent lieues, plusieurs familles ont abandonné Coquimbo, pour s'établir auprès de ces sources d'opulence, & souvent de maux & de vices. On ne compte plus dans cette ville que deux ou trois cent feux; elle ne peut rassembler plus de trois cent hommes en état de porter les armes : les femmes y sont belles, & on les accuse d'y être galantes.

La baie de Coquimbo est circulaire, large de trois lieues, resserrée à son entrée, d'un côté, par une pointe nommée *Punta de la Tortuga*, autour de laquelle sont des islots ou des rochers nommés *Paxaro nigro*, & de l'autre par un petit promontoire couvert d'un brisant : son ouverture est de deux lieues : par-tout le fond en est excellent, mais elle a des inconvéniens ; on n'y est en sûreté contre les vagues & les vents que dans un endroit éloigné de deux lieues de la ville, on n'y trouve de bois que celui de quelques buissons, & on y est à une lieue de l'aiguade ; encore l'eau en est-elle toujours saumâtre, sans être cependant malfaisante.

La fertilité & la beauté des campagnes y fixent un grand nombre de familles ; elles sont répandues dans les petites vallées d'*Elqués*, de *Sotaquy*, de *Salsipued*, d'*Andacol*, de *Limari* & autres : cette derniere située au midi de Coquimbo, est arrosée par la riviere de son nom, sur les bords de laquelle est un joli village, & dont une des sources sort d'une montagne qui vomit du feu & de la fumée : on l'appelle aussi *volcan de Choapa*. Toutes ces vallées fournissent assez de bleds pour en charger quatre à cinq navires de 400 tonneaux qui le transportent à Lima : elles produisent aussi beaucoup de vin & de l'huile excellente qu'on tranfporte à Sant' Yago : ces objets joints aux cuirs, au fuif, à la viande féche, font ceux du commerce de cette province. Elle eft encore une des plus riches du Chili en toutes fortes de métaux; les pluies abondantes de l'hiver entrainent de fes montagnes des paillettes d'or qu'elles dépofent fur les rives des ruiffeaux. A dix lieues à l'orient de la ville font les lavoirs *d'Andacol* où l'on recueille de l'or à 23 karats : fur les montagnes font plufieurs mines d'or, & d'argent; les mines de cuivre y font abondantes ; mis en lingots, il fe paie huit livres le quintal; on y en trouve auffi, dit-on, de fer & de mercure. Diverfes curiofités naturelles y attirent auffi l'attention des curieux, mais la plupart paraiffent être, ou exagérées, ou mal vues : telle eft la pierre noire de laquelle découle une fois par mois une eau qui laiffe des traces blanches; telle eft la pierre grife, couleur de mine de plomb, unie comme une table, qu'on trouve près de la ferme *Marquefia*, à fix lieues à l'orient de la ville, & fur laquelle on voit un morion & un bouclier deffinés exactement en une couleur rouge qui pénètre fort avant dans la pierre : telle eft encore cette petite plaine, dans une vallée où l'on ne peut céder au fommeil fans fe réveiller le vifage enflé; ce qui n'arrive point à quelques pas de là.

Le commerce attire peu de vaiffeaux à Coquimbo : ceux d'Europe n'y abordent que pour s'y procurer des rafraichiffemens. La ville eft fous le 305° 35′ de longitude, fous le 30° de latitude méridionale. Prefque vis-à-vis d'elle font les petites ifles inhabitées de *Totoral*, & l'anfe de ce nom, fituée vis-à-vis d'elles fur le continent, & plus au nord, près de la côte, les ifles de *Cho-*

rofy, ou *Charos*, & de *Chapraral* : cette derniere est petite, son sol est uni & stérile : au levant est le volcan de son nom.

10. *Corrégiment de Copiapo.*

C'est la partie septentrionale du Chili : un village, bâti à 12 lieues de la mer, lui donne son nom : les maisons y sont bâties sans ordre : le district est étendu, mais n'est pas peuplé : on y compte à peine 400 familles répandues dans des métairies ; mais de riches mines d'or découvertes dans ce siecle ont rassemblé un grand nombre d'hommes avides sur un coin de cette jurisdiction : le port de son nom est le plus septentrional du Chili, le plus voisin du Pérou : avant d'y arriver lorsqu'on vient des autres ports du Chili, on voit d'abord le Morne de Copiapo, qui de loin semble une isle, parce qu'il ne tient au continent que par une langue de terre fort basse ; à son pied est une isle basse, longue de demi-lieue, vis-à-vis de laquelle la riviere de Copiapo vient se jetter dans la mer : elle n'a d'autre nom que celui d'*Ysleta* : derriere le morne, dans sa partie septentrionale est le *Puerto del Yngles*, ou port de l'Anglais, parce qu'un corsaire de cette nation est le premier qui s'y soit arrêté ; mais le fond y est inégal, & on n'y a point d'eau ni de bois : c'est au *port de la Caldera* que les vaisseaux s'arrêtent ; celui-ci n'est séparé du premier que par une baie & deux promontoires : il est à l'abri des vents du midi ; les vents du nord y sont peu dangereux, mais ils y poussent des vagues menaçantes : ce port est le plus voisin de la bourgade de Copiapo ; il est peu fréquenté cependant, parce qu'on n'y trouve aucune commodité, que pour y trouver du bois il faut remonter la riviere assez loin dans les terres : on n'y trouve de l'eau que dans un creux à 50 pas du rivage, & l'eau y est saumatre : la seule habitation qu'on y trouve est une cabane de pêcheurs, & l'on y est éloigné de la ville d'environ 15 lieues : toute la plage y est couverte de coquillages, sur-tout du *Locos*.

Les mines de Copiapo ont été un nouveau malheur pour les Indiens qui occupaient les campagnes qui en sont voisines, pour donner des champs & des maisons aux Espagnols qu'elles y attiraient, il a fallu les ôter aux habitans originaires : le corrégidor s'en est emparé au nom du roi, les a vendus au profit du roi, c'est-à-dire, au profit de ses officiers, sous le spécieux prétexte de faciliter les nouveaux établissemens.

Il y a des minieres directement au dessous de la bourgade de Copiapo ; d'autres en sont à deux ou trois lieues ; toutes donnent un minerai qu'on porte sur des mules aux moulins qui sont dans la bourgade & au nombre de sept : l'once d'or s'y vend lorsqu'il est fondu 12 à 13 piastres & demie, & il faut qu'un moulin en rende deux onces par jour pour égaler les frais qu'il exige.

Il y a encore à Copiapo des mines de fer, de cuivre, de plomb auxquelles on dédaigne de travailler ; on y trouve beaucoup d'aiman & de lapis azuli, à quinze lieues de la bourgade, près d'abondantes minieres de plomb : toute la terre y semble imprégnée de sel gemme ; le salpêtre y est aussi commun, & dans les vallées on le voit couvrir la terre d'une croûte épaisse d'un doigt : de là vient la rareté des eaux douces & pures qu'on éprouve dans ces contrées.

A 25 lieues de Copiapo, dans les hautes montagnes des Cordelieres, sont des mines du plus beau soufre que l'on connaisse : on le tire d'une veine large de deux pieds, où on le trouve sans mélange & sans qu'il ait besoin d'être purifié : on le vend trois piastres le quintal lorsqu'il est rendu au port. Ces montagnes nourrissent aussi beaucoup de guanacos.

De Copiapo jusqu'à Coquimbo, dans un espace de cent lieues, on ne trouve ni ville, ni village ; on n'y voit que trois ou quatre métairies. De Copiapo jusqu'à *Atacama* dans le Pérou, est un désert affreux, hérissé de montagnes, où les mules périssent de soif & de faim : nulle herbe n'y couvre la terre aride & rocailleuse, nul ruisseau n'y présente un asyle frais : dans l'espace de 80 lieues, on ne découvre qu'une riviere qui ne coule que durant le jour, parce qu'elle descend de montagnes chargées de neiges, qui ne se fondent que pendant les tems où le soleil darde sur elles ses rayons. Sur ces montagnes qui séparent le Chili du Pérou, le froid est quelquefois si violent que le voyageur ne peut en descendre : il meurt gelé. On ne va plus de l'un de ces pays à l'autre en traversant ces horribles montagnes ; on suit les côtes de la mer, & dans cet espace on trouve le port de *Juncal.*

Dans le district de Copiapo, on renferme la bourgade de *Guasco* : c'est un amas de quelques cabanes, situées à 30 lieues plus au midi : sa baie offre un bon mouillage aux vaisseaux, & le fond en est profond & sûr, même près du rivage : ce port est peu fréquenté : il est ouvert au nord, & large d'une lieue : on y trouve de la bonne eau : plus au midi, on découvre de la mer une crevasse profonde qu'on nomme *Quebrada-honda* : c'est à cette marque qu'on reconnait d'abondantes mines de cuivre, situées au dessus.

Nous parlerons dans l'article du Pérou des Cordelieres ou Andes; mais nous dirons ici un mot de la partie de ces monts qui bordent le Chili. On donne le nom de *Paramos* ou Bruieres, aux plus élevées, à celles qui sont inhabitables, même pour les animaux : il est cependant quelques especes d'animaux qui s'y retirent pour un tems, & y paissent quelques herbes qui leur conviennent : tels sont les chevreuils dont on rencontre quelques troupes, errantes dans les lieux où l'âpreté de l'air parait le moins supportable; on les y chasse comme au Pérou : on y trouve encore des perdrix, des condors, ou buyres, des zumbadors ou bourdonneurs : ce dernier ne se trouve que dans les Paramos : c'est un oiseau nocturne qu'on voit rarement, mais qui se fait souvent entendre par un bourdonnement extraordinaire causé par la violence de son vol, ou par le soufle de ses larges narines : plus on approche, plus le bruit est inquiétant : de tems en tems l'oiseau en interrompt la monotomie par des sifflemens semblables à celui de tous les oiseaux de nuit : c'est sur-tout dans les nuits claires qu'on les entend. C'est un grand oiseau dont le plumage est varié, d'un gris plus ou moins clair : son bec est droit & bien proportionné, ses narines grandes, sa queue petite, ses ailes étendues.

On fait dépendre les isles de Juan Fernandez du Chili, vis-à-vis duquel elles sont situées, presque sous la même latitude que Valparaiso : c'est donc ici le lieu d'en faire la description.

Isles de Juan Fernandez.

Elles doivent leur nom à un Espagnol à qui on les avait données, qui y demeura quelque tems, puis les abandonna. Elles sont au nombre de deux ; mais près de la plus grande sont quelques islots ou rochers. C'est à la plus grande qu'on donne particulierement le nom de Juan Fernandez : les Espagnols lui donnent aussi celui de *Tierra* : sa longitude est de 298°, 30′, sa latitude de 33° 40′. Elle est éloignée d'environ 110 lieues du continent, au couchant du Chili : sa forme est irréguliere ; sa plus grande longueur n'excede pas six lieues ; sa plus grande largeur est d'un peu plus de deux : elle a plusieurs baies où l'on peut jetter l'ancre, mais le seul port qui soit sûr est vers le nord : on y trouve trois baies voisines l'une de l'autre ; les Anglais ont donné le nom de *Cumberland* à celle du milieu ; elle est la plus large, la plus profonde, la meilleure à tous égards. La partie septentrionale de l'isle est remplie de montagnes hautes, escarpées, presqu'inaccessibles, mais cependant couvertes d'arbres qui étendant leurs racines dans un sol crevassé, léger & peu profond, sont renversés au moindre effort. Là on trouve en quelques endroits une espece de terre rouge comme le vermillon, & qui pourrait servir au même usage : dans les vallées, les arbres sont d'especes différentes & presque tous aromatiques ; mais il n'en est point d'assez gros pour fournir des bois de construction, excepté le myrthe, qui est le plus épais des arbres de l'isle : cependant il n'y excéde jamais la hauteur de 40 pieds : son sommet forme une espece de couronne, & parait si uniforme & si régulier à l'œil, qu'on le croirait taillé par l'art :

sur son écorce on trouve une excressance moussesse qui a l'odeur & le goût de l'ail; l'arbre à chou, & le piment se trouvent parmi les arbres qu'on y voit prospérer dans les vallées : sur les collines, la terre est couverte d'un gramen semblable à l'avoine, plus haut qu'un homme : entre les diverses plantes qui couvrent ses vallées, on trouve presque toutes celles qui servent à la guérison du scorbut, contracté par un long voyage sur mer, par l'usage des viandes salées, telles sont le cresson de fontaine, le pourpier, l'oseille, les navets ou turneps, & le raifort ; une partie de sa surface est couverte d'avoine & de trefle.

L'aspect du pays, sur-tout dans la partie du nord, est singulier & *romantique* : les forêts dont les montagnes escarpées sont couvertes, n'y sont point embarrassées de buissons, ou d'arbrisseaux : les arbres s'y élévent sur un gason uni, sur un sol découvert, & on peut pénétrer dans ces bois avec facilité & en faire des promenades solitaires : la figure irréguliere des montagnes, leurs précipices escarpés forment une multitude de vallons différens par leur aspect, & les idées qu'ils rappellent : dans chacun d'eux coule un ruisseau d'une eau claire & pure qui tombe en cascade de rochers en rochers, ou serpente paisiblement, selon que le sol est coupé, & se termine en une pente escarpée ou douce. Il y a dans ces vallées des lieux où l'ombre & le doux parfum des forêts voisines, la hauteur des rochers qui s'élévent au dessus d'elles, la transparence & les chûtes fréquentes des ruisseaux, les scenes magnifiques qu'ils offrent, font oublier où l'on est ; on se croit transporté dans des lieux enchantés : il est peu de contrées qui offrent de plus doux asyles : ce qu'y fait la nature abandonnée à elle-mêmes, surpasse ce que l'imagination même peut créer. Au midi, les monts sont nuds ; ils n'ont d'arbres que dans les vallons, sans doute parce que la violence des vents ne leur permet de s'élever que dans les lieux qui en sont à couvert.

Le lieu où le commodore Anson avait élevé sa tente, lorsque le Centurion vint mouiller près de cette isle, était une petite place dégagée, sur une colline, à quelque distance de la mer : devant elle était une allée au travers d'un bois qui s'étendait le long du rivage, & s'y joignait par une pente douce : on y jouissait d'une belle vue sur la baie où le vaisseau était à l'ancre : derriere, la place était couverte par un bois de mirthe qui l'enfermait en ceintre & en faisait une espece de théâtre : la pente sur laquelle était le bois s'élevait plus rapidement que la place elle-même ; & plus loin se montraient des montagnes, des hauteurs escarpées qui dominaient au dessus des arbres, & ajoutaient à la beauté de la perspective : deux ruisseaux d'une eau pure comme le crystal, qui coulaient des deux côtés de la tente à quelque distance, & ombragés par les arbres qui environnaient la place, semblaient en marquer l'enceinte, & en faire une petite isle charmante.

On trouvait jadis dans l'isle de nombreux troupeaux de chevres, & c'est par cette raison que les flibustiers y venaient débarquer, s'y reposer de leurs travaux passés, & se préparer à de nouveaux dans l'espérance de s'enrichir : on connait deux exemples d'hommes abandonnés dans son enceinte par les vaisseaux qui les y avaient amenés : l'un était un Indien Mosquite, l'autre un Ecossais nommé *Alexandre Selkirk*. Tous les deux demeurerent quelque tems dans l'isle & vécurent de ses productions naturelles : le dernier y demeura cinq ans, & y prenait plus de chèvres qu'il n'en avait besoin : il marquait à l'oreille celles qui lui devenaient inutiles par leur surabondance, & leur rendait la liberté. Trente-deux ans après lui, Anson y débarqua, & la premiere chèvre que ses gens tuerent, avoit l'oreille marquée, d'où l'on conclut qu'elle avait passé dans les mains de l'Ecossais Selkirk : elle était d'un aspect vénérable, avait une barbe majestueuse & d'autres indices de vieillesse : ils en trouverent d'autres encore pendant leur séjour, qui toutes avaient le même aspect, les mêmes apparences d'un âge avancé.

Mais aujourd'hui le nombre de ces chevres est bien diminué, parce que les Espagnols pour priver les armateurs de cette ressource, s'efforcerent de les détruire ; les vice-rois du Pérou y firent descendre plusieurs especes de gros chiens qui s'y multiplierent si rapidement qu'ils dévorerent toutes les chevres dans toute la partie accessible de l'isle : on en voit encore quelques-unes sur les rocs & les hauteurs escarpées, où les chiens ne peuvent les suivre sans danger : on les y voit en troupes de vingt ou trente ; elles habitent la même enceinte & ne se séparent point les unes des autres : là elles osent se défendre contre les chiens ; des Anglais apperçurent un jour une troupe de chiens monter une colline au sommet de laquelle étaient une troupe de chevres, qui les voyant approcher, se formerent en ordre de combat. Devant elles, était un sentier étroit, bordé des deux côtés de précipices ; là se plaça le chef du troupeau : derriere était un espace assez étendu, où se rangerent les autres chèvres ; pour aller à elles, il n'y avoit d'avenue que le sentier occupé par le chef du troupeau : les chiens s'avencerent avec vîtesse ; mais lorsqu'ils se furent approchés des chèvres à la distance de vingt pas, ils s'arrèterent, n'oserent les attaquer & redescendirent en poussant d'affreux hurlemens. Rarement ils peuvent aujourd'hui se rendre maîtres d'une chèvre ; & leur principale nourriture parait être les chiens ou loups de mer amphibies, très-nombreux sur cette plage, & dont les matelots mangent volontiers la chair qu'ils comparent à celle du mouton.

Parmi ces races de chiens il en est qui n'abaïent point ; ils japent quand ils entendent japer d'autres chiens, mais ils les imitent mal, & comme s'ils apprenaient quelque chose qui ne leur fut pas naturel.

Il y a encore ici une sorte d'amphibies qu'on nomme *lion de mer* ; il a quelque ressemblance avec le chien de mer, mais il est beaucoup plus grand, & sa chair ressemble à celle du bœuf : il a de dix à 20 pieds de long, 8 à 15 de circonférence : il est très-gras ; sa peau a presque un pouce d'épaisseur, & au-dessous, on trouve une couche de graisse épaisse d'un pied : il a beaucoup de sang ; & il jaillit avec force lorsqu'on le blesse : sa peau est couverte d'un poil court, d'un brun clair ; sa queue & les nageoires ou moignons qui lui servent de pieds sur la terre sont entierement noirs : les nageoires sont divisées à leurs extrémités comme des doigts qui sont palmés dans une partie de leur longueur : & chaque doigt est armé d'un ongle ; la tête est petite, comparée au reste du corps, & elle se termine en une espece de groin : chaque mâchoire est armée d'un rang de dents aigues & fortes dont les deux tiers sont cachées par les gencives ; mais l'autre tiers en est la partie la plus dure & la plus solide : il a une moustache comme les chats ; des oreilles, des yeux & des narines fort petites : là il est sans poil : les mâles different plus du chien de mer que les femelles ; leur groin s'avance & pend au-delà de la mâchoire supérieure de plus de cinq pouces, mais les femelles n'en ont point : ce caractere joint à plus de grandeur, fait aisément distinguer les deux sexes. Ces animaux vivent tantôt sur la terre, tantôt dans la mer : ils passent l'été dans l'eau, l'hiver sur la terre ; ils s'y accouplent, y font deux ou trois petits, qui dans leur naissance ont la grosseur d'un chien de mer ; les meres les nourrissent de leur lait, elles-mêmes vivent d'herbes & de plantes diverses qui croissent près du rivage, ou au bord des ruisseaux. Lorsqu'ils ne mangent pas, ils dorment, après s'être vautré dans la mare la plus fangeuse qu'ils peuvent trouver : & comme ils dorment pesamment, ils ne se livrent point au sommeil, sans avoir placé l'un d'eux en sentinelle pour les réveiller au moindre danger ; & il le fait, tantôt avec un bruit semblable à l'abaiement d'un chien, tantôt en hennissant presque comme le cheval. Souvent les mâles se battent & s'ensanglantent avec fureur : on en a vu un que les Anglais appelaient le *Bascha*, qui était communément environné d'un serrail de femelles dont il ne souffrait pas que les autres mâles approchassent : ils n'avaient acquis cette préséance que par des combats sanglans, & il portait des marques de blessures dans toutes les parties de son corps.

Au reste, il y a quelque incertitude dans toutes les descriptions du lion marin : on parait quelquefois avoir donné ce nom à une espece de loup ou de chien marin : voyez ce que nous en avons dit ailleurs d'après Pernetti & Cook; don Ulloa les décrit comme étant la plus grande espece de loups marins.

On trouve peu d'oiseaux dans cette isle : ceux qu'on y remarque sont le merle, le hibou, l'autour, le colibri. Ulloa dit que les oiseaux y sont tous noirs. La baie y est remplie d'une multitude de poissons d'especes différentes, sur-tout de morues d'une grosseur prodigieuse; elles y sont aussi abondantes qu'elles l'ont pu être sur les bancs de Terre-Neuve : mais elles ne sont pas absolument semblables à celles des mers du nord; il en est qui ont jusqu'à 4 pieds de long : on y pêche le cabeliau, le poisson d'argent, la vierge, l'anguille de mer & beaucoup d'autres; les meilleurs de tous sont un poisson noir, très-estimé, que quelques-uns appellent le ramoneur, & qui a la forme d'une carpe, & des homards qui pesent communément 8 à 10 livres, & ont un goût excellent. D. Ulloa décrit un des poissons qu'on y trouve, semblable au tollo qui fait une des branches du commerce d'Atacama; mais dont la chair est plus délicate : il a deux ailerons sur l'échine, & depuis sa partie antérieure jusqu'à la racine, il a une sorte d'ergots lisse & dur comme un os, recourbé & triangulaire, rond proche du dos, pointu par le bout : sa racine est d'une substance molle & spongieuse : elle est, dit-on, un remede admirable pour tous les maux de dents; en l'appliquant sur l'endroit où l'on sent la douleur, elle cause un assoupissement qui bientôt est suivi d'une guérison entiere. Cette qualité du poisson de *Tierra* est plus douteuse que celle de ses eaux qui, dit-on,

Chili. 251

font légeres & propres à guérir toutes fortes d'indigestions, & à exciter l'appetit.

A trente lieues au couchant d'hiver de cette isle, est l'isle de *Maſſa Fuero*, ou plutôt d'*Afuera*, ou de dehors, parce qu'elle est plus éloignée du Chili; elle n'a qu'une lieue de long : c'est une montagne de forme ovale, qui s'éleve au dessus des flots, escarpée de toutes parts & presqu'inaccessible. De son sommet on voit descendre plusieurs gros torrens, dont l'un, après avoir fait plusieurs cascades sur les rochers, se précipite dans la mer avec tant de force qu'on en distingue l'écume à plus de trois lieues : elle est couverte d'arbres, & nourrit une grande quantité de chevres qui n'y sont pas sauvages, parce qu'elles y vivent dans une paix que rien n'a troublé encore : on en voit paître des troupeaux dans la partie septentrionale dans de belles prairies : les matelots du commodore Byron y en tuerent cependant quelques-unes, dont ils trouverent la chair excellente : il est difficile, mais il n'est pas impossible d'y aborder dans des canots; elle n'a ni baie ni port; ses plages sont remplies de loups marins dont on distingue trois especes : les uns sont d'un poil brun cendré, & n'ont que 3 à 4 pieds de long : les seconds sont plus bruns que ceux-là, & ont jusqu'à 9 pieds de long, les derniers ont 12 pieds de long ; leur poil cendré blanc semblable à du crin, leur a fait donner le nom de lions marins selon D. Ulloa, & leur graisse dont on fait beaucoup d'huile, leur a fait aussi donner celui de loups d'huile par les Espagnols du continent. Le poisson est très-abondant autour de cette isle ; ils sont de différentes sortes, d'un très-bon goût, & quelques-uns pesent jusqu'à 30 livres : on y en trouve une d'une grosseur énorme, & qu'on nomme *goulu de mer*; il en est qui ont 20 pieds de long, & qui avalent d'un trait un veau marin : cet animal fait qu'un homme ne peut s'y mettre à l'eau sans danger.

DU PÉROU.

Ce grand empire est borné au nord par les contrées qui font partie de la viceroyauté de Grenade, au couchant, par l'Océan Pacifique, au midi, par le Chili, au levant, par les provinces qui dépendent de la viceroyauté de Buenos-Ayres. Son gouvernement ne comprend plus toutes les parties de l'empire de son nom; vers le nord on en a retranché toutes les provinces qui formaient le royaume de Quito; au levant, toutes celles que nous avons décrites sous le titre de la viceroyauté du Paraguay ou de Buenos-Ayres. Tel qu'il est aujourd'hui, il s'étend du 4° au 22° de latitude méridionale, & du 297° au 308 de longitude. Du nord au sud-est il a 500 lieues de côtes : sa plus grande largeur est de 130 lieues. Avant sa conquête, on ne lui donnait point de nom général : celui de *Pérou* vient de *Biru* ou *Birou*, nom d'une riviere découverte par Andagoya, avant que Pizarre partît pour son premier voyage : elle est à environ trente lieues au midi de Panama.

Les Espagnols étaient maîtres du Mexique, qu'ils ignoraient l'existence du Pérou : un jeune Cacique, voisin de l'isthme de Darien, voyant leur avidité pour l'or, leur promit de les conduire dans un pays où ce métal était si commun, qu'on l'y employait aux usages les plus vils : la nouvelle se répandit bientôt qu'au-delà du pays baigné par le golfe, était une autre mer, l'océan qu'avait long-tems cherché Colomb: 190 Espagnols partent pour le reconnaître en 1513, suivis de mille Indiens, chargés de leur bagage & de leurs vivres, & qui devaient encore leur servir de guides: cette troupe gravit des montagnes escarpées, traverse des rivieres, des marais, des forêts épaisses, au milieu de nations inconnues, & après vingt-cinq jours de marche, elle découvre enfin l'Océan pacifique: c'est sur ces nouvelles plages qu'est fondée Panama: on y trouva des perles, des métaux, des subsistances, qui ne font que nourrir l'avidité de ces Européens sans la satisfaire: on y rassembla de nouveaux témoignages de l'existence de l'empire qu'on cherchait, & qu'on nomma le *Pérou*, & quelque tems après, trois hommes nés dans l'obscurité, entreprennent, sans les secours, sans l'aveu du gouvernement, de renverser un trône fondé avec gloire depuis plusieurs siecles. Ces trois aventuriers étaient *François Pizarre*, fils naturel d'un gentilhomme d'Estramadure, homme que l'avarice & l'ambition rendaient d'une activité étonnante, qui était ignorant, & ne savait pas même lire; mais hardi dans ses projets, constant dans leur exécution, il savait commander, persuader, dissimuler, tromper. *Diegue Almagro*, enfant trouvé, devenu excellent soldat, homme sincere, franc & généreux; *Ferdinand de Luque*, curé, maître d'école, possesseur de biens immenses, acquis par d'autres moyens que ceux de son état. Le premier se chargea de commander la petite flotte qui devait conquerir le Pérou, le second, de fournir les vivres & les renforts nécessaires, le troisieme, de négocier avec le gouverneur de Panama & veiller à l'intérêt commun. Ils se lierent par une hostie consacrée qu'ils se partagerent entr'eux; ils se devaient ainsi partager le butin ; mais l'événement prouva qu'il était plus facile de se partager sans débats ce qu'ils regardaient comme Dieu, que les richesses de la terre.

Pizarro partit avec un vaisseau, monté de 112 hommes, dans une saison où les vents lui étaient contraires ; il parcourut en 70 jours une étendue de côtes qu'un navigateur ordinaire parcourrait aujourd'hui en 70 heures : il ne vit qu'un pays inondé, couvert de forêts, habité par des peuples féroces ; les besoins, les combats, les maladies affaiblirent son équipage ; il rebroussa vers Chuchama, vis-à-vis l'isle des Perles. Là, il se joignit à D'Almagro, qui avait couru les mêmes dangers, avait visité les mêmes côtes, & s'il n'était parvenu jusqu'au Popayan, dont l'aspect & les richesses soutinrent leurs espérances, peut-être auraient-ils abandonné leur entreprise. Il ne leur restait que 50 hommes de leurs troupes réunies ; ils y en ajouterent 80, & s'avancerent jusqu'à Tacamez dans le Quito, ils virent un beau & fertile pays, des habitans vêtus de laine & de coton, ornés de bijoux d'or & d'argent : mais ils n'oserent tenter des conquêtes. D'Almagro courut chercher des renforts, qu'il ne put trouver ; le gouverneur de Panama donna ordre à Pizarro de revenir : il refusa de le faire, & se retira dans l'isle de la Gorgone avec treize vieux soldats qui ne voulurent pas le quitter. Ils passerent cinq mois dans cette isle déserte & affreuse : ils commençaient à désespérer de leur sort quand ils virent arriver un petit vaisseau, envoyé pour les ramener à Panama : Pizarre persuada aux gens du vaisseau de suivre la côte pendant quelque tems, & après vingt jours de navigation, ils arriverent à *Tombez*, au-delà du

3° degré de latitude méridionale. Là ils virent un pays peuplé, cultivé, des hommes bien vêtus, policés, se servant d'animaux domestiques, & des temples brillans d'or & d'argent : ils revinrent à Panama, remplis de nouvelles espérances & de nouveaux projets de conquêtes. Le gouverneur de Panama refusa de concourir dans leurs desseins, & Pizarre se rendit en Espagne. Il négocia auprès de son souverain ; c'était alors Charles-quint : il disposa des conquêtes & des places, fit donner à Ferdinand de Luques la dignité ecclésiastique à laquelle il aspirait, à D'Almagro le gouvernement de la forteresse qu'il devait élever à Tombez, & réserva tout le reste pour lui : il obtint les titres de gouverneur, de capitaine général, d'atalantado du pays découvert, de celui qu'il voulait conquerir, une pleine indépendance de Panama, & l'autorité suprême dans le civil, dans le militaire sur tous ceux qui le suivraient, & ceux qu'il forcerait de reconnaître son pouvoir. Il revint en Amérique avec un oncle & trois freres déterminés comme lui, calma le mécontentement d'Almagro par des promesses & des flatteries, équipa trois vaisseaux, rassembla 180 soldats & partit. D'abord il n'éprouva que des maux & de la fatigue, puis il parvint dans la province de Coaque où il fit un butin de plus de trente mille piastres en vases d'or & d'argent : la nouvelle de ce riche butin enflamma l'avidité de ceux qui le suivaient, & lui facilita la levée de nouveaux soldats : c'était en 1532 : il ravagea toute la côte, & ne trouva de résistance que dans l'isle de *Puna* dans la baie de Guayaquil : il lui fallut six mois pour la soumettre : puis il se rendit dans la riviere de Piura, où il fonda, sous le nom de *St. Michel*, la premiere colonie que l'Espagne ait eu dans le Pérou. Les Espagnols ne furent point inquiétés dans leur nouvelle conquête; ils ne trouverent pas de résistance lorsqu'ils s'avancerent dans le pays, parce qu'alors l'empire du Pérou était en proie à une guerre civile : c'est ici le lieu de dire ce qu'il était.

Cet empire s'étendait dans un espace de 500 lieues du sud au nord : sa largeur était bornée par la chaîne des Andes. Un si vaste pays fut d'abord habité par de petites tribus indépendantes, sans arts, sans industrie, sans demeures fixes, errantes dans les forêts : tel était encore leur état, lorsqu'il parut, dit l'histoire du pays, sur les bords du lac *Titiaca*, un homme & une femme d'une taille majestueuse, vêtus avec décence, envoyés par le soleil leur pere, pour rendre les peuples heureux : ils persuaderent ceux auxquels ils s'adresserent, qui les suivirent à *Cusco*, où ils jetterent les fondemens d'un grand empire.

Manco-Capac & *Mama-Ocollo*, (c'étaient les noms de ces nouveaux législateurs) : réunirent diverses tribus, & y exciterent l'industrie en les civilisant : Manco enseigna aux hommes l'agriculture & quelques arts utiles. Mama apprit aux femmes à filer & à faire de la toile : la subsistance devint moins précaire, on connut les commodités. Manco donna des loix propres à rendre ses sujets heureux & paisibles ; & par ses institutions, l'administration fut si bien réglée, que cet empire devint bientôt un état régulier & bien gouverné : il n'exerça d'abord son autorité illimitée que sur un espace montueux, qui ne s'étendait pas au-delà de huit lieues de Cusco : peu à peu les domaines s'étendirent ; ses successeurs l'accrurent encore, & exercerent une autorité aussi absolue. Ainsi se forma l'empire

des

des Incas, princes auxquels on obéissait comme à des monarques, qu'on respectait comme des dieux. Ils se disaient fils du soleil; leur sang était sacré, & ne pouvait se mêler à aucun autre; ceux qui en étaient issus se distinguaient par un habillement & des ornemens qu'eux seuls avaient droit de porter. Lorsque le monarque paraissait aux yeux de ses sujets, il en était reçu avec des témoignages de respect qui approchaient de ceux de l'adoration.

Huana-Capac qui avait soumis Quito, où il mourut en 1529, était le douzieme monarque depuis Manco-Capac; il laissa deux fils, l'un né d'une princesse du sang royal, l'autre de la fille du roi de Quito, & il partagea entr'eux son empire : *Huascar* devait régner à Cusco, *Atuhualpa* dans Quito; mais ces deux princes ne purent souffrir le partage de l'autorité; ils s'armerent, se combattirent, & Huascar fut vaincu & fait prisonnier : c'était dans ce tems que Pizarre parut sur les côtes du Pérou, Huascar voulut en faire son appui & son vengeur, & l'Espagnol qui sentit combien les circonstances lui étaient favorables, partit avec 62 cavaliers & 102 fantassins, pour s'approcher du camp d'Atuhualpa, & le visiter, comme ambassadeur d'un puissant monarque qui lui offrait des secours & son amitié : on les reçut en effet comme amis, nulle part ils ne trouverent d'opposition dans leur marche, & quand ils furent sur le point d'arriver, l'Inca leur envoya de riches présens: les richesses de son camp rendirent leur cupidité plus ardente. Pizarre résolut d'employer la perfidie pour se rendre maître du monarque qui devait venir le visiter. Il partagea sa cavalerie en trois petits escadrons, forma un corps de son infanterie, plaça son artillerie, ses arbalètriers dans une situation avantageuse. L'Inca parut, porté dans un palanquin orné de plumes & couvert de lames d'or & d'argent, enrichies de pierres précieuses. Vincent Valverde lui fit un long discours, pour lui persuader d'embrasser le christianisme & se soumettre au pape ; il n'y comprit rien & ne pouvait rien y comprendre ; on le lui traduisait mal, & il aurait été bien traduit, qu'il n'aurait pu être qu'étonné de ce qu'on lui disait : il apperçut seulement qu'on s'arrogeait des droits sur ses Etats, & qu'on lui annonçait une doctrine nouvelle. Il demanda où l'on avait appris des choses si extraordinaires ; *dans ce livre*, répondit Valverde, en lui donnant son bréviaire. L'Inca l'ouvrit, le feuilleta, l'approcha de son oreille. *Il se tait*, dit-il, *il ne dit mot*, & il le laissa tomber par terre. Le moine furieux se tourne vers ses compatriotes. *Aux armes, chrétiens*, leur dit-il ; *aux armes : on insulte la parole de Dieu ; vengez cette profanation sur ces chiens impies.* A ces mots le signal se donne, le canon tonne, les chevaux s'élancent, l'effroi ou la mort saisit les Indiens ; ils fuient, ils se dispersent, on les foule aux pieds, on les poursuit, on les tue ; quatre mille sont massacrés ; l'Inca renversé de son siege est traîné en prison, & les Espagnols vainqueurs sans avoir perdu un homme, contemplant les richesses immenses qui leur demeurent, passent la nuit & le jour dans des fêtes : ils avaient été dans l'indigence & passaient de-là subitement à la possession de richesses qui les étonnaient, malgré leurs vastes espérances. Après qu'ils les eurent partagées entr'eux, le simple fantassin se trouva riche d'environ cent mille livres, & chaque cavalier le fut du double. Atuhualpa voulut racheter fa liberté, en rempliffant une chambre de vafes d'or & d'argent; on la lui promit; il remplit la chambre, & au lieu de la liberté, il reçut la mort. Cufco, Quito furent conquis & dépouillés, l'empire des Incas foumis aux Efpagnols, Lima fondée fous le nom de *Ciudad de los Reyes*, ville des rois; les efforts des Péruviens furent rendus inutiles pour chaffer leurs tyrans, & le pays reconnut un nouveau gouvernement. Bientôt les conquerans eux-mêmes fe diviferent, s'attaquerent, s'affaffinerent les uns les autres, & ce ne fut qu'après de longues agitations, des batailles, des maffacres, qu'un viceroi vint donner paifiblement des loix au Pérou.

Avant que de paffer à la defcription du pays, il convient de dire ce qu'étaient les Péruviens, leurs mœurs & leur gouvernement. Cet empire était plus ancien que celui du Mexique : il fubfiftait depuis quatre fiecles lorfqu'il fut détruit; leur treizieme monarque fut mis à mort par les Efpagnols: leur hiftoire eft obfcure & incertaine : pour la tranfmettre à leurs defcendans, les Péruviens n'avaient que la tradition, que les recits des vieillards : les *quipos* ne fervaient qu'à faciliter le calcul: ces cordons chargés de nœuds de différentes couleurs, qui marquaient les objets, formaient un regiftre du nombre des habitans de chaque province, & des différentes productions qu'on y recueillait pour l'ufage du public. Un petit nombre de faits reftent feuls authentiques dans leur hiftoire; ce font ceux qui, par leur liaifon avec le fyftème de leur religion & de leur gouvernement, ont pu mieux fe conferver.

On ne fait d'où venaient Manco-Capac, & fa femme; on ne fait pas mieux où ils prirent leur syftême de législation, & des connaiffances bien fupérieures à celles des peuples au milieu defquels ils parurent : ils fe dirent fils du foleil que ces peuples vénéraient & on les en crut : l'Inca devint légiflateur & meffager du ciel : la religion fut la bafe de leurs loix & de leurs mœurs : les préceptes de Manco furent reçus comme des ordres de la divinité : fa race devint facrée, & pour qu'elle ne s'altérât point par fon mélange avec d'autres familles, les freres purent y époufer leurs fœurs ; les defcendans légitimes de ces enfans du foleil furent feuls admis fur le trône ; on les regardait comme des êtres fupérieurs, comme protégés immédiatement par le Dieu dont ils étaient defcendus : les ordres de l'Inca étaient regardés comme dictés par la bouche de ce Dieu même, & par-là fon autorité était abfolue & illimitée : l'obéiffance y était un acte de religion ; la lenteur, la réfiftance, y devenaient une impiété. Leurs miniftres, les grands de l'état ne fe préfentaient jamais devant eux qu'avec un fardeau fur leurs épaules, pour marque de leur fervitude : ceux qui étaient chargés de leurs volontés étaient dès lors fi refpectables, qu'ils pouvaient aller d'un bout de l'empire à l'autre fans trouver la moindre oppofition : une frange d'un ornement que l'Inca feul pouvait porter, nommée *borla*, faifait tout plier devant eux.

De cette union de la religion avec le gouvernement, naiffait une grande févérité dans le châtiment des crimes : ils n'étaient pas fimplement des tranfgreffions de loix humaines, ils étaient encore des outrages, des infultes faites à la divinité : tous étaient punis de mort, le plus léger devait être expié par le fang du coupable, comme le plus atroce, & il n'y avait point de grace à espérer, parce que toute offense contre le ciel était impardonnable. Ce système n'entraînait pas de grands inconvéniens au Pérou; les crimes y étaient rares & les peuples simples, innocens, sans défiance, comme sans vices; ils ne craignaient rien de l'avenir, ne doutaient de rien sur le présent, & ne comparaient ni l'un ni l'autre avec le passé.

La religion y était fondée sur les objets naturels: le soleil y attirait les hommages comme la source de la lumiere, de la joie & de la fertilité : après lui, on vénérait la lune & les étoiles : leurs idées n'allaient pas au-delà : aucun nom dans leur langue ne désignait un Etre suprême, un Créateur de l'univers; mais au moins leur Dieu avait un caractere bienfaisant, & les cérémonies qui exprimaient leur vénération pour lui, n'avaient rien que de doux & d'innocent : ils lui offraient une partie des dons que son action faisait éclorre & mûrir, ou des ouvrages, fruit du génie qu'il éclairait. On ne lui sacrifia jamais de victimes humaines, on ne faisait pas ruisseler le sang sur ses autels. Cette religion simple & humaine avait donné son caractere aux habitans, & s'ils n'étaient pas capables d'efforts héroïques, ils ne l'étaient pas non plus de tous ces forfaits qui supposent de la férocité dans ceux qui les commettent.

L'adultere y était puni de mort & la polygamie défendue; l'Inca pouvait seul avoir des concubines: les peres y étaient responsables des fautes de leurs enfans; l'oisiveté n'y trouvait aucune indulgence. Le gouvernement y était doux cependant : l'obéissance qu'on y rendait au fils de son Dieu n'avait rien de forcé, elle était volontaire. On ne vit point de tyrans dans toute la tige des Incas, & ils n'éprouverent jamais de révoltes.

Dans leurs guerres, ces monarques femblaient n'avoir pour but que de civilifer les peuples qu'ils foumettaient; les prifonniers qu'ils faifaient n'avaient à craindre ni la mort ni les infultes; ils donnaient aux vaincus les mêmes privileges & les mêmes avantages qu'à leurs fujets, ils leur enfeignaient leur religion & leurs arts, leur faifaient aimer leurs inftitutions, & portaient en triomphe les idoles des provinces conquifes dans le grand temple de Cufco, comme des trophées érigés au Dieu protecteur de l'empire.

La maniere dont on y avait réglé la propriété, contribua encore à rendre les mœurs plus douces: les terres cultivables y furent divifées en trois portions; l'une était confacrée au foleil, & du produit qu'elle rendait on lui élevait des temples, on entretenait les prêtres, on fourniffait aux dépenfes qu'exigeait la religion; l'autre appartenait aux Incas, & tous les revenus qu'on en tirait fervaient aux befoins du gouvernement, dont le chef ne levait aucun tribut: la troifieme, plus étendue, était deftinée à l'entretien du peuple; on la partageait entre chaque fujet, mais aucun ne jouiffait plus d'un an de la portion qui lui était affignée: ce partage était proportionnel au rang, au nombre, aux befoins de chaque famille. Les terres étaient cultivées en commun: un homme public annonçait l'heure du travail, chacun fe rendait dans les champs, & travaillait, excité par des chanfons, par le fon des inftrumens & par l'efpece d'enthoufiafme & de gaieté qui accompagne tout travail fait en commun avec fes amis, fes concitoyens. Cette communauté faifait fentir à tous la dépendance mutuelle où l'on était les uns des autres, & que des secours rendus & donnés dépendaient l'abondance de chacun, & la prospérité générale : les parts des orphelins, des veuves, des vieillards, des infirmes, des soldats occupés au dehors, étaient cultivées ainsi, toutes en commun, & il n'y avait pas de misérables. Les terres des sujets se cultivaient avant toute autre ; celles de l'Inca après toute autre. L'état semblait être une grande famille, unie par l'échange des bons offices, & de-là vint la douceur des mœurs & les vertus sociales dont les Péruviens donnerent seuls un exemple parmi tant de nations diverses qui occupaient l'Amérique.

Il y avait cependant beaucoup d'inégalité dans les conditions ; la distinction des rangs y était très-marquée. Un grand nombre d'habitans, connus sous le nom d'*Yanaconas* y vivaient dans un état de servitude ; leurs habits, leurs maisons les faisaient distinguer des hommes libres ; ils n'étaient employés qu'à porter des fardeaux, qu'à des travaux méprisés des autres. Au-dessus d'eux étaient les sujets libres, qui ne possedaient ni emplois, ni distinctions héréditaires. Ils étaient les inférieurs des *Orejones*, nom que les Espagnols leur donnerent des pendeloques dont leurs oreilles étaient chargées : ceux-ci formaient la classe des nobles, & dans la paix, comme dans la guerre, ils exerçaient les emplois de confiance. Enfin, au-dessus d'eux encore, s'élevaient les enfans du soleil, qui jouissaient de privileges exclusifs attachés à leur naissance.

On y honorait les vertus dans tous les états ; mais, comme parmi nous, celles des hommes élevés en dignité se faisaient presque seules remarquer, parce que seuls ils ont des occasions de les développer, seuls ils sont exposés en spectacle. Ceux qui se distinguaient par une conduite exemplaire, par des services rendus à la patrie, par des actions d'éclat, étaient recompensés par des habits tissus par les mains de la famille des Incas, ils étaient célébrés par des poëmes que cette famille révérée composait.

Tout l'état était distribué en décuries : sur chaque décurie, composée de dix familles, veillait un décurion ; un officier supérieur avait l'inspection sur cinq de ces décuries, d'autres sur dix, sur cinquante, sur cent, &c. Chaque officier rendait compte des bonnes ou mauvaises actions qui se commettaient, sollicitait la punition de celles-ci, la récompense de celles-là ; il devait prévoir les besoins des familles qui lui étaient confiées. Rarement on y remarquait des crimes, & s'il s'en commettait, on voyait les coupables venir se dénoncer eux-mêmes.

Cette forme de société était propre à développer les talens & à faire éclorre les arts. Aussi l'agriculture y était-elle mieux connue & perfectionnée que dans aucune autre contrée de l'Amérique ; l'abondance des vivres y était remarquable : on ne s'y ressentait point de la disette dans les mauvaises années, parce qu'on réservait dans des *tambos* ou magasins publics, le produit excédent des terres consacrées au soleil & au gouvernement, pour les besoins publics. On y savait remédier aux inconvéniens du sol : les grandes rivieres qui descendent des Cordelieres coulent toutes au levant, & vont se perdre dans l'Océan atlantique. Le Pérou, situé au couchant de cette chaine de montagnes, n'était arrosé que par des torrens & des ruisseaux : de nombreuses plaines, qui n'y reçoivent jamais des pluies fécondantes y étaient stériles; l'industrie y vint au secours de la nature, & des canaux conduisirent l'eau des torrens; on engraissa le terrain, on l'échauffa avec la fiente des oiseaux marins rassemblés en vols prodigieux sur les petites isles qui bordent les côtes : cependant on ignorait encore au Pérou l'usage de la charrue, & ce n'était pas un grand mal; le peuple n'y était pas accablé de travaux, il n'y était qu'occupé, & il importe à son bonheur qu'il le soit: ils remuaient la terre avec des bêches de bois: les deux sexes s'y employaient; les enfans du soleil cultivaient eux-mêmes un champ voisin de Cusco, & cette fonction était appellée leur triomphe.

Les maisons n'étaient pas toutes construites avec la même solidité : dans les plaines voisines de l'Océan Pacifique, où le climat est doux & le ciel toujours serein, elles étaient fort légeres: dans les montagnes elles étaient plus solides, parce que les saisons y varient & que les pluies y sont fréquentes & fortes : toutes étaient quarrées, formées de murs hauts de huit pieds, composées de briques séchées au soleil. Elles étaient sans fenêtres, & les portes étroites & basses; mais l'ensemble en était très-durable. Les temples consacrés au soleil, les palais habités par les Incas, montrent encore dans leurs ruines jusqu'où s'étendait leur industrie : leurs dimensions varient; mais tous se ressemblent par le goût de l'architecture & par leur solidité. Ce peuple ignorait l'usage des poulies & des autres machines qui servent à élever les matériaux à une grande hauteur, les murs de ces plus grands édifices n'ont que douze pieds de haut : il ignorait l'usage du mortier & des cimens, mais il liait si exactement les pierres & les briques, qu'on a de la peine à en diſtinguer les joints : il ne ſavait point tailler les pierres, & les employait de toutes les formes, mais il les liait enſemble, en pratiquant dans l'une un creux qui répondait exactement à la ſaillie de celle qui lui était oppoſée ; auſſi n'y voit-on point d'aſſiſe réguliere : parmi ces pierres, il en eſt d'une groſſeur prodigieuſe ; on a de la peine à concevoir comment on a pu les élever à la hauteur où elles ſont placées. La charpenterie y était très-informe : l'intérieur des maiſons y était mal diſtribué & peu commode : ils ne recevaient de jour que par la porte, & les plus vaſtes étaient les plus ſombres : les palais ne ſe diſtinguaient des maiſons ordinaires que par leur étendue & l'épaiſſeur de leurs murs : ils étaient de pierres, & ces maiſons étaient conſtruites de roſeaux, de bois, & de terre battue : les uns & les autres n'avaient pour couvert qu'un toit de chaume, ſoutenu par des mâts comme des tentes. Il y avait dans cet empire quelques places de guerre, on voit les ruines de deux dans le bas Pérou, ſituées dans les montagnes, bâties, l'une en terre, l'autre avec des troncs d'arbre ; il ſemble qu'elles avaient un foſſé, qu'elles étaient entourées de trois murs : dans le haut Pérou elles étaient bâties avec des pierres, & les murs n'avaient que dix pieds de haut.

Les Incas avaient fait tracer deux grands chemins qui conduiſaient de Cuſco à Quito, & avaient 500 lieues de long : l'un traverſait les montagnes de l'intérieur du pays, l'autre les plaines ſituées le long des côtes ; on a beaucoup exagéré la beauté de ces ouvrages ; mais dans une contrée où le ſeul animal domeſtique était le lama, qui ne ſert, ni au trait, ni proprement à la charge, où il n'y a que des piétons qui voyagent, ces chemins pouvaient facilement fe tracer & fe conferver : ils n'avaient que quinze pieds de large : deux rangs de pieux en marquaient les bords dans les plaines & guidaient le voyageur : dans les montagnes : on avait abattu des éminences, comblé des précipices, revêtu les chemins de gazon, placé de diftance en diftance des tambos ou magafins : ils étaient fans doute informes, ils ne pouvaient être comparés à ceux des anciens Romains, cependant ils prouvent la fupériorité de ce peuple fur tous ceux qui habitaient l'Amérique, puifque feuls ils avaient eu l'idée de ces communications. Ils étaient entre-coupés par des torrens qui fouvent débordaient, & qui toujours étaient trop rapides pour être rendus navigables : pour les traverfer, les Péruviens lierent plufieurs lianes ou bejuques enfemble, & en formerent de gros cables, dont la longueur fe proportionnait à la largeur du torrent : ils en tendaient fix parallélement de l'un à l'autre bord, ils les y attachaient avec force, les liaient par d'autres cordes en travers, les recouvraient de branches d'arbres & de terre, & les hommes, les mules chargées y paffaient fans danger, malgré le balancement continuel de ces ponts flexibles; les Efpagnols en ont confervé l'ufage, ne pouvant y fubftituer rien de mieux : pour paffer les petites rivieres, on attache fortement un gros cable, auquel eft fufpendu un mannequin de cuir qui reçoit l'homme ou la bête qu'il faut traverfer, & avec une corde on le fait venir fur le bord oppofé. Pour les rivieres larges & profondes, on fe fervait de *balzes* ou radeaux, qui fe guidaient avec la voile & l'aviron, & qui fervaient, ou pour la navigation, ou pour la pêche, ou pour le transport.

Ils connaissaient les métaux ; ils recueillaient l'or sur le bord des rivieres, ou par le lavage des terres : ils employaient plus d'art pour l'argent ; on les voyait creuser de grandes cavernes sur les bords des rivieres & dans les flancs des montagnes, pour en tirer le minerai : ils savaient fondre & affiner le métal par le moyen du feu, & avaient des fourneaux qu'ils plaçaient sur des hauteurs, afin que le vent fît l'office du soufflet qu'ils n'avaient point su inventer : l'argent y était si commun qu'ils s'en servaient pour leurs ustensiles les plus communs : on y trouva des vases d'une argille très-fine, des bijoux estimables par la délicatesse du travail : ils n'avaient point eu l'idée de faire de la monnaie avec ces métaux. On a trouvé dans des *guaques* ou élévations de terre, au-dessus des tombeaux, des miroirs plus ou moins grands, faits de pierres polies avec le plus grand soin, des vases de terre de différentes formes, des haches, des instrumens d'agriculture, ou de guerre faits avec la pierre à feu ; ou avec le cuivre durci ou trempé par un moyen qu'on ignore encore : ces derniers outils ne s'employaient que pour des ouvrages délicats : ils imitaient les fleurs & les animaux avec les métaux ; ils gravaient des especes de bas-reliefs, ils faisaient des statues creuses.

Toutes ces inventions prouvent la supériorité des Péruviens sur les autres peuples Américains. Cependant diverses observations montrent encore en eux une société qui sort à peine de la barbarie. Il n'y avait dans tout l'empire des Incas que Cusco qui méritât le nom de ville ; les habitations étaient dispersées par-tout ailleurs, ou à peine formaient des villages : toutes les professions y étaient confondues, parce qu'aucune n'était compliquée, aucune assez difficile pour exiger un apprentissage : le commerce y était très-borné ; & la maniere dont on y pourvoyait aux besoins de tous répandait peu d'activité & d'industrie dans les différentes provinces de cet empire. Sa plus grande faiblesse venait du caractere doux de ces peuples ; ils ne surent ni se défendre, ni se venger, & n'oserent former jamais le dessein de repousser leurs oppresseurs ; ils s'y soumirent sans résistance : aujourd'hui encore les Péruviens sont les plus timides, les plus lâches de tous les hommes : leur ame énervée par la vie oisive qu'ils ménent, les rend incapables de toute action de courage. Ils conservaient des coutumes barbares, comme celle de sacrifier autour de la tombe des Incas ou des hommes distingués, plusieurs de leurs officiers & de leurs domestiques ; ils les enterraient auprès d'eux, afin qu'ils pussent servir encore leurs maîtres, & que ceux-ci jouissent dans l'autre monde des mêmes honneurs qu'ils quittaient dans celui-ci. On sacrifia plus de mille personnes autour de la guaque ou éminence qui fut élevée sur la tombe d'Huana Capac. Ils connaissaient l'usage du feu pour cuire le maïs & les autres végétaux, & cependant ils mangeaient la viande & le poisson tout cruds.

Ils connaissaient l'usage des poids, & l'on découvre des traces de leurs balances, dont les bassins étaient d'argent & faits en cônes renversés ; ils se servaient de deux pierres différentes pour faire des miroirs, l'une opaque & noire, l'autre un peu transparente & couleur de plomb : ils formaient des étoffes avec la laine, le coton, les écorces d'arbres ; & on en faisoit des habits & quelques meubles : toutes étaient teintes en noir, en bleu, ou en rouge : on y favait tailler l'éméraude, & la forer ; il paraît qu'on y favait faire le cuivre jaune ; outre l'art de tremper le cuivre, on doit regretter celui d'empêcher qu'il ne s'y attache jamais ni rouille, ni verd de gris, effet qui pouvait fuivre de la trempe même qu'on lui donnait ; on était parvenu à tailler des pierres par le frottement : c'était ainfi qu'on en rendait les côtés parallèles, qu'on les équarriffait, qu'on leur donnait la même hauteur. Tels étaient les arts des Péruviens : voyons ce qu'était leur pays.

Dans l'efpace qui s'étend des Cordelieres à la mer, le climat n'eft pas par-tout le même. Près de Lima le printems commence fur la fin de l'année ; l'hiver difparait avec les nuages qui l'avaient amené, l'été fuccede au printems, & n'y eft pas d'une chaleur exceffive, parce que des vents du midi le temperent ; l'hiver y commence en Juin ou Juillet : l'automne y eft courte & n'y eft diftincte des deux faifons auxquelles il touche que parce que le ciel y eft plus ferein qu'en hiver, & les vents plus forts qu'en été : le froid vient des vents du pole auftral : il y eft affez conftant, mais jamais affez fort pour produire de la glace & de la neige dans la plaine : pendant l'hiver un brouillard s'étend du midi au nord dans toute l'étendue du pays, & les vents foufflant fous ce voile confervent mieux la froideur qu'ils ont acquife dans les pays plus méridionaux : la vapeur qui cache le ciel fe réfout affez fouvent en bruïne qui humecte la terre & fait renaître la verdure & les fruits fur les collines & les côteaux qui paraiffent arides dans les autres faifons. Dans les vallées, il n'y tombe jamais de pluie, jamais on n'y entend d'orages impétueux ; on n'y connait point les éclairs & le tonnerre : mais dans les Cordelieres, la pluie & les orages y font communs. Sur les montagnes comme dans la plaine, les tremblemens de terre y font des fléaux redoutables & fréquens ; les fecouſſes en font ſubites, & ſe ſuccedent de ſi près & avec tant de violence que l'homme le plus intrépide en eſt épouvanté : divers ſignes les annoncent avant qu'ils ſe faſſent ſentir, on entend circuler dans les concavités de la terre un bruit ſourd ; l'air frémit & ſemble vibrer, les chiens pouſſent des hurle-mens lugubres ; les mules, les chevaux demeurent immobiles & écartent leurs jambes : les oiſeaux volent par élancement ; on les voit ſe jetter contre les murs, s'écraſer contre les rocs, contre les arbres, comme ſi un vertige les eût ſaiſi. Alors chaque habitant s'échappe avec précipitation des maiſons où il ſe trouve, & la nuit, ils ne s'arrêtent pas à s'habiller ; la terreur, l'agitation, la confuſion générale, les plaintes des femmes éplorées, les cris des enfans épouvantés, ceux des hommes mêlés aux hurlemens des animaux, tout dans ces momens inſpire l'effroi & l'horreur. Même après que les fecouſſes ont ceſſé, on n'oſe encore rentrer chez ſoi, elles peuvent recommencer. Le plus épouvantable qu'on y ait reſſenti eſt celui de 1746. Un bruit ſemblable quelquefois à des gémiſſemens, quelquefois à des coups de canon, le précéderent de quelques jours. Il était nuit quand il commença, & ſes ſecouſſes furent ſi violentes qu'en moins de trois minutes toutes les maiſons de Lima furent détruites, & ceux de ſes habitans qui ne purent fuir promptement dans les campagnes, enſevelis ſous leurs ruines : les ſecouſſes recommencerent deux cent fois en 24 heures, & 451 fois dans l'espace de 3 ou 4 mois. Le Callao fut renversé ; un volcan s'ouvrit à Lucanas, & vomit tant d'eaux bouillantes que les campagnes furent inondées : trois autres volcans creverent dans une autre montagne ; plusieurs villes des vallées en furent bouleversées ; tous les bâtimens qui étaient dans les ports de la côte furent fracassés. Les volcans sont communs au Pérou : les uns jettent encore des flammes, de la fumée, des cendres, & vomissent des torrens de lave : les autres ne présentent qu'une vaste chaudiere d'où s'exhalent encore des bouffées de vapeurs ; d'autres plus anciens sont éteints, ne s'annoncent que par leurs formes, que par les coulées de lave qui les environnent.

Malgré ces fléaux effrayans, les vallées forment un pays délicieux : on y jouit de la plus douce température, aucune des saisons n'y est incommode ; on passe de l'une à l'autre d'une maniere insensible ; pour éprouver les gradations d'une forte chaleur & d'un froid excessif, il faut changer de lieu, non de saison : un espace de quatre lieues sépare souvent l'été de l'hiver : celui qui passe de la plaine aux montagnes y est saisi d'un froid perçant dont il est difficile de se garantir ; le sol n'y est pas par-tout d'une égale fertilité : de Tombés à Lima, dans un espace de 250 lieues, les sables sont si arides qu'on n'y voit d'herbes que dans les lieux qu'on peut arroser, & il n'est pas possible de le faire par-tout : il n'y a pas une source dans le bas Pérou, les rivieres n'y sont pas communes, & plusieurs n'ont d'eau que pendant six mois.

Entre la côte & la mer, il y a de grandes forêts remplies de plantes & d'arbustes qui ne se trouvent pas en Europe, & d'autres qui s'y trouvent, mais plus fortes & plus vigoureuses. On y voit des cédres de plusieurs especes, des cotonniers, diverses sortes de bois d'ébene, du gayac, & différens bois précieux pour le parfum qu'ils répandent, pour leur couleur, & pour le poli qu'on peut leur donner. Vers la mer, ces forêts forment comme un taillis continu; plus on avance dans les terres, plus les arbres deviennent hauts; c'est à huit lieues de la côte qu'on trouve les plus grands arbres du Pérou; puis en avançant plus à l'orient, vers les montagnes, ils se rapetissent insensiblement, & sont fort petits sur les Cordelieres. Ces forêts sont remplies d'oiseaux brillans par leur plumage, peu intéressans par leur chant.

Les mêmes productions ne se trouvent pas dans les diverses contrées qui forment cet empire : les plus froides sont abondantes en fruits, comme des poires, des pêches, des pavis, des brignons, des guaitambos, des aurimales, des abricots, des melons de diverses especes : dans les tempérées prospèrent les fraises, les figues de Tuna, les pommes; dans les plus chaudes on cultive la canne à sucre, le plantain, le guinéos, le piment, le chirimoya, les aguacates ou avocats, les grenadilles, les ananas, les gouyaves, les guabas, productions connues, ou dont nous donnerons bientôt une légere idée. Les fruits abondans en jus, tels que les citrons, les oranges, les limons & limes, les cedras, les touroujes y portent des fleurs & des fruits dans toutes les saisons.

La principale nourriture des Péruviens était le maïs, qu'ils nommaient *cara*, & que leurs femmes broiaient entre deux pierres; elles l'étendaient ensuite sur des couvertes de coton très-fines, auxquelles la farine s'attachait, & où le son pouvait être secoué au dehors : ils tiraient auffi du miel de la tige de ce grain : après celui-là, le plus utile que donne le Pérou, eft le *quinua*, efpece de riz ou de millet que les botaniftes nomment *chenopodium, folio finuato faturatè vivente*, plante annuelle qui s'éleve à la hauteur de deux pieds : il reffemble aux autres efpeces de chenopodium par fes feuilles & fes fleurs, qui font d'une feule piece, & fervent de premiere enveloppe à de petites graines blanches, plattes, rondes, d'une ligne de diamètre : fa feuille tendre, de bon goût & fort faine, fert pour le potage ; la graine eft excellente dans la foupe ; elle hâte la ponte des poules. On a encore au Pérou trois ou quatre fortes de graines femblables à des fèves noires, mais plus petites : on les nomme *purutu* : les pois y font de diverfes fortes, & plus grós qu'en Europe : le *papa* eft connu, le *toca* eft un légume qu'on féche au foleil, qu'on mange crud ou cuit, qui eft de la groffeur du pouce, & dont le fuc a la douceur du miel ou du fucre : l'*anus* lui reffemble extérieurement, mais il eft fort amer ; il y a des patates rouges, blanches, jaunes & noires ; elles different encore par le goût : les citrouilles ne fervaient aux Indiens que pour faire des vafes ; l'*inchi* eft une plante tantôt rampante, tantôt s'élevant à la hauteur d'un pied & demi ; fa tige quadrangulaire & velue, d'un verd rouffâtre, produit avec ftipules des pédicules qui foutiennent quatre feuilles ovales & émouffées, velues, vertes en deffus, blanchâtres en deffous : les fleurs font légumineufes, jaunes, bordées de rouge, portées fur de petits pédicules verts, fortant des aiffelles. Quand la fleur eft paffée, le piftil femble rentrer en terre, & y devient un tubercule cendré de la forme du concombre, renfermant trois feves couvertes d'un pellicule rouge, brun, rempli d'une chair blanche qui a le goût de la noifette ; on les mange cuits au deffert, on les emploie en cataplâmes pour calmer les douleurs, on en tire une huile qui égale en bonté celle de l'amande : le *cuchuchu*, eft une efpece de truffe qui fe mange crue ; elle eft douce & de facile digeftion : fa tige eft plus longue que celle de l'anis, & n'eft point ornée de feuilles ; fon pied eft environné de filamens verts, qui en ceffant de l'être, annoncent la maturité du fruit.

Parmi les productions végétales particulieres au pays, on compte le *chirimoya* : c'eft le fruit le plus délicieux du Pérou, on l'y préfere à l'ananas : fon goût eft fucré & vineux, fon odeur eft très-agréable, fa groffeur, fa figure approchent de celles de nos pommes pointues d'Europe ; fa peau eft verdâtre & comme brodée de compartimens écailleux ; fa chair eft blanche, molaffe, filandreufe, contenant des femences oblongues, applaties & raiées : quelques-uns ont jufqu'à 5 pouces de diametre. L'arbre qui le produit eft haut & touffu, le tronc en eft gros & rond, l'écorce raboteufe, les feuilles arrondies, mais fe terminant en pointes longues de trois pouces, & d'un verd foncé, tous les ans la feuille tombe & fe renouvelle, ce qui eft rare aux arbres de ce climat ; fa fleur d'abord verte devient jaunâtre ; elle s'ouvre & préfente quatre pétales qui répandent le parfum le plus doux : les femmes les recherchent beaucoup.

Le *Guabas* ou *guavas* ou le *pacaes*, eft une fubftance qui naît dans une gouffe fouvent longue de 14 pouces, d'un verd foncé, couverte d'un duvet doux quand on le couche avec la main, & rude quand on le releve : les diverfes cavités qu'elle renferme sont remplies d'une moëlle spongieuse, légere, blanche comme le coton, enveloppant de gros pepins noirs: on le nomme guabas à Quito, *pacaes* dans le bas Pérou, *pacay* au Chili; *pairoha* dans la Guiane: nous en avons parlé dans l'article du Chili: l'arbre qui le porte est ici haut de 20 pieds; ses branches forment une tête arrondie, ses feuilles sont ailées, traversées d'une longue nervure qui se soudivise en un grand nombre de rameaux.

La *grenadille* du Pérou est plus grosse que dans toute autre contrée; mais elle a la même forme, celle d'un œuf de poule; son écorce est lisse, luisante, de couleur incarnat: au dedans est une substance visqueuse, liquide, parsemée de grains: son goût est aigre-doux; ce fruit est rafraichissant, cordial; il vient sur une plante dont la fleur ressemble à celle de la passion. Nous avons parlé des fraises ou *frutilles* du Chili; on les trouve aussi dans le Pérou. Il en est de même de divers autres fruits, comme le *paltas*, nommé ailleurs *avocat*, espece de poires: le *cuyannas* qu'on peut ranger parmi les pommes, le *ruema* ou *suema*, l'*ussun*, &c.

L'*oca* est une racine longue de deux à trois pouces, ayant six lignes de diamètre, formant divers nœuds qui la rendent inégale & tortueuse; une peau quelquefois jaune, souvent rouge, ou mêlangée de ces deux couleurs, la couvre: elle a le goût de la chataigne, & on en fait des conserves au sucre très-recherchées dans le pays. La *quinoa* est particuliere au Quito; la *cochenille* se retrouve ici en divers lieux: la *coca* était cultivée pour le plaisir sous les Incas; c'est un arbrisseau qui se ramifie beaucoup & ne s'éleve qu'à trois ou quatre pieds ; sa tige est faible & a besoin d'appui. Ses feuilles sont alternes, ovales, entieres, marquées dans leur longueur de trois nervures, dont deux sont peu apparentes, longues d'un pouce & demi ; les fleurs sont ramassées en bouquet le long des tiges : elles sont petites, composées d'un calice, de cinq pétales, de dix étamines & de trois styles : son fruit est une baie rougeâtre, semblable au myrtile ; il devient triangulaire en se séchant. Les Indiens en mâchent la feuille avec une sorte de craie d'un gris blanc & de nature savonneuse, qu'ils nomment *mambi* ou *tocera*, & quelquefois avec des écailles d'huîtres calcinées ; ils la mâchent jusqu'à ce qu'elle cesse de rendre du jus ; elle leur tient lieu de nourriture, & dans les travaux les plus accablans, ils ne souhaitent qu'elle pour soutenir leurs forces : ils conservent leur activité & leur vigueur aussi long-tems qu'ils en peuvent avoir ; ils s'affaiblissent dès qu'ils en manquent, & les coups ne peuvent les faire mouvoir ; elle raffermit leurs gencives, elle fortifie leur estomac ; elle les désaltère & les nourrit. Sans elle, aucun travail ne se ferait dans les mines : on estime le coca de Cusco comme le meilleur du Pérou.

Le *mulli* est un arbre qui vient sans culture ; ses feuilles sont petites & toujours vertes ; son fruit est une graine attachée en grappes, & ressemble à la coriandre séche, doux au-dehors, amer au-dedans, on en fait un breuvage agréable & salutaire en diverses maladies.

La *canelle* y vient en divers cantons ; elle ressemble à celle de Ceylan par l'odeur, l'épaisseur de l'écorce, par la grosseur du tuyau, mais sa couleur est un peu plus foncée, son goût est moins délicat & plus piquant : sa feuille répand une odeur très-agréable; fa fleur & fa graine jettent le parfum le plus doux; peut-être que, cultivée avec foin, elle égalerait en bonté celle des Indes orientales. On a découvert encore dans les forêts du Pérou, un arbre dont la gomme a un goût dont rien n'approche: c'eft une efpece de ftorax: fa rareté & fon prix n'engagent point l'indolent créole à le multiplier par la culture. On y voit diverfes efpeces de cédre, diverfes fortes de bois précieux pour la douce odeur qu'ils répandent, & les couleurs veinées & fingulieres qu'ils prennent en les poliffant. En général on connait mal les végétaux du Pérou, & un botanifte y trouverait encore de quoi enrichir fa fcience.

Dans la partie du Pérou qui n'a ni bruyeres, ni montagnes, on ne voit que des animaux domeftiques, la plupart venus d'Efpagne: les chevaux y ont extrêmement multiplié, ils y font très-maigres, mais foutiennent bien le travail: le *llama*, le *paco*, la *vigogne* ou *vicuna*, le *guanacos*, font les animaux les plus remarquables entre ceux qui font particuliers à l'Amérique méridionale. Le *llama* doit fon nom à fa ftupidité; il fignifie *bête brute*; il eft haut de quatre pieds & long de cinq ou fix; mais fon cou feul fait la moitié de cette longueur: il a quelque reffemblance avec le chameau; fa tête eft bien faite, fes yeux font grands, fon mufeau allongé, fes levres épaiffes, il n'a point de dents à fa mâchoire fupérieure, fa lévre eft fendue comme celle du lievre, fes pieds font fourchus comme ceux du bœuf, mais ils font aidés d'un éperon en arriere, qui lui fert à s'accrocher dans les lieux efcarpés où il aime à grimper: ils font couverts d'une laine courte fur le dos, longue fur les flancs & fous le ventre; ils font lafcifs &

s'accouplent difficilement : les femelles n'ont que deux mamelles, ne font jamais plus de deux petits, & n'en ont qu'un ordinairement qui fuit fa mere en naiffant. A trois ans le llama fe reproduit ; après douze ans il languit, dépérit, & meurt quand il en a quinze. On fe fert de cet animal comme du mulet ; mais il ne porte pas au-delà de 100 livres (*a*) : il marche avec lenteur, fon pas eft grave & ferme ; il fait quatre ou cinq lieues par jour dans des pays impraticables pour tout autre animal, defcend des ravines, gravit des rochers où les hommes ne pourraient le fuivre. Après quatre ou cinq jours de marche, ils prennent d'eux-mêmes un repos de vingt-quatre heures : pour s'arrêter, ils plient les genoux, & baiffent le corps fans déranger leur charge : ils fe relevent avec le même foin au coup de fifflet de leur conducteur, & marchent : ils broutent en chemin l'herbe qu'ils rencontrent, & ruminent la nuit, même en dormant, appuyés fur la poitrine, les pieds repliés fous le ventre : tant qu'ils ont des forces, le jeûne ni le travail ne les rebutent pas ; mais lorfqu'ils fuccombent, c'eft en vain qu'on les harcele, ils ne remuent plus : fi on les frappe, ils fe tuent conte la terre, plutôt que de céder aux coups : toujours doux & flegmatiques, ils ne fe défendent ni ne fe vengent avec les pieds, ni avec les dens ; dans leur indignation, ils crachent à la face de ceux qui les infultent, & leur falive âcre fait lever une puftule fur l'endroit de la peau

---

(*a*) L'Inca Garcilaffo dit que la charge de cet animal eft de 200 livres, mais qu'il ne fait que trois lieues par jour.

qu'elle a couvert. On en travaille la laine, on en mange la chair qui ressemble à celle du mouton par son goût, mais il faut que l'animal soit jeune encore. En 1544 ces animaux furent attaqués d'une galle contagieuse, qui en fit périr les deux tiers, le mal se communiqua aux llamas sauvages, il s'étendit même sur les renards : les cerfs & les daims furent les seuls quadrupedes qui en furent préservés : le sain-doux fut le remede le plus salutaire pour les guérir.

Le *paco* est au llama ce que l'âne est au cheval ; il est plus petit, ses jambes sont plus courtes, son mufle plus ramassé ; mais il a les mêmes mœurs, le même naturel ; il porte des fardeaux & est plus obstiné dans ses caprices : il est couvert d'une laine plus fine & plus longue : on le nomme aussi *alpagnes* ou *alpaques* ; souvent il est tout noir, quelquefois d'un brun mêlé de fauve : ces animaux sont aimés des Péruviens : le moment où ils commencent à s'en servir est célébré par des danses & des festins, pendant lesquels on visite l'animal, on lui parle avec sentiment, on lui prodigue les caresses les plus tendres, on pare sa tête de rubans & de bandelettes.

Le *guanacos* ou *huanacus* est le llama sauvage ; il est plus fort, plus vif, plus leger que le domestique ; il court comme le cerf & grimpe comme le chamois : il est couvert d'une laine courte & couleur fauve : ils vont en troupes & quelquefois au nombre de deux ou trois cents : ils aiment les montagnes, le froid & voyagent dans les glaces. Ils sont vigoureux & en grand nombre dans les Cordelieres ; faibles & rares dans les vaines : on les chasse pour en avoir la toison ; les chiens les suivent avec peine, & s'ils parviennent aux rochers efcarpés, les chiens font forcés de les abandonner. Quand fa femelle paît dans les vallées, il veille fur les hauteurs; au moindre danger, il hennit, accourt, fait fauver fa compagne & demeure à l'arriere-garde.

La *vigogne* eft le paco fauvage; il fe plait plus encore fur les montagnes glacées : fa timidité eft extrème : des lambeaux voltigeans de drap ou de linge à l'iffue d'un défilé, fuffifent pour en arrêter un grand nombre; ils fe réuniffent, fe ferrent & fe laiffent plutôt tuer que de s'enfuir : fa toifon eft claire, couleur de rofe féche; on en fait des mouchoirs de cou, de très-beaux gants, des bas fort doux & très-chauds, de la bonneterie, d'excellentes couvertures, des tapis d'un grand prix : on diftingue trois fortes de cette laine : la *fine*, la *bâtarde* & le *pelotage* : toutes font utiles, on la mêle avec le poil de lapin & de lievre pour faire des chapeaux : on en fait des cordes.

Les Incas avaient défendu la chaffe de ces animaux, parce qu'ils font très-utiles & ne multiplient pas beaucoup. Les Efpagnols n'ont pas fait la même défenfe, & leur nombre eft très-diminué. On a tenté de les naturalifer en Europe; mais ceux qu'on y a tranfporté font tous péris : peut-être réuffiraient-ils dans la chaine des Pirenées & des Alpes; peut-être ceux qui les ont tranfporté n'ont pas réfléchi que c'eft dans les contrées les plus froides de l'Amérique méridionale qu'ils font les plus nombreux; & qu'ils réuffiraient mieux en Ecoffe, en Norwege, que dans les plaines baffes de l'Efpagne.

Une des productions de ces animaux qui fut autrefois une des plus eftimées, font les *bezoards*; ceux des Indes occidentales font peut-être plus folides, ont plus de qualités que ceux des orientales, cependant ils font moins recherchés. La vigogne est l'animal qui en fournit le plus, le *huanacus* en donne aussi de très-beaux : ils sont les meilleurs de l'Amérique : les moins bons, ou du moins ceux qu'on estime renfermer moins de vertus, sont ceux du Mexique, & se trouvent dans les cerfs.

On trouve au Pérou le *chucha* ou *mucamuca*, animal de la grosseur d'un chat, mais qui a la forme du rat : son museau, semblable au groin du cochon, est très-long : son dos, ses pieds sont semblables à ceux du rat ; mais le poil qui les couvre est plus long & plus noir : c'est un philander ou didelphe. Les femelles ont dans la partie inférieure du ventre, un petit sac ou manchon fourré en dehors & en dedans, dont l'ouverture ressemble en longueur au jabot d'une chemise, & dans lequel sont renfermées leurs mamelles ; cette poche s'ouvre, se resserre, se ferme par le moyen de plusieurs muscles & de deux os qui n'appartiennent qu'à cette espece d'animal. Les petits se forment dans la matrice intérieure, & ils en sortent qu'ils sont encore d'une petitesse extrême : alors ils entrent dans la poche & s'attachent aux mamelles où ils restent collés jusqu'à ce qu'ils aient pris assez de force & d'accroissement pour se mouvoir avec facilité : lorsque la mere veut sevrer ses petits, elle lâche ses muscles, & se délivre de son fardeau. Cet animal détruit la volaille, il attaque tous les oiseaux domestiques : dans les champs, ils s'attaquent au maïs & détruisent des plantations entieres : les Indiens les mangent eux-mêmes, & en trouvent la chair fort bonne.

Les lions qu'on y voit ont beaucoup plus de ressemblance avec le loup ; mais ils n'attaquent point l'homme, & fuient s'ils en font attaqués : les tigres y font auffi féroces qu'en Afrique, & peut-être plus grands encore : les ours y font rares ; les cerfs y font petits, & furent fi nombreux autrefois, qu'ils defcendaient dans les plaines cultivées, & entraient dans les villes ; les chamois, les chevreuils y font affez communs : les renards y font petits & exhâlent une odeur infupportable : on y trouve beaucoup de finges de différentes efpeces : les rats & les fouris y furent apportés d'Europe, & y font de grands dégats.

Les *lapins* n'y ont prefque point de queue ; le poil eft d'un gris argenté : il en eft une efpece dont la gueule eft fi petite, qu'on dit qu'une fourmi peut y entrer à peine : Garcilaffo dit qu'il en eft une autre qui a la queue du chat ; & qui demeure fous la glace & les neiges.

Quelques cantons du Pérou nourriffent le *dante* ou *tapir* : c'eft ce dernier nom qu'on lui donne au Brefil : on le nomme *vagra* dans la langue Péruvienne ; dans la Guyane, on le nomme *maypouri* : c'eft le plus grand animal de l'Amérique, & il fait un genre à part dans l'hiftoire des animaux : il eft de la grandeur d'une petite vache ; la figure de fon corps approche de celle du cochon ; fa tête eft longue, groffe, & ne porte point de cornes : fa levre fupérieure eft un appendice que l'animal étend & contracte à fa volonté comme la trompe de l'éléphant : elle eft beaucoup plus longue que fa mandibule inférieure ; elle eft élevée & fillonnée dans fa longueur ; fa bouche eft armée de 40 dents, la moitié incifives, la moitié molaires : fes yeux font petits, fes oreilles arrondies, peu grandes, quelquefois droites, quelquefois pendantes, fuivant leur âge : leur queue eft à peine apparente; elle est pyramidale & sans poils; ses jambes sont courtes, semblables à celles du sanglier: ses pieds antérieurs sont garnis de quatre ongles noirâtres; ceux du derriere de trois seulement: son poil est fort court, d'abord de couleur d'ombre brillante, variée de tâches, ou de bandes blanches, ensuite brun ou noirâtre: il porte une livrée comme le cerf dans sa jeunesse, & dans l'âge mûr prend un pelage uniforme. Il nage & plonge avec facilité, parvient au fond, & y va fort loin, puis revient respirer à la surface: tout le jour il dort dans les plus épaisses forêts; toute la nuit il butine: il est fort & n'est point dangereux, parce qu'il est doux, timide, craignant les combats & le danger: leur cri tient du sifflement du chamois; leur course est prompte, quoique leur corps soit massif: il vit dans les marais, & ne s'éloigne guere des bords des fleuves & des lacs: dès qu'il est poursuivi ou menacé, ou blessé, il se jette à l'eau, & y fait un long trajet avant que de reparaître; mais il ne vit point de poissons, ni de chair; il ne se nourrit que de plantes & de racines: ordinairement ils marchent en grandes troupes: sa chair est fade, grossiere, assez semblable à celle du bœuf: sa peau sert à faire des rondaches pour les sauvages, & lorsqu'elle est desséchée, les flèches & les balles l'entament difficilement, parce que le tissu en est très-ferme & très-serré.

Parmi les oiseaux sont les perroquets, des ramiers d'un goût excellent, des canards qui ont la tête ornée d'une crête, & perchent sur les arbres, des *toucans* ou *tokans*, des *conturs* dont nous parlerons ailleurs, des *suntuyu* ou poules batardes, qui sont noirs, & avides de viandes corrompues: lorsqu'ils s'en sont gorgés & qu'on les poursuit, leur pesanteur ne leur permet pas de prendre le vol, ils courent en étendant les aîles, & vomissent ce qu'ils ont mangé pour devenir plus légers : ils sont utiles pour nettoyer les rues des charognes qui les infecteraient : on y remarque deux sortes de perdrix, dont la plus grande habite les déserts ; l'autre plus petite a la chair plus délicate : toutes sont blanches, l'une ressemble à une poule, l'autre à une caille : leurs chant fit donner à la premiere le nom de *pura*, à la seconde celui d'*yutu* : les tourterelles y sont grandes, & font leurs nids comme les moineaux dans les maisons de campagne : le rossignol y a un chant triste & funèbre : en général les oiseaux qui remplissent les forêts du Pérou, ont un plumage plus brillant que ceux d'Europe ; mais leur ramage n'est qu'un bruit discordant qui étourdit. On y voit une espece de petit heron, des courtis, des sarcelles, des *pipilienes*, oiseaux qui ressemblent aux mauves, ont le bec rouge, droit, long, étroit, & plat : leurs pieds sont faits comme ceux de l'autruche, & leur chair est de bon goût. Le seul oiseau dont le ramage soit un peu supportable est le *pechio-lorados*, ou le rouge-gorge.

On connait différens animaux du Pérou, divers poissons, divers insectes ; mais ils lui sont communs avec les contrées voisines, & nous avons dit dans leur article ce qu'on en sait, ou plutôt ce qu'il convient d'en dire ici ; on y voit des vers longs comme le bras, gros comme le pouce, des araignées dont le corps égale un œuf de pigeon, des fourmis très-grandes, & dont quelques-unes sont vénimeuses. Finissons donc cet article par la description du *pico* : c'est un animal très-incommode, dit Frezier ; il entre insensiblement dans les pieds, se loge entre cuir & chair, s'y nourrit, devient gros comme un pois, & ronge la partie à laquelle il s'est attaché, si l'on n'a pas soin de l'arracher : mais il faut prendre garde de le crever en l'arrachant, parce qu'il est rempli de petits œufs de la grosseur des landes qui se répandent alors dans la plaie, se développent & se reproduisent; pour les faire mourir on saupoudre la plaie de tabac, ou on l'imbibe de suif. Nous joindrons ici encore quelques remarques sur le colibri. Ceux du Pérou paraissent être plus petits qu'en aucune contrée de l'Amérique : Voici la description qu'en donne le pere Feuillée. "Il a le bec noir, délié, très-pointu ; les plumes de la tête commencent au milieu de la partie supérieure du bec ; elles sont très-petites à leur naissance, rangées en écailles, augmentant de grandeur, avec une régularité admirable jusqu'au dessus de la tête, où elles forment une huppe éclatante par l'éclat de son coloris doré, & dont les nuances varient selon les différens aspects & les mouvemens de l'oiseau : tantôt elle paraît du plus beau velours noir, tantôt d'un verd naissant, quelquefois azuré, quelquefois couleur aurore. Son manteau est d'un verd obscur & doré; les grandes plumes des ailes sont d'un violet foncé, un peu pâle ; sa queue est composée de neuf petites plumes aussi longues que tout le corps, d'un noir mêlé de violet & de verd, dont le mélange fait une diversité surprenante : leur parement est d'un gris foncé : le dessous du ventre jusqu'à la queue, tire sur le noir, mêlé de violet, de verd & d'aurore, mais changeant toujours de nuances ; leurs yeux vifs & luisans sont de la noirceur du jais : ils ont les jambes courtes, les pieds petits, composés de quatre serres, dont une est sur le derriere, & chacurie est armée d'un petit ongle noir & pointu : il voltige continuellement & avec une vîtesse admirable : sa langue est longue d'un pouce & demi, cartilagineuse, dentelée de son milieu à la pointe, comme une petite scie : il s'en sert pour chercher sa nourriture dans le fond des fleurs : son chant est un petit grincement que sa vivacité fait entendre, mais qui dure peu : la femelle ne pond que deux œufs de la grosseur de nos pois : son nid est de coton, pas plus gros qu'une coque d'œuf, d'une structure très-jolie : il est suspendu entre des herbes ou entre les branches des petits arbrisseaux. „

Le serpent à sonnettes y porte un venin si terrible, qu'une mort cruelle & prompte suit de près leur morsure : on a vu une jeune fille être mordue, perdre la vie en peu d'instans, & quand on voulut en relever le corps chaud encore, les chairs s'en détacherent, & pour l'emporter à l'église, il fallut l'envelopper dans un drap. Ce serpent n'y craint point l'homme, il ne se détourne point de devant ses pas : le nombre des especes de serpens y est très-grand & très-varié : on dit qu'il y a des couleuvres longues de 25 à 30 pieds.

Dans les campagnes de Bambon, province du Pérou, on trouve la plante *macha* qui rend les femmes fécondes : sa tige est haute d'un pied : ses feuilles & ses graines ressemblent au nasitor ou cresson alenois, sa racine est un oignon semblable au nôtre, d'un goût merveilleux & d'une qualité chaude.

Nous ferons un article séparé de la description des Andes & Cordelieres ; mais nous parlerons ici des mines & minieres du Pérou. On y néglige celles de cuivre, d'étain, de soufre & de bitume ; la nécessité seule y fait travailler celles de sel : on y taille le sel foffile en pierres proportionnées à la force des animaux employés à les tranfporter, à les diftribuer dans les diverfes provinces où l'on en manque : le fel en eft de couleur violette, & veiné comme le jafpe : on le vend en maffes, dont le volume eft à peu près égal.

On y a découvert un nouveau métal que les Efpagnols ont nommé *platina* ou petit argent : on l'apporte en Europe fous la forme de petits graviers anguleux, triangulaires, irréguliers comme de la groffe limaille de fer ; fa couleur eft un blanc moyen entre celui du fer & celui de l'argent ; fa pefanteur eft celle de l'or ; il fe trouve dans les mines d'or : plufieurs chimiftes habiles s'en font occupés ; quelques-uns ont nié que ce fut un métal ; ils le voyaient prefque toujours mêlé d'un fable noir, attirable à l'aiman, indiffoluble aux acides, & de parcelles d'or très-fines ; ils crurent qu'il n'était qu'un mélange d'or & de fer ; mais aujourd'hui il parait démontré que la platine eft un huitieme métal, qui n'eft formé de la combinaifon d'aucun autre, & a des qualités qui le diftinguent de tous. En le diffolvant dans l'eau régale, on en fépare l'or : le fer, le fable magnétique s'en féparent par des opérations fucceffives ; le fable indiffoluble demeure d'abord au fond du vafe, puis on fépare l'or de la diffolution avec le vitriol de fer, & le fer avec l'alkali calciné dans le fang de bœuf : enfuite il ne refte plus dans l'eau régale que la platine pure qu'on fait précipiter avec l'addition du fel ammoniac : ce métal ainfi épuré, s'amollit au feu, s'y fond, devient malléable fous le marteau : il s'étend en lames minces, & peut fe filer ; mais jamais il n'acquiert la ductilité de l'or, & le fil en eft plus caffant. En le diffolvant

dans

dans l'eau régale, on lui fait prendre mille couleurs différentes; il s'allie avec tous les autres métaux; le mercure n'a aucune action sur lui: aucun acide simple ne le dissout; il ne se ternit point à l'air, ne se couvre jamais de rouille, est aussi fixe que l'or, a presque la dureté du fer, & n'est pas si fusible; il serait précieux pour en faire des utenciles de cuisine, & pour les laboratoires de chymie, mais l'Espagne en a défendu l'extraction & le transport, parce qu'on l'y croyait inséparable d'avec l'or.

On ne trouve qu'une mine d'or & d'argent dans le bas Pérou, mais il en est un grand nombre dans les montagnes qui le bordent à l'orient: les plus riches sont celles d'*Oruro*, dont nous avons parlé, d'*Ollachea*, de *Lipes* & *du Potosi*, qui ont été décrites dans la viceroyauté du Paraguai. On trouve de l'or disséminé dans les terres qui font partie de la plaine, comme dans les provinces de *Guanuco*, & de *Chuquiago* ou *Chuquiaguillo*, nom qui signifie en langue indienne *Maison d'or*.

Corréal compte 19 mines très-riches en différens métaux dans le Pérou, celles de la province de Quito sont négligées: le *Popayan* en est rempli, & on les exploite avec vigueur: celles de *Zaruma* donnent un or de mauvais aloi; mais elles sont très-abondantes: la mine d'argent de *Guayana* est riche & négligée: on prétend que le *Pichincha* renferme d'immenses richesses dans son sein; les monts voisins de *Mira* sont remplis d'or: le pays de *Palactanga* en est parsemé; les mines de la jurisdiction de *Cuença* n'ont pas répondu aux esperances qu'elles avaient données: mais ces pays ont déjà été décrits.

Tome XII. T

On trouve au Pérou des carrieres des deux especes de pierres dont les anciens Péruviens faisaient des miroirs: dans la plaine de *Tarqui* on tire de grandes & belles pieces d'albâtre très-blanches, transparentes, mais un peu molles; défaut qui les rend plus faciles à travailler: on y trouve aussi du cryſtal de roche, & il en eſt des morceaux très-nets & d'une dureté singuliere. On y voit une colline couverte de pierres à feu qu'on ne travaille point; on aime mieux faire venir d'Europe celles dont on ſe ſert: on a épuiſé, au moins à leur ſurface, les mines d'émeraude: on y en ſoupçonne de rubis.

La viceroyauté du Pérou n'embraſſe aujourd'hui que le bas Pérou & le Chili, & s'étend ainsi de la côte de Tumbez aux terres Magellaniques; les parties qui en ont été ſéparées, & que nous avons déja décrites, n'ont rien changé à la forme de l'adminiſtration intérieure depuis 1713, & comme c'eſt à cette époque que Frezier viſita ce pays, & que nous n'avons point trouvé ailleurs une expoſition plus nette du gouvernement de cette contrée, c'eſt principalement lui que nous allons conſulter, en y joignant cependant des obſervations recueillies ailleurs.

Le viceroi réſide ordinairement à Lima; il jouit de toute la pompe & de tous les avantages d'un roi; ſon pouvoir eſt ſans limites dans toutes les affaires militaires & civiles, dans tout ce qui concerne les revenus publics: il préſide ſur tous les grands officiers, ſur tous les grands tribunaux du pays: une garde de 160 cavaliers veille ſans ceſſe à ſa ſûreté; ſon uniforme eſt bleu, bordé d'argent; une troupe de 50 hallebardiers vêtus de velours cramoiſi, eſt diſperſée dans les chambres qui conduisent à la salle d'audience, pour exécuter ses ordres: au dehors du palais est encore une garde, composée d'un détachement de la garnison de Callao : tous exécutent ses volontés selon les occurrences, ainsi que les ordres des tribunaux auxquels son approbation a donné force de loi. Non seulement il préside dans toutes les cours de justice, dans tous les conseils qui administrent les affaires militaires & de la finance; mais encore il donne chaque jour audience au peuple, aux personnes de tous les rangs. Dans ce but, le palais renferme trois salles grandes & vastes : dans la premiere, le viceroi reçoit les députations des Indiens soumis & des diverses tribus de ceux qui sont libres encore; la seconde est pour donner audience aux Espagnols; la troisieme est pour les dames lorsqu'elles demandent des audiences particulieres.

Il reçoit une pension annuelle de plus de 160 mille livres, & son casuel excéde trois fois cette somme: son revenu doit avoir diminué dans ses deux branches, depuis la soustraction des diverses provinces annexées, les unes à la viceroyauté de Santa Fé, les autres à celle de Buenos-Ayres : il régne ordinairement pendant sept ans, selon Frezier; pendant trois seulement, selon d'autres auteurs : les milices soumises à ses ordres formaient un corps de 120 mille hommes de pied ou de cheval; mais une partie n'en était pas armée. Les garnisons de Lima & de Callao n'étaient formées que de détachemens de milices du pays autour de ces deux villes, & qui composent quatorze compagnies d'Espagnols, sept autres prises dans les différens corps de métiers, huit compagnies d'Indiens, six de mulâtres; auxquelles on joint dix escadrons de cavalerie: tous réunis font un corps de 40,000 hommes robustes, mais mal disciplinés. Aujourd'hui, on y fait passer un corps de troupes Européennes.

L'administration y est soumise à la plus grande régularité, & quoique tout paraisse s'y décider avec l'équité la plus scrupuleuse, tout y dépend en effet de la volonté de la cour ou des hommes puissans. Les affaires du cabinet sont dirigées par un secrétaire d'état & un assistant: ils en distribuent les ordres à chaque corrégidor, pour les faire exécuter dans l'enceinte de sa jurisdiction. Le sécrétaire nomme à tous les offices de justice, pour le terme de deux ans; mais il doit avoir l'agrément du viceroi.

Ces changemens fréquens dans les emplois ont pour but d'empêcher que ceux qui les exercent n'aient le tems de se faire des créatures, de former des partis contre un chef très-éloigné d'eux; mais elle y cause une corruption générale; chaque officier sentant qu'il ne possedera un emploi que peu de tems & peut-être une seule fois dans sa vie, se hate d'y faire sa fortune à tout prix, & ils tolerent les abus pour de l'argent: & quand ils seraient accusés de malversation, ils savent qu'avec de l'argent ils peuvent se justifier: de-là vient qu'une partie de l'argent des mines s'écoule sans payer au roi la redevance qu'on lui doit; qu'on n'y fait point d'entreprise qui ait pour but le bien public; que les ordres de la cour sont négligés, ou publiés seulement pour la forme.

Au-dessous du viceroi est un gouverneur général, dont la paie est de 30,000 livres par an, un lieutenant-général de cavalerie & un commissaire général, qui reçoivent chacun 6000 livres, & d'autres officiers subalternes.

Les choses qui intéressent la justice sont portées au tribunal de l'*audience royale*, composé de seize *oidors* ou audienciers, de quatre alcades de cour, de deux fiscaux, d'un alguazil mayor, ou grand huissier, & d'un protecteur des Indiens : ces places ont chacune 3000 piastres d'appointemens annuels ; mais les oidors ont encore d'autres appointemens particuliers, selon les diverses chambres qu'ils composent. Cette audience se soudivise en diverses chambres, comme chambre de justice, chambre criminelle, chancellerie, chambre des comptes, & en deux chambres du trésor, dont une est chargée des rentes que de riches Indiens ont laissées en mourant, pour subvenir aux besoins des pauvres de leur nation. On n'appelle des sentences de l'audience qu'au conseil des Indes, & seulement dans le cas d'injustice notoire dans un objet considerable.

La *chambre de justice* est composée de huit oidors & d'un fiscal pour les objets civils : elle s'assemble dans trois différentes salles du palais : dans l'une, les juges déliberent entr'eux ; dans les deux autres, ils cherchent à connaître les faits, soit en public, soit en particulier.

La *chambre des comptes* est formée par un commissaire, cinq oidors, qui font l'office de hauts-trésoriers, & deux docteurs, avec leurs sécretaires. C'est à cette chambre que les corrégidors portent le produit des revenus sur lesquels ils doivent veiller : c'est par elle que les revenus royaux sont administrés & départis.

La *chancellerie* est composée d'un oidor, & d'un chancelier, qui n'a que de faibles appointemens. Le *trésor royal* est aussi dans le palais, sous la direction d'un trésorier & d'agens, sur lesquels veille l'audience, parce qu'elle a l'inspection sur tous les revenus royaux qui se levent dans l'enceinte de sa jurisdiction.

Le gouvernement municipal de Lima ou le *Cubilao*, est composé de régidors, d'alfarez real, & de deux alcades ou juges royaux, choisis parmi les nobles du premier rang : il a l'inspection de la police, & l'administration de la justice ordinaire. La jurisdiction du corrégidor ne s'étend ici que sur les Indiens.

Une des plus utiles institutions qu'on y ait établie, est la chambre des héritages, qui veille sur tous les biens de ceux qui meurent sans testament : elle consiste en un juge, un conseiller & un trésorier.

Il y a de plus une *chambre des monnaies*, présidée par un oidor : une *chambre du commerce & des arts*, composée d'un président & de deux consuls, choisis parmi les négocians distingués : elle dirige tout ce qui a trait au commerce, décide de tous les procès qui s'élevent entre les commerçans, & suit les mêmes regles que les *consulados* de Cadix & de Bilbao.

Les tribunaux ecclésiastiques sont : l'*archevêché*, formé par le chapitre, l'officialité, & présidée par l'archevêque de Lima : l'*inquisition*, qui est présidée par le viceroi & l'archevêque, qui a deux inquisiteurs & un fiscal, nommés par l'inquisiteur général, & en cas de vacance, par le conseil supérieur de l'inquisition : ils reçoivent 3000 piastres d'appointemens. Cette cour a peu d'activité, & par-là est moins détestée que ne le devrait être un tribunal où le délateur sert de témoin, où l'accusé ignore ce dont on l'accuse, où il n'y a jamais de confrontation : il y fut établi en 1569 avec ses *colificadores*, ses familiers & ses alguazils.

La *croisade* ou *cruzade*, tribunal qui fait partie de l'audience, parce qu'un de ses oidors y préside; il fut établi en 1603, & est composé d'un commissaire général, d'un juge conservateur, d'un sécretaire, d'un contador, d'un trésorier & autres officiers nécessaires à la distribution des bulles, examen d'indulgences, &c.

Les habitans du pays, sur-tout ceux des villes, sont composés d'Espagnols, d'Indiens, de Negres, de Mestices & autres races mêlées. Les Espagnols sont venus d'Espagne ou nés dans le pays : ceux-ci sont *Crioli* ou *Criolians*, Créoles. Ils haïssent mortellement les vrais Espagnols, & les Indiens haïssent les uns & les autres : ces animosités conservent l'empire de la métropole, mais affaiblissent l'état. Tout homme blanc, transplanté au milieu d'Indiens, de noirs & de mulâtres, se croit noble ; cet orgueil les rend souvent généreux, & ils exercent l'hospitalité avec une sorte d'ostentation : les créoles qui habitent près des côtes ont moins cette espece de vertu que ceux de l'intérieur du pays. Ils sont timides, & quoique le gouvernement y soit indulgent, quoiqu'il soit facile d'échapper à ses poursuites dans de vastes déserts, on a dit que quatre soldats ou messagers du viceroi faisaient trembler tous les habitans d'une province entiere. En général ils sont composés & graves, mangent beaucoup, & boivent peu de vin ; ceux de la plaine ont de la pénétration, de la disposition pour les belles-lettres; ceux de la montagne en ont moins ; mais les uns & les autres méprisent les Espagnols d'Europe. Accoutumés à vivre dans une oisiveté paisible, ils sont peu guerriers, ne craignent pas les longs voyages, ni la sobriété forcée à laquelle on y est exposé, entendent bien le commerce, font intéreffés, mais peu actifs : les artiftes paffent une partie du jour à faire la *fiefte*, & travaillent fi peu que leurs ouvrages en deviennent extrêmement chers : cette inactivité femble attachée au pays ; celui qui s'y fixe y devient pareffeux, quoiqu'il ait montré en Europe qu'il ne redoutait ni l'action, ni le travail continu. Ils font généreux avec leurs maîtreffes ; rarement ils ont des femmes ; les concubines en tiennent la place. Les prêtres entretiennent les leurs publiquement : des évêques les excommunient tous les ans à Pâques ; mais les confeffeurs font moins féveres ; les loix du royaume donnent même quelques facilités à ces unions prohibées, en ordonnant que les bâtards y héritent comme les enfans légitimes. Il y eft rare de voir profpérer une famille jufqu'à la troifieme génération ; le fils diffipe follement ce que le pere acquit avec peine, & fouvent par des injuftices, & de-là eft venu le proverbe efpagnol : *cela ne profpere pas plus que le bien des Indes.*

Les femmes y ont beaucoup de graces, elles ont l'efprit vif, le teint beau, la converfation aifée & agréable, le commerce facile ; l'ufage du fard les enlaidit promptement : elles connaiffent l'art de dépouiller leurs amans, & fe font une gloire d'en avoir ruiné plufieurs : fouvent on y perd la fanté avec les biens ; cependant les maladies vénériennes y font peu redoutables, & l'on parvient à l'aide d'un cautere jufqu'à l'extrême vieilleffe, quoiqu'on en foit infecté ; & les femmes dans leurs vifites fe panfent mutuellement les unes les autres. Elles fortent peu le jour ; la nuit elles ne fortent que voilées ; fouvent elles paffent tout un jour fur une eftrade ou bergere les jambes croifées, fans changer de fituation, même pour prendre leurs repas : elles reçoivent compagnie dans leurs appartemens, & pour l'amuser y accompagnent de leur voix les sons qu'elles tirent de leur harpe & de leur guitarre : souvent elles y dansent ; & alors elles ont les bras pendans ou enveloppés dans leur mante ; leurs danses sont la plupart de caractere; mais elles ne s'expriment que par les attitudes du corps & l'activité de leurs pieds ; une danse qui leur est particuliere est le *zopateo*, où l'on frappe des pieds & du talon, où l'on fait diverses contorsions, mêlées à quelques pas, mais dans laquelle on change à peine de place : leur musique est mauvaise : elles ont une passion immodérée pour la parure; leurs robes sont d'étoffes d'or, ou de fine mousseline chargée de rubans ; leurs chemises ou camisoles sont cousues de rubans & de galons; leur *faldelin* ou jupe de dessus est ouverte par devant, & garnie de trois rangs de galon : celui du milieu est d'une longueur extraordinaire & cousu avec des rubans de soie ; leur tablier est petit, fait de deux ou trois bandes de soie, brodé en or ou en argent : lorsqu'il fait froid, elles ont une mante d'étoffes fines & couvertes quelquefois de quatre à cinq rangs de gallon : leur habit de cérémonie est un grand voile de taffetas noir qui les couvre de la tête jusqu'aux pieds : leurs cheveux tressés pendent sur leurs épaules ; des rubans d'or ou d'argent serpentent quelquefois avec grace autour de leur tête : leur gorge & leurs épaules sont à moitié découvertes ; mais on leur reprocherait leur immodestie, si elles laissaient entrevoir leurs petits pieds : elles ont des boucles d'oreilles, des bracelets, des colliers, des anneaux où brillent les diamans & autres pierreries.

Les hommes y sont aujourd'hui vêtus à la Françaife, & c'eft ce qu'ils appellent leur habit de guerre : les gens de robe portent encore le *golilla* & l'épée : leur habit de campagne eft un manteau flottant des deux côtés fur les bras, à manches ouvertes par deffus, qu'ils appellent *capotillo de dos faldas*.

Ils mangent avidement & malproprement, quelquefois tous au même plat : dans les grands repas où plufieurs plats fe fuccedent, les convives les diftribuent à leurs domeftiques lorfqu'ils n'en veulent plus : pour boire ; chacun puife dans un vafe commun avec un chalumeau de verre.

Leurs maifons font très-fimples, & n'ont qu'un étage de 14 à 15 pieds de haut : les plus belles ont une cour d'entrée, ornée de portiques en bois ; ces portiques font très-longs, dans le pays fitué fur les côtes où l'on n'a pas de pluie à craindre : une vafte falle, décorée d'*eftrado*, couvert d'un tapis & de couffin, & d'une alcove où eft un lit, deux autres appartemens, compofent ordinairement toute une maifon : il y a peu de lits, parce que les domeftiques couchent fur des peaux de pacos ou de lamas étendues par terre : les fenêtres y font placées fans fymmétrie ; des jaloufies qui tiennent lieu de vitres en rendent les chambres obfcures ; les meubles en font fans élégance ; les chaifes font couvertes de cuir, & les parois de mauvais tableaux faits par les habitans de Cufco.

Ces Créoles font très-ignorans, & eftiment mériter feul le nom de chrétiens ; cependant ils ne le font que par des pratiques extérieures : leur dévotion paraît bornée à la pratique du rofaire : c'eft d'elle qu'ils attendent leur falut, d'elle qu'ils attendent le fuccès de toutes leurs entreprifes, même de leurs projets amoureux ; & fouvent ils en attendent des miracles. Après le rosaire, c'est notre dame de Mont-Carmel, c'est l'immaculée conception qu'ils invoquent, à la louange desquelles ils chantent des hymnes cousues de métaphores & de comparaisons extravagantes tirées du soleil, de la lune, des étoiles, des pierres précieuses; mais ils chantent & prient du bout des levres, & en parlant de choses indifférentes: sous la protection de la vierge & des saints, ils vivent dans la sécurité la plus profonde sur leur salut, quel que soient les vices auxquels ils se livrent. Leurs prêtres ont des révélations, ils font des miracles, & ils y sont encore très-communs; souvent les plus ridicules sont ceux que l'on croit le mieux: ils portent sans cesse des chapelets à leur cou; ils y joignent des *habillás* qui sont des especes de marons de mer, des *chonta*, espece de poires, des muscades, des médailles, de petites mains de jais ou de bois de figuier, &c. pour se garantir de maléfices & des sortileges : il est peu de femmes, peu d'hommes qui ne soient pourvus d'un habit religieux pour s'en vêtir, lorsqu'ils sont malades. Les moines leur ont inspiré cette superstition, en leur persuadant que chaque année leur saint visite le purgatoire, & en tire ceux qui sont morts dans l'habit de leur ordre: ils leur persuadent encore que plus sa tombe est voisine de l'autel, & plus on a de part aux prieres des fideles: aussi voit-on les Créoles léguer des sommes immenses aux moines pour obtenir cette faveur. Ils ont des images dans leurs maisons, ils brûlent de l'encens devant elles, ils leur adressent des prieres ; on les voit courir au devant des moines quêteurs, qui à pied ou à cheval, portent le long des rues des tableaux bien encadrés qu'ils leur permettent de baiser, moyennant une petite rétribution. Ces moines ne prêchent pas même la morale ; ils font toujours armés d'un poignard pour s'en servir, si l'on interrompt leurs plaisirs : les plus sages se permettent le commerce, vont avec des habits de couleur & gallonnés, & ont des esclaves des deux sexes : fiers, arrogans, ils exigent le respect, & dans les places publiques, dans les églises, on n'ose passer devant eux sans baiser leurs manches ou le bas de leurs robes.

Les Indiens actuels sont ivrognes, livrés aux femmes, indifférens pour les richesses : ils allient la timidité à la ruse, à la dissimulation ; ils sont sans invention, mais ils imitent avec adresse ; leur force est supérieure à celle des Espagnols, ils résistent mieux à la fatigue, mais ils sont moins grands ; un morceau d'étoffe de diverses couleurs, replié sur leur tête & quelquefois sur leurs épaules fait le principal habillement des femmes : les hommes portent un sur-tout en forme de sac dont les manches ne descendent pas jusqu'au coude : leurs maisons dans les montagnes ressemblent à nos glacieres ; on y entre par une petite porte pour avoir moins à craindre le froid ; & souvent ils n'y brulent que de la fiente de guanacos & de llamas, ou de l'herbe *icho* : quelques vases de terre, du coton que leurs femmes filent, des peaux de moutons qui leur servent de lit, c'est tout ce qu'on voit dans leurs cabanes.

Malgré les guerres & la destruction des Indiens, on reconnait encore une famille de la race des Incas, dont le roi d'Espagne reconnait le chef comme descendant des maitres du Pérou, & lui donne le titre de *cousin* : chaque viceroi lui rend même un hommage public : dans la plupart des grandes villes, les Indiens célébrent la mémoire de leur dernier Inca par une espece de tragédie qu'ils représentent dans les rues sur un théâtre, habillés dans leur ancien costume, & qu'ils terminent en s'enyvrant : les Espagnols ne sont point alors en sûreté, s'ils ne se tiennent renfermés chez eux : c'est pour cette raison qu'on cherche à leur faire perdre l'usage de ces solemnités. Leur nombre est beaucoup diminué ; les guerres, les mines, sur-tout celles de *Guancavelica*, en ont détruit des milliers, plusieurs se sont dispersés dans les vastes régions au levant du Pérou, plusieurs y ont péris : ceux qui demeurent conservent avec soin divers usages religieux de leur pere ; on en voit encore qui adorent le soleil ; peu sont chrétiens par principes ; ils sont naturellement dociles, capables d'instructions, & sur-tout d'être entrainés par de bons exemples ; mais ceux qui leur enseignent la religion semblent dire par leur conduite qu'ils n'y croient pas : leurs curés sont moins pour eux des consolateurs instruits que des tyrans avides : ils les font travailler sans leur donner de salaire, & les châtient cruellement pour des fautes légeres : c'est avec des présens qu'on peut adoucir leur sévérité ; & leur plus grand art est celui d'augmenter leurs revenus : les gouverneurs pillent à leur tour, les commerçans qui voyagent ne se font pas un scrupule de leur enlever ce dont ils ont besoin, & ne répondent à leurs plaintes que par des coups. Aussi ne sement-ils de mays ou de bled qu'autant qu'il leur est nécessaire pour ne pas mourir de faim, & cachent avec soin leur provision dans des caves. En fait de religion ils ne disputent jamais, accordent tout, & ne croient rien.

Les *Négres* ont accru le pouvoir des Espagnols qui se les sont attachés, en leur témoignant plus d'égards dans leur servitude qu'aux Indiens, quoiqu'estimés libres: les noirs devenus insolens avec les Indiens en sont haïs autant que leurs maîtres; ce sont des tyrans subalternes, plus redoutables quelquefois que les blancs: tout commerce est défendu entr'eux; on prend soin de les séparer par des haines irréconciliables, & par-là le noir fait cause commune avec le blanc contre l'Indien couleur de cuivre: plusieurs de ceux-ci se laissent mourir de faim pour terminer leurs maux: ils sont obligés de servir par corvées, & si l'un d'eux quitte l'ouvrage avant qu'il soit fini, il est fouetté publiquement; s'ils se plaignent qu'on leur a volé leurs outils, ou qu'ils ne sont point payés de leur salaire, on ne les écoute pas: c'est ce qui arrive, au moins dans les lieux éloignés du siege du gouvernement, où l'on peut être injuste sans avoir à redouter la loi.

Ce peuple est devenu indifférent au mépris, aux châtimens, même à la mort; la force du mal les abbat, sans leur faire prévoir ou craindre leur fin prochaine; le supplice ne les émeut point; ils s'y rendent comme à une cérémonie indifférente. Ils ne sont point cependant stupides; ils sont adroits & prévoyans à la chasse: dans les villes ils exercent différens métiers; les plus spirituels sont les barbiers: ils saignent avec légéreté: leurs occupations ordinaires sont la culture des plantations, le soin des bestiaux, & les fabriques; le métier de tisserans en occupe un grand nombre: ils savent dorer les cuirs, travaillent dans les fabriques de galon, & de dentelles, dorent les cuirs, font de la marqueterie avec du bois & de l'ivoire, tracent des figures sur le marbre poli de Cuença, sur des toiles de lin: ils dessinent assez bien, mais ils ne connaissent pas la vérité dans les couleurs, & n'en emploient pas de durables : quelquefois on leur donne des fonds de terre & des bœufs pour récompense de leurs travaux ; alors ils défrichent, labourent, sément pour la subsistance de leur famille ; & bâtissent des cabanes autour de leur métairie : ces terres défrichées ainsi se nomment *chacare.* Telle est l'idée que nous donnent des habitans du Pérou, les voyageurs les plus instruits.

On n'a point dit quel était le revenu que les Espagnols tiraient du Pérou ; c'est qu'on ne le connait pas avec précision. En général on peut dire que le revenu du Pérou est égal à celui de la Nouvelle Espagne, & que les dépenses du gouvernement en absorbent un peu plus de la moitié. Venons à la description particuliere du pays.

L'audience de Lima renferme l'archevêché de cette ville, & les évêchés de Truxillo, de Guamanga, de Cusco & d'Arequipa : chacun de ces évêchés est divisé en corrégimens. Commençons par le dernier de ces évêchés, parce qu'il est le plus voisin du Chili que nous venons de parcourir.

I. Evêché d'Arequipa.

On le divise en six corrégimens.

1. *Corrégiment ou province d'Arica.*

Il est situé le long des côtes de la mer du sud & a plus de 50 lieues de long. L'air y est chaud, mal sain, & la plus grande partie de son terroir est stérile, ou ne produit abondamment que du piment, nommé aussi *agi* ou *axi*. Cette seule épicerie suffit pour faire subsister les habitans, parce que l'usage en est très-répandu, & que par le commerce qu'ils en font, ils se procurent tout ce dont ils manquent: dans diverses parties de cette jurisdiction, on cultive des oliviers, dont le fruit est de la grosseur d'un petit œuf de poule, & se distingue par sa délicatesse comme par sa grosseur. Les principales rivieres de ce pays sont la *Camarones*, qui n'a pas vingt lieues de cours, & la *Pizzagua*. Sa principale ville est *Arica*.

Cette ville se reconnaît de la mer à un morne ou monticule escarpé, blanchi par la fiente des cormorans, situé au midi, & au devant duquel est la petite isle de *Guano*, qui, couverte de la fiente des oiseaux de mer, répand au loin une puanteur insupportable: la baie n'est pas à l'abri des vents; le fond n'en est pas également bon; l'eau qu'on y trouve est assez bonne, & pour en avoir, il suffit de creuser dans le sable du rivage, à un demi-pied de profondeur. Arica était une ville importante sur la fin du siecle passé; elle recevait toutes les richesses du Potosi; toutes les mines de los Charcas y étaient transportées sur le dos des llamas; mais insensiblement elles ont pris la route de Lima: d'autres branches de commerce s'y soutinrent cependant encore pendant quelque tems; les ravages des pirates, les inondations, des tremblemens de terre fréquens ont presque détruit cette ville. En 1713, elle n'était plus qu'un village de 150 familles noires, mulâtres, indiennes, mêlées de quelques blancs: les vestiges de ses anciennes rues s'étendent à près d'un quart de lieue du terrein qu'elle occupe: elle est située sur une éminence, au pied du morne de son nom: la plûpart de ses maisons sont de fascines de *totora*, espece de glayeul: ces fascines, liées debout les unes contre les autres avec des aiguillettes de cuir, reposent sur des traverses de canne, & les intervalles sont garnis avec de la terre ; elles sont couvertes de nattes : quelques maisons & les églises sont bâties en briques crues : on y voit encore deux couvens & un hôpital. L'air y est mal sain, sur-tout pour les étrangers ; ce qu'on attribue à l'odeur infecte de la fiente des oiseaux, aux vins violens & fumeux qu'on recueille dans les environs, aux chaleurs excessives de l'été, qui n'y peuvent être tempérées par des vents que détournent au loin des rochers toujours brûlans. Elle eut des fortifications de briques crues & un fort ; mais tout y est tombé en ruines.

La vallée de son nom est terminée par la mer, elle est large d'une lieue, & est aride par-tout ailleurs que dans les lieux voisins de la ville où l'on voit des prairies de luzerne, des cannes de sucre, des oliviers, des cotonniers : plus loin sont des marais remplis de totora ; à une lieue d'Arica elle se rétrécit. C'est là qu'est le village de *St. Michel de Sapa*, où l'on commence à voir des champs couverts d'*agy* ou de piment : l'espace qui en est couvert n'a que huit lieues de long, sur un quart de large, & produit de cette épice pour environ 300,000 livres : c'est la fiente nommée *guana* qui répand dans cette vallée une fécondité si étonnante.

Au midi d'Arica est *Iqueygue* ou *Iquique* : c'est une isle de trois quarts de lieue de tour, située dans un petit golfe, qui offre un asyle aux vaisseaux ; mais dont l'eau douce la plus voisine est éloignée de cinq lieues. L'isle est habitée par des Indiens & des esclaves noirs, qui s'occupent à faire des amas d'une terre jaunâtre, formée par la fiente des oiseaux ; depuis plus d'un siecle, on y en charge dix ou douze navires par an, sans que l'isle paraisse avoir diminué de hauteur ; des mules en emportent encore à *Tarapaca*, à *Pica* & autres lieux voisins, où l'on s'en sert pour fertiliser les vignes.

A douze lieues d'Iquique on découvrit, en 1713, des minieres d'argent qui donnaient de grandes espérances : on ignore si elles ont récompensé les travaux qu'elles exigeaient.

On ne trouve entre Arica & Iquique qu'une côte élevée, saine, où l'on ne craint presque que les courans, coupée par des anses ou des coulées, où un vaisseau peut se mettre en sûreté ; mais celle de *Vitor* est la seule où l'on puisse trouver de l'eau douce & du bois.

2. *Corrégiment de Moquegna ou Moquagna.*

Il est situé au nord du précédent, & s'étend jusqu'à 40 lieues dans l'intérieur du pays. L'air y est doux & sain, le terroir y est couvert de vignobles ; on y fait beaucoup de vin & d'eau-de-vie : les papas, les olives, sont encore comptées parmi ses productions les plus estimées. On croit que cette jurisdiction peut armer plus de 4000 hommes.

Moquegna, ville ou bourg où l'on ne compte qu'environ 150 familles, & presque toutes Espagnoles : quelques-unes sont nobles & riches : on y commerce en vins & eaux-de-vie qu'on transporte à la Puna : son territoire en fournit annuellement plus de trois millions de pintes de Paris, qui rapportent environ deux millions de livres, argent de France. Une nation d'Indiens libres vient en faire des provisions avec l'argent du quinquina qu'ils recueillent, des parasols, des chasse-mouches, &c. qu'ils fabriquent avec les plumes d'autruche. Mais le vin ne peut suppléer à la disette d'eau qui s'y fait souvent sentir, & il en faut beaucoup pour arroser les vignobles; les bœufs y sont rares, la viande y est mauvaise, excepté celle des animaux qu'on tue à la fin de l'hiver qui leur a fourni de bons pâturages sur les montagnes: il n'y a d'autre gibier qu'une espece de petits cerfs, que les Espagnols nomment *Venados*, & qui habitent les vallées étroites que les torrens ont creusées.

Ylo ou *Ilo*, bourgade d'environ 50 cabanes, faites de branches d'arbres, & dispersées çà & là sur les bords d'un ruisseau qui serpente dans la vallée de ce nom : Ylo est presque toute habitée par des Français; la vallée est ombragée de belles allées d'oliviers, dont les fruits donnent la meilleure huile du Pérou, & de petits bois d'orangers, de citronniers, de figuiers, de bananiers, de lucumos & autres especes; on y cultive le caffier, la canne à sucre, le bled, des légumes, beaucoup de luzerne: des métairies y sont dispersées, mais autrefois il y eut une ville Indienne que les Espagnols détruisirent : on en voit les vestiges à deux lieues de la mer. On s'y rend de divers lieux du Pérou, comme de Cusco, de Puno, de Chiquito, d'Arequipa, même de la Paz, d'Oruro, du Potosi, de Lipes, &c. Ylo est souvent le port le plus avantageux de toute la côte pour y débiter les marchandises d'Europe.

Le ruisseau qui arrose la vallée fournit de l'eau pour les navires qui viennent y faire le commerce, mais quand l'hiver a été sec, il se desséche pendant les six mois qu'y dure l'été; ses bords y abondent en bois utiles.

La rade où les vaisseaux viennent jetter l'ancre, présente une côte droite où la mer se brise avec violence : elle se distingue par la pointe de *Coles* qu'on prend de loin pour une isle, & qui a un rocher bas près de son extrèmité. On n'y peut débarquer qu'en un seul endroit.

Tambopalla est une petite bourgade au nord d'Ylo, près de la riviere de *nombre de Pios*. Le rivage de ce lieu jusqu'auprès d'Arica, est semé de tombeaux où les Indiens s'enseveliffaient tous vivans avec leurs richesses pour échapper aux Espagnols, ou y attendre les secours du soleil, du Dieu qu'ils adoraient.

3. *Corrégiment d'Arequipa.*

Il est peu étendu ; son climat est doux, son terroir n'éprouve jamais la stérilité de l'été ; on le voit toujours couvert de fruits, de grains, & de verdure ; les pâturages y sont si abondans que des troupeaux nombreux s'y engraissent sans les consommer : ses habitans naturels y sont peu nombreux ; ils ont été détruits par les Espagnols, ou se sont retirés plus avant dans le pays.

Arequipa fut d'abord fondée par François Pizarre, dans un lieu qui portait ce nom ; mais elle fut ensuite transférée dans la vallée de *Quilca*, à 20 lieues de la mer : elle est de nos jours une des plus grandes villes du Pérou : on y compte 40000 ames ; sa situation est avantageuse : sur un sol uni ; ses maisons sont bâties en pierres, elles sont régulieres au dehors & bien meublées au dedans : l'air y est si doux qu'on n'y ressent jamais ni un froid, ni une chaleur excessive ; la campagne y est sans cesse émaillée de fleurs ; un printems perpétuel en éloigne les maladies qui naissent de l'intempérie des saisons ; une riviere qui coule près de ses murs remplit les canaux qui nettaient ses rues ; tels sont les avantages dont on y jouit ; mais ils sont compensés par de fréquens tremblemens de terre qui n'empêchent pas qu'elle ne soit opulente & peuplée sur-tout par des familles nobles qu'y attirent la beauté du climat & la commodité du port d'*Aranta* qui n'en est qu'à vingt lieues. Le gouvernement civil & militaire y est entre les mains du Corrégidor & de son conseil formé de régidors choisis annuellement à la pluralité des voix. Elle fut séparée de l'évêché de Cusco en 1609, & elle devint un siege épiscopal. On y compte 7 couvens d'hommes, trois de filles & un séminaire. Des commissaires de l'inquisition & de la Cruzade y résident, ainsi que des tréforiers royaux. Ses fortifications sont peu de chose : près d'elle est un volcan redoutable, qui peut-être un jour pourra la détruire : on a soupçonné que la chaleur qu'il communiquait à la terre pouvait aider à donner à ses productions la force & la douceur qu'on y admire. On n'y recueille cependant point de raisins, point d'olives, ni de froment, dit Corréal : la toile, le coton, les cordages y viennent du Chili & des montagnes. Sa longitude est de 305° 46', sa latitude méridionale de 16° 15'.

Aranta est le nom de son port : il a de la profondeur ; mais l'entrée en est étroite. Olivier de Noort donne à ce port le nom de *Ciloca* : il dit qu'on y trouve du vin, du froment, toutes sortes de fruits, des brebis & des mulets. *Victor* est la principale des bourgades qui dépendent d'Arequipa dans les terres. Sur la mer, on remarque

Xuli, autrefois peuplée, aujourd'hui presque déserte.

4. Corrégiment de Camana.

Il s'étend le long des côtes & renferme de grands espaces qui ne sont habités que par des oiseaux assez semblables aux vautours, & dont les ailes sont d'une grandeur extraordinaire, qui vivent de loups marins auxquels ils arrachent les yeux, afin de pouvoir les tuer avec plus de facilité : on y trouve aussi beaucoup d'alcatras, oiseaux dont la chair est puante & mal saine. Vers l'orient, cette province s'étend près des Cordelieres ; son principal commerce vient du produit des minieres d'argent qu'il renferme & qu'on semble négliger, & en ânes qu'on nourrit dans les campagnes. *Camana* fut autrefois assez peuplée : elle est située près de la riviere de son nom, dans un territoire abondant en vins & en fruits. On y fabriquait diverses étoffes & des marchandises qui la rendaient commerçante.

5. Corrégiment de Condesuyos d'Arequipa.

Il est au nord-est du précédent, à cinquante lieues d'Arequipa : l'air, le terroir y different parce que le voisinage des montagnes y varie les situations. Il a environ 30 lieues d'étendue. On y trouve une sorte de cochenille sauvage, qui est un objet de commerce avec les provinces dans lesquelles sont établies des fabriques d'étoffes de laine : cette cochenille est réduite en poudre, on la mêle avec la farine du maïs violet dans la proportion d'un à trois ; on pétrit le tout ensemble, on en fait de petits pains qu'on nomme *Manno,*

& qui se vendent un piastre la livre. On trouve encore dans ce pays des mines d'or & d'argent exploitées depuis long-tems ; mais qui devenues moins abondantes aujourd'hui, sont aussi plus négligées.

La ville qui donne son nom à ce corrégiment, n'est qu'une bourgade située dans une plaine, à quelque distance de la riviere d'Apurimac : elle & le pays doivent leur nom à un peuple courageux, mal soumis encore sur la fin du siecle dernier, & habitant de hautes montagnes où leurs villages sont dispersés.

6. *Corrégiment de Caylloma ou Calloma.*

Il est situé au nord-est d'Arequipa, & à trente lieues de cette ville. Il est célebre par ses mines d'argent, qu'on exploite depuis deux siecles, & qui ne sont point encore épuisées. Elles sont presque la seule richesse du pays, dont une grande partie est exposée à un froid qui en détruit les productions, ou ne leur permet pas d'y naître ; où l'on ne recueille ni grains, ni fruits : mais sur quelque pente de ses montagnes dans les vallées qui les séparent, il est des lieux où l'on jouit des agrémens & des biens d'un climat tempéré : on y trouve des cantons où des troupeaux d'ânes sauvages prosperent & se multiplient.

II. Evêché de Cusco.

Il est divisé en 14 corrégimens, dont trois font aujourd'hui partie de la viceroyauté de Buenos-Ayres, & ont été décrits ailleurs. Nous allons parcourir les onze qui font encore partie du Pérou,

PÉROU.

1. Corrégiment d'Aymarais.

Il a trente lieues d'étendue, & est situé au nord de l'évêché d'Arequipa, au sud-ouest de la ville de Cusco : les terres y sont fertiles : l'air y est bon ; ses champs produisent beaucoup de grains ; on y cultive avec succès la canne à sucre, on y éleve un grand nombre de bestiaux : ses mines d'or & d'argent paraissent être négligées aujourd'hui, peut-être parce qu'elles sont épuisées. *Colpo* est la principale bourgade : elle est située au milieu des mines, & semble déchue comme elles.

2. Corrégiment de Lampa.

Il est situé à 30 lieues au midi de Cusco, & comprend une partie du pays qu'on nomme le *Collao*. Le sol en est inégal, parsemé de plaines & de collines couvertes de rians pâturages ; sa plus grande richesse est dans les troupeaux nombreux qu'on y nourrit ; le climat y est froid : il ne produit que des *lapas* ou des *quinoas*. Ses mines d'argent sont abondantes encore. La ville qui donne son nom au Corrégiment est située dans une plaine, au midi des montagnes élevées & isolées.

3. Corrégiment de Canas y Canchés, ou de Tinta.

Cette jurisdiction s'étend à 20 lieues au midi de Cusco ; elle est divisée par la chaîne des Cordelieres ; celle au couchant des montagnes est appellée *Canchés* ; elle jouit d'un climat tempéré, le sol en est bas & bien arrosé, il est fertile en toutes sortes de grains ; l'autre partie nommée *Canas* est élevée, & s'étend dans les montagnes : le froid y est presque constant, & sa richesse est dans ses pâturages où l'on nourrit un grand nombre de bestiaux : les prairies situées entre les collines permettent d'y entretenir annuellement près de 30000 mulets qu'on y amene du Tucuman & qu'on vient vendre dans les foires du pays qui attirent beaucoup de colons des provinces voisines : c'est dans le Canas qu'est la mine d'argent célebre sous le nom de *Condonoma*. *Tinta* qui donna aussi ce nom à ce corrégiment est une bourgade sur la rive de l'Yucay.

4. *Corrégiment de Cotabamba*.

Il est entre le midi & le couchant de Cusco, entre les rivieres d'Apurimac & d'Abancay : la situation des lieux relativement aux montagnes, leurs différentes élevations en rendent la température variée : il est des lieux où le froid & la chaleur se font sentir vivement ; il en est qui jouissent d'une douce température ; mais presque dans toutes ses parties on nourrit beaucoup de bestiaux, on fait d'abondantes moissons de grains, on recueille des fruits estimés : on y trouve aussi des mines d'or & d'argent ; mais elles s'appauvrissent tous les jours. *Cotabamba* est une grande bourgade située dans la vallée de son nom, près des bords de l'Avancay.

5. *Corrégiment de Chumbivileas*.

Il est au couchant de Cusco : sa plus grande étendue est de trente lieues ; il est très-riche en bestiaux, en quelques mines d'or & d'argent, en grains dont fes champs fourniffent d'abondantes moiffons. *Chumbivilcas*, ou *Chalvanca* eft dans une grande plaine, & n'eft qu'une bourgade mal bâtie & mal peuplée.

6. *Corrégiment de Chilques & Mafqués.*

Ses limites les plus voifines de Cufco, en font à 7 ou 8 lieues entre le midi & le couchant. Sa plus grande longueur eft d'environ trente lieues; fon terroir eft fécond en différens grains; fes pâturages nourriffent beaucoup de beftiaux: les Indiens s'y occupent à fabriquer diverfes étoffes de laines. *Chilques* eft une bourgade voifine d'une des fources de l'Yucay: elle doit fon nom à une petite nation foumife par les Incas.

7. *Corrégiment de Calcaylares.*

Il eft fitué au couchant de Cufco, à quatre lieues de fes murs: fon étendue eft égale à celle de la précédente; fon fol eft très-fécond en fruits & en grains. Cette jurifdiction eft connue par fa douce température, par la bonté de l'air qu'on y refpire; fes fruits font recherchés pour leur délicateffe, le fucre qu'on y recueille eft excellent; on ne l'y rafine pas avec tous les apprêts qu'on employe ailleurs, il en eft plus fain, & cependant auffi ferme, auffi blanc que celui qui fort des meilleures raffineries de l'Europe. On y en fait moins aujourd'hui qu'autrefois, parce qu'on y manque de bras pour planter & cultiver les cannes defquelles on le tire.

PÉROU. 315

8. Corrégiment de Paucartamba.

Il a 28 lieues de long, & ses limites s'étendent jusqu'à 8 lieues des murs de Cusco à l'orient. Il produit encore du coca; mais les provinces voisines ne la tirant plus d'elle, & cultivant cette plante dans leur enceinte, le commerce n'en est plus pour elle une source de richesses comme au tems des anciens souverains du pays. Il produit aussi des grains & des fruits. Il parait devoir son nom à la riviere qui l'arrose & qui fut la limite de l'empire du premier des Incas.

9. Corrégiment d'Abancay.

Il a environ 35 lieues dans sa plus grande étendue; il confine à celui de Cusco, à quatre lieues de ses murs la température varie comme la situation des lieux qui le composent ; on peut dire cependant, en général qu'il est plus chaud que tempéré : celles de ses campagnes où l'on ressent la chaleur la plus vive, sont aussi celles qui y produisent le plus de cannes dont on tire des sucres d'une qualité supérieure : les champs des parties tempérées donnent d'abondantes moissons de grains, tels que le froment, le maïs, &c. Cette jurisdiction renferme la vallée de *Xiquixaguana*, où l'on trouve beaucoup de mines, qui fut embellie autrefois par les jardins & les maisons de plaisance des Incas, & qui devint célebre par la défaite de Gonzale Pizarre : elle doit son nom à la riviere d'Abancay l'une de celles qui forment l'Ucayalé qui se jette dans le Maragnon : sur les bords de l'Abancay est la bourgade de ce nom, dans un canton rempli de mines : le chemin royal des

Incas la traverſe ; il y eſt tracé au travers des précipices & des rochers eſcarpés : il eſt ſi difficile aux mulets & aux chevaux d'y monter & deſcendre qu'on ne s'y ſert preſque que des llamas. *Matambo* eſt une petite ville de cette juriſdiction, & qui eſt ſituée à quatre lieues de Cuſco.

10. *Corrégiment de Quiſpicanchi.*

Du levant au couchant, il s'étend dans l'eſpace de 20 lieues ; la plus grande partie de ſes terres appartiennent à des familles nobles qui réſident à Cuſco ; on y recueille du froment, du maïs, diverſes racines, & beaucoup de fruits. On fabrique dans les bourgades qu'on y remarque des baïettes & des droguets de laine : une partie du pays confine à des forêts habitées par des Indiens bravos, ou encore ſauvages & indépendans ; & dans cette partie on recueille beaucoup de coca qui forme une des principales branches du pays. La bourgade de *Marcapata* eſt enclavée dans cette juriſdiction.

11. *Corrégiment de Cuſco.*

Il s'étend à 3 ou 4 lieues de ſes murs : l'air y eſt tempéré ; ſur les hauteurs cependant le froid eſt quelquefois aſſez vif: par-tout on y élève des beſtiaux, mais ſur-tout dans les lieux élevés ; mais dans les lieux bas on cultive beaucoup de grains, on recueille beaucoup de fruits.

Cuſco qui lui donna ſon nom eſt la plus ancienne, la plus grande, la plus magnifique ville du pays: ſon origine remonte à celle de l'empire des Incas qui la fonderent : elle fut bâtie ſur un ſol inégal, sur la pente de plusieurs collines. Dans sa naissance elle fut peuplée d'Indiens sauvages, & divisée en deux parties, l'une haute, l'autre basse, la premiere habitée par les Indiens que sut rassembler Manco-capac, la seconde par ceux qui le furent par sa femme Mama-Oello: ses maisons ne furent d'abord que des cabanes rangées avec ordre ; mais elles s'embellirent, & se multiplierent, lorsque l'empire s'étendit. Au centre était une place unie & vaste de laquelle partaient quatre grandes rues : chaque province de l'empire y avait son quartier, & lorsqu'on s'y était fixé, il fallait y passer sa vie, parce qu'on n'avait plus la liberté de choisir une autre demeure : on pouvait y conserver ses anciens usages, mais il fallait que tous adorassent le soleil dans un temple somptueux desservi par un grand prêtre appelé *Villouna*, & dont les murs étaient incrustés d'or & d'argent, ornés de différentes figures, & des idoles des peuples subjugués par les Incas. En différens endroits de la ville, on avait pratiqué des édifices souterrains, habités, dit-on, par des devins, & renfermant une prodigieuse quantité d'or & d'argent.

Sur une colline au nord de la ville, on voit encore les ruines de la forteresse de *Sucsahuama*, bâtie par les Incas, & qui communiquait par des voûtes souterraines à trois forts élevés dans l'enceinte même de Cusco : elle était entourée d'un mur d'une hauteur extraordinaire, formé de pierres unies par leurs faces diverses avec une précision étonnante : quelques-unes de ces pierres sont d'une grosseur énorme : dans l'intérieur étaient les logemens aujourd'hui tombés en ruines, mais au dehors il en est qui subsistent & ne paraissent devoir jamais fuccomber aux tems. Les rues de Cufco étaient longues & étroites; les maifons qu'y trouverent les Efpagnols étaient toutes bâties en pierres, & parmi elles, on comptait un grand nombre de palais dont la principale décoration était dans l'or & l'argent qui brillaient fur leurs murs. Un quartier particulier renfermait tous les defcendans des Incas.

Cufco, fous l'empire des Efpagnols eft aujourd'hui de la grandeur de Lima, des collines forment un arc qui l'entoure au nord & au couchant: vers le midi on voit une plaine où aboutiffent des allées d'arbres: fes maifons font bâties en pierres & couvertes de tuiles rouges: les appartemens en font bien diftribués, ornés d'ouvrages de menuiferie dorée; les moulures des portes font auffi dorées, & les meubles ne font pas moins magnifiques. L'églife cathédrale eft grande, toute de pierres, & d'une architecture élégante & noble. On y compte 9 églifes paroiffiales, & divers couvens; les plus confidérables de leur ordre dans le Pérou, parmi lefquels on remarque celui des dominicains dont les principaux murs étaient ceux d'un temple du foleil: le grand autel de fon églife eft encore orné d'une image d'or de cette divinité. On y voit auffi quelques hôpitaux: celui des bethlehemites eft deftiné aux Indiens qu'on y fert avec foin & avec tendreffe.

Le gouvernement y eft dans les mains d'un corrégidor, qui a un confeil de regidors élus parmi les nobles de la ville, & parmi lefquels on choifit les alcades. L'évêque y jouit de 100,000 livres de rente. Le chapitre y eft compofé de cinq dignitaires, de quatre chanoines, de quatre officiers. On y remarque trois colleges pour l'étude des sciences; l'un est le séminaire de St. Antoine; il est sous la direction de l'évêque, & ses éleves attachés à la cathédrale y apprennent le latin, la théologie, la philosophie; les deux autres étaient dirigés par les jésuites; dans l'un ils enseignaient les belles-lettres, la philosophie aux Espagnols; dans l'autre ils instruisaient les Indiens fils des caciques : celui-ci seul n'a pas le titre d'université, & n'y confere point les degrés.

Cusco renferme environ 12000 Indiens, trois ou 4000 Espagnols, & un plus grand nombre d'esclaves : la population s'y doit plus à l'air qu'on y respire, à l'agrément de sa situation, qu'au commerce qui n'y est pas dans un état prospere : la température y est douce; le voisinage des Andes y rend quelquefois l'air un peu froid. Elle est sous le 306° 50' de longitude, sous le 13° 30' de latitude méridionale.

Le territoire qui l'environne comprend diverses vallées d'une fertilité extrême en grains & en fruits; les rivieres d'Yucay & d'Apurimac l'arrosent; la premiere coule dans la vallée de son nom; longue de quatre lieues, défendue par des monts élevés des orages impétueux, & des vents froids & mal sains : on la regardait du tems des Incas comme le séjour le plus délicieux qu'il y eut dans l'univers : ces princes y avaient des maisons de campagne, dont les pierres étaient ornées de figures d'animaux gravées en relief, dit Garcilasso, & qui étaient unies par un ciment mêlé de paillettes d'or qui les faisaient reluire au loin : c'est dans cette vallée que les malades viennent recouvrer la santé, & que les ennuiés de la ville viennent chercher des plaisirs qu'ils ne peuvent plus goûter dans leur simplicité : la plus grande partie de ſes campagnes appartiennent à l'évêque; de riches Eſpagnols ſe partagent le reſte: plus loin eſt la vallée de *Tambo*, où l'on voit encore des ruines des arſenaux & des magaſins des Indiens.

III. Évêché de Guamanga.

Il eſt ſitué au nord de celui de Cuſco, & eſt diviſé en neuf corrégimens: on le comprend auſſi ſous le nom d'*Auarcavelica*.

1. *Corrégiment de Parina Caticha.*

Il eſt ſitué au midi de Guamanga, & a vingt-cinq lieues dans ſa plus grande étendue; ſes campagnes nourriſſent quelques troupeaux de bétail, & donnent d'abondantes récoltes en grains: on y recueille auſſi beaucoup de fruits: mais ſes richeſſes plus recherchées, quoique plus précaires, ſont les mines d'or & d'argent, plus exploitées de nos jours qu'elles ne l'étaient autrefois, parce qu'elles ſont mieux connues, ou rendent davantage.

2. *Corrégiment de Lucanas.*

Il eſt au couchant du précédent, à trente lieues des murs de Guamanga: la température de l'air y varie ſelon la ſituation des lieux; pluſieurs jouiſſent d'un air doux, quelques-uns reſſentent les rigueurs du froid, peu ſont expoſés aux excès de la chaleur. On y recueille abondamment des fruits, des grains, des légumes; les troupeaux y ſont nombreux; les mines d'argent y ſont ſi riches qu'on les compte parmi les meilleures du Pérou; les étrangers qu'elles y attirent, font que le commerce y est actif, varié dans ses objets, & qu'il y répand une aisance assez générale. *Lucanas* est presque à la source d'une riviere qui se jette dans l'Apurimac.

3. *Corrégiment de Castro-Virreyna.*

Il est encore au couchant de celui de Parina-Cocha, au nord de Lucanas; sa plus grande étendue est de 30 lieues: le terroir en est varié, mais sa fertilité est presque par-tout la même: ses campagnes exposées au froid que les Cordelieres répandent autour d'elles, sont couvertes de bruieres, & nourrissent beaucoup de bestiaux, sur-tout des vigognes, ou vicugnas, dont la laine fait une des plus grandes richesses du pays & la base de son commerce. La bourgade qui donne son nom à cette province est située dans une vaste plaine que borde au couchant la chaine des Cordelieres qui domine sur les villes de Pisco & d'Yca.

4. *Corrégiment d'Angaraes.*

Le chef est dépendant de celui de Guanca-velica, mais sa jurisdiction est cependant distincte de celle de ce dernier: ses limites les plus orientales sont à 20 lieues de Guamanga; ses plus occidentales touchent à une chaine des Cordelieres: l'air y est bon; le sol y est fécond en grains & en fruits: on y éleve aussi beaucoup de bétail.

5. *Corrégiment de Guanca-velica, ou Huanca-belica.*

C'est un pays montueux, aride, où l'air est âpre & froid, le sol infertile: il n'est remarquable que

Tome XII. X

par la ville de ce nom, & la mine de vif-argent qui la fit naître.

Cette mine a été plus ou moins exploitée: en 1779 sa circonférence était d'environ 170 toises, son diametre de 54, sa profondeur de 480: elle a quatre ouvertures au sommet de la montagne, & trois soupiraux qui facilitent le renouvellement de l'air, ou par lesquels les eaux s'écoulent. Des hommes sans fortune, auxquels le roi fait des avances, sont ceux qui l'exploitent, & lui livrent le mercure à un prix convenu; un grand nombre d'Indiens y ont péri; la plupart, après y avoir demeuré quelque tems, y deviennent tremblans, y éprouvent des mouvemens convulsifs, & meurent hébêtés; aujourd'hui on y est moins sujet, parce que la mine y est moins abondante, & parce qu'on y prend des précautions qu'on négligeait autrefois: ceux qui en sont attaqués sont transportés dans un climat plus chaud, occupés à des exercices violens; & la transpiration enleve le mercure qui pénétrait leurs membres.

De Guanca-velica, le mercure est envoyé dans les provinces où l'on exploite les mines, ou dans douze différens dépôts qui en sont voisins: on dit que la consommation du vif-argent y est égale à la quantité d'argent qu'on tire des mines; on peut donc juger de la masse d'argent qu'on tire des mines par celle du mercure qu'on y consomme. Or, en 1763, Guanca-velica en consomma lui-même 142 quintaux; Tauja, 247; Pasco, 729; Truxillo, 131; Cusco, 13; la Plata, 369; la Paz, 30; Cayllqma, 374; Carangas, 150; Oruro, 1264; Potosi, 1792: ce qui fait, somme totale, 5241 quintaux de mercure; & par conséquent 524,100 livres pesant d'argent.

Cette mine paraît répandre autour d'elle une affreuse stérilité ; aucun arbre fruitier n'y peut être naturalisé, aucun n'y prospere ; aucune espece de grains n'y a pu former d'épis, l'orge seul y a germé, mais n'a pu jamais parvenir à y former du grain : la pomme de terre seule y a pu réussir. L'air y est dangereux pour les habitans naturels, il y est funeste pour les étrangers ; les enfans nouvellement nés y périssent souvent par le tetanos : ceux qui lui échappent sont attaqués d'une toux violente ; la plupart meurent dans les convulsions, si l'on ne les transporte sous un ciel plus doux, & un air plus pur : les Espagnols sur-tout y périssent presque tous, victimes de la rigueur du climat, des vapeurs sulfureuses qui couvrent l'horison, & du tempérament vicié de leurs peres.

La ville de Guanca-velica n'est pas considérable par elle-même : son gouverneur est sur-intendant de ses mines ; elle n'a même un gouverneur que depuis 1735 : elle est à 60 lieues de Lima : dans son sein, on voit une source qui jaillit d'un bassin, dont le diametre est de dix toises ; elle le remplit d'eaux presque bouillantes, qui en sortent ensuite, se répandent dans les campagnes & s'y pétrifient : leur couleur est un blanc jaunâtre ; les pierres qui s'en forment insensiblement ont la même couleur ; elles sont unies & servent à différens usages : les maisons de la ville en ont été bâties : pour s'épargner la peine de les tailler sous différentes formes, on fait couler ces eaux dans des moules tels qu'on les desire, & en peu de jours la pierre s'y forme avec les dimensions qu'on a déterminées : les statuaires s'en servent de la même maniere ; & ils tirent leurs statues du moule, qu'elles n'ont besoin que du poli, & de quelques soins pour être finies.

Les benitiers des églises de Lima sont faits de la même maniere & sont très-beaux.

La terre qui contient le vif-argent est d'un rouge blanchâtre, & semblable à la brique mal cuite: on la concasse, on la met sur une grille de fer, recouverte de terre, dans un fourneau de terre terminé en voûte sphéroïdale ; on l'échauffe avec le feu de la paille d'icho, & le vif-argent s'en dégage en vapeur, conduite par un petit trou dans des cucurbites de terre, rondes, emboitées par le col les unes dans les autres ; elle s'y condense par le moyen de l'eau qu'elles renferment, & y devient un liquide pur & brillant.

Les hauteurs escarpées dont Guanca-velica est voisine, présentent encore une singularité remarquable : dans les montagnes du Pérou, & même dans toutes celles du Nouveau Monde, on ne découvre point de coquillages pétrifiés ; c'est du moins ce qu'on a cru voir, peut-être parce qu'on a mal vu: on en a découvert des bancs au Chili, mais dans des collines qui n'avaient pas 50 toises de hauteur. Les montagnes de Guanca-velica offrent un grand nombre de coquilles en nature, & d'autres qui sont pétrifiées ; & cette observation doit faire abandonner l'hypothese qui établissait qu'elles n'avaient jamais été couvertes des eaux de la mer.

6. *Corrégiment d'Andaguaylas.*

Il est situé à l'orient de Guamanga ; il n'est composé que d'une large vallée qui s'étend à vingt lieues de-là, & est formée par deux chaînes de montagnes paralleles, desquelles descendent divers ruisseaux, qui se réunissent, arrosent & fertilisent les campagnes: dans une partie, les chaleurs se font fentir avec force durant plufieurs mois de l'année; l'autre jouit d'un air doux & tempéré: les terres y font d'autant plus fertiles qu'elles font mieux arrofées: on y cultive la canne à fucre, du froment, du maïs, divers autres grains, differens légumes, & tout y récompenfe avec ufure les foins du laboureur. Auffi cette contrée eft-elle une des plus peuplées du Pérou. Les familles nobles de Guamanga y ont des domaines où elles forment de grandes plantations de cannes à fucre, qui font une des principales branches de leurs revenus: la bourgade d'Andaguaylas peut renfermer 80 familles: près d'elle eft le pont d'Apurimac, qui joint une montagne entr'ouverte dans une étendue de 600 pieds, comme pour donner paffage à une riviere impétueufe, qu'on ne peut traverfer à gué qu'à 25 lieues de-là: le pont eft fait de cordes d'écorces d'arbres, recouvert de traverfes de bois: tout ce qui va & vient de Cufco à Lima paffe fur ce pont ofcillant.

7. Corrégiment de Vilcas Cuaman.

Ses limites s'étendent jufqu'à fix ou fept lieues de Guamanga, entre le midi & l'orient: il a trente lieues dans fa plus grande largeur: l'air y eft tempéré; les grains y profperent, les fruits y font bons & très-communs, les beftiaux y couvrent de beaux pâturages; les Indiens y font induftrieux, ils y fabriquent des baiettes, des cordelots, & diverfes autres étoffes de laine qui fe tranfportent à Cufco, au Potofi, & en d'autres lieux. Le bourg de *Vilcas Cuaman* ou *Bilcas*, eft fur le bord d'une riviere qui porte fon nom, & qui prend fa fource dans un pays riche en mines, où les Indiens font guerriers & presque indépendans : on voit dans le bourg quelques traces d'une forteresse bâtie par les Péruviens, & que les Espagnols ont détruite pour bâtir une église avec ses débris. On trouve encore les ruines d'un autre fort Indien dans cette jurisdiction qui comprend la bourgade d'*Oropesa*.

8. *Corrégiment de Guanta.*

Il s'étend jusqu'à environ quatre lieues de Guamanga, entre le nord & le couchant ; son étendue est de 27 lieues ; l'air y est bon, le terroir abondant en grains & en fruits : on y trouva des mines d'argent très-riches ; mais elles semblent s'épuiser aujourd'hui : au nord coule la riviere de Jauxa, qui, dans l'endroit où elle commence à porter le nom de *Yayaxaca*, forme une isle dont la surface est presqu'entierement couverte de la plante coca. Cette plante, l'argent, des mines de plomb assez abondantes, les denrées que la province fournit à Guamanga, forment les principaux objets de son commerce. La bourgade de ce nom est près des bords d'un torrent qui se jette dans la Jauxa.

9. *Corrégiment de Guamanga.*

Il fut autrefois plus étendu : en général son climat est tempéré, & son terroir fertile sur-tout en grains & en fruits ; ses troupeaux nombreux, ses cuirs, ses confitures séches & en gelées sont autant d'objets de commerce qui conduisent à l'aisance ceux qui s'en occupent. La ville qui lui donne son nom fut fondée par François Pizarre en 1539 sur les ruines d'un village Indien : elle eut d'abord le nom de *San Juan de la Vittoria*; & fut bâtie pour faciliter la communication entre Lima & Cusco: mais on jugea bientôt que la situation en était incommode, sur-tout par son voisinage des Andes qui rendaient stériles les campagnes qui l'environnaient, & on crut devoir la transférer dans un climat plus doux, au milieu de champs fertiles, sur le penchant de quelques collines qui s'étendent vers le midi, forment une enceinte autour d'une plaine qui est au pied de leur pente orientale & qu'une belle riviere arrose, c'est le *Rio Vinoquo* dont on estime la salubrité des eaux. Parmi ses habitans, on remarque 20 familles nobles qui vivent séparées des autres, & occupent un quartier au centre de la ville, couvert de maisons élevées, dont les murs sont faits de pierres travaillées avec soin, les toits couverts de tuiles rouges, ayant autour d'elles des jardins & des vergers: la ville est environnée de grands fauxbourgs habités par les Indiens, formés de maisons basses & bâties en pierres. L'église cathédrale est fort ornée. L'évêque jouit d'environ 70000 livres de rente; son chapitre est formé d'un doyen, d'un archidiacre, d'un chantre, de deux chanoines, de deux prébendiers & d'un pénitencier. On y compte plusieurs églises, parmi lesquelles trois sont paroissiales, l'une sert pour les Espagnols, les deux autres pour les Indiens. Divers ordres y ont des couvens; tels sont les dominicains, les cordeliers, les augustins, les peres de la merci, &c. il en est pour les religieuses de St. Claire & pour les carmelites. L'université royale jouit de grands revenus dont une partie est employée pour les honoraires des professeurs en philosophie, en théologie & en droit. Les nobles & le corrégidor qui president sur eux y forment le gouvernement municipal. Guamanga est sous le 304°, 4′ de longitude, & le 12° 50′ de latitude méridionale.

Le corrégiment de Guamanga renferme aussi le bourg & bailliage d'*Anco*, situé à trois lieues de ses murs, & celui de *Ropi* qui est au bord de la riviere Jauxa ou Xauxa. Autour de la ville on voit de grands parcs remplis d'animaux, & des champs qui donnent des grains excellens, sur-tout du froment qui ne le céde pas en bonté à celui d'Espagne. Les Espagnols en aiment le séjour. Sur les bords du Rio Vinoquo, on voit encore les ruines d'un palais des Incas, dont la forme est quarrée, exception à la forme ordinaire de tous les autres qui sont un quarré long.

IV. Archevêché de Lima.

On le divise en 15 Corrégimens, situés au nord & au couchant de ceux de l'évêché de Guamanga: il renferme un espace de 180 lieues de côtes. Nous décrirons ses diverses parties en commençant au midi & finissant au nord où il confine à l'évêché de Truxillo.

1. *Corrégiment d'Ica, Pisco & Nasca.*

Il doit son nom aux trois principales villes ou ports qu'il renferme: il confine au midi à l'évêché d'Arequipa: seul il comprend 60 lieues de côtes, entrecoupées de déserts sablonneux, de villes peuplées, de campagnes cultivées: par-tout où les rivieres ne peuvent répandre leurs eaux, la terre y demeure inculte, excepté dans quelques lieux qui sont plantés de vignes dont les seps pénétrant profondément le sol, se maintiennent par l'humidité qu'ils y trouvent sans cesse ; elles donnent beaucoup de raisins, & le vin qu'on en fait est porté dans les provinces intérieures & au Callao, d'où une partie se transporte à Guayaquil & à Panama : on en fabrique aussi beaucoup d'eau de vie. Les oliviers des campagnes de ce corrégiment sont excellentes ; on les sert sur table, on en fait de l'huile : les champs arrosés produisent du froment, du mays, & toutes sortes de fruits : près d'Ica sont des forêts d'un arbre nommé *algorrobale* dont on nourrit une prodigieuse quantité d'ânes qui se transportent au loin pour servir à la culture des terres : les habitans des côtes s'occupent de la pêche, & salent de grands amas de poissons qu'on va vendre dans les montagnes où le débit en est sûr.

Nasca est un bon port, son territoire est abondant en vins & en cannes à sucre : la riviere d'Otoça ou Occona se jette dans la mer au nord de son enceinte, & arrosait autrefois une ville de son nom, presque détruite aujourd'hui. Plusieurs belles vallées prennent le nom de *Nasca*.

Yca fut d'abord une ville considérable ; & elle l'est encore : on y compte 4500 ames ; située à 13 lieues dans les terres, elle donne son nom à une vallée qui renferme un grand nombre d'habitans, & est arrosée par une riviere que l'été dessèche souvent ; mais les cultivateurs y suppléent, en réunissant divers ruisseaux qui coulent des montagnes : elle abonde en fruits, en vins, en chevaux, en vaches, en chèvres : on y nourrit beaucoup de pigeons & de tourterelles. Le commerce d'Yca consiste en verres, en vins, en eaux-de-vie : le verre s'y fait avec du salpètre, mais il est vert, sale & mal formé.

Pisco était autrefois au bord de la mer : un tremblement de terre la détruisit, & on la rebâtit à un quart de lieue du rivage : les vaisseaux jettent l'encre où la ville fut autrefois : elle est divisée en quartiers réguliers dont le centre est formé par une grande place décorée d'une église. On y compte 300 familles dont les blancs forment le petit nombre ; les autres sont metis, mulâtres, ou negres. Le commerce est florissant dans son port, parce qu'il est l'échelle la plus commode des villes d'Yca, Guancavelica, Guamanga & Andaguaylas. On y compte trois églises, une chapelle pour les Indiens, un hôpital de St. Jean de Dieu. Son commerce consiste en vins qu'on dit être violens & mal sains, & en eaux-de-vie que les Espagnols préferent au vin dont elles sont tirées. Ses environs sont abondans en pommes, poires, oranges, citrons, goüaves, bananes, dattes & autres fruits : les seps de vignes s'y plantent à cinq pieds de profondeur ; mais le fond qu'ils pénetrent étant impregné de sel, donne au vin qu'ils produisent un goût salé qui le rend désagréable.

La rade de Pisco peut contenir une flotte nombreuse : elle est ouverte au nord dont le vent n'est point à craindre dans ces parages ; elle y est à couvert de tous les autres : à son entrée sont diverses isles petites & désertes, telles que celles de *San Gallon*, qui est la plus grande, & n'a guere qu'une lieue & demie de tour ; les isles *Balleta*, les isles *Blanca*, celles de *Chincha* : toutes offrent un mouillage sans écueils : parmi elles, il en est une percée à jour en deux endroits, & du port on croirait voir un pont élevé sur la mer. A deux lieues de Pisco est le hameau & le port de *Pa-*

raca, où divers vaisseaux viennent décharger, parce qu'un islot y arrête les flots déja affaiblis par une pointe de terre qui les brise.

Entre Pisco & Nasca est encore une isle à laquelle on donne aussi le nom de *Lobos* : les loups marins qui sont communs dans la mer du sud, ont fait donner ce nom à des isles diverses : celle-ci n'a pas une lieue de long : elle est entourée de rocs, & entr'elles & le continent sont des rochers plats & bas qui forment une chaîne coupée par un canal où les vaisseaux peuvent entrer : vers le nord, un banc de galet y forme une anse où la mer est tranquille & profonde de huit brasses : c'est un port où l'on peut caréner en toute sûreté ; l'isle est inhabitée ; son sol est sablonneux, & ses rivages couverts de quelques arbustes servent d'asyle aux loups marins.

La vallée de *Chinca* dépend encore de ce corrégiment : on y a compté autrefois plus de 25000 habitans : ce nombre est bien diminué aujourd'hui ; & on n'y compte plus que 500 familles : les Incas y avaient fait bâtir un temple au soleil ; les Espagnols y ont élevé un couvent de dominicains ; des ruisseaux nombreux y arrosent des bois, des prairies, de beaux vergers : les citrons y sont d'un goût excellent & très-abondans. Les Espagnols avides de l'or qu'ils supposaient remplir les tombeaux qu'on y voyait sur des éminences, les renverserent, mais leur rapacité ne fut pas assouvie ; & on ne trouva dans la plupart que des vases d'argille, des os, & quelques pieces d'argent. On prétend que ce pays fut jadis habité par des géans foudroyés, dit-on, par un jeune homme qui descendit du ciel.

2. *Corrégiment de Cagnete, Canete, ou Guarco.*

Ses limites s'étendent jusqu'à six lieues de Lima, dans un espace de trente lieues de côtes. Le climat y est semblable à celui de la capitale du Pérou : les vallées y sont fertilisées par de nombreux ruisseaux & par les rivieres de Lucaguana & de Mala : elles produisent d'abondantes moissons de maïs & de froment : on y voit de grandes plantations de cannes à sucre : la pêche y est encore une source de richesses, sur-tout pour les bourgs voisins de la mer : les fruits, les légumes, les oiseaux domestiques y sont très-communs, & fournissent des objets d'un bon commerce avec Lima. *Cagnete* ou *Guarco* qui donne son nom à cette province, n'est qu'un grand bourg, au bord de la mer, sur un torrent, à l'embouchure du val de Guarco, célebre par sa fertilité & par son ancienne puissance : ses habitans avaient soumis les pays voisins, & ne reconnurent l'autorité des Incas qu'après des guerres longues & sanglantes. Leurs vainqueurs, pour réprimer leur esprit d'indépendance, y firent bâtir une forteresse, dont les murs reposaient sur de grosses pierres quarrées, si bien liées, qu'à peine on en appercevait la séparation : on y descendait à la mer par un escalier : sa situation, & la maniere dont elle était construite semblaient la rendre imprenable, & les Incas y avaient déposé une partie de leurs trésors. Les femmes de ce canton y portent de petites casaques qui se croisent sur le sein & s'arrêtent avec une épingle d'argent, longue de dix pouces, dont la tète est grosse, ronde & platte.

Au midi de cette vallée est celle de *Lucaguana*; au nord est celle de *Mala*; toutes deux arrosées par une belle riviere, bordée d'arbres. Plus au nord encore que la derniere, est celle de *Xilca* ou *Chilca*, où l'on trouve beaucoup de salpêtre, dont on se sert pour faire de la poudre qui remplit les magasins de Lima. Elle est aussi abondante en grains, en racines, en fruits, quoiqu'aucune riviere ne l'arrose & qu'il n'y tombe point de pluie. Les Indiens y plantent les grains qu'ils veulent cultiver dans des fosses, & la rosée suffit pour les faire germer, pour les nourrir & les conduire à leur maturité. *Tanuo* est un bourg dans une petite vallée, située entre les deux dernieres.

3. *Corrégiment d'Yayvos ou Yayyos.*

Il est situé entre le midi & l'orient de Lima, à vingt lieues de ses murs. Elle comprend une partie de la premiere & de la seconde branche des Cordelieres, & par conséquent le climat n'en est pas par-tout le même. Il a trente lieues dans sa plus grande longueur : ses plaines, ses vallées produisent beaucoup de froment, d'orge, de maïs & d'autres grains ; les fruits y sont abondans, & ses campagnes toujours couvertes d'une riante verdure, où l'on voit errer de grands troupeaux de gros & menu bétail, dont on vend la plus grande partie à Lima.

4. *Corrégiment de Guarachiti ou Guaruchiri.*

Il renferme dans son enceinte une partie de la seconde branche des Cordelieres, avec la premiere dans toute sa largeur, & s'étend entr'elles & entre leurs vallées & leurs gorges dans un espace de 40 lieues : ses limites s'approchent de Lima vers l'orient, à la distance de six lieues : les lieux bas, les vallons bien exposés y sont seuls fertiles & seuls habités ; ils abondent en grains comme en fruits. Ses montagnes renferment des mines d'argent peu célebres, parce qu'elles n'éveillent pas la cupidité par leur abondance.

5. *Corrégiment de Lima.*

Il renferme dans un espace de cinq lieues les bourgades de *Surco, los Charillos, Miraflores,* la *Magdelaine,* le *Luriganche, Late, Pachacama, Lurin* & les fauxbourgs de Callao habités par les Indiens. Cette enceinte renfermait autrefois une multitude d'habitans naturels ; elle est réduite aujourd'hui à ces petites peuplades, sur lesquelles préside un corrégidor qui habite dans Lima même, & dont deux seulement ont des descendans de leurs anciens caciques pour chefs : ce sont celles de Surco & de Miraflores : tous deux sont si pauvres, si misérables, qu'ils sont obligés d'apprendre un métier pour vivre. Pachacamac doit son nom au soleil que les Indiens adoraient : il fut une ville puissante, qui renfermait, dit-on, un million d'habitans: on n'y voit plus que des ruines & des os entassés, séparés par des rues spacieuses : son temple était un des plus respectés du Pérou.

Lima fut fondée en 1535, le jour de la fête des rois, & c'est de cette circonstance qu'elle prit son premier nom: elle est située dans la belle & grande vallée de *Rimac,* mot qui par corruption a formé celui de Lima, & qui fut donné encore à la riviere qui arrose la vallée & la ville qui la domine : la situation en est avantageuse : rien n'y borne la vue autour d'elle ; la perspective s'étend fur l'océan qui en eſt à deux lieues, & juſqu'aux collines avancées des Cordelieres. La riviere coule au nord de ſes murs; elle eſt guéable quand il ne pleut pas dans les montagnes, elle eſt profonde & rapide quand il y pleut: un large & beau pont de pierre, terminé par une arcade, la traverſe, ſert de porte à la ville & conduit à la grande place qui le touche. Cette place eſt quarrée, ſpacieuſe, très-ornée, ayant au centre une fontaine remarquable par ſa grandeur, ſa beauté & la ſtatue de bronze de la Renommée qui la couronne: l'eau jaillit en abondance de ſa trompette & de la gueule de huit lions du même métal qui l'environnent. Son côté oriental eſt occupé par l'égliſe cathédrale & le palais archiépiſcopal qui s'élevent au deſſus de tous les édifices de la ville. La façade du palais, ſes colonnes, ſes pilaſtres & ſes fondemens ſont de pierres de taille : l'égliſe eſt moins grande que la cathédrale de Séville, mais eſt bâtie ſur le même modele: le frontiſpice en eſt magnifique, & au milieu eſt le portail, relevé de deux tours; il eſt entouré d'un large eſcalier, garni de baluſtrades & de pyramides. La partie ſeptentrionale de cette place eſt occupée par le palais du viceroi, où s'aſſemblent les tribunaux, & par les priſons royales : à l'occident ſont l'hôtel de ville & les priſons communes; au midi ſont des maiſons particulieres, uniformes, dégagées, ayant un portail de chaque côté, des portes de pierres de taille & des arcades : toutes n'ont qu'un étage.

La ville entiere a la forme d'un triangle irrégulier, dont le plus long côté, bordé par le fleuve, a 1920 toiſes d'étendue: ſa plus grande largeur, du pont où l'angle oppoſé à cette baſe eſt de 1080 toises : un large mur de briques, irrégulier dans ses proportions, l'entoure ; il est flanqué de 34 bastions sans terre-plein, sans embrasures, & l'enceinte est percée par sept grandes portes & trois poternes. Les rues sont bien pavées, traversées par des canaux remplis par le fleuve, dont les eaux passent sous des voûtes, ils servent à la propreté, sans être incommodes ou dangereux : les maisons en sont basses, mais agréables ; le corps de la maison est formé de pieces de bois, dans lesquelles les solives du toit tiennent par des mortaises ; on cache ces pieces en dedans & en dehors par des cannes sauvages, souples, solides & presqu'incorruptibles, ou de l'osier, qu'on recrépit, qu'on peint en couleur de pierre de taille ; elles semblent ainsi bâties en pierres & ornées de corniches : les toits en sont plats & unis, formés de planches qui ont des moulures en dedans, & sont enduites de terre grasse au dehors : ces bâtimens cédent aux mouvemens de la terre émue & en sont moins renversés. Ces maisons, dans les quartiers extérieurs, sont embellies par des vergers, remplis de fruits & de légumes ; les principales maisons ont des jardins, que les canaux arrosent quand on le veut.

La ville est partagée en cinq paroisses : les couvens y sont dispersés & nombreux : il en est quatre de dominicains, trois de franciscains, trois d'augustins, trois de la merci, trois des hospitaliers de St. Jean de Dieu, six qui appartinrent aux jésuites : les peres de l'oratoire y ont une maison, les bénédictins un monastere, les agonisans une communauté, les minimes un couvent. On y compte neuf hôpitaux, quatorze couvens de filles, quatre communautés de religieuses du tiers ordre, &

un couvent pour les femmes pauvres. Il y a encore une maison d'orphelins, divisée en deux colléges pour les deux sexes, & plusieurs chapelles.

Les églises sont grandes, en partie bâties en pierres, enrichies d'ornemens précieux & de mauvaises peintures: il en est dont la richesse étonne l'imagination: dans les jours de fête, on en voit les autels couverts d'argent massif, les murs revêtus de tentures de velours, garnies de franges, de houpes d'or & d'argent, ornées par intervalles de meubles émaillés de ces deux métaux; les voûtes, les cintres, les colonnes sont éclairées par deux files de chandeliers d'argent qui bordent toute la longueur de l'église, séparés par des tables, chargées de figures d'anges sur leurs piédestaux, & tout du même métal: les vases sacrés, les châsses des saints y sont d'or & couverts de perles & de diamans: les vêtemens sacerdotaux sont d'étoffes d'or ou d'argent, les plus nouvelles, les plus précieuses de celles qui viennent d'Europe.

La plupart des monasteres sont grands, les logemens en sont spacieux: ils sont bâtis des mêmes matériaux que les autres maisons; mais au dehors ils sont revêtus de briques cuites au soleil: l'architecture des colonnes, des frises, des chapiteaux, des corniches, des portes & des frontispices imite parfaitement la pierre. Ces édifices sont surmontés par des tourillons qui donnent du jour dans l'intérieur; ils sont de pierres à la base, puis de briques, ensuite de bois; leur hauteur est médiocre, à cause des tremblemens de terre & du poids énorme des cloches qu'on y a suspendues.

L'évêché de Lima fut érigé en archevêché en 1545; des revenus immenses y sont attachés; le chapitre y est composé de cinq dignités, de neuf chanoines, de six prébendiers, & de six demi-prébendiers : l'archevêque & son official forment seuls le tribunal ecclésiastique. L'université est un bâtiment dont l'aspect est imposant : on y voit une cour quarrée, ornée d'arcades & de pilastres, entourée de salles où se font les leçons publiques : un grand sallon est orné du portrait des hommes les plus célebres qu'elle ait produits ; les cadres de ces tableaux & deux rangs de sieges qui régnent autour du sallon, sont dorés, & d'un travail recherché. On y compte 180 docteurs & 2000 étudians : trois autres colleges ont vingt chaires bien rentées, & 170,000 livres de revenu.

Les habitans sont mêlés d'Espagnols, de Negres, d'Indiens, & de races diverses provenues de leur mélange : on estime sa population de 50,000 ames, parmi lesquelles on compte 16 à 18000 Espagnols, dont un quart au moins est composé de la principale noblesse du Pérou : plusieurs sont décorés de titres castillans ; on y compte 45 comtes ou marquis. Toutes les familles, ou nobles, ou riches, ont un grand nombre de domestiques & d'esclaves, de carrosses & de caléches : les bourgeois se servent aussi de ces dernieres, une mule les tire : elles n'ont que deux roues & ont deux sieges, l'un sur le devant, l'autre sur le derriere, & peuvent contenir quatre personnes : leur forme est agréable & les ornemens en sont dorés : on en fait monter le nombre à 5 ou 6000, & la plupart se vendent jusqu'à mille écus. Les nobles y exercent le commerce sans déroger : une ordonnance royale & le besoin de se soutenir avec quelque splendeur, y ont fait disparaître le préjugé ridicule qu'on s'avilissait en se rendant utile par ce moyen. Une multitude d'étrangers y accourent, soit pour y faire leur fortune dans le commerce, foit pour exercer les emplois, & plufieurs s'y fixent pour toujours. Les negres & les mulâtres forment la plus grande partie de fes habitans; ils exercent les arts méchaniques & fervent dans les maifons: le plus grand nombre font efclaves. Les Indiens & les Métis enfemencent les terres, font des ouvrages de poterie, vendent les denrées au marché.

La fuperftition y regne encore avec empire : elle s'y allie avec l'avarice, l'orgueil, & les plus honteufes débauches: depuis quelque tems on y eft moins ignorant; mais les anciennes habitudes n'ont guere perdu de leur force. Le Créole paffe fa vie avec les courtifannes, ou croupit dans fa maifon en buvant l'herbe du Paraguay : il femble craindre de diminuer fes plaifirs, en formant des nœuds légitimes, & l'anathême des prêtres ne les intimide que fur des objets étrangers à l'amour. Les femmes de Lima font plus puiffantes même que la religion : elles ont des yeux brillans, une peau blanche, un teint délicat, animé, plein de fraîcheur & de vie: leur taille eft moyenne & bien proportionnée, leur pied eft mieux fait & plus petit que celui des Efpagnoles même ; leurs cheveux épais & noirs flottent au hafard & fans ornement, fur des épaules & un fein d'albâtre: l'art ajoute encore à ces agrémens; leurs vêtemens font d'une magnificence qui éblouit; elles font toujours parfumées d'ambre, toujours parées de fleurs; elles en garniffent leurs manches, & elles en ornent leurs cheveux: leur parure eft plus élégante que modefte: tout rétentit chez elles de chanfons, de concerts de voix & d'inftrumens; les bals font nombreux & brillans dans Lima, & l'on y danfe avec une légéreté furprenante. En général, les habitans de

Lima ont de la vivacité & de l'esprit; ils aiment à s'instruire, sont fiers & cependant dociles, aiment les manieres douces, & sont plus frappés d'un exemple que d'un discours: ils sont courageux, connaissent le point d'honneur, mais leur société est douce & tranquille: le noble ne met point de bornes à sa politesse envers les étrangers; les mulâtres sont inquiets, rudes, altiers, querelleurs, mais les désordres qui naissent de ces vices y sont peu fréquens.

La fertilité des campagnes y fournit abondamment aux nécessités & aux agrémens de la vie: le pain y a le meilleur goût, la blancheur la plus encourageante, & il y est à bon marché: il est fabriqué par les mains de negres esclaves, de boulangers qui y sont fort riches: c'est une punition effrayante pour le Negre que d'être livré aux boulangers, qui les forcent de travailler jour & nuit, les nourrissent mal, & ne les laissent jouïr que de quelques instans de sommeil. Le mouton y est la viande la plus ordinaire & y est de très-bon goût: le bœuf y est bon, mais on en mange peu; la volaille y est excellente & commune, le gibier abondant: la chair de porc y est le mets le plus ordinaire: sa graisse entre dans presque tous les apprêts: on y apporte des montagnes du veau gelé, qui est un mets fort délicat: les poissons y sont divers, le *coroudo* & le *peje reye* sont les plus estimés: les anchois y arrivent en multitude & nourrissent des vols d'oiseaux de mer qui infestent les côtes & les fertilisent par leur fiente: on y trouve peu de coquillages.

On y boit d'excellens vins, soit rouges, soit blancs: les fruits secs y viennent du Chili; l'usage des confitures y est moderé, quoiqu'elles y soient communes ; il en eſt de même du chocolat : mais on y prend du *maté* deux fois par jour.

Le commerce de Lima eſt très-étendu : elle eſt le dépôt de tout ce qui ſe fabrique dans les autres provinces, de tout ce qui s'y répand : l'argent en barres, en pignes, en œuvre, les étoffes Européennes, celles de Quito, le tabac de la Havane, préparé au Mexique, les parfums, la porcelaine de la Chine, le fer, les perles, les bijoux, l'indigo, la poix, le goudron, le merrein pour les édifices, le cacao, l'herbe du Paraguay, les vins, les eaux-de-vie, les olives, les huiles, les raiſins ſecs qui viennent des côtes de Naſca & de Piſco ; le froment, les farines, les cordouans, les amarres de chanvre, les lins, les fruits ſecs, l'or de celles du Chili, en ſont les principaux objets. Le Pérou n'a point de canton, point de bourgade qui n'y envoie quelque marchandiſe de ſon cru, qui ne s'y pourvoye de celles qui lui manquent. Les marchands y ſont très-riches ; cependant Ulloa n'y compte que quinze maiſons commerçantes dont les capitaux circulans aillent à 5 ou 600,000 piaſtres : quelques-unes vont au-delà, mais elles ſont en petit nombre ; celles qui ont environ 300,000 piaſtres ſont très-nombreuſes, il y en aurait de plus riches, ſi leurs dépenſes exceſſives, les dots qu'elles donnent à leurs filles, & l'établiſſement des fils ne les épuiſaient & ne les diviſaient.

Lima a éprouvé pluſieurs tremblemens de terre, elle en a éprouvé douze depuis ſa formation ; le dernier, le plus terrible & le plus épouvantable fut celui de 1746 : en trois minutes ſes maiſons furent renverſées, 1300 perſonnes écraſées ſous leurs débris, & un plus grand nombre mutilées : la plupart de ces dernieres périrent dans des tourmens affreux. Sa longitude eſt de 300° 50′, ſa latitude méridionale de 12° 10′.

Au-delà de la riviere de Rimac eſt un fauxbourg étendu, nommé *S. Lazaro* : il s'eſt beaucoup accru dans ce ſiecle : ſes rues ſont larges, paralleles, tirées au cordeau, & forment des quarrés de maiſons longs de 50 toiſes. Les environs en ſont rians. Il ne manque que la pluie aux agrémens de la ſituation de Lima ; l'induſtrie y ſupplée juſqu'à faire produire à ſon ſol deſſéché toutes ſortes de grains & de fruits : en conſervant les canaux creuſés par les ordres des Incas, on a pu arroſer les champs de froment & d'orge, les luzernes pour la nourriture des chevaux, & dont on fait une conſommation prodigieuſe, les vaſtes plantations de cannes à ſucre, les oliviers, les vignes, les jardins : la récolte ſe fait au mois d'Août : les arbres qu'on y a tranſplantés d'Europe, & quelques autres s'y dépouillent chaque année de leur verdure : mais ceux qui ſont propres aux pays chauds ne font que perdre la vivacité de leur couleur, & les feuilles ne tombent que lorſqu'elles ſont chaſſées par les nouvelles : les fleurs y ont auſſi leurs ſaiſons déterminées. Les champs de froment, les plantations de cannes y ſont cultivés par des eſclaves : les dernieres y donnent un ſucre exquis : les oliviers s'y entrelaſſent les uns dans les autres & y forment de petites forêts preſqu'impénétrables : la ſeule culture qu'on leur donne eſt d'arracher les rejettons qui naiſſent à leurs pieds, & de nettaier les rigoles qui y conduiſent l'eau : il n'en coute pas davantage pour avoir les plus belles olives, remarquables par leur groſſeur, la douceur de leur jus, leur facilité à ſe détacher de leurs noyaux. Il n'eſt point de jardins comparables à ceux des campagnes de Lima, par l'abondance & la bonté des légumes & des fruits qu'elles produisent : des treilles y donnent beaucoup de raisins & d'especes variées : cependant le sol y est pierreux, sablonneux, composé de fragmens de pierres à fusil : au-dessus est une couche de terre végétable, qui semble s'être formée depuis la retraite de la mer : il est rempli de sources : pour y trouver de l'eau, on n'a qu'à creuser à la profondeur de quatre à cinq pieds.

Les vergers, les jardins, les plantations répandent dans les campagnes une variété charmante : les collines de S. Christoval & d'Amancaès s'y couvrent au printems d'une verdure brillante que suit une variété infinie de fleurs ; divers autres lieux offrent les mêmes agrémens : les promenades publiques en sont embellies. Mais cette terre n'a pas toujours présenté le même spectacle : après le tremblement de terre de 1687, le froment s'y pourrissait sans pousser de germe, diverses autres plantes y languissaient, y périssaient ; alors on couvrit les champs de luzerne, & de cannes à sucre, qui y prospérerent. Après 40 ans de culture, la fertilité revint ce qu'elle avait été ; sans doute ce tems avait suffi pour détruire l'effet des vapeurs sulfureuses & celui du nitre qui avaient infecté la terre.

Entre Xilca & Lima sont de belles vallées : celle de *Pachacamac* dépend de cette derniere ville ; elle était célebre par son temple ; elle l'est encore par sa fertilité & l'abondance de ses bestiaux.

C'est ici le lieu de parler du Callao ou port de Lima : sa rade est la plus belle, la plus grande & la plus sûre de la mer du sud : deux isles nommées *St. Laurent* & *Callao*, une péninsule qui s'avance vers elles, la défendent des flots amenés par les vents du midi : elle est ouverte au couchant

& vers le nord, mais ces vents n'y soufflent jamais avec force; la mer y est toujours tranquille, l'eau y est profonde, on n'y trouve point d'écueils: dans le port s'offrent toutes les commodités que peuvent desirer des navigateurs: la petite riviere de Lima leur fournit une eau saine; le bois est à quelque distance; un môle chargé de machines y facilite le débarquement & l'allégement des navires. La ville était fortifiée d'une enceinte de dix bastions de terre, de quelques batteries, & gardée par une garnison médiocre.

La ville est sur un sol qui ne s'éleve que de cinq pieds au dessus du niveau de la mer; les rues en sont alignées, les maisons inégales, & il en est peu de belles: sur les côtés d'une grande place, on remarque la grande église, le palais du viceroi, & la maison du gouverneur: près de-là sont de grands magasins où l'on renferme les marchandises qu'on descend des vaisseaux: les églises y sont riches & propres, construites de cannes, recouvertes de terre ou de bois, & crepies en blanc: on y compte cinq couvens & un hôpital.

Hors des murs, on trouve le vieux & le nouveau *Pitipiti*, fauxbourgs habités par les Indiens, & qui dépendent du corrégiment de Lima. Dans le port, l'isle de St. Laurent qui rompt les vagues excitées par les vents du sud-est & du sud-ouest, n'a point encore été fortifiée & devrait l'être; on y exile les negres & les mulâtres malfaiteurs, afin d'en tirer le moilon pour divers édifices publics. On y comptait 4000 habitans lorsque le tremblement de terre de 1746 la détruisit: la mer qui recula dans les premieres secousses revint fondre sur elles avec impétuosité, engloutit les maisons, les habitans, 19 vaisseaux, & en jetta quatre bien avant dans les terres : deux-cents hommes échapperent feuls à ce bouleverfement. Depuis ce tems, Callao eft, dit-on, rebâtie fur le même plan, mais un peu plus éloignée de la mer.

6. *Corrégiment de Jauxa, ou Xauxa, ou Atun-xauxa.*

Il eft à l'orient de Lima, à 40 lieues de diftance; fa plus grande longueur eft de 42 lieues; il eft formé de vallées & de plaines, fituées entre les deux chaînes des Cordelieres : une riviere de fon nom le traverfe, & prend fa fource dans le lac Chicai-Cocha, fitué dans le pays le plus uni & le plus élevé du Pérou : les bords de ce lac étaient jadis habités par un grand nombre d'Indiens ; ils nourriffaient beaucoup de beftiaux dans les petites isles qu'il renferme & qui font couvertes de prairies toujours vertes : la riviere eft une de celles qui va groffir de fes eaux le fleuve des Amazones; elle partage la province en deux parties prefque égales : fur fa rive feptentrionale eft la bourgade d'*Atun-xauxa*, qui donne fon nom au corrégiment : près du bord oppofé, fur un mont, eft celle de *Pinco :* le pays eft rempli encore de beaux villages, peuplés d'Efpagnols, de Métices & d'Indiens : le terroir y eft fertile en grains & en fruits ; le commerce y eft confiderable par fa fertilité, par l'induftrie de fes habitans, par fes mines d'argent, & fur-tout par fa fituation : c'eft la grande route pour communiquer des provinces voifines de la mer avec celles de Cufco, de la Paz, de Plata & autres contrées méridionales. Au levant & vers le nord, cette province confine aux poffeffions d'Indiens encore libres, qui habitent les montagnes, & parmi lefquels les religieux francifcains ont établi quelques missions & fondé le bourg d'*Ocopa*.

7. *Corrégiment de Tarma.*

Il est situé au nord du précédent, à 40 lieues des murs de Lima; il est un des plus étendus de cette partie du Pérou; une partie jouit d'un climat temperé, & là il est abondant en grains; une partie est exposée aux vents froids qui descendent des montagnes, & là il n'est riche qu'en bestiaux: il renferme de riches mines d'argent; ses habitans, sur-tout les Indiens, s'occupent à des manufactures de baïettes & d'autres étoffes. Vers l'orient elle confine aux Indiens sauvages, nommés *Marancochar*, hommes encore indomptés, qui font quelquefois des courses dans le pays, & en insultent les cultivateurs. Le lac de *Lauricocha* est dans son enceinte.

8. *Corrégiment de Canta.*

Ses limites s'étendent, d'un côté jusqu'à cinq lieues de Lima, de l'autre, elles touchent à celles du corrégiment dont nous venons de parler: sa plus grande longueur est de trente lieues, & une partie est renfermée dans les branches de la chaîne occidentale des Cordelieres. Le climat y est varié: près de Lima, & dans de belles plaines qui s'étendent au pied des montagnes, la chaleur se fait sentir avec force; sur les collines il est tempéré, dans les montagnes il est froid: celles-ci renferment de vastes plaines élevées & froides, qui nourrissent beaucoup de brebis, & produisent diverses racines utiles & quelques fruits: les papas qu'on y recueille font les meilleurs du Pérou. Les collines offrent de riches campagnes qui appartiennent à des nobles de Lima. *Guamantagua*, bourgade de cette province, est célebre par une image du *Santo Christo*, que les habitans de Lima réverent, & vers laquelle ils accourent en pélérinage dans les fêtes de pentecôte.

9. *Corrégiment de Chancay.*

Il est au couchant du précédent, au nord de celui de Lima, & comprend trente lieues de côtes : le sol en est sablonneux, aride en divers endroits, fertile en d'autres, riche en fruits, en grains, arrosé par diverses rivieres, embelli par plusieurs bourgades parmi lesquelles nous en remarquons trois. *Chancay*, située sur la riviere de ce nom, à douze lieues de Lima, à quelque distance de la mer, est formée par 300 maisons, habitées par des Espagnols, dont plusieurs sont de la premiere distinction, & par un mélange de diverses races: elle est le siége du corrégidor. *Gaura*, composée d'une rue unique, mais longue d'un quart de lieue, n'a qu'environ 200 maisons, dont les unes sont bâties en briques crues, & mêlées de cabanes d'Indiens. Ces maisons sont commodes ; les femmes y sont belles & honnêtes, les hommes sont moins orgueilleux qu'à Lima. On y voit deux églises : l'extrémité méridionale de la rue est terminée par une grande tour, au devant de laquelle est la porte surmontée d'un donjon ; elle conduit à un pont de pierre, sous lequel passe la profonde riviere de Gaura, qui baigne les murs de la ville sans les endommager, parce qu'ils reposent sur le roc ; au-delà est un fauxbourg dont les maifons isolées sont dispersées dans un espace de demi-lieue. Tout autour le pays est fertile & agréable: le sel est une de ses richesses, & le bœuf salé le principal objet de son commerce ; *la Barranca* ne renferme que 70 à 80 maisons, mais c'est un bourg qui n'est presque habité que par des Espagnols: les hauteurs qui sont dans son voisinage dirigent les navigateurs qui tendent vers Callao: de son port partent des vaisseaux chargés de froment. Les côtes de cette province sont bordées d'écueils & de petites isles, comme les *Marcassi*, les *Cassi*, les *Omigas*.

10. *Corrégiment de Caxa-Tambo.*

Il est situé au nord-est du précédent; ses limites méridionales sont à trente-cinq lieues de Lima ; il n'en a que vingt d'étendue, mais quoiqu'une de ses parties soit renfermée dans les montagnes, il est par-tout abondant en grains, & jouit d'un climat tempéré. On y trouve des mines d'argent, mais elles rapportent peu, ses manufactures indiennes de baietes fournissent la plus grande partie des objets de son commerce. La ville qui lui donne son nom est située dans une vallée qu'arrose une rivière qui se rend à trente lieues de là dans le *port de Carquen.*

11. *Corrégiment de Guanuco.*

Il est au levant du précédent, entre les deux chaînes des Cordelieres : c'est un pays agréable ; tous les fruits d'Espagne y réussissent ; le climat y est doux, l'air bon, les campagnes y sont riches en grains : on fait de ses fruits différentes confitures, & des gelées qu'on estime & qu'on recherche dans les provinces voisines. On y trouve quelques mines d'or : le chemin royal qui le traverse aide encore à son commerce. *Leon de Guanuco* sa capitale fut autrefois célebre, & le séjour des premiers conquérans du Pérou ; mais elle a déchu de cette splendeur : les maisons de ces Espagnols fastueux y subsistent encore, mais négligées, abandonnées, n'ayant autour d'elles que des especes de cabanes. A peine cette ville peut-elle être comparée à un bourg Indien : la riviere qui y passe se rend dans le fleuve des Amazones. *Llamelin*, *Aco*, *Moco*, sont ses principales bourgades.

12. *Corrégiment de Guamalies.*

Il est au nord du précédent & dans le centre des Cordelieres : le climat y est inégal comme son sol : ses limites les plus voisines de Lima en sont à quatre-vingt lieues ; son étendue est de plus de quarante : le froid s'y fait sentir plus vivement que la chaleur, & sa fertilité est très-médiocre : les bestiaux qu'on nourrit sur la pente de ses monts & dans ses vallées, sont une de ses principales richesses. *Alomayo*, *Piscobamba*, *Huacra-chuco*, *Carpathos* sont ses principales bourgades : presque toutes celles qu'on y trouve sont peuplées de tisserans, de cardeurs, de drapiers qui fabriquent des baiettes & des serges, objets les plus importans de son commerce.

13. *Corrégiment de Guaylas.*

Il occupe encore le centre des montagnes au couchant de celles de Guamalies : on n'en connaît pas l'étendue; les manufactures occupent fes habitans Indiens; peu le font dans les champs qui ne rapportent pas abondamment, & où un gel fubit détruit fouvent l'efpérance du laboureur. Ses beftiaux font fa richeffe la plus conftante.

14. *Corrégiment de Conchucos.*

Les montagnes le bornent au levant & au couchant: quelques-unes de fes vallées font expofées à une chaleur affez vive; la plus grande partie de fon étendue l'eft à un froid qui paraitrait âpre même en Europe: cependant les grains & les fruits y font abondans; de beaux pâturages y engraiffent de grands troupeaux de bétail; on y fabrique des baiettes, des droguets de laine, des draps groffiers, qui fervent à l'ufage des habitans & à leur commerce.

15. *Corrégiment de Santa.*

Il eft fitué au couchant du précédent, au nord de celui de Chancay: le fol y eft bas, fablonneux, fertile par-tout où les ruiffeaux, les torrens portent leurs eaux limoneufes & fécondantes: les fruits, les grains y font abondans; on y avait découvert une mine d'argent fur la fin du 16e. fiecle; mais elle a été abandonnée: le pays eft peuplé, & renferme un grand nombre de bourgades: nous dirons un mot de quelques-unes, & d'abord de celle de Santa.

Santa Maria de la Parilla, ou *Santa*, fut d'abord bâtie fur la plage, & elle en eft éloignée aujourd'hui d'une demi-lieué: elle fut très-peuplée; plufieurs couvens l'embelliffaient fans en rendre les habitans plus heureux : le froment, le maïs, le miel, le sucre & d'autres marchandises y étaient des objets d'un commerce florissant. En 1685, Edouard David, pirate Anglais, s'en empara & la détruisit; ses habitans s'enfuirent, revinrent, & la rebâtirent à quelque distance de la mer ; mais elle n'a pu reprendre son ancien éclat : on n'y compte guere que 50 familles : le corrégidor n'y réside plus : le fleuve de son nom descend avec rapidité des montagnes de Cachabamba, & se divise en cinq branches qu'il remplit dans toutes les maisons; on les traverse sur des chevaux robustes & exercés ; ses eaux sont pures & saines. La côte qui s'étend au nord, au midi de la ville, est basse, semée de peninsules pierreuses & stériles : devant son port est une petite isle longue d'une lieue.

Moche, bourgade de cinquante maisons, renferme dans son enceinte 70 familles Espagnoles, mestices ou Indiennes. *Ferol* est un havre bon & sûr, mais où l'on ne trouve ni eau douce, ni bois. *Casina la Barca* est un petit bourg. *Guarmey* renferme 70 familles; il est situé à l'embouchure d'une jolie riviere, & est la demeure du corrégidor : *Guarameyo* n'est qu'un grand village. *Pativilca* est formé d'environ 60 maisons; ses habitans sont de races mêlées; il n'est remarquable que par les restes d'un édifice Indien situé au bord de la mer; ses murs sont de brique & leur grandeur persuade qu'il fut le palais d'un ancien cacique.

Chacun de ces corrégimens est divisé en plusieurs districts sur lesquels président des subdélégués nommés par les corrégidors : les bourgs, les grands villages, ont des curés assistés par des vicaires : & tous ces prêtres sont pris ou dans le clergé régulier, ou dans le séculier, selon que l'un ou l'autre s'étendit plus ou moins dans le tems de la conquête.

V. Evéché de Truxillo.

Il est le premier des diocèses soumis à l'archevêque de Lima, & est situé au nord des pays qui forment son archevêché, au midi du royaume de Quito : il comprend même un des corrégimens de l'audience de ce dernier, c'est celui de Jean de Bracamoros que nous avons décrit dans le volume précédent. Ceux qui nous restent à parcourir sont au nombre de sept. Commençons par celui de Truxillo même.

1. *Corrégiment de Truxillo.*

Il renferme un espace de vingt lieues de côtes : il s'étend davantage dans l'intérieur du pays : presque par-tout on y voit de belles vallées : celle de *Chimo* dans laquelle Truxillo est située, est d'une fertilité étonnante ; les grains, les fruits d'Europe & du pays, les raisins même, la canne à sucre y prosperent ; la volaille, le gibier y sont abondans. Celle de *Mompa* est large ; son sol est fécond : la riviere qui l'arrose ne parvient pas jusqu'à la mer : elle se perd dans les sables qui couvrent sa partie méridionale : des riches Péruviens l'habitaient autrefois : aujourd'hui les Espagnols même qu'on y trouve ne le sont pas. Celle de *Tuquema* est embellie par des boccages frais entre lesquels s'élèvent encore des ruines de palais.

Truxillo est dans une situation très-agréable, à demi-lieue de la mer : elle est ceinte d'un mur de brique ; sa grandeur est médiocre, mais c'est une des

des villes les mieux peuplées du Pérou ; on y compte 10000 habitans : ses maisons annoncent l'aisance, & quelques-unes peuvent passer pour belles : les principales sont de briques cuites & ornées de grandes portes & de balcons : les autres sont de briques séchées au soleil : toutes sont peu élevées, & c'est la crainte des tremblemens de terre qui oblige de les bâtir ainsi ; ses rues ne sont point pavées, mais elles sont larges & propres, des arbres touffus, de beaux jardins l'environnent & forment des promenades charmantes & fraîches où l'on jouit toujours d'un ciel pur & serein : l'abondance y regne toujours ; un commerce facile y entretient l'aisance des particuliers. Chaque année il part d'*Yanchaco* qui est son port & en est à deux lieues, quatre vaisseaux chargés de marchandises du pays qu'on porte à Panama ; & d'autres vaisseaux y viennent encore, de belles toiles de coton qui se portent dans les Indes orientales ; dans l'intérieur du pays son commerce consiste principalement en eaux-de-vie, en sucre, en confiture & en soie. Ses richesses, son voisinage de la mer l'ont exposée aux insultes des ennemis & des pirates : une forteresse mal entretenue en est la principale défense.

Elle est le siege du corrégidor, d'un évêque, de son chapitre, d'un trésorier royal : on y voit plusieurs couvens de différens ordres, deux monasteres de filles, & tous sont assez riches : ses habitans sont comme dans les autres villes du Pérou, un mélange de diverses races ; & entr'eux, il est des familles Espagnoles distinguées : en général, ils sont civils & bien élevés : leurs habillemens, leurs usages sont les mêmes qu'à Lima, mais il y a moins d'opulence & de vices que dans

Tome XII.   Z

la capitale : il n'y a pas de familles aifées qui n'aient une caléche, & des rues fablonneufes en font prefque une néceffité. Cette ville eft fous le 8° 6′ 3″ de latitude méridionale, fous le 298° 40′ de longitude.

2. Corrégiment de Patas ou Caxamarquilla.

Il eft à l'orient du précédent ; fon fol eft mêlé de plaines, de vallées, de hautes montagnes ; car la chaîne occidentale des Cordelieres le borne au couchant : fon climat y eft varié comme fon fol, comme fes productions. Quelques-unes de fes montagnes recélent de l'or ; & il eft la bafe de fon commerce ; fes habitans l'échangent brut contre la monnaie courante, contre des efpeces d'argent qu'ils eftiment d'autant plus qu'elles y font rares : les beftiaux font encore une de leurs richeffes ; & ils en amenent à Truxillo avec le fuperflu de leurs grains. Ses principales bourgades font *Buamachuco* & *Bambamarca* : prefque toutes font habitées par les Indiens.

3. Corrégiment de Chachapoyas.

Il eft à l'orient des Cordelieres ; fon étendue eft vafte, mais la plus grande partie en eft déferte : il doit fon nom fans doute aux *Chicapoyas*, peuples mal foumis encore, & qui feraient dociles fi on les traitait avec douceur : leur prévention contre les Efpagnols, les tient en garde jufque dans les échanges qu'ils font avec eux : ils font d'une taille haute, bien faits & robuftes : leurs femmes font belles & d'un naturel doux ; ils s'habillent avec des toiles de coton qu'ils fabriquent eux-mêmes, ou de petites étoffes de Quito qu'ils reçoivent en échange de l'or qu'ils trouvent dans les montagnes. Les Indiens soumis de ce corrégiment s'y occupent aussi à tisser des toiles de coton qui servent sur-tout pour des tapisseries & pour garnir des meubles ; la finesse des couleurs dont ils les teignent, les rend très-agréables. *Layme-bamba*, *Soriboa*, *Majo bamba* sont les principales bourgades de ce pays : la derniere est voisine de montagnes où l'on trouve de l'or & des pierres précieuses. Chichapoyas où reside le corrégidor a aussi le nom de *Juan de la Frontera*.

4. Corrégiment de Llulla & Chillaos.

Il est au nord du précédent, & touche au territoire de Jaen de Bracamores, qui fait partie de l'audience de Quito : le climat y est chaud & humide, le sol en est bas, rempli de forêts & peu cultivé ; il serait abondant si les hommes n'y manquaient pas : dans son état actuel sa principale production est le tabac, & l'espece de fruits qu'on nomme *amendes des Andes*.

5. Corrégiment de Caxamarca ou Quaxamalca.

Il est situé au couchant du précédent, au nord & au levant de celui de Truxillo : il s'étend au loin entre les deux chaînes des Cordelieres : son territoire est fertile en grains, en fruits, en légumes : il nourrit beaucoup de gros & menu bétail ; on y trouve de nombreux harras. On y trouve quelques mines d'argent, mais peu abondantes : ses habitans sont presque tous Indiens, & la plupart sont tisserans, & font des toiles de coton, qui servent à faire des voiles de navires, des pavillons, des couvertures de lit : c'est là leur principal objet de commerce : le Maragnon arrose cette province dans sa partie orientale : ses principales bourgades sont *S. Pablo*, située sur le penchant oriental de la chaîne occidentale des Cordelieres, *Balsas*, bâtie près du Maragnon, *Chota* sur un torrent qui s'y jette, *Caxamalca*, est une ville bâtie par les Indiens.

6. *Corrégiment de Sana, Sagna, ou Mirafloris.*

Il est situé au couchant de celui que nous venons de décrire, au nord de Truxillo ; il comprend trente lieues de côtes : le climat y est quelquefois d'une chaleur presqu'insupportable, le sol en est uni, leger, fertile ; les bourgades y sont nombreuses : nous allons parler des principales. *Sana* ou *Zana* fut une petite ville, dans une vallée charmante, féconde en fruits & en grains, arrosée par un torrent, ornée de prairies toujours vertes, toujours émaillées de fleurs, qui lui ont fait donner aussi le nom de *Miraflores* : on y voit de jolies campagnes dispersées, mais la ville est devenue un village. *Chocopé* qui renferme 70 familles, la plupart Espagnoles : en 1726 il y plut 40 jours de suite pendant 12 heures ; cette pluie extraordinaire détruisit les maisons qui n'étaient pas élevées avec des briques cuites ; les vents du midi y soufflerent avec violence dans tout cet intervalle : deux ans après, il y plut encore durant onze jours consécutifs ; mais depuis ce tems, on n'y a point vu ce phénomène se renouveller, comme on le croyait sans exemple jusqu'alors. *S. Pedro* est remarquable par la fertilité de son territoire, arrosé par le

Chiloma, rivière rapide & qui ne tarit point; ses campagnes produisent sur-tout beaucoup de cannes à sucre, des raisins & des fruits de toute espece. *Lambayeque* est aujourd'hui le chef-lieu du corrégiment; on y compte 1500 maisons & 3000 familles: ses environs sont fertilisés par les eaux que des canaux y amenent de la riviere de son nom. *Morropé* renferme 160 familles; ses campagnes fécondes souffrent de la sécheresse, lorsque le Pozuelas, qui coule dans son voisinage, cesse de leur fournir des eaux. *Pascomayo* a un port, mais il est peu fréquenté. Sur les côtes de ce corrégiment sont deux petites isles auxquelles on donne encore les noms de *Lobas* & de *Sotavento*: elles sont à trois lieues du continent; ce ne sont que des rocs entassés, près desquels Pizarre passa en 1526.

7. Corrégiment de Piura.

Il est borné au midi par celui de Sagna, au nord par le golfe de Guayaquil, au couchant par l'Océan pacifique, au levant par les Cordelieres, qui le séparent des districts soumis à l'audience de Quito: il comprend environ 60 lieues de côtes, mais sa partie méridionale est déserte: ce sont de vastes campagnes unies, stériles, sans eau, sans vestiges certains, couvertes de sable sans cesse agité par les vents; ces vents sont constans & viennent toujours du midi; cette uniformité sert aux voyageurs qui vont contre le vent, ou en suivent la direction, selon qu'ils veulent se rendre à Lima ou s'en éloigner: on est réduit quelquefois à flairer le sable, pour s'assurer si des mules y ont passé. Dans sa partie la plus fertile, dans ses vallées sur-tout, cette province produit des algonrobales, du maïs, du coton, des grains, des fruits, des racines fe nourriffent: les plus grandes richeffes du pays font des pâturages où l'on engraiffe de nombreux troupeaux de chevres : on y mange beaucoup de chevreaux, & leurs peaux font travaillées en maroquins, de leur graiffe on fait du favon, & ces objets de commerce font avantageux. C'eft principalement à Lima qu'on les tranfporte: le commerce des mules y apporte auffi de l'aifance parmi le peuple : on en exporte un grand nombre, & tout le commerce intérieur fe fait par le moyen de ces animaux.

Piura ou *S. Michel de Piura*, chef-lieu du corrégiment, eft une ville, fondée en 1531 par François Pizarre : elle fut la premiere colonie Efpagnole établie au Pérou, d'abord dans la vallée de Targafala, d'où un air mal fain obligea de la transférer dans un lieu élevé & fablonneux où on la voit aujourd'hui: elle eft à environ dix lieues de la mer, mais fur une riviere qui s'y jette: fes maifons font de briques, & la plupart n'ont que le rez-de-chauffée : on y remarque quelques couvens & un hôpital où l'on guérit les maladies vénériennes, opération à laquelle le climat aide puiffamment: tous ceux qui craignent la multiplicité des remedes & la lenteur de leur effet, viennent dans cette ville, & n'en fortent guere qu'ils ne foient parfaitement guéris: l'air y eft fain, chaud & très-fec, parce qu'il n'y pleut jamais. Le corrégidor, un bureau de finances, un contador & un tréforier y fiegent : on y compte environ 15000 habitans, de diverfes couleurs, & de races mêlées : les campagnes qui l'environnent font fertilifées par l'eau qu'y répandent des canaux remplis par la riviere; mais elle tarit en été, & les jardins, les prairies jauniffent

PÉROU. 359

& féchent alors. Sa latitude auftrale eft de 5° 11', fa longitude 297° 20'.

Sechura ou *Scura*, bourgade qui fut d'abord élevée au bord d'un grand golfe où les vaiffeaux trouvaient une mer tranquille, près du cap Aguja: mais une tempête le couvrit des eaux de la mer, & il fut fubmergé: on le rebâtit à une lieue du rivage, & aujourd'hui on y compte environ 200 maifons, avec une grande églife bâtie en briques: fes habitans font Indiens; les uns font voituriers, les autres pêcheurs: près d'elle coule une riviere qui porte fon nom, & dans le lit de laquelle on creufe des puits lorfque l'été l'a tarie: une eau épaiffe & faumâtre vient les remplir, & l'on eft forcé par la difette d'en faire ufage.

Payta ou *St. Michel de Payta*, fut fondée par Fernand Pizarre en 1531: elle eft fituée dans un canton dont le fol n'eft compofé que de fable & d'ardoife, & où il ne pleut prefque jamais; on n'y trouve prefque pas d'eaux douces, ni de légumes; les feules provifions abondantes y font le poiffon & les chevres: celles-ci paiffent fur des côteaux arides: ceux-là font en grand nombre dans fa baie, qui offre un des meilleurs ports de la côte, & où l'ancrage eft fûr & commode: la ville ne contient que deux cent familles; les maifons n'y ont qu'un étage & n'y font conftruites que de rofeaux fendus, enduits d'argille; des feuilles feches y fervent de tuiles; deux églifes y font élevées, mais fans magnificence: il eft peu d'Efpagnols parmi fes habitans. Elle a fouvent été prife & pillée, malgré fon fort entouré d'un mur de briques.

Colan, bourgade à trois lieues au nord de Payta: fes environs rapportent des grains & des légumes, nourriffent beaucoup de volailles, & des beftiaux:

c'eſt l'objet de ſon commerce avec Payta qui manque de tous ces objets : ſes habitans y tranſportent même de l'eau qu'on dit être blanchâtre, & qui, en ſerpentant au travers des bois de ſalſepareille, s'imprégne, dit-on, des vertus de cet arbre.

Amotapé, *Mancora*, ſont de petits bourgs : ils ſont ſitués près des côtes, dans l'eſpace qui s'étend entre Payta & Tumbez.

Tumbez était une ville floriſſante avant la conquête du Pérou : on n'y trouve aujourd'hui qu'un bourg de 150 familles, parmi leſquelles il en eſt peu d'Eſpagnoles : il eſt ſur une riviere que les barques remontent juſqu'à lui, & dont les rives ſont couvertes d'un grand nombre de maiſons iſolées : l'air y eſt très-chaud & très-ſec ; la galle y eſt un mal commun : ſon territoire eſt montueux & couvert de ſable : la pluie y eſt rare : ſouvent il n'y en tombe point pendant deux ou trois ans : vis-à-vis eſt la petite isle *Sainte Claire* ou d'*Amortajado* : elle eſt déſerte ; mais elle était révérée des Indiens qui venaient y faire des ſacrifices à une divinité repréſentée par des pierres, dont l'une avait une taille monſtrueuſe, ſurmontée d'une tête d'homme.

Près de la riviere de Tumbez, les Inças avaient fait élever une forttereſſe & un temple dédié au ſoleil : auprès était une eſpece de monaſtere habité par des vierges conſacrées au Dieu qu'ils adoraient : les ruines de ces bâtimens en montrent encore l'ancienne magnificence.

Cette deſcription du Pérou eſt ſans doute imparfaite ; pour la rendre auſſi bonne que nous le deſirerions, il nous faudrait des ſecours que nous n'avons pas. Bornons-nous à y ajouter un article sur les montagnes qui le traversent du midi au nord, & sur la mer qui le baigne.

Nous avons parlé ailleurs de la direction des Cordelieres & de leur immense étendue : leurs rameaux s'avancent au levant sous différentes directions. C'est sur-tout entre les tropiques que ces montagnes en imposent par leur hauteur & leur majesté : des masses énormes de neige recouvrent un grand nombre de sommets qui furent des volcans : des tourbillons de flamme & de fumée s'élancent encore de quelques-unes : vers l'isthme de Panama cette chaine se resserre comme pour le traverser ; puis elle s'élargit pour étendre ses rameaux nombreux dans le Mexique.

Dans le Pérou, & au Chili, on donne le nom de *Paramos* aux montagnes des Cordelieres qui sont les plus élevées ; ce nom signifie *bruieres*, & peut-être on le leur donne parce que cette plante s'y voit encore dans les régions les plus hautes. Les *Paramos*, celles au moins qui méritent ce nom, sont inhabitables pour l'homme ; on n'y voit même ni plantes, ni animaux : quelques-unes ont une base très-étendue & montrent leurs cimes toujours chargées de neige au dessus de toutes les autres : nous parlerons de quelques-unes d'entr'elles.

L'*Asuay* est formé par l'union des deux chaines des Cordelieres ; sa hauteur n'est pas extraordinaire : il ne se distingue que par le froid excessif qu'on y ressent & par son aridité : la neige se conserve à son sommet, mais ses pentes en sont bientôt dépouillées. A son pied sont des chemins affreux, des bourbiers mouvans, dont il est difficile de sortir.

Le *Cotopaxi* est élevé de 3126 toises au dessus du niveau de la mer ; c'est un volcan devenu redoutable par fes fréquentes éruptions: en 1744, il en fit une dont le bruit fut entendu dans le Popayan, à Piura & à la Plata, à plus de cent lieues de diftance, & ne le fut pas à Quito qui n'en eft éloigné que de douze lieues : des torrens d'eau en fortirent, & fe précipitant du fommet des montagnes, firent des bonds dans la plaine, paflerent fur la tête de plufieurs perfonnes, & creuferent le fol dans leur chûte, l'éleverent dans les lieux où ils s'arrêterent, en y dépofant le limon dont ils étaient chargés. Une pluie de menu gravier, mêlé de ces gros hannetons, nommés auffi *ravets*, couvrit d'abord la terre ; elle fut fuivie d'une pluie de terre fine, de couleur blanche, rouge & verte, & d'une odeur défagréable. Une pluie de cendres lui fuccéda immédiatement après. Un an auparavant ce volcan avait fait une éruption, précédée d'un bruit effrayant dans les concavités de la montagne : fous la maffe de neige qui le couvre, il s'ouvrit une large bouche au fommet & trois fur fon penchant; les cendres mêlées à la neige, à la glace fondante ou fondue, furent entraînées avec rapidité dans la plaine ; elles changerent en une mer la plaine qui s'étend de Callo à Latacunga, & fes eaux bourbeufes engloutirent les habitans qui la cultivaient. Latacunga même fut détruit, par la riviere enflée des eaux de cette mer qui s'écoulait par elle, mais fes habitans purent s'échapper : pendant trois jours le volcan jetta des flammes & des cendres, & la neige fondue forma des torrens : le feu dura plus long-tems que les cendres; il élevait encore des flammes vers le ciel, qu'il n'y avait plus de neige à fondre & que l'inondation avait ceffé.

En 1738, on mefura le Cotopaxi : & on trouva

que son sommet s'élevait de 500 toises au dessus de la région où la neige se conserve toute l'année, il était alors enflammé, & l'extrèmité des flammes qu'il jettait vers le ciel étaient aussi éloignées du sommet que ce sommet l'était du pied de la neige : le sommet creux ou le cratere avait alors 7 à 800 toises de diamètre, & les éruptions suivantes l'ont agrandi encore : il s'est ouvert différens soupiraux dans les flancs de la montagne : autour on voit de longues trainées de rocs qu'il a vomi, & qui s'étendent à quelques lieues à la ronde : on a vu un roc de 12 à 15 toises cubes qu'il avoit lancé à la distance de trois lieues ; ses cendres parvinrent jusqu'à la mer qui en est à 80 lieues : tout autour de lui, elles avaient formé une ceinture large, profonde & mouvante, qui avait encore trois à quatre pouces d'épaisseur à quatre lieues de distance : elle couvrit la verdure des campagnes jusqu'à douze ou quinze lieues, & fit périr de faim une multitude de bétail.

Le Chimborazo a environ 3220 toises au dessus du niveau de la mer : c'est la plus haute montagne du monde, & elle fut jadis un volcan : le *Pichincha* n'a que 2432 toises, le *Carazon* en a 2470 ; il n'a pas été possible à l'homme de parvenir à une plus grande hauteur ; la neige oppose à leurs efforts une barriere qu'on n'a pu franchir. Le Pichincha est aussi un volcan ; quelquefois il est couvert de neige en été ; des lions, ou plutôt l'animal qu'on nomme *lion* en Amérique, habite dans ses cavernes solitaires : la bouche du volcan est environnée de pierres ponces jusqu'à une assez grande distance : elle forme un demi cercle dont le diamètre est de 8 à 900 toises, bordée de rochers escarpés dont la pente extérieure est couverte de neige, & l'intérieure se montre noire & calcinée : le gouffre est partagé par une chaîne de rocs ; par-tout on ne voit qu'un amas confus de rocs énormes, brisés, entassés irrégulierement les uns sur les autres ; la neige y forme des croutes jaunies, ou par les exhalaisons du volcan, ou par le mélange des matieres calcinées. Le haut du mont n'est formé que par des rochers nuds & calcinés ; plus bas est une vaste ceinture de sable que borde une vaste enceinte de bois : au pied est un long vallon qui a cinq ou six lieues de large, où coule une multitude de ruisseaux qui se réunissent, où l'on ne voit que campagnes cultivées, diversifiées de plaines & de prairies, de côteaux de verdure, de villages, de hameaux entourés de haies vives & de jardins : la riante perspective de ce vallon est terminée par la ville de Quito.

Dans la jurisdiction de *Macas* est la montagne de ce nom, qu'on nomme aussi *Sangay* : elle est très-élevée, & dans toute sa circonférence elle est couverte de neige : de son sommet, elle vomit sans cesse des flammes, & semble les vomir avec effort : ses mugissemens affreux se font entendre au loin : ils vont souvent effrayer les habitans de *Pintau* qui en sont à quarante lieues ; les campagnes qui en sont voisines, sont condamnées à une stérilité éternelle : des ruisseaux qui en descendent se forme la riviere de Pangay qui prend ensuite le nom de Payra, & vient enfler de ses eaux celles du fleuve des Amazones.

A sept lieues au nord de Riobamba, est la montagne de *Tunguragua* : de toutes parts elle se présente sous la figure d'un cône, & par-tout elle est également escarpée : à son pied est une plaine qui renferme diverses bourgades ; entre cette montagne & la chaîne même des Cordelieres, est le village de *Bagnos*, qui doit son nom à ses eaux chaudes où les malades accourent de toutes les contrées voisines. Il est un autre village de ce nom, près d'une colline, remplie de crevasses qui exhalent une fumée continuelle, au sommet de laquelle on voit sortir à gros bouillons par diverses sources de quatre à cinq pouces de diamètre, une eau si chaude que les œufs y durcissent plus promptement que sur le feu : elle a un goût saumâtre, & forme un ruisseau qui jaunit la terre & les pierres.

L'*ilinisa* est un mont divisé en deux crêtes : il est au couchant du Cotopaxi, & toujours couvert de neige : plusieurs ruisseaux en descendent : ceux qui viennent de la cime septentrionale coulent vers le nord, & vont se jetter dans l'océan Atlantique par la riviere des Amazones : ceux de la cime méridionale se rendent à l'Océan Pacifique par la riviere des Eméraudes. Ce sont des Cordelieres que descendent toutes les rivieres qui coulent vers les mers opposées, quelques-unes ont de petits lacs : tel est le Paramo de Tioloma où l'on en trouve quatre : le plus grand est long d'une demi lieue, & se nomme *Colay* : des trois autres se forme la riviere *Cébadas*.

Ces rivieres sont profondes : les volcans, les tremblemens de terre y ont formé des ravins profonds & escarpés : tout le pays en est hâché, & pour y voyager, il a fallu y établir des ponts : il en est quelques-uns de pierre, il en est aussi quelques-uns de bois, & ceux de liane ou bejuques. Pour jetter un pont de bois, on choisit l'endroit le moins large de la riviere, entre quelques rochers qui avancent & sur lesquels on met en travers quatre grandes poutres, & c'est ce qu'on appelle un pont : il n'est large que de cinq pieds : ceux de bejuques se font sur les rivieres dont la largeur ne permet pas d'y jetter des ponts de bois : nous en avons parlé ailleurs : les animaux n'y passent presque jamais sur ceux qui sont d'une grandeur ordinaire; ils passent à la nage : les hommes mêmes n'y passeraient pas sans danger par les balancemens qu'on y éprouve, s'ils n'y avaient des gardes-fous formés de chaque côté par une grosse corde de lianne, amarrée avec celles qui forment le pont : les mules passent toutes chargées sur celui de la riviere Apurimac.

Il est des especes de ponts qu'on nomme *tarabites* : tels sont ceux avec lesquels on passe en divers lieux la riviere d'Alchipichi dont les eaux sont d'une rapidité extrème, & qui entraîne de gros cailloux avec ses ondes écumantes : ils sont formés d'une corde de liare, ou de courroies de cuir de vache de sept à huit pouces d'épaisseur, tendue d'un bord à l'autre & fortement attachée à des pilots dont l'un porte une roue nécessaire pour donner à la corde le degré de tension qu'on desire : à cette corde sont suspendus deux grands crocs qu'on fait courir dans toute sa longueur, & qui soutiennent un grand panier de cuir, dans lequel un homme s'assied ou se couche; on le lance avec force de la rive dont il part, où le tire avec deux cordes de celle où il veut atteindre, & par ce moyen il passe rapidement. Lorsqu'il s'agit de passer des mules, on les suspend après les avoir sanglées à un grand croc de bois qui court entre deux tarabites auxquelles il est attaché ; une secousse forte les fait passer avec une vitesse extraordinaire d'une rive à l'autre.

C'est ordinairement sur des mules qu'on cotaie, ou qu'on traverse ces montagnes : les sentiers y sont si étroits, sur-tout ceux qui suivent le flanc des Cordelieres, qu'ils contiennent à peine les pieds de la mule : le corps du cavalier & celui de la monture sont souvent suspendus sur les précipices, ou sur des rivieres profondes : ces chemins effrayans se nomment des *Laderes*; quelquefois des voyageurs y périssent ; mais le danger qu'on y court n'y est pas augmenté par celui des voleurs ; on y repose sans crainte dans une hôtellerie dont on ne ferme point les portes, & même au milieu d'un désert. On y trouve des montées presqu'à plomb, & des descentes dangereuses : ces chemins sont remplis dans toute leur longueur & d'un pas à l'autre, de trous remplis de boue, & d'un pied de profondeur où les mules ne peuvent éviter de mettre les pieds de devant & de derriere ; quelquefois leur ventre traîne à terre, ces especes d'escalier qui rendent le chemin très-pénible, rendent accessibles des sommets qui ne le seraient point sans eux ; mais si la mule place mal son pied dans le trou, ou le manque, elle s'abbat, & le cavalier tombe : s'il tombe du côté de la descente, il est souvent précipité. Les pentes qui n'ont point de trous sont bien plus dangereuses, leur escarpement, un terrein de craie détrempé par la pluie, les rend si glissantes que les mules ne pourraient s'y tenir, si leurs conducteurs ne les précédaient armés de petits hoiaux avec lesquels ils font des traces assez profondes pour donner aux mules le moyen d'affermir leurs pieds. Avec toutes ces précautions l'homme le plus intrépide n'y peut marcher sans frissonner de crainte.

Lorsqu'on defcend ces montagnes, on n'eft pas moins frappé d'épouvante : la pluie y fait couler la terre & détruit les trous qui affurent les pas de l'animal : on a fous les yeux d'un côté des rocs fufpendus fur la tête, de l'autre d'affreux précipices : le chemin s'y prolonge par mille détours, par des defcentes rapides que fuivent des montées très-difficiles : dès que les mules voient une defcente, elles s'arrêtent, elles tremblent, examinent le chemin, & joignent leurs pieds de devant l'un contre l'autre, en les avançant un peu comme pour fe cramponner ; elles joignent de même ceux de derriere en les avançant auffi : puis elles font quelques pas dans cette pofture pour fonder le chemin : enfuite elles fe laiffent couler avec une vîteffe étonnante : le cavalier doit être alors attentif à maintenir l'équilibre ; car s'il le perd, & lui & fa monture font précipités. Quelquefois ces animaux ne trouvent pas de place pour ranger leurs pieds dans un fentier étroit ; ils fe foutiennent à peine, & s'ils tombent, le cavalier eft foulé, & il eft affez ordinaire qu'il fe caffe le bras ou la jambe ; quelquefois il y perd la vie : c'eft à l'entrée de l'hiver & au commencement de l'été que les chemins font les plus dangereux, parce que les pluies y forment d'effroyables torrens, qui les rompent, & les précipitent au bas des montagnes.

Sur les Paramos on remarque fréquemment des phénomenes qui caufent autant d'effroi que de furprife ; fes obfervateurs y ont vu, du côté oppofé au levant, à la diftance de neuf ou dix toifes du lieu où ils étaient placés, une forte de miroir qui rendait leur image, & dont l'extrémité fupérieure était entourée de trois arcs-en-ciel, qui tous trois avaient le même centre, & dont les couleurs extérieures de l'un touchaient aux intérieures de celui qui le touchait : au delà à quelque diſtance, on voyait un quatrieme arc de couleur blanchâtre : tous étaient perpendiculaires à l'horizon : ce phénomene paraiſſait à chaque obſervateur ſuivre ſes mouvemens & ſes pas ; chacun le voyait pour ſoi, mais non pour les autres. La grandeur du diametre des arcs variait ſucceſſivement, & plus le ſoleil s'élevait ſur l'horizon, moins il avait d'étendue ; les couleurs s'en effaçaient dans la même gradation, & l'image de chaque corps diminuant par dégrés, le phénomene s'évanouit enfin : l'arc intérieur avait cinq dégrés & demi de diametre ; celui de l'arc iſolé & blanchâtre était de 97 d'abord, ils parurent de figure elliptique, comme le paraiſſait le diſque du ſoleil ; puis ils devinrent inſenſiblement circulaires : chaque petit arc était d'abord rouge ou incarnat à l'intérieur ; puis ils devinrent orangés, puis jaunes, jonquilles, & enfin verts ; mais à l'extérieur, tous demeurent rouge.

On y remarque ſouvent encore des arcs formés par la clarté de la lune ; ils ſont blancs, & la plupart ſe forment à la croupe de quelques montagnes : on en a vu qui avaient trois arcs concentriques, dont celui du milieu était de ſoixante dégrés : l'épaiſſeur de la couleur blanchâtre en occupait un eſpace de cinq. L'air de cette atmoſphere élevée, jointe aux exhalaiſons abondantes du terroir, paraiſſait plus propre que dans aucun autre lieu à changer en flamme les vapeurs qui s'y élevent, ou à y produire des effets électriques. On en vit un à Quito ſur le mont *Pichincha*, vers les neuf heures du ſoir, c'était un globe de feu si grand & si lumineux qu'il éclaira toute la partie de la ville qui lui était opposée : les contre-vents les mieux fermés n'empêchaient pas la lumiere qui en jaillissait de pénétrer par les moindres fentes : il était exactement rond : il marchait du couchant au midi, & semblait s'être formé derriere le pichincha de la croupe duquel on l'avait vu s'élever : après avoir parcouru la moitié de sa course, il perdit son éclat, & cette diminution de lumiere continua par degrés jusqu'à ce qu'enfin il se perdit dans le vague de l'air.

En général, l'air est si actif, si rude dans les Paramas, qu'il n'y a point d'animaux qui puissent y fixer leur séjour; ceux qui peuvent le respirer sans s'affaiblir, y vont paître quelques herbes qui croissent entre les rochers, tels sont les chevreuils dont on rencontre quelquefois des troupes dans les plus hautes parties de ces lieux stériles & déserts. La chasse de ces animaux est une passion dans le Pérou, elle se fait entre plusieurs personnes divisées en deux classes, l'une formée d'Indiens à pié pour faire lever l'animal, l'autre de cavaliers destinés à le poursuivre. On se rend dès la pointe du jour au sommet du Paramo, chacun avec un levrier en lesse : les cavaliers se placent sur les rocs les plus élevés, les piétons battent le fond des coulées, en faisant le plus de bruits qu'ils peuvent : on embrasse ainsi un espace de trois à quatre lieues : s'il part un chevreuil, le cheval le plus proche l'apperçoit & s'élance après lui; le cavalier voudrait envain le retenir & le gouverner, il ne ferait qu'en rendre la course moins sûre; il court dans des descentes si rapides qu'un homme à pied n'y passe point sans crainte; celui qui s'y exposerait sans y être exercé, préférerait de se laisser tomber de la selle, & couler jusqu'au bas de la descente, à s'abandonner au caprice du coursier qui ne connait ni frain, ni danger; il ne cesse de courir que lorsque la bête est prise ou qu'épuisé lui-même de fatigue, il est forcé de céder la victoire au chevreuil. Dès que l'un s'est élancé, tous les autres partent, & cherchent à couper le chemin à l'animal qui fuit: les cris des chasseurs & des chiens, l'agitation de tous, excitent le cheval, le soutiennent, le raniment jusqu'à ce que les forces lui manquent: quelquefois le cavalier dans ces mouvemens brusques, au milieu des détours, des descentes rapides, de montagnes escarpées, perd l'équilibre, tombe sur la tête du coursier qui le foule aux pieds, ou le précipite.

Ces chevaux sont exercés dès leur jeunesse à courir les paramos; ils sont agiles & fermes; ils ne vont que le pas simple, mais leur pas est si vif qu'il égale le plus grand trot des autres: il en est qui sont d'une légéreté à laquelle on ne peut rien comparer: dans leur course ils vont l'amble, & portent le pied de derriere plus loin que là où fut le pied de devant: ce qui rend leur mouvement plus prompt du double que celui des chevaux ordinaires, & bien plus doux pour le cavalier; cette allure leur est naturelle, & on l'enseigne à ceux qui sont d'une race différente. Aucun de ces chevaux ne frappe par sa beauté; mais ils se distinguent par leur légéreté, leur docilité, & leur courage.

On trouve encore dans les Andes, des animaux qui ressemblent à des vaches, & sont de la grosseur d'une petite genisse: ils n'ont point de cornes; leur peau est forte & dure: on y voit aussi des *ja-*

varis, espece de sangliers qui n'ont point de queue, ont la hure moins allongée que les nôtres, & les soies plus courtes : nous en avons parlé à l'article du Brésil, sous le nom de pacaris : du nombril qu'ils ont sur le dos distile continuellement une liqueur visqueuse & blanche comme le lait.

Les oiseaux qu'on trouve dans les Paramos ne sont guere que des perdrix, des *condors* ou *buyres*, & des *zumbadors* ou *bourdonneurs*. Les perdrix y sont peu nombreuses & petites, & peuvent être comparées à des écailles : mais le condor, cet oiseau dont on contesta long-tems l'existence, se distingue par sa grandeur.

Le *condor*, ou *contur*, ou *gryps* est le même que le vautour des agneaux qu'on voit dans les Alpes : c'est le plus grand des oiseaux de proie, de ses aîles étendues, il couvre un espace de quatorze à quinze pieds de long : il a des plumes qui ont deux pieds & quatre pouces de long, & sa force prodigieuse répond à sa taille. Sa tête est ornée d'une crête ; son plumage est tacheté de blanc & d'un brun presque noir : lorsqu'il s'abat, il fait un si grand bruit qu'il inspire l'effroi ; son bec est si fort qu'il en peut éventrer un bœuf ; jamais on ne le voit dans les lieux bas : & s'il descend près du pied des montagnes, c'est dans les temps de pluie : on le voit souvent enlever un agneau du milieu des troupeaux qui paissent sur leurs pentes : on le voit qui fond sur sa proie, qui l'enleve dans ses serres, & le laisse tomber sur les rocs ; il continue de le reprendre, de le laisser échapper jusqu'à ce qu'il soit en pieces ; alors il acheve d'en déchirer les membres palpitans. Il est des montagnes où il est plus commun ; on cherche à le détruire, on lui tend des pieges ; souvent on imbibe dans la chair de quelque animal expiré le jus de certaines herbes qui l'enyvrent & lui ôtent la force de se mouvoir lorsqu'il s'en est repu : alors on l'assomme sans crainte : il y a du danger à les prendre dans des pieges lorsqu'ils ont toute leur vigueur; car souvent d'un coup d'aîle, ils terrassent, & quelquefois estropient ceux qui les attaquent.

Le *zumbador* est un oiseau nocturne qui ne se trouve que dans les Paramos ; rarement on le voit, souvent il se fait entendre, ou par son chant, ou par un bourdonnement extraordinaire qu'on attribue à la violence de son vol, de tems en tems il pousse un cri assez semblable à celui des oiseaux de nuit. C'est dans les nuits calmes & claires qu'il se fait le plus fréquemment entendre : quand on en voit, on ne peut distinguer sa figure à cause de la rapidité de son vol : nous en avons parlé ailleurs.

Dans les vallons des Paramos, dans les lieux où les eaux ont formé des marécages, on voit un oiseau que les habitans du pays nomment *canelon*, nom qui exprime son cri ordinaire : il a la grosseur & la tête de l'oie, le cou épais & long, le bec gros & droit, les pieds & les jambes proportionnées au corps : le plumage supérieur de ses aîles est gris, l'inférieur est blanc : le mâle & la femelle ne vont jamais qu'ensemble, soit qu'ils volent, ou qu'ils soient à terre qui est leur séjour le plus constant : ils ne volent que pour passer d'un vallon à l'autre, ou pour fuir les chasseurs qui le poursuivent : on en mange la chair, on en estime le goût, mais il faut qu'elle soit mortifiée. On en voit encore dans les collines voisines de la plaine ; mais leur figure est un peu différente ;

on a dit ailleurs qu'au bas des montagnes il a ordinairement une petite corne calleufe & molle fur le front, & fur la tête une petite touffe de plumes : dans tous les lieux qu'il habite, il a fes deux éperons à la jointure des ailes; inftrumens naturels qu'il fait fe rendre utiles & redoutables à fes ennemis.

Les Paramos dont la hauteur ne va point jufqu'au degré de la congélation, font couverts d'une efpece de petits joncs, qui ont environ trois pieds de hauteur, & le plus fouvent un peu moins. Sur ceux où la neige fe foutient pendant une partie de l'année fans fe fondre, on ne voit aucune des plantes connues dans les contrées habitées; il ne s'y trouve qu'un petit nombre de plantes fauvages, & encore elles ne fe trouvent qu'à une hauteur médiocre; la plupart font des plantes médicinales ; on y trouve auffi une forte d'oignons. De-là aux lieux que couvrent des neiges & des glaces éternelles, on ne trouve que différens fables, différentes efpeces de pierres. Dans les lieux où végéte le jonc dont nous avons parlé, où la terre ne fe cultive, ni ne fe feme, eft une plante qui a reçu le nom de *palo de luz*, ou bois de lumiere : elle eft ordinairement haute d'environ deux pieds : elle s'éleve en plufieurs tiges qui fortent d'une même racine, & font droites & unies jufqu'à leur fommet où elles pouffent de petits rameaux qui portent des feuilles déliées: les tiges extérieures font communément les plus petites; leur diametre eft de trois lignes. On les coupe près de terre, & on l'allume même pendant qu'elle eft verte encore : elle donne une lumiere égale à celle d'un flambeau, & brûle de même, fans autre foin pour ceux qui l'emploient à s'éclairer que

PÉROU. 375

d'en féparer le petit charbon qu'elle fait en brûlant.

La mer qui baigne les côtes du Pérou fait partie de la mer du fud: les vents y font conftans & même frais fous les tropiques: prefque toujours ils viennent entre le levant & le midi; au deffou de Callao, ils foufflent entre le midi & le couchant; mais il faut s'éloigner des côtes pour les fentir: ordinairement le ciel y eft couvert de brouillards, & fouvent on demeure quatre ou cinq jours fans voir le foleil. En été, on voit fréquemment un nuage épais & noir border l'horifon; mais il n'annonce rien de dangereux, un vent frais, de petites pluies en font feules les fuites; dans es mois qui forment notre hiver, les bonaces font communes dans le voifinage du tropique; rrement on s'en apperçoit près des côtes, parce que les vents de terre y fillonnent la furface de l'eau: en général cette mer eft paifible; les marés, les courans y viennent en général du couchant ou d'entre le couchant & le midi; leur cours eft fenfible près du tropique méridional; entre le ♋ & le 20ᵉ de latitude; ils font imperceptibles, au delà ils fe font fentir avec force.

Sous le 4° 30′ de latitude, à une centaine de lieues des côes, on rencontre une lifiere d'eau verdâtre qui va du nord au midi, & a une trentaine de lieues de largeur; on la trouve prefque fous toutes les latitudes jufqu'à la côte de Guatimala, dans la nouvelle Efpagne; mais elle ne fuit pas toujours le même méridien: elle s'écarte davantage des côtes de l'ifle Fernandez au Chiloé. Quelquefois à environ vingt lieues de la côte, la mer parait d'un très-beau rouge, dans un efpace de quelques milles; mais cette couleur lui

A a 4

vient d'une multitude infinie de poiſſons qui en couvrent la ſurface: on a mis de cette eau dans un verre, on l'a trouvée de ſa couleur ordinaire, & auſſi pure que le cryſtal; çà & là cependant on y voyait ſurnager quelques globules rouges & glaireux.

Elle mérite le nom de Pacifique entre les tropiques; mais depuis le 20 ou 23° de latitude, les tempêtes y ſont auſſi fréquentes, auſſi teribles que dans toutes les autres mers; & plus on y approche des poles, plus elles ſont violentes. Du mois de juin en novembre, on n'y eſt jamais en ſûreté contre les tempêtes, & ſouvent elles ſurprennent lorſqu'on y penſe le moins. Au delà du 35° de latitude, l'hiver s'y fait ſentir de bonne heure, & il amene avec lui des orages: c'eſt ordinairement le vent du nord qui s'y fait ſentir: mais il n'eſt pas un vent aliſé; ſon regne eſt incertain, interrompu & toujours bruſque au milieu de l'hiver, ce ſont des rafales d'un violence qui épouvante & qui éleve des lames fatigantes & terribles, l'air ſe couvre de nuages, bientôt ils s'accumulent & ſe fondent en pluies très-fines qui ne finiſſent qu'avec le vent dont les changemens ſont ſi prompts qu'on ne peut les prévoir: tandis qu'il eſt au nord & ſouffle de toute ſa force, ſans aucune apparence qu'il doive changer, il tombe tout d'un coup & ſaute au couchant, ſans rien perdre de ſon impétuoſité. Quelquefois cependant, ce changement eſt annoncé par une petite clarté qui parait du côté d'où il va ſuffler: & quand on l'obſerve, on s'attend que dans moins de ſept minutes on eſſuyera une rafale de ce côté là: c'eſt dans ces changemens ſubits que la mer eſt plus dangereuſe, que le pilote doit être plus attentif;

car un vaisseau surpris avec ses voiles orientées, ou à la cape, court risque d'être renversé. La durée de ces bourasques est très-incertaine : mais on éprouve qu'elles sont d'autant plus longues, d'autant plus violentes qu'on est plus éloigné du tropique. On a remarqué que dans les latitudes méridionales on était exposé aux vents du nord, quand ceux du sud regnent sur la côte de Panama, qu'ils ne soufflaient vers l'équateur dans le tems de l'hiver, que tandis que ces vents regnaient vers Panama, ils ne se faisaient point sentir dans tout le reste de la mer du sud, & qu'à la distance de trente à quarante lieues des côtes du Chili, lorsque les bourasques du nord se font redouter dans un parage, le vent du midi fraichit dans un autre. Peut-être trouverait-on l'explication de ces phénomenes dans la situation locale, les effets de la longue chaîne des Cordelieres, de leur abaissement, de leur interruption, joints aux effets des causes générales, comme celles du mouvement réel de la terre & l'apparent du soleil.

A une grande distance des côtes, on voit des oiseaux remarquables par cette propriété : les Espagnols les nomment *pardelas* ; ils sont de la grosseur du pigeon ; leur corps est long, leur cou fort court, leur queue bien proportionnée, leurs ailes longues & minces : on en distingue deux especes ; mais elles ne different que par la couleur : l'une est grise, l'autre noire. Plus près des côtes, on remarque encore un autre oiseau qu'on nomme *alma de maestre* : il est blanc & noir, sa queue est longue, & on ne le voit guere que dans les orages. Les *quebrantahuessos* n'y paraissent non plus que lorsque le vent du nord doit souffler, ou qu'il souffle : alors on les voit s'abaisser & se soutenir fur les lames, s'approchant des vaiffeaux, & ne s'en éloignant que lorfque le calme renaît : on ne le voit, ni fur la terre, ni fur la mer, que dans ces circonftances, & on ignore les retraites d'où ils accourent fi ponctuellement, lorfqu'un inftinct naturel leur en annonce le moment. Dans cette mer, ils font plus grands que le canard ; leur cou eft gros, court, un peu courbé ; les jambes font petites, leurs ailes grandes, leur dos élevé, leur queue petite, leur tête groffe, leur bec large & d'une longueur médiocre : leur plumage n'eft pas toujours le même dans les uns, il eft blanchâtre & tacheté d'un brun obfcur ; d'autres font en partie de la blancheur la plus éclatante ; mais tous ont la partie fupérieure du dos & des ailes d'un brun obfcur : de-là vient le nom qu'on leur donne dans la mer du fud, *lomos prietos*, ou dos noirâtres.

Les grandes marées qu'on remarque dans le golfe de St. Michel ont fait penfer à quelques perfonnes qu'il y avait fous terre une communication entre les mers du nord & du fud, & que l'ifthme de Darien était une efpece de pont fous lequel la mer fe balançait, & refluait alternativement des deux côtés : de-là viennent, difent-elles, les bruits étrangers qu'on entend fous cet ifthme, l'agitation des vaiffeaux dans le golfe de Panama, l'efpece d'attirement qu'ils éprouvent, femblable à celui qu'on reffent dans le voifinage d'un goufre. Mais on a reconnu que ces dernieres obfervations étaient fauffes, ou l'effet de quelque circonftance momentanée : quand elles feraient vraies, elles ne fuffiraient pas pour appuyer cette communication extraordinaire, que des obfervations contraires détruifent.

DES ISLES DE L'OCÉAN PACIFIQUE.

Nous renfermons dans cet article toutes les isles qui se trouvent dans l'espace terminé au levant par l'Amérique, au couchant par les pays que nous avons décrits, comme faisant partie de l'Asie ; mais avant d'en commencer la description, il est convenable de parler du continent qu'on suppose la borner au midi.

Les raisons qui en font soupçonner l'existence, sont que dans une étendue de mer qui comprend le tiers de la surface de la terre entiere, il paraît impossible qu'il n'y ait pas un vaste continent, capable de maintenir le globe en équilibre dans sa rotation, & de servir de contrepoids à l'Asie & à l'Amérique septentrionales : lorsqu'on jette les yeux sur les deux hémispheres partagés par l'équateur, on est étonné de voir tant de terres dans l'un, & si peu dans l'autre; & comme le poids de la terre, en prenant un terme moyen entre les poids divers de la terre commune, des sables & des pierres, est à celui de l'eau comme deux est à un, on demande comment l'équilibre pourrait subsister sans ce continent qui nous est inconnu encore, & qui doit s'étendre sur-tout entre le 180 & le 230° de longitude.

A cette raison on joint les découvertes d'Hawkins, de Browers, de la Roche, de Bouvet & autres navigateurs : la collection des voyages dans la mer du sud mettait presque ce sentiment dans le rang des faits; cependant le voyage de Cook parait l'avoir détruite : il a prouvé du moins d'une maniere incontestable, qu'en deça du 60° de latitude méridionale, il n'y a point de terre dans l'hémisphere austral, excepté quelques fragmens peu étendus qu'il trouva dans le vaste Océan pacifique, & en supposant tout l'espace qui est au-delà rempli de terre, ce qui est très-incertain, il n'y en aurait pas assez pour servir de contre-poids à l'hémisphere du nord. Peut-être la nature a pourvu à l'équilibre que l'on cherche, en plaçant au fond de la mer du sud des corps qui, par leur pesanteur, compensent l'absence des terres. Peut-être aussi ce contrepoids n'est pas nécessaire : l'imperfection de nos connaissances, les bornes resserrées de notre expérience, doivent nous rendre moins décisifs dans nos spéculations.

Les isles qui sont dans la partie septentrionale de l'Océan pacifique sont très-peu connues. A l'orient de la Californie on trouve l'isle de *Dona Maria Laxara*, sous le 227° de longitude, & le 27 de latitude septentrionale, mais nul voyageur n'en donne une description, & on ne connait encore d'elle que son nom. Plus au midi, sous le 240° de longitude, l'Adelantade Alvaro de Mendanna découvrit, ou crut découvrir, sur la fin du 15e siecle, une terre qu'on ne paraît pas avoir retrouvée. Sous le 17° de latitude septentrionale, & le 257° de longitude, on place la *Nublada*, découverte par les Espagnols, mais dont la situation même est encore incertaine. C'est sous le 16° de latitude septentrionale, & le 250 de longitude, qu'on croit qu'est située la *Rocapartida*, isle singuliere & peu connue. Sous le 18° 30' de latitude septentrionale & le 269° de longitude, à 80 lieues au couchant de la province de Mechoacan, dans le Mexique, est l'isle de *Socorro*, qui peut avoir sept à huit lieues de tour, qui est déserte & peu fertile, mais pourrait devenir utile. Sous le 16° 20' de latitude septentrionale & le 272 de longitude, est l'isle de la *Passion*, isle circulaire, de neuf lieues de tour, sans habitans, mais non sans richesses naturelles : on ne sait si cette isle est la même que celle dont parle la Barbinais le Gentil, qu'il place sous le 4° de latitude septentrionale, & qu'il dit être un grand rocher fort élevé & ceint de plusieurs bancs de sable : il fut découvert, dit-il, par un capitaine du Havre, nommé du Boccage, qui allait du Pérou à la Chine.

Isles Galapes, ou Gallapagos.

On les connait bien imparfaitement encore, mais cependant on trouve quelques détails sur elles dans les relations des voyageurs : elles paraissent s'étendre du 2° de latitude septentrionale jusqu'au 1° 30' de latitude australe; & du 280 au 289° de longitude : elles sont mieux connues des Espagnols que des autres nations, & ce sont eux qui leur ont donné le nom qui les distingue, de l'abondance de tortues de terre & de mer qu'on y trouve. Des Français leur ont donné le nom d'*Isles enchantées*. On n'en connait pas le nombre ; Cowley qui les visita en 1684, qui leur imposa des noms, ne l'indique pas. Dampier le borne à 13, Waffer le laisse incertain, Beaucherne-Gouin qui y relâcha en 1700, le fixe à 22; Wood Rogers, qui y séjourna en 1709, dit qu'il en compta 50 à deux différentes reprises. Il serait difficile de déterminer lequel doit en être cru ; & difficile encore de les décrire chacune en particulier : tout est vague, sur-tout en ce dernier point, bornons-nous à une description générale.

Les plus grandes ont neuf à dix lieues de long, sur six à sept de large: elles sont au couchant:

leur fol en général eft médiocrement élevé : il eft uni, & monte infenfiblement jufqu'à leur centre : les plus orientales font pierreufes, montueufes, ftériles ; on n'y voit ni herbes, ni pâturages, ni arbres dans les lieux éloignés de la mer : çà & là cependant on voit des *dildos* : ce font des arbriffeaux verds, remplis de piquans, s'élevant à la hauteur de dix à douze pieds, ne produifant ni feuilles ni fruits. Son tronc eft de la groffeur de la jambe, & cette groffeur eft égale de fa racine à la tête ; il eft environné de piquans, rangés en rayons preffés : il n'eft bon à rien, pas même à brûler. Près de la mer, on trouve de petits arbres nommés *borions*, qui font un feu rapide & chaud : on voit ces mêmes arbres dans la baie de Campêche, dans les isles Sambales & en differens autres lieux ; mais ils font rares dans les isles de la mer du fud. Entre les rochers on trouve des creux remplis d'eau, & quelques-uns méritent le nom de lacs : celles des isles qui font les plus baffes font couvertes d'arbres dont l'efpece nous eft inconnue : les plus grandes, qui font auffi les plus occidentales, paraiffent les plus fécondes : le fol en eft profond & noir : elles font ombragées de grands arbres, dont les plus connus font les *mammets* ou *mammeys* : ils font beaux, très-grands & touffus ; leurs branches montent & s'élevent de toutes parts en pyramide : leur bois eft mou & filandreux, leurs feuilles larges, d'un verd brillant, femblables à celles du laurier ; leurs fleurs mâles & femelles font féparées, répandent une odeur douce, & donnent, par la diftillation une liqueur agréable, leur fruit eft prefque rond, ou de la figure d'un cœur, couvert d'une écorce brunâtre & crevaffée, épaiffe, forte, flexible comme le cuir : au-deffous eft une pellicule jaunâtre, qui recouvre une chair jaune, odorante, d'un goût un peu amer & gommeux : il est long de trois à sept pouces & est fort nourrissant. Ces arbres forment dans le Gallapayos de petites forêts. Les plus grandes de ces isles ont des rivieres assez larges ; les plus petites des ruisseaux d'une eau assez pure : peu de pays nourrissent un plus grand nombre de guanos & de tortues : les premiers y sont très-gros & très-gras, ainsi que les tortues de terre & de mer, dont quelques-unes pesent plus de 200 livres, & selon Roger plus de 400 : parmi celles de terre est l'espece que les Anglais nomment *becarrée* : la chair d'un poulet n'est pas plus délicate que la leur, & ne se mange pas avec plus de plaisir : elles ne mangent pas, dit-on, dans le tems de la ponte, & deviennent d'une maigreur extrème, sur-tout le mâle. On dit que ces animaux restent accouplés pendant quatorze jours, que dans une nuit la femelle pondra 300 œufs sans coquilles, de la grosseur d'un œuf d'oie (*a*), qu'elles s'accouplent & pondent trois fois successivement ; mais que le mâle est réduit alors intérieurement en une sorte de gelée, & devient aveugle ; que sa femelle le reporte dans son nid : ces faits sont assez extraordinaires pour qu'on puisse en douter.

L'air de ces isles est assez tempéré, quoique placées sous la ligne : tout le jour on y ressent un petit vent de mer, & la nuit on y ressent un vent froid dont on ne nous indique point la direction : la saison pluvieuse y dure de Novembre

---

(*a*) Selon Woodes Rogers ces œufs sont couverts d'une coquille épaisse.

en Janvier : alors le ciel est sombre & l'air toujours orageux, les éclairs & les tonnerres y sont fréquens : cette saison est précédée & suivie de petites pluies rafraichissantes : durant les mois de Mai, Juin, Juillet & Août le ciel est toujours serein.

On n'y trouve aucun animal terrestre ; excepté des serpens dont la peau est d'un verd éclatant : les serpens d'eau y sont dangereux, dit Roggers : les tourterelles y sont en grand nombre, & peu craintives : les *flamingos* y sont aussi communs : les faucons n'y sont pas rares : la mer y est abondante en poissons de différentes especes : dans quelques-unes on trouve des chiens de mer. On y peut faire beaucoup de sel.

Celle où aborda Cowley est sous la ligne équinoxiale : il trouva un bon havre à son extrêmité méridionale : elle est couverte d'arbres & présente un aspect agréable.

Celle qu'il nomma *York* fournit une eau douce excellente & du bois ; il y remarqua une riche veine de métal.

Dampier aborda aussi à l'une de ces isles situées sous l'équateur ; elle était longue de cinq à six lieues, large de quatre, stérile & pierreuse dans presque toute sa surface ; ses côtes sont d'un accès difficile, un seul endroit y offre un bon ancrage, mais la rade est médiocre, & le fond si escarpé que si l'ancre lâche, elle tombe au fond sans jamais s'accrocher : le vent y vient de la terre ; mais il souffle paisiblement : on y voit un ruisseau qui tombe comme un torrent, de rochers hauts & escarpés, dans une baie sablonneuse.

Celle que Beauchêne nomme *Isle à tabac*, n'a point d'eaux douces, n'a d'arbres que de mauvais

mangles

mangles & des torches : le fol en eft brûlé, haché de précipices & d'abîmes ; il femble être un métal changé en fcories, bouleverfé par des feux fouterrains : elle croule fous les pieds & l'on n'y marche qu'en tremblant : on y trouve un beau port formé par une petite isle ; fon entrée eft au couchant.

L'isle *de Santé* eft à vingt lieues de celle-là, elle eft feche & aride : fes arbres font fans feuilles, excepté aux bords de la mer ; fes bords font couverts de tortues : on y voit une fource d'eau douce qui fe perd dans le fable : les tourterelles y font très-nombreufes, mais elles fe montrent peu au bord de la mer.

L'isle *Mafcarin* eft fous le 1° 12′ de latitude méridionale, n'a rien qui la diftingue de fes voifines par fes productions naturelles, elle ne peut être bien utile, mais on a trouvé près de fes côtes de très-groffes baleines, poiffon rare fous la ligne & dans fon voifinage.

L'isle où Roggers débarqua en 1709, eft feche & aride dans une partie de fon étendue ; elle eft fans eau douce, & couverte de cailloux pefans & cariés, femblables à du machefer ; les pieds s'y enfoncent comme fi l'on marchait fur la cendre : des buiffons la revêtent : çà & là on trouve des tapis de verdure : il femble qu'elle eft la même que l'*Isle à tabac*.

L'isle *Santa Maria del Aguada* a été fouvent vifitée par les Efpagnols & en a reçu fon nom : il y a beaucoup de bonne eau, des bois de charpente & des tortues de mer & de terre : on y trouve une rade fort fûre.

Au nord des Gallapagos eft l'*Isle des cocos* : elle eft fous le 5° 15′ de latitude feptentrionale, le

286° 40′ de longitude, & a sept à huit lieues de circuit ; le sol y est bas près de la mer, mais il s'élève à son centre, & une montagne escarpée la traverse, & là seulement elle est nue & aride : la pente de la montagne & la plaine qui s'étend d'elle jusqu'à la mer sont ombragées par des cocotiers qui y forment de rians bocages : une herbe que les Espagnols nomment *gramadal* en tapisse le sol : une multitude de sources d'une eau claire & pure descendent du sommet des montagnes, & se rassemblent dans un bassin profond, d'où elles se répandent dans la plaine en petits ruisseaux : en quelques lieux où des rochers sont saillans, ils forment des cascades qui ajoutent aux agrémens de ces lieux ; l'air y est frais & pur : autour d'elle des écueils forment une enceinte qui la rendent presqu'inaccessible : mais vers le nord-est elle a un petit port où les vaisseaux peuvent entrer, où ils trouvent un ancrage sûr, une descente facile, & un ruisseau d'eau douce qui vient s'y rendre dans la mer.

Au couchant des Gallapagos est un petit archipel, découvert par les Espagnols, mieux connu d'eux que des autres nations, placé entre le 269 & le 278° de longitude & sous la ligne : nous n'en connaissons que le nom, qui vient sans doute du navigateur Hernando Gallego, qui le premier les apperçut. On l'appelle les isles del *Gallego*.

Sous le 24° 30′ de latitude méridionale, & le 291° de longitude, sont les deux isles de *St. Felix*, découvertes par les Espagnols, & dont les autres nations ne connaissent guere que le nom.

St. Charles, isle qu'on croit être la même que découvrit David ou Davis, capitaine Anglais, qui lui donna son nom. Il la place sous le 27° 20′ de latitude méridionale, le 274° de longitude, & ne détermine point si c'était une isle. On l'a cherchée long-tems en vain: Roggewin qui ne put la voir s'imagina que le vent de nord-ouest en détourne toujours & empêche qu'on ne l'apperçoive; mais il la cherchait sous le 28° de latitude & le 251° de longitude. On dit qu'en 1771 deux vaisseaux Espagnols ont trouvé cette terre: ils se sont assurés qu'elle est une isle, qu'on la croyait plus éloignée du continent qu'elle ne l'est en effet, qu'elle n'est qu'à 580 lieues du Chili, à 625 du Callao; ils la placèrent sous le 27° 26' de latitude méridionale, & le 268° 14' 30" de longitude. On prétend que les Espagnols y ont fait un établissement & lui ont donné le nom de leur roi; qu'ils l'ont trouvée peuplée de 8000 ames: que ces insulaires sont des hommes doux, d'une grande taille, agiles, adroits; qu'ils ne connaissent ni métaux, ni pierres précieuses, qu'ils n'ont point d'armes, point d'outils tranchans; que la vue des étrangers ne les effraye pas; qu'au contraire ils les recherchent & leur offrent avec facilité ce qu'ils ont, comme ils prennent aussi ce qui leur plait; que le sol de l'isle est fertile, abondante en volaille, & plus encore en fruits; que des cavaux creusés dans la terre, des antres, des grottes naturelles sont les demeures des habitans qui paraissent vénérer des statues d'une taille gigantesque.

Isle de Pâques.

Elle fut découverte en 1722 par Roggewin, qui lui donna le nom du jour où il la découvrit: elle offre un aspect triste & désagréable: toute la campagne est couverte de rochers & de pierres de différentes grandeurs, cassantes, spongieuses, caverneufes, brunes, noires ou rouges, monumens incontestables d'un volcan. Ces pierres volcaniques, mêlées de cendres, embarrassent les chemins, & blessent les pieds de ceux qui ne sont pas accoutumés à les franchir: on y voit aussi un tuf ferrugineux, des plaines de laves fondues & unies, qui semblent contenir du fer: les collines y sont si élevées qu'on les voit de 15 à 16 lieues en mer: il en est une dans le milieu de l'isle qui est couverte d'un arbrisseau de l'espece des *mimosa*, qui y parvient à la hauteur de neuf pieds: on n'y trouve point d'eau dont on puisse se désalterer ; elle est salée, ou exhale une puanteur insupportable & a un goût de pourriture; on la prend dans des puits ou des mares, car on n'y voit pas un ruisseau: le sol y est si stérile qu'on n'y a pu découvrir plus de vingt especes de plantes, & la plus grande partie ne croîtraient pas sans culture ; la plus commune est une herbe de la Jamaïque, une espece de *paspalum* qui y croît en touffes dures & glissantes; des groupes d'une espece de guimauves (*hibiscus populneus*), qui sert pour teindre en jaune, du céleri, quelques ignames, des plantains, une espece d'acacia qui n'est qu'un arbrisseau, & cependant excéde par sa hauteur, & par la grosseur de sa tige toutes les autres productions végétales de l'isle ; une d'un *solanum nigrum*, qui sert de vulnéraire, & une de mûrier, dont l'écorce intérieure sert à faire des étoffes, & dont on voit çà & là de petites plantations, ainsi que de bananiers, qui y croissent dans des trous d'un pied de profondeur, qui reçoivent les eaux de la pluie, & de cannes à sucre qui y jettent des tiges de neuf à dix pieds, & renferment un jus très-doux. On y voit aussi quelques fruits, quelques racines, comme des patates d'un jaune d'or, aussi douces que des carottes, & qui sont nourrissantes & antiscorbutiques.

Cette isle a, selon Roggewin, 15 à 16 lieues de tour; selon Cook, qui l'a visitée plus exactement, elle n'en a que 10 ou 12. On n'y compte que 6 à 700 habitans : ils paraissent être d'une race faible; ils ne sont pas grands, mais ils sont vifs, actifs, d'une physionomie & d'un maintien qui ne sont pas désagréables; ils sont doux, amicals & hospitaliers : leur peau est dessinée de différentes figures, sur-tout celle des hommes ; les deux sexes se la peignent de rouge & de blanc, ils se vêtissent d'une piece d'étoffe piquée, longue de six pieds, large de quatre, ou d'une natte; une seconde piece enveloppée autour de leurs reins, & une troisieme sur les épaules, forment un habillement complet; mais la plupart des hommes sont nuds; ils n'ont qu'un tablier entre leurs jambes, dont chaque extrêmité s'attache à une corde ou ceinturon qui est sur leurs reins : cette étoffe est faite de l'écorce du mûrier dont nous avons parlé ; mais l'arbre n'y est pas commun, & l'étoffe y est assez rare.

Leurs cheveux sont noirs : les femmes les portent longs, ou relevés au sommet de leur tête ; les hommes les coupent ainsi que leur barbe : leur front est orné d'un bandeau rond, garni de plumes; sur leur tête est un bonnet de paille : les deux sexes ont de grands trous ou fentes aux oreilles, longues quelquefois de trois pouces, & ils en replient l'extrêmité dans cette fente ; ils la remplissent de duvet, de plumes, ou d'anneaux composés d'une substance élastique, roulée comme le ressort d'une montre : ils portent quelquefois des amulettes d'offemens ou de coquillages. Ils ont des armes offenfives, telles que des maffues courtes de bois, des piques d'un bois tortu, longues de fix pieds, armées d'une pierre tranchante, & une efpece de fabre de bois : on ne connait point les événemens qui ont pu les leur rendre néceffaires, car ils paraiffent unis, ne font point nombreux & n'ont pas de voifins. Leurs cabanes font formées par des bâtons plantés en terre à fix ou fept pieds l'un de l'autre, recourbés dans le haut où ils fe réuniffent, & forment une efpece d'arche gothique : les plus longs font au milieu, les plus courts de chaque côté, & le bâtiment eft ainfi plus large & plus élevé dans le centre, plus bas & plus étroit à fes extrémités : fur ces bâtons ils en attachent d'autres couchés horizontalement, & le tout eft recouvert de feuilles de cannes à fucre : la porte en eft fi baffe, que pour y entrer il faut fe traîner fur fes mains : la plus grande cabane qu'on y ait vue avait 60 pieds de long, 9 de haut dans le milieu, 4 à chaque bout : il y a auffi des maifons voûtées en pierres, & conftruites en partie fous terre : leurs uftenfiles ne font formés que de citrouilles vidées : les coques de cocos font des préfens qu'ils eftiment beaucoup ; ils cuifent les alimens avec des pierres chaudes, dans un creux fait en terre ; l'herbe & des têtes de cannes à fucre & de plantains leur fervent de bois à brûler : ils ont peu de pirogues, & elles font conftruites de morceaux de bois joints enfemble par un petit cordage : elles ont jufqu'à vingt pieds de long, mais font très-étroites, & ne peuvent porter que quatre hommes, qu'elles ne meneraient pas loin : l'avant & l'arriere en font élevés & fculptés avec adreffe : on y a vu quelques autres morceaux de sculpture bien dessinés. Leurs plantations sont disposées en ligne droite, & ne sont point ceintes de haies : leurs outils sont mauvais, & composés d'os, de pierres & de coquillages ; ils connaissent l'usage du fer & le méprisent.

On y voit peu de femmes, peut-être parce qu'on les dérobe à la vue des étrangers : on y a peu vu d'enfans. Ce peuple semble avoir été le reste d'un peuple plus nombreux & plus opulent. Peut-être un volcan a bouleversé cette isle ; il peut avoir fait périr les arbres, les plantes, les animaux domestiques & une partie des hommes ; la faim & la misere auront poursuivi ceux qui auront échappé au feu. On y remarque en effet des monumens qui surpassent les idées & les forces actuelles de la nation : l'isle est bordée de statues gigantesques, qui sont élevées sur des platte-formes, construites en maçonnerie, longues de 40 pieds, larges de 12 à 16, élevées de 3 à 12, situées sur la greve ; les pierres en sont taillées, fort larges, & avec précision, elles sont jointes exactement, enmortaisées les unes dans les autres avec beaucoup d'adresse : les statues qui les occupent sont à mi-corps, & se terminent par un tronc ; l'exécution en est plus grossiere que mauvaise, les traits du visage ne sont point mal formés, mais les oreilles sont très-longues ; le corps ressemble peu à celui d'un homme ; elles sont d'une pierre grise qui semble factice, & dont on ne trouve pas de rocs dans l'isle, quelques-unes ont 27 pieds de long & davantage ; on ne sait comment ils ont pu élever ces masses étonnantes, & y placer, encore sur la tête des statues, de grosses pierres cylindriques, d'une pierre différente d'elles : il leur a fallu un tems immense pour le faire, & peut-être des inſtrumens qu'on ne leur voit plus. Ces monumens ſemblent être des tombeaux : on en a vu un, au moins, qui recouvrait un ſquelette d'homme. On trouve encore en divers endroits du rivage de petits tas de pierres empilées : deux ou trois de ces pierres, placées au haut de chaque pile, étaient blanches ; peut-être ces monumens informes indiquent les lieux où des morts ont été enterrés : les premiers ſont probablement du tems où la nation était riche & floriſſante : ces derniers ſont modernes.

Ils paraiſſent avoir une eſpece de gouvernement : on y a vu un homme d'une belle phiſionomie, mieux vêtu que les autres, portant un grand chapeau de plumes noires, & qu'on nomma roi de l'iſle ; mais il ne parut pas qu'on eut des égards ou du reſpect pour lui : on ne put s'inſtruire de leur religion, ni des détails ſur leurs mœurs.

On n'y vit des quadrupedes que des rats qui ſont nombreux dans la campagne, & que les habitans paraiſſent manger : on y nourrit des coqs & des poules petits, mais d'une bonne ſaveur ; quelques oiſeaux de terre, & des oiſeaux de mer, comme des freyates, des ·. ſeaux du tropique, des oiſeaux d'aufs, des noddies, des hirondelles ; mais ils n'y ſont pas en grand nombre : la côte ne paraît pas abondante en poiſſons.

Cette iſle eſt ſous le 26° 45′ de longitude, ſous le 27° 56′ de latitude méridionale. Nous devons avertir que dans cette deſcription, le témoignage de Cook nous a paru d'un plus grand poids que celui de Roggewin, & que là où ils different, c'eſt le premier que nous ſuivons.

Vers le 33° de latitude méridionale, & le 250° de longitude, ſont des isles qu'on dit avoir été découvertes par les Espagnols en 1773 ; mais qui ne nous sont pas encore connues.

Sous le 20° de latitude méridionale & le 281 de longitude, sont de petites isles auxquelles on a donné le nom de *Trepied*; mais on n'en connait ni les propriétés, ni les habitans.

Sous le 25° de latitude méridionale, & le 261° de longitude, est l'isle *de St. Paul*, aussi mal connue que les précédentes.

Isle de Pitcairn.

Elle fut découverte par le capitaine Carteret en 1767. Elle est sous le 25° de latitude méridionale, & le 244° 15' de longitude ; c'est une isle élevée, montueuse, qui ne semble être qu'un rocher qui s'éleve de la mer & parait avoir deux lieues de tour : on n'y a point vu d'habitans ; cependant elle est couverte d'arbres, un courant d'eau douce y arrive jusqu'à la mer, l'abordage y est aisé, le fond est de corail & de sable, la mer y est poissonneuse, & un grand nombre d'oiseaux de mer voltigent autour d'elle. Telle est son élévation qu'on la découvrit de quinze lieues de distance. Il semble qu'elle doive être l'une des isles vue par Quiros en 1606.

Isle Osnabruk.

Elle fut découverte dans le même tems, par le même navigateur que le précédent, & est située sous le 22° de latitude méridionale, & le 236° 11' : c'est une terre peu étendue, basse, platte, dont le sol parait presque être de niveau avec la mer, & qui est couverte d'arbres verds.

Isle Cumberland.

Elle fut découverte en 1767 par le capitaine Wallis; elle est sous le 19° 18′ de latitude méridionale, sous le 237° 9′ de longitude, c'est une isle basse, longue de deux lieues, mais beaucoup moins large; ses flancs sont bordés de brisans qui peuvent en rendre l'abord dangereux.

Isle Gloucester.

C'est le capitaine Wallis qui l'a découverte, & dans le même tems que la précédente: sa latitude méridionale est de 19° 11′, sa longitude de 237° 41′. C'est une isle longue de deux lieues, mais qui n'en a pas le tiers d'une de large; elle est entourée de rochers sur lesquels la mer brise avec violence, ombragée d'arbres, & peuplée d'hommes armés de longues piques ou perches.

Isle Egmont.

Elle a été découverte par Wallis: elle est basse, sablonneuse, couverte d'arbres, entourée de rochers qui s'avancent assez loin dans la mer, & forment des brisans redoutables: elle peut avoir deux lieues de long, plus d'une de large; on n'y vit point de cabanes; cependant elle est habitée: on y a vu des canots, des hommes armés de lances & de torches, des femmes, des enfans: sa latitude est de 19° 20′ sud, sa longitude de 239° 15′.

Isle de la reine Charlotte.

C'est une isle bordée de rochers, longue de deux lieues, large de 7 à 800 toises, située sous le 19° 18′ de latitude méridionale; & le 239° 41′ de longitude: le sol en est uni, sablonneux, couvert d'arbres entre lesquels on ne trouve point de broussailles, abondant en végétaux, sur-tout en plantes anti-scorbutiques. On n'y voit ni lacs, ni rivieres, mais des citernes y fournissent celle qui est nécessaire aux habitans, qui sont des hommes d'une taille moyenne, bien faits, d'un teint brun, & ayant de longs cheveux noirs, flottant sur leurs épaules: leurs femmes sont belles: ils sont vêtus d'une étoffe grossiere, attachée à leur ceinture, ils sont armés de longues piques, & de torches enflammées: ils fabriquent des canots avec des planches cousues ensemble sur des pieces de bois qui coupent transversalement le fond, & remontent le long des côtes: il en est de trente pieds de long, sur quatre de large, & trois & demi de profondeur: deux sont attachés ensemble par des traverses qui les tiennent à trois pieds de distance l'un de l'autre. On y a remarqué des especes de tombeaux où les cadavres étaient exposés sous un dais & où ils pourrissent sans jamais être enterrés.

On n'a point apperçu de métaux dans cette isle: les outils des habitans sont faits de coquilles & de pierres aiguisées, façonnées & emmanchées en forme de doloires, de ciseaux ou d'alénes. Les arbres les plus précieux y sont les palmiers, & sur-tout le cocotier dont ils emploient la noix à divers usages.

Isle *Whitsunday*, ou *de la Pentecôte*.

Elle fut découverte par Wallis, ainsi que la précédente, & est entourée d'un rocher qui ne permet pas aux vaisseaux d'en approcher : on n'y a point trouvé d'eaux douces ; mais bien des cocos & des plantes antiscorbutiques : ses habitans pêchent avec des hameçons faits avec des écailles d'huitres ; ils construisent des canots & habitent sous des especes d'hangards composés d'un toit couvert de feuilles de palmiers & de cocos, soutenu par des piliers, mais ouvert tout au tour. Cette isle a une lieue & demi de long, une de large, & est située sous le 19° 26′ de latitude méridionale, sous le 239° 49′ de longitude.

Isle du Lagon.

C'est une isle de forme ovale, ayant au centre un petit lac qu'entoure une terre basse, semblable à une bande de rochers, souvent étroite, surtout au midi, & paraissant comme coupée de maniere à ressembler à plusieurs isles coupées de bois : elle est couverte d'arbres qui se distinguent par les couleurs plus ou moins foncées de leurs feuilles, & parmi lesquels on remarque le palmier & le cocotier : les hommes qui l'habitent n'ont été vus que de loin ; ils paraissent être d'une taille haute, & avoir la tête très-volumineuse, peut-être parce qu'elle était enveloppée d'une étoffe : leur teint est couleur de cuivre, & leurs cheveux sont longs & noirs : ils sont armés de longues piques, & habitent des cabanes placées sous des groupes de palmiers qui de loin semblent être des monticules. Cette isle fut découverte en 1769 par le capitaine Cook ; elle est située sous le 18° 47' de latitude méridionale, & sous le 238° 17' de longitude.

Isle du Cap Thrumb.

C'est une petite isle basse, couverte de bois, de forme ronde, n'ayant pas demi lieue de tour : on n'y a pu voir d'habitans, ni découvrir de cocos, quoique la verdure y soit belle & variée; elle est à sept lieues au couchant de la précédente, & fut découverte dans le même tems & par le même navigateur.

Isle des Chiens.

Elle fut découverte en 1616 par Jaques le Maire & Guillaume Schouten : c'est une isle basse, peu étendue, riche en poissons, serpens de mer, mouettes & chiens sauvages, semblables à ceux d'Espagne, mais qui n'abaient point; en cresson âcre & salutaire pour les scorbutiques : on n'y trouve pas de l'eau ; dans la haute mer, l'eau semble pénétrer & en inonder le centre; & une ligne d'arbres la borde & l'embellit : elle n'a que trois lieues de tour, & est sous le 238° de longitude, le 15. de latitude. Roggewin en 1722 crut la reconnaître dans une isle basse & bordée de côtes, de sable jaune.

Isles des Marquises de Mendoce.

Elles furent découvertes par Mindana, Espagnol, dans l'année 1595, & sont au nombre de cinq ; ce sont les isles *Magdalena, San Pedro, Do-*

minica, *Santa Christina* & *Hod*: mais cette dernière n'a été découverte qu'en 1774 par Cook, qui lui donna le nom qui la distingue : elle est la plus septentrionale, & est sous le 9° de latitude méridionale, le 239°. 30′ de longitude. La plus grande est la *Dominica* ou *O-Heeva Oa*, Cook lui donne six lieues de long, sur une largeur inégale, & quinze à seize lieues de tour : Mindona ne lui en donne que treize. Elle est remplie de collines escarpées, qui s'élèvent en chaînes successivées, séparées par des vallées profondes revêtues de bois, ainsi que les flancs de quelques-unes des collines : son aspect est stérile, dit Cook ; il est *tout-à-fait agréable*, selon Mindana : elle est bien peuplée. *San Pedro*, que les Insulaires nomment *Onateyo*, a environ trois ou quatre lieues de tour : le sol en est haut, dit le navigateur moderne, & la nature n'y a pas répandu ses largesses avec profusion : elle est basse & couverte de bois, assure Mindana : on ignore si elle est habitée. *Sainte Christine*, nommée par ses habitans *Waitahoo*, est quatre lieues au couchant de la précédente, elle a sept à huit lieues de tour & environ trois de long : une chaîne étroite de collines fort élevées se prolonge dans toute sa longueur : d'autres chaînes sortent de la mer & viennent se joindre à celles-ci, dont elles égalent la hauteur : elles sont coupées par des vallées resserrées, profondes & fertiles, ornées d'arbres fruitiers, de grands arbres propres à la charpente, d'especes de noiers très-gros & très-grands, de prairies arrosées par des ruisseaux d'une eau excellente : elle a un port, plusieurs baies, & beaucoup d'habitans. La *Magdelena* a environ six lieues de tour & est couverte de bois : les ruisseaux y sont bordés de pierres qui indiquent des productions d'un volcan. Ces isles occupent un espace d'un degré en latitude, & s'étendent du 238° 2′ au 238° 28′ de longitude.

En général elles sont remplies de montagnes & de landes stériles ; mais elles ont des cantons fertiles, bien cultivés, bien peuplés. On y trouve des cochons, de la volaille, des plantains, des ignames, différentes racines, des fruits à pain & des cocos ; mais le cocotier qui aime un sol bas, n'y est pas abondant, & y cherche l'ombre : l'air y est sain, fort sec, presque sans rosée : le soleil n'y incommode pas beaucoup durant le jour ; la nuit on supporte sans peine une couverture : c'est au moins ce que Mindara assure.

Les habitans de ces isles sont la plus belle race des habitans de ces mers ; ils surpassent les autres par la régularité de leurs traits & la beauté de leur taille : cependant ils paraissent avoir la même origine & parlent à-peu-près la même langue ; ils ont tout le corps dessiné de figures d'imagination, faites sur leur peau en y enfonçant des couleurs avec un instrument de coquilles, partagé en pointes aiguës : c'est ce qu'on appelle *talouer* : ces piquures rendent leur teint plus sombre ; mais les femmes, les jeunes gens, les enfans qui en ont peu ou point du tout, l'ont aussi blanc que celui des Européens : les premieres ont le visage & la main très-jolis, la taille fine : les hommes sont pleins de force & de santé, leur embonpoint est médiocre ; on n'y voit pas d'hommes gras, on n'y en voit pas de maigres ; leur taille ordinaire est de cinq pieds & demi ; leurs dents ne sont pas saines, leurs yeux grands & noirs, mais peu animés, leurs cheveux sont de diverses teintes, mais il n'en est pas de rouges : ils les portent courts, avec une touffe de chaque côté de la tête; quelques-uns les portent longs : leur barbe, ordinairement longue, est partagée en deux touffes dans les uns, tressée dans les autres : flottante dans ceux-ci, coupée dans ceux-là : leur vêtement est fait d'écorce d'arbre; la plupart seraient nuds, sans une bande de toile qui passe autour de la ceinture & tombe entre les jambes : les femmes se montrent peu au-dehors, & sont vêtues d'une piece d'étoffe qui enveloppe leurs reins en forme de jupon, qui descend jusqu'au milieu de la jambe, & ont de plus un manteau flottant qui couvre les épaules : leur tête est ornée d'une espece de diadème, fait artistement avec la gousse d'une noix de coco, ayant au-dessus du front une coquille de nacre de perle arrondie, & par dessus celle-là, une plus petite, d'une très-belle écaille de tortue, trouée de différentes manieres : au centre de cette derniere est encore un morceau rond de nacre de perle, de la grandeur d'un demi-écu, & enfin un quatrieme morceau, dont la grandeur est moindre : quelques-unes portent cet ornement des deux côtés de la tête : tous ces diadèmes sont embellis de plumes de la queue des coqs ou des oiseaux du tropique, & forment un joli panache : autour de leur cou est un collier ou hausse-col de bois léger, sur lequel de petits pois rouges ou fèves, couleur écarlate, sont arrangées avec de la gomme : leurs jambes, leurs bras & leur ceinture, sont garnies de touffes de cheveux d'hommes, ou de plumes courtes, attachées à un cordon; mais il est rare de voir tous ces ornemens rassemblés sur la même personne : leurs chefs seuls en sont plus chargés que les autres.

Leurs habitations sont placées sur les pentes des collines,

collines, dans les vallées, auprès de leurs plantations; elles font petites & conftruites légerement avec des cannes de bambou, ouvertes fur les côtés, couvertes des feuilles de l'arbre à pain: la plupart font bâties fur un pavé de pierres, quarré ou oblong, un peu plus élevé que le fol & couvert de nattes: il y a de femblables pavés auprès des maifons, & ils vont s'y affeoir & s'y recréer. L'habitation eft, dit le journal de Mindana, difpofée en équerre fur deux lignes, bien pavées d'un côté, & de l'autre, difpofée en place publique, plantée d'arbres: les portes en font baffes & les fenêtres placées vis-à-vis. Ils ne font pas bien propres dans leurs repas, leur cuifine eft fale; ils apprêtent le cochon & la volaille dans un four de pierres chaudes; ils grillent fur le feu les fruits & les racines, & après en avoir ôté l'écorce ou la peau, ils les mettent avec de l'eau dans une huche, où quelquefois les hommes & les cochons mangent à la fois: quelquefois encore, on les voit délayer des fruits & des racines au fond d'un vafe chargé d'ordures, au moment où les cochons venaient de le quitter; mais on ne peut préfumer que tous foient auffi mal-propres; ils ont même des foins qu'on ne prend point ailleurs, ils cachent leurs excrémens & les couvrent de terre comme les chats: ils allument le feu en frottant l'un contre l'autre des morceaux de bois fec: parmi les fruits dont ils fe nourriffent, le fruit à pain eft le plus beau; il n'en eft point dans les autres isles de plus gros & de plus délicieux; ils font tendres & délicats; peut-être ils font trop fucrés. Mindana décrit ce fruit & quelques autres. Il y a, dit-il, un fruit gros comme la tête d'un enfant, d'un verd foncé, qui s'éclaircit en mûriffant, rayé fur l'écorce, d'une figure oblongue, plus étroite au bout qu'au pied : il n'a ni noyau, ni pepins : le dedans eſt une ſubſtance blanche, peu ſucculente, mais fort délicate, ſaine & nourriſſante. Les feuilles de l'arbre qui le produit ſont très-grandes & dentelées ; il y a un autre fruit hériſſé de pointes comme les chataignes, mais ſix fois plus gros : un autre eſt huileux, d'une écorce très-dure, mais ſemblable à la noix, ſinon qu'il n'a point de zeſt qui le partage dans le milieu : les citrouilles y ſont ſemblables à celles d'Eſpagne ; quelques-unes ont de très-belles fleurs inodores. Les végétaux ſont leurs principaux alimens ; ils prennent cependant beaucoup de poiſſons dans de certains tems : ils ne boivent que de l'eau, car les noix de cocos y ſont rares ; ils ont la racine de poivre, & on peut ſoupçonner qu'ils en tirent un breuvage énivrant.

Ce peuple parait avoir des aſyles & des forteresses au sommet des plus hautes collines ; on y voit des paliſſades ou enclos, qui peut-être ne ſont que leurs cimetieres, & que Mindana parait avoir pris pour des temples. Leurs maſſues, leurs piques ſont bien faites, celles-ci ſont longues de dix pieds ; ils ont auſſi des frondes, avec leſquelles ils lancent des pierres à une grande diſtance ; mais ils ont plus de force pour lancer que d'adreſſe à frapper le but ; leurs pirogues ſont faites de bois & de l'écorce d'un arbre mol qui croit abondamment ſur le rivage ; elles ont 15 à 20 pieds de long, mais n'ont qu'environ 15 pouces de large : l'avant ſe projette horizontalement, & offre la reſſemblance groſſiere d'un viſage humain ſculpté ; l'arriere s'éleve ou ſe courbe un peu, mais dans une direction irréguliere, & finit en pointe ; elles ſe conduiſent avec des pagaies, & pluſieurs ont une forte de voile latine de natte : quelques-unes de ces pirogues font doubles & portent quinze hommes.

On n'a remarqué dans ces isles que des cochons & des rats ; les coqs & les poules y font les seuls animaux apprivoisés ; cependant les bois paraissent remplis de petits oiseaux d'un très-joli plumage & qui chantent bien. La population de ces cinq isles ensemble ne peut excéder le nombre de 50,000 hommes.

Le port nommé par Mindana, *Madre de Dios*, & par Cook *de la Résolution*, est dans le milieu de la partie orientale de l'isle *Sainte Christine*, & sous la terre la plus élevée de l'isle. Son entrée est marquée au midi par un rocher escarpé, très-haut, & dont le sommet se termine en une colline à pic : au nord, la pointe qui borde cette entrée est moins élevée, & sa pente plus douce, mais elle paraît noire & brûlée : la baie a plus d'une lieue de profondeur, elle a 60 à 200 pieds d'eau sur un fond d'un sable net ; elle renferme deux anses sablonneuses, séparées par un rocher, ayant chacune un ruisseau d'une eau très-claire, celle du septentrion est la plus commode pour faire du bois & de l'eau : on y trouve la petite cascade dont parle Quiros ; mais le village est au fond de celle du midi : au fond du havre se trouve une chaîne très-haute, plate à la cime, & ressemblant à la montagne de la Table, au cap de Bonne-Espérance. Tout le côté oriental de l'isle Sainte Christine offre plusieurs autres anses ou baies.

Isles du Disapointement.

Elles furent découvertes par le commodore Byron, en 1765, & sont situées sous le 14° 10′ de latitude méridionale; sous le 232° 34' de longitude: il en est deux principales; les autres, dont on ne détermine pas le nombre, paraissent être plusieurs péninsules, dont la plupart sont liées entr'elles par des langues de terre très-étroites & si basses, qu'elles sont presqu'au niveau de la surface de la mer, qui brise sur elles avec violence: la plupart sont couvertes de cocotiers qui élevent leurs rameaux épais & chargés de fruits au-dessus des autres arbres.

La plus petite des isles principales a environ cinq lieues de tour: le sol en est bas: elle offre la plus riante perspective: tout autour regne une plage d'un beau sable blanc; l'intérieur est planté de grands arbres qui, en étendant leurs branches touffues, portent au loin leurs ombres, & forment, sans le secours des arbrisseaux, les bosquets les plus délicieux qu'on puisse imaginer: auprès de ses bords s'éleve une barre, dont la mer écumante défendait l'approche: les tortues paraissent y être nombreuses & leurs écailles couvrent le rivage. Ni celle-ci, ni la plus grande, ni les petites dont nous avons d'abord parlé n'ont de port; vainement le navigateur qui les découvrit les fit visiter; malgré le besoin de rafraichissemens qui le tourmentait, il fallut qu'il s'en éloignât sans y descendre: c'est ce qui leur fit donner le nom de *Disapointement*.

Ces isles sont habitées par des hommes d'une couleur bronzée, d'une taille bien proportionnée, qui joignent l'activité à la vigueur, & sont d'une légéreté singuliere à la course: ils sont armés de longues lances & de massues, jettent des cris effrayans pour étonner leurs ennemis, & paraissent courageux.

Isles Pernicieuses.

Elles sont au couchant de celle des Chiens, vers le 15° de latitude, & peut-être elles sont quelques-unes de celles que les navigateurs Anglais ont décrites, auxquelles ils ont imposé de nouveaux noms : il y a quelque probabilité qu'elles sont les mêmes que celles que nous venons de décrire : celles-ci furent découvertes, en 1722, par Roggewin, qui perdit un de ses vaisseaux dans leur voisinage, & de-là vient le nom qu'il leur donna : toutes sont garnies de beaux arbres, & sur-tout de cocotiers, tapissées d'une verdure charmante, & fécondes en plantes salutaires : on y trouve beaucoup de moules, de nacres, de meres-perles, & d'huîtres perlieres : elles sont très-basses, & quelques parties en sont inondées quand la mer est haute ; alors les habitans y navigent avec des canots & des pirogues pourvues de cables & de voiles : les Hollandais y virent sur le rivage des cordes dont le fil ressemblait plus au fil qu'au lin. Les habitans de ces isles sont de bonne taille, & l'on prétend y avoir vu sur le sable l'empreinte de leur pied qui était long de 20 pouces ; ils ont le corps peint de diverses couleurs ; leurs cheveux sont longs, de couleur noire & brune ; ils sont armés de piques longues de dix-huit pieds : leur physionomie est dure & repoussante.

Isle Aurore.

Elle est à huit lieues au couchant des précédentes, & fut découverte par Roggewin : elle a quatre lieues de tour, est ombragée par de beaux arbres & par des arbrisseaux, & embellie par la plus riante verdure: on n'y trouva point de ports, ce qui ne permit pas de mieux la connaître.

Isle Vespera.

Le même navigateur la vit & ne la visita point: elle est au couchant de la précédente, & peut avoir douze lieues de tour: le sol en est bas & uni, ombragé par des arbres: l'aspect en est très-agréable.

Isle Furneaux.

Elle fut découverte, d'abord par Bougainville, ensuite par Cook, en 1773; & ce dernier lui donna le nom de son compagnon de voyage: elle est située sous le 17° 5′ de latitude méridionale, sous le 234° 30′ de longitude. C'est une isle basse, à moitié submergée, ou plutôt un grand banc de corail qui a vingt lieues de tour: vers le septentrion est une chaîne d'islots réunis par des bancs de sable & des brisans; ils sont couverts d'arbres, parmi lesquels on distingue des cocotiers: au milieu de l'enceinte de ce banc de corail, est un lac formé par la mer, où voguait une pirogue à la voile. On y vit quelques hommes.

Isle Doubtfull ou Douteuse.

Elle fut probablement découverte par Bougainville. Cook qui la vit en 1773 lui donna son nom, elle est à l'orient de la précédente, sous le 17° 20′ de latitude méridionale & le 236° 8′ de longitude.

Isle Résolution.

C'est encore Cook qui l'a découverte, & qui lui a donné le nom de son vaisseau : elle a environ deux lieues d'étendue, & est revêtue de bois, au-dessus desquels les cocotiers montrent leurs têtes élevées : elle est unie, & n'offre d'ailleurs aucune beauté frappante. Sa latitude est de 17° 24', sa longitude 236° 9'.

Isle de Bow ou de l'Arc.

Elle fut découverte par Cook en 1769 : c'est une isle basse, ayant dix à douze lieues de circonférence, & une forme extraordinaire : elle ressemble à un arc dont le contour & la corde étaient formés par la terre ; l'espace compris entr'eux est un lac qui paraît rempli par la mer : la corde de l'arc est un gravier blanc & plat où l'on ne reconnaît aucune trace de végétation ; on n'y voit que des tas de plantes marines déposées en différentes couches, selon que les marées plus ou moins hautes les y avaient placées : deux grandes touffes de cocotiers composaient les pointes ou extrêmités de l'arc : la plus grande partie de son contour était couvert d'arbres, de hauteurs, de figures & de couleurs différentes ; en quelques endroits le sol est bas, nud & stérile : vis-à-vis d'elle, à peu de distance, on ne trouve pas de fond à la profondeur de 650 pieds ; la fumée qui s'en élève en divers lieux ne permet pas de douter qu'elle ne soit habitée : on a cru voir même les habitans, leurs maisons, leurs pirogues : cette isle est sous le 18° 23' de latitude méridionale, le 236° 33' de longitude.

Les Groupes.

Ce sont plusieurs isles qui s'étendent dans un espace d'environ neuf lieues de long, & situées à vingt-cinq lieues au couchant de la précédente : les deux plus grandes sont séparées par un canal large d'environ 400 toises, & chacune d'elles est environnée par des isles plus petites auxquelles elles sont unies par des chaînes de rocs submergés : toutes sont placées en toutes sortes de direction, & forment des cordons de terre longs de trois à quatre lieues, dont aucun ne parait avoir plus de 200 toises de large : toutes sont ombragées d'arbres, toutes le sont de cocotiers : leur latitude est environ de 18° 9′; leur longitude de 235°. Elles forment au sud-ouest une baie où la mer est unie, où le rivage n'est point battu des flots; mais on n'y trouve pas de fond à 500 pieds de profondeur.

Les habitans de ces isles sont d'une taille ordinaire, mais bien proportionnée; ils sont presque nuds & ont le teint brun, leurs cheveux sont noirs & renfermés dans un rezeau qui leur environne la tête; ils forment une touffe sur le derriere : ils portent dans une de leurs mains un bâton mince long de dix à quatorze pieds, dont le bout est taillé en forme de lance; & dans l'autre un bâton encore, mais qui n'est long que de quatre pieds & en forme de pagaye, & en effet, ce peut en être une : leurs pirogues sont petites; plusieurs ne portent que trois hommes; mais il en est qui portent une voile, & celles-là sont plus grandes au moins du double.

Ces isles pourraient être celles que Roggewin découvrit & nomma le *Labyrinthe* : il s'engagea dans cet amas d'isles, & eut de la peine à en sortir : il en compta six, & toutes avaient une apparence de fertilité qui plaît plus encore aux navigateurs fatigués qu'à l'homme en général dans toutes autres circonstances ; mais il croit qu'elles s'étendaient dans un espace de trente lieues : il en vit divers habitans dans des canots.

Isle des oiseaux ou Birdisland.

Cook l'a découverte ainsi que les précédentes, en 1769 ; elle a moins de deux lieues de tour, & est à dix lieues des Groupes ; le sol en est très-bas, & le centre qui est plus bas encore que les bords, est couvert d'eau ; elle est couverte de verdure, de quelques arbres, & présente un aspect agréable ; on n'y vit ni cocotiers, ni habitans ; mais une multitude d'oiseaux, & de-là vient son nom : elle est située sous le 17° 48' de latitude méridionale, & le 234° 10' de longitude.

Isle Adventure, ou l'Aventure.

Elle fut découverte par Cook en 1773. Ces parages sont semés d'un grand nombre de petites isles basses & submergées, qui forment un archipel dangereux que Bougainville & Cook ont traversé : au milieu la mer est tranquille : la plupart sont de forme circulaire & ne s'élèvent au dessus de l'eau que de quatre à six pieds : le plus souvent elles ont un bassin rempli d'eau au centre, & autour d'elles est une mer sans fond : elles semblent s'en élever perpendiculairement : elles ont peu de productions, & les cocos sont les plus utiles ; malgré leur stérilité & leur petitesse, la plupart sont habitées.

Isle sans fond.

Elle fut découverte en 1616 par Schouten & le Maire : elle est grande, étroite, peu élevée au dessus du niveau de la mer : parmi les arbres qui l'ombragent, on crut voir le palmier & le cocotier, ils formaient en un endroit une lisière que la mer couvrait, le rivage est de sable blanc : ses habitans sont nuds ; un morceau de natte tombait de leur ceinture ; leurs cheveux sont longs & noirs : ils sont voleurs, & sur-tout avides de fer : tout leur corps était peint de diverses figures comme de serpens, de dragons & autres : le fond de la couleur est bleu mêlé de rouge ; ils sont armés de massue & de lance, ils ont des frondes, mais point d'arcs. Comme la sonde ne put trouver de fond autour de l'isle, on lui donna le nom qui la distingue : sa latitude est de 15° 15′ ; sa longitude de 235°.

Isle de l'eau ou Waterland.

C'est une isle découverte par le Maire & Schouten en 1616, sous le 14° 46′ de latitude méridionale, & le 234° 20′ de longitude : le milieu en est submergé, l'enceinte en est garnie d'arbres, parmi lesquels on ne remarque ni palmiers, ni cocos ; on n'y vit point d'habitans ; mais on y trouve de l'eau douce & du cresson : ses bords en sont si escarpés qu'on n'y trouve pas de fond avec la sonde.

Isle des Mouches.

Les mêmes navigateurs la découvrirent en 1616 ; elle est basse & a vingt lieues au couchant de la précédente : plusieurs de ses parties sont inondées par la mer : elle est couverte en d'autres d'arbres sauvages d'une belle verdure : elle est habitée par des hommes, & est infestée de mouches d où lui vient son nom : les matelots qui descendirent au rivage en furent bientôt couverts ; la chaloupe, les rames en devinrent noires ; elles les accompagnerent au vaisseau, volaient en essaims autour de leur tête, & on pouvait à peine manger & dormir : pendant trois jours on en fut tourmenté ; un vent frais les dissipa enfin.

Isles du roi George.

Elles furent découvertes par le commodore Byron en 1765, & visitées par Cook en 1773 ; elles sont au nombre de deux ; la plus grande est nommée par les habitans *Tioòkéa* : elle a dix lieues de tour, & est longue de quatre, de figure ovale, basse, bordée d'un rocher de corail d'un bel écarlate, ayant au centre un lac formé par la mer, embellie par des bosquets de cocotiers entourés d'autres arbres & d'arbrisseaux, au dessus desquels ils élevent leur tête majestueuse : entre ces bouquets de bois sont des cantons verdoyans, mais souvent inondés : le sol en est maigre ; des bancs de corail peu élevés au dessus de l'eau lui servent de fondement, & la plupart sont revêtus d'un sable blanc, mêlé de leurs débris, de ceux des coquillages & d'une légere couche de terreau ; on y trouve des creux remplis d'eaux douces excellentes, ils sont peu larges & peu profonds, ils sont facilement épuisés, mais l'eau revient en peu de tems les remplir de nouveau : le rivage y est couvert de corail & de débris d'huitres perlieres :

l'intérieur est couvert de diverses plantes parmi lesquelles il en est beaucoup d'antiscorbutiques, telle que le pourpier, dont le peuple se nourrit, le cochlearia, dont ils se servent pour énivrer le poisson, & d'autres plantes que nous ne connoissons pas encore.

Les habitans de cette isle qui est basse, ont le teint plus brun que ceux des isles élevées; leur caractere semble aussi être plus farouche, peut-être parce que le sol qui les nourrit est moins abondant, qu'ils sont plus exposés à l'ardente action du soleil : ils deviennent aussi plus noirs, plus robustes; on ne voit parmi eux que des hommes bien faits, vigoureux : la plupart ont sur le corps la figure d'un poisson, emblème peut-être de ce qui occupe leur loisir : ils n'ont d'autre vêtement qu'un petit morceau d'étoffe autour de leurs reins ; les femmes ont le même teint que les hommes, mais elles portent une espece de tablier qui les environne : les cheveux, la barbe des hommes sont noirs & bouclés, quelquefois coupés. Ils ont un chef ou aréekée, & sont armés de longues massues ou de pieux arrondis & courts, & de piques longues de dix à quatorze pieds, garnies de queues dentelées. Leurs maisons sont petites, basses, couvertes de branches de cocotiers, mais la situation en est charmante, à l'ombre de bois plantés d'arbres d'especes différentes : leurs pirogues ont environ trente pieds de long, construites avec beaucoup de soins, faites de planches bien travaillées, ornées de sculpture, & cousues ensemble; sur chaque couture était une bande d'écaille de tortues artistement attachée, pour empêcher l'eau d'y pénétrer : le fond de la pirogue est étroit, & ils les accouplent en les assujettissant l'une à côté de l'autre par des pieces de bois, qui laissent entr'elles un espace de six à huit pieds. Au milieu de chacune est un mât, & la voile s'étend de l'un des mâts à l'autre : cette voile est ingénieusement travaillée, ainsi que leurs pagayes & leurs cordages qui paraissent être faits de l'écorce du cocotier : lorsqu'elles sont à la voile, la plupart des hommes s'asseyent sur les pieces de bois qui les joignent : il est de ces pirogues qui sont courtes, fortes, épointées aux deux bouts, avec une quille aiguë.

On n'y connait aucun animal vénimeux ; mais les mouches y sont insupportables, & tourmentent cruellement ceux qui approchent de ces isles ; on y voit des poules, des perroquets, & d'autres oiseaux dont l'espece est entiérement inconnue, & des colombes douces, familieres, dont le plumage est d'une rare beauté. Les seuls animaux quadrupedes qu'on y connaisse sont les cochons & les chiens.

A quelque distance des maisons des insulaires, sont des bâtimens assez ressemblans à des tombeaux ; ce qui indique peut-être qu'ils ont une grande vénération pour les morts : ces bâtimens sont ombragés par de grands arbres ; les murs & le comble en sont de pierre, ils ont une forme quarrée ; près d'eux sont des caisses d'os humains ; sur les arbres qui les ombragent, pendent des têtes, des os de tortue, & une grande quantité de poissons de différentes especes, dont la chair était desséchée, & auxquels il ne restait que la peau & les dents ; ils étaient suspendus dans une corbeille de reseau.

L'autre isle est éloignée de celle-ci d'environ deux lieues : elle en a quatre de long, un peu moins de large, & a aussi un lac dans son centre : les bords en font fans fonds & on n'y peut trouver de ports. La chaleur y eft très-forte; on y voit différens arbres ; fes habitans reffemblent à ceux de l'isle voifine. Lorfque les Anglais en approcherent dans leur chaloupe, ils accoururent fur le rivage, & un vieillard d'une taille haute qui paraiffait vigoureux encore, & qui avait une barbe blanche qui lui defcendait jufqu'à la ceinture, s'avança vers eux, tenant d'une main un rameau verd, & de l'autre preffant fa barbe contre fon fein, leur adreffa un difcours dans une prononciation cadencée, mais auquel ils ne purent rien comprendre : il fit & reçut des préfens ; il femblait avoir l'autorité d'un chef : ils aiment beaucoup les grains de verre, & probablement les perles qu'ils connaiffent fans doute, puifque les rives font couvertes de débris d'huîtres perlieres : ils ont de beaux arbres, des cocos, des fruits, des puits d'eau douce.

La premiere isle eft fous le 14.° 27' 30" de latitude méridionale, fous le 232° 49' de longitude : la feconde fous le 14° 37' de latitude, & le 232° 34' de longitude.

Ces isles circulaires & baffes renferment toutes de vaftes lagunes qui doivent être de vaftes réfervoirs de poiffons, dont fe nourriffent les habitans : dans toutes, la partie fablonneufe des bancs eft un lieu où les tortues peuvent commodément dépofer leurs œufs, & les habitans fe nourriffent de leur chair : les plantes qui y croiffent leur facilitent les moyens de pêcher ; quelques-uns des arbres qu'on y voit végèter ont de fi gros troncs que d'un feul on peut faire une pirogue, & avec leurs branches des armes & des outils : le cocotier en eft la principale richeffe : leurs noix vertes encore, donnent une pinte d'une liqueur limpide, d'une douceur agréable, & d'une saveur particuliere : c'est une boisson fraîche & excellente pour étancher la soif dans un climat presque brûlant : lorsque la noix est mûre, elle leur fournit une moëlle qui ressemble d'abord à de la crème, puis devient ferme & huileuse comme une amande : elle est très-nourrissante : on en exprime une huile dont les insulaires se peignent les cheveux & tout le corps : la coque leur fournit des coupes, & la bourre filandreuse qui l'enveloppe, des cordages élastiques qui ne s'usent gueres par le frottement, & différens meubles & outils ; les longues feuilles ou branches à panaches qui s'élancent du sommet de la tige couvrent leurs maisons ; & en les tressant, ils en fabriquent des paniers : l'écorce intérieure donne une espece de vêtement qui suffit dans ce climat ; & lorsque la tige ne fournit plus de rejettons, on l'emploie encore à la construction des huttes, ou à la mature des pirogues. Outre les poissons & les végétaux dont ces peuples se nourrissent, ils ont des chiens qui sont ictyophages & sont bons à manger. Un petit ver presque si insensible qu'on le distingue à peine d'une plante, qui aggrandit son habitation à mesure qu'il grossit, environne leur domaine d'un édifice de roches, qui depuis le fond de la mer à une profondeur qu'on ne peut mesurer, s'éleve jusqu'à la surface des flots, & prépare une base assurée à ses nouvelles possessions.

Le nombre de ces isles basses est très-grand dans toute l'étendue de la mer pacifique ; nous en avons déja parcouru plusieurs, nous en verrons d'autres encore, & combien en est-il qui nous sont inconnues & le seront long-tems. Il serait digne des hommes instruits de rechercher pourquoi elles sont si nombreuses dans un espace de 10 à 15 degrés à l'orient des *Isles de la Société*, tandis qu'au couchant de ces mêmes isles, elles sont dispersées au loin les unes des autres.

En général l'Océan est d'une profondeur que l'art humain ne peut mesurer au-dehors de la bordure de ces isles : l'intérieur en est couvert d'eau, & offrirait des havres excellens, si les vaisseaux y pouvaient pénétrer : il en est quelques-unes, dit-on, qui ont cet avantage ; mais on les connait mal : là l'eau est toujours unie & paisible ; & tandis que la mer enflée bondit sur les rivages de l'isle, on voit des pirogues voguer tranquillement dans ces lagunes : les cantons les plus élevés & les plus fertiles sur les rochers de corails, sont ordinairement sous le vent, à l'abri de la violence des flots.

Isles Pallifer.

Elles sont au nombre de quatre, & furent découvertes & nommées par Cook, en 1773 : toutes sont de ces isles à moitié inondées, & sont formées par une ceinture de petites isles, jointes ensemble par des rochers de corail que la mer recouvre à plus ou moins de profondeur : l'une d'elles a huit lieues de long & cinq de large : à la vue des vaisseaux, les habitans accoururent sur le rivage, armés de leurs longues piques ; la lagune du milieu est très-spacieuse, & plusieurs pirogues y voguent à la voile : celle-ci est sous le 15° 26' de latitude méridionale, & le 231° 25' de longitude. A quatre ou cinq lieues d'elles est une autre isle basse, qu'on n'a pu voir de près : une

troisieme

troisieme est sous le 15° 47' de latitude, le 231° 31' de longitude, est longue de sept lieues, large de deux, ressemble à celles que nous venons de décrire; mais a moins d'islots, & la terre qui environne le lac paraît moins dure & moins ferme: on y voit des hutes, des pirogues, des especes d'échafauds, destinés probablement à faire sécher le poisson : ses habitans paraissent de la même race que ceux des isles voisines, &, comme eux, sont armés de lances. La quatrieme est à la distance de six lieues de la premiere, & est semblable à ses voisines : on a cru voir dans l'une de ces isles celle des Pernicieuses, près de laquelle Roggewin perdit un de ses vaisseaux.

Isle du prince de Galles.

Elle fut découverte, en 1765, par le commodore Byron: elle est longue de près de vingt lieues, mais fort étroite : elle paraît très-peuplée ; la verdure qui la couvre en rend l'aspect très-agréable; mais les vagues brisent sur ses côtes avec un bruit effrayant, le fond en est mauvais, & elle est ceinte d'écueils jusqu'à trois lieues du rivage: elle est à 48 lieues des isles du roi George, sous le 15° de latitude méridionale & le 230° 53' de longitude.

Isle Récréation.

Elle fut découverte par Roggowin en 1722 : le sol en est élevé, fertile, abondant en plantes salutaires; on y trouve un grand nombre de fleurs de jasmin, différentes especes de racines comestibles, dont quelques-unes ressemblent aux betteraves, & toutes ont un goût agréable : parmi elles est une sorte de pommes de terre : il y a beaucoup de cannes à sucre, de noix de cocos, de pisans ou figues d'Inde, des pommes de grenades & d'autres fruits, dont les noms & l'espece sont inconnues en Europe. Parmi la multitude d'arbres qui l'embellissent, on distingue le palmier, le cocotier, & le bois de fer : il semble qu'elle renferme des métaux dans son sein ; vers le centre s'élevent des montagnes, dont la pente est quelquefois hérissée de rochers escarpés. Ses habitans nourrissent des coqs & des poules. Ils ont un chef, distingué des particuliers par des ornemens de nacre de perles, qu'il porte autour du corps & des bras : ils sont adroits, d'une taille moyenne, bien faits, forts, robustes, agiles & pleins de vivacité : leurs cheveux sont longs, noirs, luisans & engraissés d'huile de cocos : tout leur corps est peint ; les hommes ont autour des reins une espece de rets qui passe entre leurs cuisses ; les femmes sont entierement couvertes d'une étoffe, dont la mollesse & la douceur égalent celle de la soie : elles portent aussi des ornemens comme le chef. Les armes de ces insulaires sont, comme dans les autres isles, la massue, la lance & la fronde. Cette isle est sous le 16° de latitude méridionale, & le 229° 15' de longitude.

Isle Tethuroa ou Tedhuora.

Cette isle est à huit lieues au nord d'Otahiti ; on n'en connait pas l'intérieur : elle est petite, basse, n'ayant point d'habitans fixes : ceux des isles voisines la visitent par occasion, & y vont passer quelques jours pour y pêcher : on y voit quelques arbres & sur-tout des palmiers : un banc circulaire de rochers l'environne.

Isle Ofnabruck ou de Maitea.

Cette isle fut découverte par Wallis, en 1767; fa forme est presque circulaire, il n'y a autour d'elle aucun lieu pour y jetter l'ancre: la terre y est élevée; il y a beaucoup de cocotiers & d'autres arbres dans une de ses parties; ailleurs ce n'est qu'un roc nud; des ruisseaux y donnent de l'eau douce; ses habitans sont bien vêtus, ils paraissent être nombreux & d'un caractere humain; ils ont des canots avec lesquels ils navigent dans les isles voisines; ils nourrissent des cochons. Elle n'a pas une lieue de tour & est située fous le 17° 51′ de latitude méridionale & le 232° 45′ de longitude. Cook qui la vit en 1769 dit, que vue d'un côté, elle ressemble à un chapeau dont la tête est très-haute, & que, du côté opposé, le sommet a la forme du toit d'une maison. Bougainville lui donna le nom de *Boudoir* ou *pic de la Boudeuse*.

Isle de la Chaîne ou Chain-Island.

C'est une isle basse, fréquente dans ces mers. Cook la découvrit en 1769 : elle est longue de cinq lieues, elle en a deux de large: à une certaine distance, elle présente l'aspect de deux rangées d'isles, basses, couvertes de bois, jointes l'une à l'autre par des rocs cachés sous l'eau, de maniere qu'elle forme une seule isle ovale, dont le milieu est occupé par un lac : les petites isles qui environnent le lac semblent former une chaîne autour de lui, & c'est ce qui lui fit donner le nom qu'elle porte : on n'y est point encore descendu; mais la fumée qu'on voit s'en élever entre les grands arbres dont elle est ombragée, fait présumer qu'elle est peuplée. Sa latitude est de 17° 13′; sa longitude de 231° 51′.

Isle du prince Guillaume-Henri.

Elle est petite, basse, présentant l'aspect d'un quai plat : Wallis, qui la découvrit en 1767, ne la visita point, & aucun autre navigateur n'en a visité les bords ni l'intérieur : elle est sous le 19° de latitude méridionale & le 236° de longitude.

Isles du duc de Gloucester.

Ces isles paraissent être de celles que découvrit Quiros : Carteret découvrit celles-ci en 1767, & il ne faut pas les confondre avec celle que Hallis a découvertes & nommées, & dont nous avons parlé plus haut. Celles-ci sont deux isles, éloignées l'une de l'autre d'environ six lieues : toutes deux sont des terres plates, sablonneuses, en forme de demi-lune : elle est d'un aspect agréable, sans avoir ni eau, ni végétaux comestibles : des oiseaux sauvages y font leur demeure, & ils y vivent tranquilles, car il ne parait pas qu'il y ait des hommes : l'une est sous le 20° 38′ de latitude méridionale, l'autre sous le 20° 34′ : leur longitude est plus incertaine ; mais elle semble devoir être, l'une de 131°, l'autre de 130° 45′.

Isle Oheteroa.

Elle fut découverte, en 1769, par Cook : elle a environ cinq lieues de tour, est d'une élévation médiocre ; sa population n'est pas considérable ; sa fertilité parait ne pas l'être non plus : l'arbre appellé *etoa*, & dont les habitans font leurs armes, est la principale production du pays, & l'on en voit plusieurs plantations le long de la côte.

Les Insulaires d'Oheteroa sont vigoureux & bien faits; leur teint est fort brun; ils se dessinent des cercles sous les aisselles & autour des bras & des jambes, mais n'ont pas d'autres figures sur le reste du corps. Leur vêtement est fait de l'écorce d'un arbre, teinte en un jaune foncé, brillant, enduite en dehors d'une espece de vernis rouge, ou d'une couleur de plomb sombre, sur la premiere couche de laquelle on a peint, avec une régularité étonnante des rayes de différens desseins, assez semblables à nos soies rayées: l'écorce peinte en rouge est rayée en noir : celle qui l'est en couleur de plomb, est rayée de blanc : leur habit est une jaquette courte qui descend jusqu'aux genoux; il est d'une seule piece, & n'a de façon qu'un trou au milieu, dont la bordure est cousue à grands points : ils passent la tête dans ce trou, & les autres parties de l'étoffe sont assujetties devant & derriere avec une ceinture d'étoffe jaune, qui, passant autour du col, se croise sur la poitrine & se noue derriere les reins : quelques-uns ont des bonnets de plumes d'oiseaux du Tropique; les autres ont leur tête ceinte d'une étoffe blanche, en forme de turban : leurs armes sont de grandes lances, faites d'etoa, qui est un bois très-dur; elles sont polies, aiguisées à l'un des bouts, longues d'environ vingt pieds, sur trois pouces de diametre; des piques longues de sept pieds, polies & aiguisées en large pointe : des nattes leur servent de cuirasses : ils semblent avoir plus d'industrie que les habitans des autres isles : leur teinture est plus belle, mieux appliquée; leurs massues mieux travaillées, leurs pirogues plus ornées & mieux sculptées. La latitude de cette isle est de 22° 27', sa longitude de 228°.

On parle d'une isle plus au midi, nommée *Moutou*; mais nul Européen ne l'a vue encore.

Isle d'Otaïhiti.

Nous nous étendrons plus sur la description de cette isle que sur celle des autres, parce qu'elle est plus célebre & mieux connue; que sa langue paraît être celle de presque toutes les isles de l'Océan pacifique, que ses mœurs sont singulieres & se sont répandues autour d'elles.

Cette isle parait être celle que Quiros découvrit en 1606, & qu'il nomma *Sagittaria* : Wallis y descendit en 1767, & lui donna le nom de *George III*. Bougainville y arriva en 1768, Cook en 1769, 1773 & 1774 : il l'a visitée encore dans le dernier voyage qu'il a fait & dans le cours duquel il est péri. Elle est située sous le 17° 46' 28" de latitude méridionale (a) & le 228° 41' de longitude; elle a environ 32 lieues de tour; sa forme est celle d'une gourde. Elle présente un aspect riant : des montagnes couvertes de forêts y élevent leurs têtes majestueuses; & leurs pieds ombragés; qui bordent une plaine fertile, parée d'arbres à pain & de palmiers, & terminée par la mer. Elle est environnée de rochers de corail, qui laissent entr'eux des havres sûrs & commodes, lesquels peuvent recevoir un grand nombre de vaisseaux. Celle

---

(a) Bougainville la place sous le 17° 35' 3" de latitude : sa longitude de 130°.

de Mataway, où les Anglais descendirent est une des meilleures & des plus sûres : une haute montagne, située dans le milieu de l'isle, sert à la faire reconnaître ; elle communique à une vallée riante & fertile, que les habitans nomment *Tooa-Ooroo*, où tout annonce l'abondance, où l'on voit des troupeaux de porcs errer autour de chaque cabane : la côte y est une belle grève de sable ; une belle riviere y fournit des eaux saines & limpides : entre la vallée & la mer est une plaine étendue ; mais, comme dans toute l'isle, on n'y trouve de bois à brûler que celui des arbres fruitiers. La chaleur y est très-forte sans y être accablante. En général la surface du pays est inégale : au centre sont des montagnes qu'on découvre à la distance de vingt lieues ; entr'elles & la mer est une bordure basse, dont la largeur varie, mais qui nulle part n'a plus de demi-lieue : cette plaine est resserrée par les collines qui là s'avancent vers la mer, & ici semblent se presser pour lui donner plus d'espace : elle est couverte de plantations entremêlées de maisons, & ressemble à un jardin magnifique, où les arbres fruitiers, chargés de feuillages, les fleurs odoriférantes des arbustes, les napes des ruisseaux limpides, forment un spectacle de la plus grande beauté : des sentiers la coupent & suivent les sinuosités des collines qui la bordent : la surface en est unie, couverte des plus jolis gramens ; on n'y est inquiété par aucun animal malfaisant, ni par le bourdonnement incommode des cousins & des mosquites, ni par les piquures des insectes. Les maisons y sont à demi cachées sous des arbrisseaux ; de grands palmiers y dominent sur les autres arbres, les bananiers y déploient leur large feuillage ; d'autres arbres, couverts de branches d'un verd sombre, y portent des pommes dorées, dont le goût & le jus ressemblent à l'ananas: le feuillage de tous est épais & leur tige forte: entre ces bosquets sont des plantations de petits mûriers, de différentes especes d'arum ou pied de veau, ou d'eddies, d'ignames, de curassols, de giraumons, de cannes à sucre & autres végétaux: les cabanes placées à l'ombre d'arbres fruitiers y sont peu éloignées les unes des autres, entourées d'arbrisseaux odorans; la simplicité élégante de leur structure, la beauté des boccages qui les environnent frappent également: les longues feuilles du palmier les couvrent, des colonnes d'arbres à pain les soutiennent: elles sont ouvertes de tous les côtés, parce que le climat de cette isle est le plus délicieux de la terre; quelques-unes, & sur-tout celles des chefs, sont entourées de bambous réunis par des pieces transversales de bois: on y entre par un trou qu'on ferme avec une planche: devant elles sont des tapis verds où les habitans se rassemblent, jouent, causent, s'égayent ou se reposent: une grande variété de plantes sauvages est répandue autour des plantations: de petits oiseaux embellissent ces retraites paisibles: des collines qui les bordent tombent des cascades charmantes: derriere on apperçoit les montagnes de l'intérieur du pays, dont les sommets sont divisés en différens pics, & parmi eux est une pointe remarquable, dont le sommet courbé menace de couvrir la vallée qu'il domine de ses arides débris: elles sont en général stériles & brûlées (a), mais elles renferment cependant des lieux

---

(a) Bougainville dit que loin que ces montagnes don-

riches en diverses productions : sur l'escarpement de leurs flancs sont des arbrisseaux & des bois fort épais; ailleurs on trouve des précipices épouvantables : quelques chaînes de ces monts ne sont que de vastes forêts où l'on trouve des plantes inconnues : du sommet d'une de ces montagnes on découvre une isle qui en est à 40 lieues. Sur ces cimes élevées la végétation est encore abondante ; sur leur pente on trouve différentes sortes de bois odorans. Les hautes collines sont composées d'une espece d'argille très-dure & très-compacte. Il n'y a d'habité que la bordure basse & les vallées : il est une de ces dernieres qu'arrose un joli ruisseau, qui fit remarquer l'industrie des habitans; le ruisseau était coupé par des écluses, afin d'élever l'eau & de la conduire dans leurs plantations de tarro ou d'arum, qui demande un sol humide & quelquefois inondé : les collines qui les dominent deviennent plus escarpées & plus couvertes de bois à mesure qu'on approche des montagnes.

Cook, dans son premier voyage, sur le rapport de l'insulaire qui s'embarqua sur son vaisseau, pensait que toute l'isle pouvait fournir 6780 combattans : dans son second voyage il reconnaît qu'elle en peut armer environ dix fois davantage, mais M. Forster réduit ce nombre à la moitié : le premier estime que l'isle renferme 240,000 habitans; le second réduit ce nombre à 120,000.

Elle produit des fruits à pain sur des arbres de la grosseur d'un chêne, dont les feuilles ovales,

---

nent à l'isle un aspect triste & sauvage, elles servent à l'embellir, parce qu'elles sont couvertes de bois, qu'elles varient les points de vue, & présentent de riches païsages, abondans en toutes les productions de la nature.

longues d'un pied & demi, ont les sinuosités de celles du figuier, & leur ressemblent encore par la consistance, la couleur, leur suc laiteux & blanchâtre : le fruit est de la grosseur de la tête d'un enfant, des réseaux, comme ceux de la truffe, sont sur sa surface ; une peau légere le recouvre ; la chair en est très-blanche, & un peu plus ferme que le pain frais : son goût est presqu'insipide : on le grille avant de le manger. Cette isle possede treize sortes de bananes, toutes excellentes, des noix de cocos, des planes, un fruit semblable à la pomme, qui est couleur d'or, & d'un suc agréable & rafraichissant ; un fruit dont la forme est celle d'une poire, qu'ils nomment *ahceia*, des patates douces, des ignames, du cacao, diverses especes d'arum : il en est au moins deux especes de remarquables ; l'une très-grossiere, à larges feuilles lustrées, & dont les racines ont quatre pieds de long ; l'autre à feuilles veloutées & petites, mais dont les racines sont meilleures : toutes les deux ont le goût piquant, & sont très-caustiques si on ne les fait pas bouillir dans plusieurs eaux. On y trouve encore des cannes à sucre, un fruit délicieux nommé *jambu*, une espece d'indigo sauvage, une racine de salep, la racine *étée*, l'*ahée*, qui croît en gousses & se nourrit comme la chataigne dont il a le goût ; le wharra, arbre dont le fruit ressemble à la pomme de pin : les pauvres s'y nourrissent principalement du *nono*, d'une espece de fougere, & de la racine de thevé : tous ces fruits croissent sans culture. On y voit végéter avec force l'*e-ahaï*, bois parfumé, qui donne à leur huile de cocos une odeur très-suave ; le *casuarina*, ou bois de massue ; le petit mûrier, dont on fait le papier chinois, & diverses autres plantes qui rentrent dans quelques efpeces des nôtres fans être les mêmes : il y a un des plus beaux arbres du monde, que M. Forfter appelle le *barringtonia*, & que les habitans nomment l'*huddoo* ; il eft long-tems couvert de fleurs plus larges que des lis, d'une blancheur éclatante, excepté à la pointe de leurs nombreux filets, qui eft d'un cramoifi brillant ; fon fruit eft une groffe noix : on dit que s'il eft brifé & mêlé avec des poiffons à coquilles, il enivre les autres poiffons qui viennent fur l'eau s'offrir à la main du pêcheur qui les attend. On n'y trouve aucune efpece de fruits, de jardinages & de plantes d'Europe. Il n'y a d'animaux apprivoifés que les poules, les chiens & les cochons. Cook leur a laiffé des chevres & des moutons, & les premieres s'y multiplient. C'eft le chien qui eft leur aliment le plus friand ; ils font petits, ftupides, couverts de longs poils doux & d'une blancheur éclatante ; on les nourrit avec des fruits, & lorfqu'on veut en faire un repas, on les étouffe, en leur ferrant fortement le mufeau : on fait tomber le poil en les flambant & les raclant avec une coquille ; on les fend, on en lave les inteftins, puis on les enveloppe dans des feuilles & on les place dans un trou fait dans la terre & fortement échauffé, & au fond duquel font des pierres chaudes, on les recouvre encore, & on bouche le tout avec de la terre, dans quatre heures il eft cuit & devient un excellent mets : c'eft ainfi qu'ils apprêtent les cochons & les poules.

Les canards, les pigeons, les perroquets, un grand nombre d'oifeaux plus petits y font les habitans des collines & des forêts : il y a de très-petits perroquets d'un bleu de faphir, qui habitent la cime des cocotiers les plus élevés ; tandis que d'autres, d'une couleur verdâtre, & tachetés de rouge, se plaisent parmi les bananes & souvent dans les cabanes : un martin-pêcheur d'un verd sombre, avec un colier de la même couleur sur son cou blanc; un gros coucou, diverses sortes de tourterelles se perchent sur les arbres fruitiers de la plaine, tandis que le héron bleuâtre se promene fierement sur le bord de la mer, mangeant des poissons à coquilles & des vers.

Il y a une quantité incroyable de rats, que les Insulaires laissent courir en liberté, sans jamais essayer de les détruire. Cet animal n'y avait point d'ennemis, il en a un redoutable aujourd'hui, ce sont les chats que les Anglais y ont répandus. Les fourmis y sont le seul animal incommode, & on y en trouve peu.

Les poissons y sont en très-grand nombre & d'especes très différentes. Les minéraux y sont peu connus; mais il est très probable qu'il y en a : le délabrement du sommet des montagnes semble annoncer qu'on y éprouva des tremblemens de terre, & les laves qui composent la plupart des rochers, & dont on fait différens outils, le sol des plaines, mêlé de débris de volcans & de sable de fer noir, sont des preuves qu'il y eut jadis un volcan dans cette isle : on y voit des morceaux de quartz, on n'y connait d'indices de métaux que ceux qui annoncent le fer; on en trouve dans les laves & peut-être y a-t-il dans l'intérieur des montagnes des mines de fer assez riches pour être fondues. On y voit un rocher perpendiculaire, dont plusieurs angles s'avancent en saillie, & qui est composé de colonnes d'un basalte noir & compacte, elles sont paralleles, jointes l'une à l'autre, & de 15 à 16 pouces de diametre.

Les hommes y font d'une taille plus haute que les Européens (a); ils font forts & bien faits: les femmes d'un rang distingué font plus grandes que les autres, peut-être parce qu'elles se livrent moins de bonne heure à l'amour qui les énerve: leur teint est un brun olive assez foncé dans ceux qui vivent en plein air; leur peau est délicate & polie, mais non colorée; la forme de leur visage est agréable; ils n'ont ni les pommettes élevées, ni les yeux creux, ni le front proéminent; mais leur nez est un peu applati: leurs yeux font pleins d'expression & de sensibilité; leurs dents sont égales & blanches, leur haleine douce, leurs cheveux noirs & un peu rudes: les femmes les portent coupés autour des oreilles; les hommes les laissent flotter en boucles sur leurs épaules: leurs mouvemens sont remplis de vigueur & d'aisance, leur démarche est agréable, leurs manieres nobles & généreuses; ils sont d'un caractere franc, peu soupçonneux, point perfides, sans penchant à la vengeance & à la cruauté: ils se livrent & on se livre à eux sans crainte, & sans leur penchant au vol, ils feraient les êtres les plus aimables de la nature.

On y a vu des especes d'*Albinos*: leur peau est d'un blanc mat: leurs cheveux, leur barbe, leurs sourcils font blancs, & leurs yeux rouges & faibles; ils ont la vue courte, la peau teigneuse & revêtue d'un duvet blanc: aucun n'appartenait à la même famille.

Les Otahitiens s'oignent la tête d'une huile exprimée de la noix de coco, & dans laquelle ils font

---

(a) M. Forster dit qu'elle ne la surpasse pas.

infuser des herbes & fleurs odoriférantes : l'odeur nous en parut d'abord très-agréable : le défaut de peigne fait qu'ils ont des poux, & la populace les mange : excepté sur ce point, ils sont d'une propreté extrême, & ils se sont servi des peignes dès qu'ils en ont vu, avec un empressement qui montre qu'ils n'avaient de la vermine que parce qu'ils ne pouvaient l'ôter : ils se lavent trois fois le jour dans des eaux courantes. Tous se *tatouent*, c'est-à-dire, qu'ils se piquent la peau avec un instrument partagé en dents aiguës, qu'ils plongent dans du noir de fumée délaié dans de l'eau, & plaçant les dents sur la peau, ils frappent avec un bâton ; l'instrument perce la peau & dépose au dedans un noir qui ne s'efface jamais : c'est ainsi qu'ils dessinent différentes figures sur leurs corps : c'est sur les fesses qu'ils en mettent le plus ; leur visage seul n'en a point : l'opération est douloureuse : on la fait aux deux sexes à l'âge de douze à quatorze ans : ils en montrent l'effet avec une sorte d'ostentation ; on n'a pu connaître l'origine de cette coutume singuliere.

Dans les tems secs, ils portent une étoffe qui ne résiste pas à l'eau : lorsqu'il fait la pluie, ils se couvrent de nattes & les arrangent de différentes manieres : l'habillement des femmes est composé d'une longue piece d'étoffe dont elles s'enveloppent plusieurs fois les reins & qui retombe jusqu'à moitié jambe : deux ou trois autres pieces sont percées pour y passer la tête ; les bouts en retombent devant & derriere, s'attachent avec une ceinture & laissent les bras libres : tel est aussi l'habillement des hommes, excepté que la premiere piece est passée autour de leurs cuisses en forme de culotte ; plus un homme est distingué, plus il porte les ongles longs, plus il est environné d'étoffes : les principaux en ont deux encore qui flottent sur leurs épaules comme un manteau : dans la chaleur du jour, le peuple va presque nud : le soir les femmes d'un rang élevé se découvrent jusqu'à la ceinture ; elles arrangent de cent manieres différentes la simple draperie d'une longue étoffe blanche, & une grace naturelle accompagne leur simplicité : leurs jambes, leurs pieds ne sont point couverts : un petit bonnet de natte ou de feuilles de coco dérobe leur tête à l'ardeur du soleil : les femmes portent une espece de turban, ou entortillent leurs cheveux d'un fil composé de cheveux tressé, & elles les ornent de fleurs : ceux des hommes le sont avec les plumes de l'oiseau du tropique, ou d'une guirlande bizarre de fleurs collées sur du bois : les deux sexes portent des pendans d'oreilles de coquilles, de pois ou graines rouges ; mais ils n'en portent que d'un côté. Les enfans sont nuds, les filles jusqu'à trois ou quatre ans, les garçons jusqu'à six ou sept.

Les cabanes sont placées à l'ombre, peu éloignées les unes des autres, & entourées d'arbrisseaux odoriférans tels que le *gardenia*, la *guettarda*, & le *calophyllum* : autour sont des promenades délicieuses formées par des arbres élevés où l'on jouit de la fraîcheur, en respirant l'air pur qui y circule librement : on passe la nuit dans ces maisons couvertes & sans murs, on y mange quand il fait la pluie ; car ordinairement c'est en plein air sous les arbres : les maîtres se couchent au milieu de la cabane, leurs enfans à leur pied : les serviteurs dorment sous le Ciel quand il ne pleut pas : les chefs ont de petites maisons dont les feuilles de cocos forment les murs ; ils les font transporter sur leurs pirogues : il en est d'autres qui ont jusqu'à 200 pieds de long, qui sont construites aux frais communs du district qui s'y rassemble : nul n'a de retraite cachée ; car on n'y connait pas la honte dans des actes naturels, ni ce que nous appellons *décence*. Leur principale nourriture consiste en végétaux : les poissons leur fournissent un aliment qu'ils aiment & ils mangent cruds les plus petits : ils sont passionnés de l'écrevisse, du cancre, des coquillages, des insectes de mer : le fruit à pain est la base de leurs repas : chaque Otahitien plante l'arbre qui le nourrit ; les noix de cocos, les bananes, les planes & d'autres fruits suppléent à la disette de celui-là : l'eau salée est la sauce universelle de leurs alimens, & la mer la leur fournit : ils en font cependant une autre avec l'amande de noix de cocos fermentée & salée : l'eau & le jus de cette noix sont leurs seules boissons ; ils ne mâchent aucun narcotique : en leur donnant des liqueurs enivrantes, on les en dégoute pour jamais : ils s'enivrent cependant quelquefois avec le jus exprimé de la feuille d'une plante, mais il n'y a qu'un tems pour la maturité de cette plante, & leurs chefs se la réservent. Ils n'ont point de tables ; ils mangent seuls, excepté lorsqu'un étranger leur rend visite : des feuilles servent de nape : un panier contient la provision ; près de lui sont deux coques de noix de coco, l'une pleine d'eau salée, l'autre d'eau douce, les mets sont proprement enveloppés de feuilles : ils mangent avec les doigts, mais ils les lavent souvent : ils broient le fruit à pain avec un caillou sur un tronçon de bois, ils l'humectent & le réduisent en pâte molle qui ressemble à un flan épais, & ils le hument comme une gelée ; leur repas finit toujours en se lavant

la

la bouche & les dents ; ils mangent beaucoup à la fois, & en général les festins n'y sont pas gais : les femmes n'y paraissent pas : c'est un besoin qu'on satisfait avec avidité ; ce n'est pas un moment de récréation où l'on se rassemble pour jouir des agrémens de la société. Ordinairement ils dorment après le repas & dans le milieu du jour : ils sont très-indolens, vivent sans soins & presque sans travail : des arbres qu'ils ne cultivent point, fournissent à leur subsistance : les plantes qui y demandent le plus de soins, comme les choux & les racines d'eddo, en exigent beaucoup moins que les légumes de nos jardins. On plante un arbre à pain en détachant une de ses branches qu'on fiche en terre : la banane se reproduit du pied de sa racine : le palmier royal si utile aux habitans, la pomme d'or dont les effets sont si salutaires, d'autres fruits encore y viennent avec abondance & sans exiger de travaux, sans être arrosés de sueur : la fabrique des étoffes y est un passetems agréable ; la construction des cabanes & des pirogues, la manufacture des outils & des armes sont des occupations amusantes ; parce que les ouvriers jouissent seuls du fruit de leurs travaux : ils passent la plupart de leurs jours dans un cercle d'occupations variées, au milieu d'un pays où la nature a répandu des païsages charmans ; où la température de l'air est chaude, mais rafraichie sans cesse par une brise de mer ; où le ciel est presque toujours serain : ils sont sains, forts, bien proportionnés, dessinés pour ainsi dire avec élégance ; leurs traits ont de la douceur, leur visage ne porte point l'empreinte des passions, leurs femmes, compagnes de leur félicité, sont elles-mêmes très-intéressantes. Ils se lèvent avec le soleil, & vont se laver à la rivière ou à la fontaine ; le matin ils travaillent ou se promenent ; dans le milieu du jour ils se retirent dans leurs cabanes, ou se reposent à l'ombre d'un arbre ; là, ils lissent leurs cheveux, ou les parfument d'une huile odorante ; ils jouent de la flûte & chantent, ou écoutent le ramage des oiseaux : à midi, ils dinent ; après leur repas, ils reprennent leurs amusemens domestiques, se livrent à leurs sentimens d'affection mutuelle, à des saillies gaies sans malice, à des contes, à des danses joyeuses, un repas frugal amene le soir, où l'on prend le bain, & l'on finit ainsi la journée sans inquiétude & sans peine. Ils ont aussi quelques exercices militaires : ils s'exercent à décocher la fleche & à lancer la javeline ; la premiere très-loin, mais sans viser à un but ; la seconde plus près, mais en frappant une marque fixée : leurs flûtes sont longues & ils y soufflent avec le nez, leur tambour est formé d'un tronc de bois cylindrique, creusé, solide à l'un des bouts, recouvert de l'autre avec la peau d'un goulu de mer : c'est avec les mains qu'ils le frappent, & ils savent les mettre à l'unisson avec leurs flûtes & avec leurs voix : ils font sur le champ des couplets analogues au sujet qu'on desire ou qui les frappe ; ils sont rimés, & quand ils les prononcent, on y reconnait un mètre ; souvent ils chantent quand ils sont seuls avec leur famille & qu'il est nuit, ou à la lueur que répand une certaine noix huileuse enflammée dont ils enfilent plusieurs à une baguette. Ils ont une danse lascive à laquelle ils accoutument leurs filles dès le bas âge : c'est en quelque maniere les principes de leur éducation : ils paraissent n'avoir pas d'idée de la chasteté : tels offrent leur fille, leur sœur aux étrangers par civilité, ou comme récompense ; & la femme infidele n'est que grondée ou maltraitée bien légérement. Les grands y forment des sociétés où toutes les femmes sont communes à tous les hommes, & où, si l'une devient enceinte, l'enfant est étouffé dans le moment de sa naissance, pour qu'il n'embarrasse pas le pere & ne nuise pas aux plaisirs de la mere : quelquefois celle-ci veut le sauver, & elle ne peut y réussir qu'en trouvant un homme qui veuille l'adopter ; mais alors l'homme & la femme sont chassés de la société, & celle-ci est désignée par le terme méprisant de *whannownow*, de femme qui a fait des enfans. Cette infâme institution nuit beaucoup à l'accroissement des classes supérieures dont elles sont uniquement composées : c'est un titre d'honneur que d'y être aggrégés ; on les nomme *E-Aréeoies*.

Venons aux arts de ce peuple. Les étoffes dont ils se servent sont de trois sortes, & sont faites de trois différentes écorces d'arbres : le meurier fournit la plus belle & la plus blanche ; elle se teint en beau-rouge : l'arbre à pain en fournit une d'un blanc plus terne & moins douce ; une espece de figuier en donne la troisieme ; celle-ci est grossiere, rude, de la couleur d'un papier gris foncé ; mais c'est la plus utile, parce qu'elle est la seule qui résiste à l'eau, la seule qui soit parfumée & serve aux habits de deuil. Ils prennent beaucoup de soin de l'arbre qui donne la premiere ; ils le plantent dans les terres cultivées & ne s'en servent que lorsqu'il a 6 ou 7 pieds de haut & que sa tige a un pouce de diametre : ils prennent soin qu'elle soit droite, élevée & sans branches ; alors ils l'arrachent & en coupent la racine & le sommet ; ils détachent l'écorce du reste & la font tremper dans quelque ruisseau, en le chargeant de pierres pour qu'elle ne soit pas entrainée par le courant: quand elle est bien macerée, on sépare l'écorce intérieure de la verte, en la ratissant avec la coquille appellée *langue de tigre*, *tellina gargadia*: ils la plongent dans l'eau jusqu'à ce qu'il ne reste que les plus belles fibres: on les étend ensuite sur des feuilles de plane l'une à côté de l'autre, en font deux ou trois couches & prennent soin qu'elles aient par-tout la même épaisseur: on les laisse dans cet état jusqu'au lendemain, où l'eau étant évaporée ou imbibée, les fibres adherent déjà ensemble : on pose la piece sur le côté poli d'une grande planche de bois préparée; on la bat sous un hangard avec des maillets quarrés, sillonnés de rainures longitudinales & paralleles, plus ou moins serrées, suivant les différens côtés ; on l'humecte de tems en tems avec une eau glutineuse qui sert à coller les fibres & se tire de l'*hibicus esculentus*: la piece, souvent longue de 150 pieds, sur huit ou neuf de large, s'amincit & devient très-flexible; elle est fraîche, douce, mais spongieuse & fragile : l'étoffe se blanchit ensuite, & on la rebat chaque fois qu'elle a perdu son éclat; elle est plus ou moins fine selon qu'elle a été plus ou moins battue : les autres sortes d'étoffes se fabriquent à-peu-près de même ; & lorsqu'elles se déchirent, on les rejoint adroitement avec une colle composée de la racine d'epea.

Ils teignent la premiere étoffe avec un rouge qui surpasse notre plus bel écarlate, composé de deux végétaux mêlés ensemble, & qui séparément ne semblent pas devoir donner cette couleur : l'un est le fruit d'une espece de figuier, qu'ils nomment *mattée*; l'autre la feuille du *cordia-sebes-*

tina (*a*). Leur jaune est très-beau, & est tiré d'une espece de *morinda citrifolia*; ils ne peignent leur étoffe légere que sur les bords: la plus épaisse est peinte dans toute sa superficie; ils teignent aussi en noir & en brun; mais ces couleurs sont médiocres.

Ils font des nattes, dont quelques-unes surpassent ce que nous avons de meilleur en ce genre: les plus fines leur servent d'habits dans les tems humides; les plus grossieres leur servent de lit: il y a deux especes des premieres, l'une est faite avec l'écorce d'une espece d'ortie en arbre, nommée par Linnæus *hibiscus tiliaceus*, & il en est d'aussi fines qu'un drap grossier: l'autre espece, plus belle, blanche, lustrée, brillante, se fait avec l'écorce d'une espece de *pandanus*. Ils en font encore avec des joncs & des herbes, & elles leur servent de lits & de sieges: ils sont aussi fort adroits à faire des ouvrages d'osier, & font des paniers de mille formes différentes, travaillés fort artistement; dans l'espace de quelques minutes ils en font un avec les feuilles du cocotier, dont ils fabriquent encore des especes de chapeaux qui leur mettent le visage à couvert contre l'ardeur du soleil. Avec l'écorce du *poerou*, avec les fils du coco & l'écorce de l'*erowa*, qui est une espece d'ortie, ils font des cordes, des ficelles, des lignes pour la pêche, plus fortes que celles que nous faisons avec la soie: ils fabriquent une espece de filet avec une herbe qui a les feuilles larges &

___

(*a*) Forster dit que le suc de la figue est jaune, que le second suc est jaunâtre, & composé de celui d'une sorte de fougere, de liane & de plusieurs autres plantes qui, mêlées ensemble, forment un cramoisi brillant.

groffieres : ils harponnent le poiffon avec beaucoup d'adreffe, & fe fervent de deux efpeces d'hameçons : la tige de l'un eft de nacre de perle très-brillant, & il eft armé d'une touffe de poils de chien ou de foie de cochon : l'autre eft fait auffi de nacre ou d'un coquillage dur, que chaque pêcheur façonne lui-même, en le limant avec un morceau de corail raboteux.

Leurs pirogues font encore un objet important de leurs travaux : tous leurs outils pour les fabriquer font, la hache, faite d'une pierre qui eft un bafalte grifâtre ; le cifeau, qui eft fait d'un os humain ; une rape de corail & la peau d'une efpece de raie fur laquelle ils répandent un fable de corail, & fait ainfi l'office d'une lime : c'eft avec cela qu'ils taillent des pierres, abattent, fendent, fculptent & poliffent le bois. Leurs pirogues font de deux efpeces, l'une eft l'*ivahahs*, l'autre le *pahie :* la premiere a le fond plat & les côtés perpendiculaires : fa longueur varie entre 10 à 70 pieds & davantage, fur un à deux de large ; les unes font deftinées pour le combat, d'autres pour les voyages & pour la pêche : celles pour le combat ont la forme d'un demi-cercle, la poupe & la proue en font fort élevées : on les attache plufieurs enfemble, & on place fur l'avant une efpece de platteforme foutenue par des poteaux hauts de fix pieds : c'eft de-là qu'ils lancent les pierres & les javelines : les rameurs font affis plus bas que les guerriers. Un homme qui occupe l'avant de la pirogue du milieu, tenant un bâton à la main, dirige les coups de pagaye des rameurs par fes geftes & fes paroles : les mouvemens en font rapides & précis : l'ivahah de pêche eft fimple ; celui de voyage eft double, garni d'un pavillon propre où l'on s'affied pendant le jour, où l'on dort pendant la nuit. La *pahie* varie de longueur entre 30 & 60 pieds : fa plus grande largeur eft de trois pieds ; fes côtés d'abord droits & paralleles, s'élargiffent tout-à-coup & fe terminent en angle vers le fond, qui eft un arbre creufé en auge, ainfi que la partie du bord : celle-ci eft jointe à celui-là par une planche large de 15 pouces : ils fervent auffi pour la guerre, mais fur-tout pour les longs voyages : dans ce dernier cas ils font ordinairement doubles & demeurent fouvent un mois en mer : il en eft qui ont deux mâts ; les voiles font de nattes, aigues au fommet, quarrées dans le bas, courbes dans les côtés, à-peu-près comme celle qu'on appelle *épaule de mouton* : elle eft placée dans un chaffis de bois & ne peut fe plier : leurs rames font femblables à la pêle d'un boulanger : ils vont vîte, mais font beaucoup d'eau : leurs poupes élevées facilitent le débarquement : tout y eft bien travaillé, bien poli : on les conferve fous des hangards formés par des poteaux qui fe rapprochent au fommet, & forment une efpece d'arc gothique, recouvert d'herbes, excepté à leurs extrémités.

Dans leurs voyages, les Otahitiens fe dirigent fur le foleil auffi long-tems qu'il eft fur l'horifon, & fur les étoiles durant la nuit : ils diftinguent celles-ci par des noms, & connaiffent affez bien leur cours : ils prévoient les tempêtes plus fûrement que nous ne le pouvons faire ; leur année eft de 13 lunes, & chaque lune ou mois de 29 jours ; leur jour eft divifé en douze parties, fix pour le jour, & autant pour la nuit ; elles fe diftinguent par l'élévation du foleil ou de quelque étoile fur l'horifon. Ils comptent jufqu'à 10, puis ils recommencent : 20 eft exprimé par un nom particulier comme les dix premiers nombres : ils en ont un autre pour dix fois vingt, & ce nombre qu'ils répetent dix fois pour faire deux mille, est le plus grand qu'ils connaissent : la brasse est leur seule mesure; ils n'expriment la distance des lieux que par le tems employé à la franchir.

Leur langue douce, harmonieuse, abonde en voyelles; elle parait aisée à apprendre, elle l'est à prononcer; toutes les consonnes aigres & sifflantes en sont bannies, & presque tous les mots finissent par une voyelle seulement; il faut une oreille délicate pour distinguer les modifications nombreuses dont elles sont susceptibles, & qui donnent une grande délicatesse à l'expression : ni les noms, ni les verbes n'y ont aucune inflexion; peu de noms y ont plus d'un cas, peu de verbes y ont plus d'un tems.

Leur nourriture simple les exempte de beaucoup de maladies : des accès de colique sont leur seule maladie dangereuse; mais ils sont sujets aux érésipeles & à une irruption cutanée qui approche de la lépre, & force ceux qui en sont atteints de vivre dans des cabanes solitaires : quelques-uns ont des ulceres auxquels ils ne font point d'attention : les prêtres y sont les seuls médecins, leurs remedes y sont de vaines cérémonies, & des especes d'amulettes; ils ont des chirurgiens plus experts; mais la tempérance est le principal baume qui guérit leurs blessures. Les maladies vénériennes y ont fait des progrès effrayans; ils en accusent leur commerce avec des hommes venus dans des vaisseaux, qui aborderent sur la côte orientale; il semble qu'ils aient trouvé un spécifique contr'elles, & il est certain du moins qu'elles se guérissent chez eux.

On n'a pu se faire qu'une idée imparfaite de leur religion ; leur langage religieux est différent du langage ordinaire : ils croient que tout ce qui existe provient de l'union de deux Etres, dont l'un qui est la divinité suprême, s'appelle *Taroataihetoomoo*, & l'autre *Tepapa* : celui-ci avait été un rocher ; ils engendrerent une fille qui est l'année, laquelle donna naissance aux mois : les deux premiers Etres formerent quelques étoiles & quelques plantes, qui se sont ensuite multipliées par elles-mêmes ; ils engendrerent aussi quelques dieux inférieurs ou *Eatuas*, qui ont fait naître le premier homme, d'abord rond comme une boule, mais à qui sa mere étendit les membres : il peupla ensuite la terre avec sa mere. Les hommes vénerent les Eatuas mâles, les femmes les Eatuas femelles, mais les prêtres officient pour les deux sexes : la qualité de prêtre est héréditaire & le nombre en est grand : leur chef est ordinairement le fils cadet d'une famille distinguée, & il est respecté presqu'autant que le roi : ils sont instruits de toutes les fables de leur religion, & connaissent mieux l'astronomie & la navigation que le reste du peuple : leur nom *Tahowa* signifie un homme instruit ; il en est dans chaque classe.

Treize divinités président sur la mer, qu'une autre nommée *Oo-Marrào* a créée : *O Mauwée* a créé le soleil qui produit les tremblemens de terre : un dieu y réside, c'est *Tootoomo-Hororiu*, qu'ils représentent sous la plus belle figure, & portant des cheveux qui lui descendent jusqu'aux pieds : les morts vont partager son habitation & y manger sans cesse du fruit à pain & du porc qu'ils n'ont pas besoin de préparer : ils croient que chaque homme a au-dedans de lui un être séparé appellé

Tée, qui agit d'après l'impreſſion des ſens, & de ſes conceptions forment des penſées : cet être ſubſiſte après que l'homme eſt détruit, & habite les images de bois placées autour des cimetieres.

La lune a été créée par la déeſſe *O-Heenna*, qui la gouverne & réſide dans ſes taches : les étoiles en général le furent par *Tettoo-Maratou* : un dieu gouverne les vents. Parmi les Eatuas, il en eſt de malfaiſans qui tuent les hommes durant leur ſommeil. On adore, on prie les dieux bienfaiſans, mais ſeulement des levres ; on leur offre des cochons & des volailles roties : des plantes, des oiſeaux leur ſont conſacrés ; telles ſont le palmier, le bananier, le calophyllum & quelques autres parmi les premieres ; le héron, le martin pêcheur, le coucou parmi les ſeconds. Il ne parait pas qu'ils ſoupçonnent que nos actions ſur la terre puiſſent avoir influence ſur notre état futur, ni qu'elles intéreſſent les dieux qui les ignorent.

Le mariage n'y eſt qu'une convention entre l'homme & la femme ; les prêtres n'y interviennent point, non plus que dans le divorce, qui ſe fait d'un commun accord : ils n'ont d'inſpection que ſur la coutume de s'imprimer des figures ſur la peau, & ſur une eſpece de circonciſion qui a pour objet la propreté.

Les moraïs ou cimetieres y ſont des bâtimens de pierre qui ſemblent être une partie de pyramide : ils ſont formés de pluſieurs terraſſes ou eſcaliers placés les uns au deſſus des autres, & couverts d'arbres ou d'arbriſſeaux, d'herbes & de fougeres ; autour ſont de longues perches ſur leſquelles on voit ſculptées cinq ou ſix figures qui vont en diminuant ; celles d'en haut eſt toujours une figure mâle, la ſuivante eſt femelle & ainſi alter-

nativement : ces figures font face à la mer : au delà
est un toît soutenu par quatre poteaux, devant
lequel, sur un treillage de bois, on suspend ses
offrandes aux Dieux : les cadavres couverts d'une
étoffe blanche se placent dans une hutte voisine,
sur une espece de théâtre, parmi un groupe épais
d'arbrisseaux ; autour s'élevent & fleurissent des cocotiers, des bananiers, des dragons végétaux. Ces
lieux sont destinés au culte des dieux : les Otahitiens en approchent avec respect ; ils y adorent
une divinité invisible, & pour le faire ils se découvrent tout le corps jusqu'à la ceinture : ils ne
paraissent vénerer rien de ce qui est l'ouvrage des
mains de l'homme, quoique chacun d'eux ait un
oiseau auquel il fait une attention particuliere :
des idées vagues de bonne ou de mauvaise fortune
les attachent à cet animal.

Leur gouvernement semble être féodal. L'*earée-
rahie* ou *arée-rahaï* en est le chef ou roi : après
lui est l'*earée* ou baron que suit le *manahouni* ou
vassal, supérieur au towtow, ou paysan. C'est un
usage consacré dans cette isle que le fils succéde
au pere dès le moment de sa naissance, & que son
pere ou son oncle gouverne pour lui jusqu'à ce
qu'il soit en état de le faire lui-même, ou qu'il
ait un fils. Il en est de même de tout earée ; dès
qu'il a un enfant mâle, c'est l'enfant qui devient
earée ; son pere n'est plus qu'un particulier & son
tuteur. Les rois sont plus respectés que puissans,
parce que les earées bornent leur pouvoir : chacun
de ceux-ci préside sur un district où il exerce
tout le pouvoir : il partage son territoire entre les
manahounis dont dépendent immédiatement les
towtows qui cultivent la terre, vont chercher le
bois & l'eau, pêchent & apprêtent les alimens ;

ceux-ci font moins grands, moins beaux que leurs chefs, ils femblent être d'une nation différente: l'eftomac des grands eft d'une dimenfion prodigieufe, & ils mangent beaucoup de viandes; le peuple ne fe nourrit gueres que de végétaux: ces deux claffes ne s'uniffent jamais par des mariages; mais la fimplicité dans la maniere de vivre tempera l'effet de ces diftinctions.

L'ifle ne forme qu'un royaume; mais le roi ou l'*arée de hie*, de toute l'ifle a un vaffal redoutable qui quelquefois le dépofe, & ne lui rend que des refpects apparens: c'eft l'éarée de *Tiarrabou*, de la petite Taïti, ou de la péninfule qui en fait la partie orientale.

Dans les guerres générales, c'eft le roi qui commande: les querelles entre les earées fe décident par leurs fujets. On a vu une flotte guerriere d'Otahaïti formée de 160 groffes doubles pirogues de 40 à 50 pieds de long, bien équipées & bien armées: les guerriers qu'elle portait étaient vêtus de trois pieces d'étoffes trouées au milieu & pofées les unes fur les autres; celle de deffous était la plus large & de couleur blanche; la feconde rouge, la troifieme était la plus courte & de couleur brune; leurs boucliers, leurs cuiraffes étaient d'ofier, couverts de plumes & de dents de goulu: ils avaient des cafques de quatre à cinq pieds de haut: c'étaient des bonnets d'ofier cylindriques, revêtus de plumes luifantes, bleues & vertes d'une efpece de pigeon, & d'une jolie bordure de plumes blanches: autour en maniere d'auréole divergeait un nombre prodigieux de longues plumes de la queue des oifeaux du tropique: les commandans fe diftinguaient encore par de longues queues rondes compofées de plumes vertes & jaunes qui pendaient fur leur dos : l'amiral en avait cinq : les pirogues font ornés de pavillons & de banderolles : des maffues, des piques & des pierres compofaient leurs inftrumens de guerre : leurs piques font garnies à la pointe d'un os de raie. Leurs guerres font cruelles, parce que leur colere eft violente, mais elle ne dure pas.

En général, il y a peu d'occafions de crime, & la punition du coupable dépend de l'offenfé : il n'y a point de magiftrat chargé de la vindicte publique ; mais les chefs puniffent les fautes quand il ne leur convient pas de les tolerer : il femble même que des coups de bâton foient la punition la plus forte qu'on y inflige.

Avant de quitter cette ifle, parcourons-en les côtes. En partant du promontoire le plus feptentrional on arrive au quartier d'*Oahounue*, puis au havre d'*Ohidea* fitué au couchant d'une grande baie, protégée par les deux petites ifles de *Boourou* & de *Taawirrii* ; l'abri n'eft pas excellent, & c'eft là que mouillerent les vaiffeaux Français commandés par M. de Bougainville ; plus loin eft l'ifthme qui partage Otahiti en deux peninfules foumifes à deux différens chefs : la côte y eft plate, bordée de rochers qui laiffent des ouvertures & forment des havres fûrs pour de petits bâtimens : l'Ifthme même eft une plaine marécageufe, qui a trois lieues d'une mer à l'autre : c'eft au travers de ce fol bas que les habitans tranfportent leurs canots alternativement fur les deux rivages. Dans l'intérieur de *Tierrabou* ou la petite Otahiti eft le diftrict particulier de fon chef, compofé d'une grande & fertile plaine arrofée d'une grande riviere ; mais elle n'eft pas bien peuplée. Plus loin eft la baie *Oaitipeha* qui renferme des havres où les vaiffeaux feraient en pleine sûreté : au delà, le pays est cultivé, & les ruisseaux resserrés entre des lits étroits de pierre ; la côte en est bordée ; les maisons y sont assez rares & petites ; les pirogues y sont grandes, bien faites, & leurs pavillons soutenus par des colonnes ; les bâtimens sépulcraux y sont propres, bien entretenus, décorés de planches sur lesquelles on a sculpté différentes figures d'hommes & d'oiseaux : les arbres y paraissent peu abondans ; celui qui donne le fruit à pain n'y est pas ; une noix qu'ils nomment *ahées*, assez semblable à la châtaigne, y est la principale nourriture des habitans.

On trouve ensuite, près du rivage le plus oriental de l'isle la petite isle d'*Otooracite* qui n'a pas demi lieue de tour : dans la côte sud-est d'Otahiti le pied des collines est baigné par la mer, sans être défendu par les rochers : la partie méridionale est très-fertile : les cocos, les fruits à pain y sont abondans : le rivage forme ensuite une baie profonde qui termine l'isthme au midi ; au-delà vers le couchant est un havre grand, bon & commode : le pays voisin est riche en productions, & fort peuplé. On y a vu une figure d'homme faite d'osier, ayant sept pieds de haut, mal dessinée, dont la carcasse était couverte de plumes blanches ou noires : elle avait des especes de cheveux & quatre protubérances ou cornes, trois au front, une par derriere : elle est unique dans O-tahiti, & l'on dit que c'est la représentation de *Mauwe*, un de leurs Eatuas ou dieux de la seconde classe.

Opoureonu est une peninsule qui s'avance au nord-ouest de l'isle : on y voit un lieu de dépôt pour les morts singulierement décoré, & un havre entre deux petites isles. Près de là est le magnifique moraï élevé pour un des rois de l'isle : de là jufqu'à la pointe *Venus*, d'où l'on part, les plaines font fpacieufes, & les montagnes s'y terminent par une douce pente: les côtés y font bordées de palmiers & d'herbes, & les maifons y font nombreufes.

Isle *E-Imeo* ou du *Duc d'York*.

Wallis qui la découvrit en 1767 lui donna le fecond de ces noms; mais le premier eft celui qui la diftingue chez fes habitans & fes voifins: elle eft ovale & n'a que cinq lieues de tour : au centre font des montagnes élevées, on y voit différentes baies & un bon port: la partie orientale eft baffe, & le rivage eft couvert de cocotiers, d'arbres à pain, de pommiers & de planes.

Isle *Tapoamanao*, ou de *Charles Saunders*.

Elle reçut ce dernier nom de Wallis qui la vit en 1767; le rivage y eft bordé de brifans ou de rochers qui y laiffent cependant des ouvertures où un vaiffeau pourrait être en fûreté: elle ne femble pas bien peuplée; fes habitans vivent fous de petites huttes : de beaux arbres bordent fes côtes : fa longueur eft de deux lieues, le centre eft occupé par une montagne à deux fommets qui l'un & l'autre paraiffent fertiles.

Isle *Huaheine*.

Elle n'a que fept à huit lieues de tour : un golfe profond la fépare en deux peninfules réunies par un ifthme que la haute mer inonde tout entier: au côté feptentrional de l'isle eft une grande lagune d'eau falée qui s'étend au loin parallelement au rivage, & exhale une puanteur infupportable; elle eft ceinte d'un banc de corail; des canards volent fur la furface, & on y trouve un grand nombre de plantes des Indes orientales : les monts y font moins élevés que ceux d'Otahiti ; mais leur afpect annonce des reftes de volcan : le fommet de l'une reffemble à un cratere, & fur un de fes côtés, on voit un rocher noirâtre & fpongieux qui parait être de la lave : l'afpect du pays eft agréable ; les plaines n'y font pas grandes, & à peine quelques collines les féparent des montagnes : mais ces collines font cultivées comme la plaine: le peuple qui l'habite parle la même langue, a les mêmes traits, porte les mêmes vêtemens d'écorce que celui d'Otahiti ; il parait avoir des plantations diverfes felon les diverfes faifons ; afin de ne manquer jamais de fruits : les cochons y font plus ftupides que dans les autres isles, mais la chair en eft excellente ; on les y nourrit & les engraiffe avec de la pâte fermentée du fruit à pain ; les chiens, comme dans les autres isles voifines, y font courts, & leur groffeur varie depuis celle du bichon jufqu'à celle du grand épagneul: ils ont la tête large, le mufeau pointu, les yeux très-petits, les oreilles droites, les poils affez longs, liffes, durs, de différentes couleurs, mais plus fouvent blancs & bruns : ils abaient rarement & hurlent quelquefois. On y a vu quelques infectes, & une efpece de fcorpions encore inconnue.

Les productions végétales y font les mêmes qu'à O-tahiti; l'arbre à pain & les cocotiers y croiffent abondamment dans les plaines : les fruits y femblent meurir plutôt qu'à O-tahiti : les roches & l'argille paraiffent y être brûlées, & y annoncer

d'anciens

d'anciens volcans : les habitations y sont propres & les hangars très-grands : sur la plupart des piliers qui les soutiennent on voit des têtes d'hommes sculptées & mêlées à différentes figures d'imagination. On y a vu un coffre dont le couvercle était cousu avec délicatesse, & revêtu de feuilles de palmier : il était posé sur deux bâtons & soutenu par de petites consoudes de bois très-bien travaillées : c'est une maison d'*eatua*. Les hommes y semblent être plus grands & plus vigoureux que les Otahitiens, les femmes plus jolies en général & plus réservées. L'isle a un port sûr & commode : au couchant est le havre *Owallo* dans lequel on parvient par deux coupures dans le rocher qui borde la côte. Elle est sous le 16° 43' de latitude méridionale, & le 226° 53' de longitude.

Isle Uliétéa ou *O-Raietéa.*

Par son aspect elle ressemble beaucoup à celle d'O-tahiti, & elle est environ trois fois plus grande que Huaheine ; ses plaines sont plus larges que celles de cette derniere, & ses collines sont plus élevées. Vers sa partie septentrionale sont des criques très-profondes ; & au fond, des marais remplis d'une multitude de canards & de bécassines : on y retrouve les mêmes animaux, les mêmes fruits que dans les isles que nous venons de parcourir : le gouvernement parait aussi y être le même ; les principaux y mangent beaucoup, & des viandes succulentes ; ils y sont plus grands, plus gros que le peuple réduit aux végétaux : les premiers sont tatoués, celui-ci l'est peu : en général ses habitans sont timides & bons : on y voit plus sieurs de ces coffres appellés *maisons d'eatua*: les moraïs paraissent y être différens de ceux d'Otahiti : on en vit un composé de quatre murs hauts de huit pieds & de pierres de corail dont quelques-unes étaient très-grandes : l'intérieur était rempli de petites pierres : au sommet, des planches sculptées dans toute leur longueur, étaient dressées presque perpendiculairement : près de là était un autel où l'on avait offert en sacrifice un cochon bien rôti & pesant 80 livres : quelques-uns de ces moraïs sont environnés d'un boccage.

Uliétéa offre la baie *Oopoa*, qui pourrait recevoir la flotte la plus nombreuse : elle comprend presque tout le côté oriental de l'isle : devant une des ouvertures qui y conduisent est la petite isle d'*Oatara*, toute couverte de bois : dans le voisinage on trouve encore diverses petites isles qu'on connait peu, & qui paraissent ressembler à l'une d'elles qu'on a visitées : on a trouvé dans ses vallées des plantes encore inconnues : au sommet est une espece de pierre de marne ; sur les flancs sont des cailloux dispersés & des morceaux de lave caverneuse & spongieuse d'une couleur blanchâtre, qui semblait receler du fer ; ce qui fait conjecturer que les montagnes de ces isles en renferment des mines : la lave y annonce des volcans, & peut-être ces isles leur doivent la naissance.

Les plaisirs font la principale affaire des habitans d'Uliétéa ; les repas y sont abondans, les liqueurs fortes recherchées, on y joue souvent des especes de drames & mille danses différentes & presque toutes lascives. C'est peut-être à ce goût trop vif pour les plaisirs qu'il faut attribuer la facilité avec laquelle les habitans de la petite isle de *Bolabola* ont conquis celle-ci : ils sont aussi plus superstitieux que leurs voisins, & respectent les hérons, les martin-pêcheurs, les pie-verds; ils sont bons, hospitaliers, généreux. Uliétéa, ou O-Raietéa est à sept ou huit lieues d'Huaheine.

Isle Otaha.

Elle est située au nord de la précédente, & paraît être renfermée dans la même enceinte de rochers qui bordent les rivages de l'une & de l'autre, & ferment le détroit qui les sépare. Sur la côte orientale est le havre *Obamene:* sur l'occidentale est celui d'*Oberurua:* tous les deux sont très-bons: le pays & les habitans ressemblent aux autres isles de cet archipel; les productions végétales & animales y sont en général les mêmes; quelques-unes y sont plus ou moins abondantes: les volailles y sont très-nombreuses: on y voit peu de rats, presque point de l'espece d'arbres (*spondias*) qui rapportent des pommes: autour de la pointe septentrionale sont de longues isles, basses, couvertes de palmiers & d'autres arbres: les bananiers y sont nombreux; les fruits du plane y sont communs: l'isle renferme des especes de villages où l'on voit de très-grandes maisons: les habitans en sont bons & hospitaliers: elle a été conquise par le roi de Bolabola.

Isle Bolabola, ou Borabara.

Elle n'a qu'environ six à sept lieues de tour; elle est à quatre lieues au nord-est d'Otaha, & est environnée d'une chaine de rochers parsemés d'isles, dont il en est deux, longues d'une lieue & demi, situées à l'orient, & dont les noms sont *Orueau* & *Otubue:* au centre est une montagne élevée, escarpée, presque perpendiculaire, qui se termine au sommet par deux pics, dont l'un est plus élevé que l'autre : les productions, les richesses en sont les mêmes que celles des isles voisines : les habitans en sont plus courageux & moins humains : ils ont une coutume qui n'est point inconnue dans les autres isles, c'est de suspendre les mâchoires des ennemis qu'on a vaincu, pour marque de leur victoire : ce sont là leurs trophées.

Isle Tubaï.

C'est une petite isle, située au nord de la précédente : elle est basse, féconde en noix de cocos, n'ayant pour habitans que trois familles ; mais visitée quelquefois par les Insulaires des isles voisines qui viennent y pêcher du poisson sur la côte où il se trouve très-abondamment.

Isle Maurua.

Cette isle, plus grande que la précédente, mais cependant peu considerable encore, est par-tout ceinte d'une chaîne de rocs, elle n'a aucun havre, aucun habitant : ses productions sont celles des isles voisines : de son centre s'éleve une montagne haute & ronde, qui finit en pointe aiguë & s'apperçoit de dix lieues au loin sur la mer.

Ces six isles, *Huaheine*, *Uliétéa*, *Otaha*, *Bolabola*, *Tubaï* & *Maurua*, furent nommées par Cook *Isles de Société* : elles sont situées entre le 16° 10′ & le 16° 55′ de latitude méridionale ; entre le 225° 45′ & le 226° 48′ de longitude.

Isle How.

Elle fut découverte en 1767 par Wallis qui lui donna ce nom : il n'y trouva point de mouillage & ne put s'y arrêter : elle est entourée de brisans : il y vit de la fumée & point d'habitans ; elle peut avoir trois lieues & demi de long sur plus d'une de large. Cook, qui la vit en 1774, ne lui donne que quatre lieues de tour ; il dit qu'elle est composée de plusieurs petites isles, unies ensemble par des brisans : il dit qu'il y a encore un canal au-dedans des brisans, & que probablement c'est l'isle que ses voisins nomment *Mopeha*, & où, dans de certaines saisons, on va à la pêche de la tortue. On y voit çà & là des cocotiers, mais peu nombreux. Sa latitude est de 16° 46′, sa longitude de 223° 23′.

Isles de Scilly.

C'est un grouppe d'isles ou de bas-fonds dangereux, environné d'écueils, contre lesquels la mer brise : on peut s'y jetter pendant la nuit, même la moins sombre, sans pouvoir les distinguer : ils sont sous le 16° 28′ de latitude, le 222° 15′ de longitude.

Isle Hervey.

Elle est composée de trois ou quatre islots, réunis par des rochers que la mer couvre : ils ont une forme triangulaire, & environ huit lieues de circuit : ils sont remplis de bois parmi lesquels on remarque des cocotiers : la côte en est sablonneuse, & couverte en quelques endroits de verdure, & probablement de liane : rien n'y annonce des habitans : sa situation semble être celle de l'isle *Dezana*, dont on ne connait que le nom. Cook qui la découvrit en 1773 lui donna le nom de Hervey : elle est sous le 19° 18′ de latitude méridionale, & le 218° 51′ de longitude.

Isle Palmerston.

Elle est formée par cinq ou six islots couverts de bois, liés ensemble par des bancs de sable & des brisans, entourés d'une chaîne de rocs qui ne laisse aucun passage pour y atteindre : au centre on apperçoit un lac : on n'y voit aucun vestige d'habitans : la côte en est poissonneuse : une multitude d'oiseaux divers y vivent & s'y propagent. Cook qui la découvrit en 1774, lui donna le nom qu'elle porte : elle est sous le 18° 4′ de latitude méridionale, le 214° 35′ de longitude.

Isles du Danger ou de St. Bernard.

Mindanna ou *Fernand de Quiros* les découvrirent en 1606 : avant d'y arriver, dit la relation de ce voyage, on vit une isle qui a trente lieues de circuit ; elle est noiée au milieu, & entourée comme d'un mur de chauffée couvert de corail ; mais on n'y trouva ni fond ni port: à la suite de celle-là on en découvrit cinq ou six autres : leurs habitans reçurent les Espagnols avec beaucoup d'affection ; les uns étaient armés de gros bâtons ; les autres de lances brûlées par le bout, & longues de quinze à vingt pieds : ils habitent près du rivage dans des cabanes de palissades, entre des palmiers, dont le fruit fait, avec le poisson qu'ils pêchent, leur nourriture ordinaire : ils sont

Isles de l'Océan Pacifique. 455

nuds, de couleur olivâtre, bien proportionnés, & d'une phyſionomie agréable : dans un bois épais, les Eſpagnols trouverent une place ronde, entourée de petites pierres, avec un tas de plus groſſes, en forme d'autel, appuyé contre un grand arbre, ombragé par des touffes de feuilles de palmier; c'était peut-être un moraï ou cimetiere : les Eſpagnols crurent que c'était le lieu où ces hommes ſi bons venaient adorer le diable; la ſuperſtition corrompt ainſi tout ce qu'elle voit : au-delà ils virent des prairies humides, arroſées par des flaques d'eau ſaumâtre : les poiſſons & les oiſeaux étaient ſi abondans ſur la côte, qu'on les prenait avec la main; les palmiers y ſont en grand nombre, mais l'eau y manque : au centre de preſque toutes ces isles eſt encore un grand lac d'eau ſalée : les pirogues des habitans ſont étroites, & portent une voile latine faite d'une natte. On leur donna le nom de *St. Bernard*. Leur latitude eſt de 10° 30'.

On croit, avec aſſez de vraiſemblance, qu'elles ſont les mêmes que Byron nomma *Isles du danger* : elles ſont environnées d'innombrables écueils & paraiſſent riches & fertiles : les habitations qu'on découvrait en grouppe près du rivage annonçaient qu'elles étaient très-peuplées : la crainte des rochers cachés ſous l'eau fit craindre de s'en approcher : il les place ſous le 10° 15' de latitude méridionale, ſous le 209° de longitude.

Je crois que c'eſt ici le lieu de placer les isles découvertes dans le 16 & 17ᵉ ſiecle par divers navigateurs : la ſituation en eſt incertaine parce que la latitude en a été mal obſervée, & la longitude qui ne pouvait l'être bien alors, l'a été plus mal encore; peut-être quelques-unes de ces isles ont été retrouvées ſans qu'on puiſſe dire qu'elles ſont les mêmes: peut-être elles ne le font point encore: nous laiffons ce point incertain, & nous nous bornons à les décrire telles qu'on nous les repréfente & dans l'ordre qu'elles font fur les cartes; puis nous reviendrons aux navigateurs modernes.

Isle Solitaire.

Mindanna la découvrit en 1595: elle eft baffe, ronde & plantée d'arbres: on dirait qu'elle eft environnée d'une chauffée: la mer autour d'elle eft femée d'écueils: on lui donna fon nom, parce qu'en effet elle eft feule: on la place fous le 10° 40' de latitude; fous le 210° de longitude.

Isle de la Belle Nation.

Elle peut avoir fix lieues de tour : Quiros la découvrit en 1606 : elle produit des cocos & d'autres fruits : les hommes qui l'habitent font blancs, beaux & bien faits ; les principaux ont leur tête couverte d'un bonnet de palmette, & leur corps d'une camifole rouge: leurs pirogues font légeres & faites d'un feul tronc d'arbre; ils font armés de longues lances & d'un gros bâton dont ils s'efcriment avec vigueur : c'eft un figne de paix parmi eux que de préfenter un tifon de bois refineux allumé : leurs femmes font d'une jolie figure, & font vêtues de la ceinture en bas de fines nattes de palmier bien tiffues, & d'un petit manteau fabriqué de la même maniere. Au centre de l'isle eft une lagune que la mer inonde quand elle eft haute; un ruiffeau d'eau falée s'y jette; mais à quelque diftance eft une filée d'eau douce; des écueils environnent cette isle qu'on place fous le

13° de latitude méridionale, & fous le 213° de longitude.

Isles Salomon.

Elles font en grand nombre, & furent découvertes en 1567 par D. Alvar de Mendoce : il y en a dix-huit principales : l'idée que l'on conçut de leurs richeffes les fit appeller isles de Salomon : on a prétendu que quelques-unes avaient 100 & même 200 lieues de tour, & qu'elles s'étendaient jufqu'au continent de la nouvelle Guinée : le climat y eft bon, l'air ferain, les vivres abondans, le bétail très-nombreux : leurs habitans font noirs : il y en a néaumoins de blancs, de roux, & même de blonds. Acofta dit que le peuple de ces isles a le teint jaunâtre, que les hommes y font nuds, que leurs armes font l'arc, la flèche & la pique ; que les animaux qu'on y nourrit font les chiens, les cochons, & les poules ; qu'on y trouve du girofle, du gingembre & une canelle bien inférieure à celle de Ceylan ; que la principale de ces isles eft celle qu'on nomma *Ifabelle* ou *Elizabeth* qui a vers le nord-eft un port commode où les Efpagnols conftruifirent un petit vaiffeau, avec lequel ils découvrirent onze isles d'environ fept à huit lieues de circuit, entre le 9 & le 10° de latitude méridionale, & enfuite une grande terre qu'on nomma *Guadalcanal* du nom de celui qui l'apperçut le premier ; qu'ils en coururent les côtes pendant 150 lieues, fans pouvoir s'affurer fi c'était une isle ou une partie du continent ; qu'ils s'emparerent d'une ville indienne où l'on trouva des grains d'or fufpendus dans les maifons ; mais que ne pouvant entendre le langage du pays, &

fatigués d'avoir à combattre sans cesse contre des hommes courageux, ils revinrent après avoir consumé quatorze mois dans ces courses. Ces peuples ont des pirogues qui peuvent contenir cent hommes, & ils s'en servent pour se faire la guerre entr'eux.

D'autres vaisseaux de la flotte commandée par Alvar de Mendoce, visiterent plusieurs de ces isles; ils s'assurerent qu'on y pouvait trouver des cochons, des poules, d'excellentes amandes, des patates, des cannes à sucre & d'autres alimens salutaires; on y échangea des marchandises d'Europe contre de l'or que les habitans estimaient moins, & sans avoir cet objet pour but de leur voyage, ils en rapporterent pour 40000 pezos. On méditait d'y établir des colonies, quand la crainte de ne pouvoir les défendre contre les autres nations, contre les Anglois sur-tout qui venaient de pénétrer dans la mer du sud, fit abandonner ce projet.

Il y a dans ce récit des exagérations & des inexactitudes. Peut-être ces isles Salomon sont les Nouvelles Hebrides dont nous parlerons plus bas, & la grande terre qu'on découvrit plus au midi la Nouvelle Caledonie.

Isle Ste. Croix.

Quelques géographes ont cru que cette isle était la terre de *Guadalcanal* dont nous avons parlé: Mindanna la découvrit en 1595: elle parut environnée de rochers, toute séche, montueuse & crevassée, on y voyait une montagne élevée, laquelle était un volcan qui ne cessait de mugir & de lancer des étincelles: le sommet en sauta dans l'air avec un bruit effroyable peu de jours après; &

la secousse qu'il donna à la terre fut si violente que la mer en fut ébranlée : ses habitans étaient les uns fort noirs, les autres basanés : tous avaient les cheveux frisés, peints en rouge, en blanc ou autres couleurs ; ils ont les dents rouges aussi, la tête à demi rasée, le corps nud à l'exception des parties naturelles couvertes d'un voile de toile fine ; leur visage & leurs bras étaient peints en noir luisant, raié de diverses couleurs ; leur col & leurs membres chargés de plusieurs tours de cordons en petits grains d'or & de bois noir, en dents de poissons, & médaillons de nacres de perles : leurs canots sont petits & attachés deux à deux : leurs armes sont des arcs, des flèches empennées à pointe aiguë & durcie au feu, ou armées d'os & trempées dans un suc d'herbe dangereux, de grosses pierres, des épées de bois lourd, des dards d'un bois roide, armés de trois longues pointes ; ils portaient en forme de havresacs des paniers faits avec des feuilles de palmite, fort bien travaillés & remplis de racines préparées qui leur servent d'alimens. On y trouva l'usage de changer de noms pour marque d'union entre deux amis, & les voyages de Cook en fournissent plus d'un exemple.

Isles du prince Guillaume & Bas fonds de Heemskerk.

Ce sont dix-neuf ou vingt isles, toutes entourées de sables, de bas fonds, de bancs & de rochers.

Isle Taumago.

Quiros la découvrit en 1606 ; il s'y arrêta dans une espece de port protégé par deux islots : on y trouve du bois, de l'eau douce, des patates, des cocos, des palmettes, des cannes à fucre & divers autres fruits & racines : fes habitans font agiles, robuftes, guerriers, mais ils ne font point féroces : leurs cabanes font difperfées parmi les arbres ; ils ont une efpece de fortereffe élevée dans un iflot ; c'eft un monticule qui femble fait de main d'hommes, & au fommet duquel on voit environ 60 cabanes couvertes de feuilles de palmier, & dont l'intérieur eft garni de nattes. Cette ifle eft fous le 13° de latitude méridionale, le 201° de longitude.

L'isle *St. Jean* qu'on découvre enfuite près des côtes de la *Nouvelle-Bretagne* a été découverte & nommée par Schouten & le Maire. Elle a neuf ou dix lieues de long, dit Dampier ; on y voit des plantations de cocotiers, & près des baies, des boccages épais : elle eft habitée.

Isle de la Luz.

Quiros la découvrit encore en 1606 ; près d'elle font de longues terres auxquelles il ne donna point de nom : la côte qui la borde eft efcarpée, & il en defcend des torrens qui fe précipitent dans la mer : on y vit des hommes robuftes & bien faits, les uns noirs, les autres mulâtres, des troifiemes qui font blancs avec des cheveux & une barbe rouge, & des jardins ou enclos cultivés ; des troupeaux de cochons errent fur la plage : le fol y produit des patates, des ignames, des plantains & des figues d'une belle couleur & d'une odeur agréable.

Isles vertes.

Schouten & le Maire les découvrirent en 1616 : elles font en grand nombre, & ils en virent vingt-deux ; elles font petites, baffes & couvertes d'arbres : les habitans en font forts & robuftes, leur teint eft prefque noir, & leurs cheveux font jaunes ; ils font nuds partout ailleurs qu'à la ceinture ; leurs armes font l'arc & la flèche : leurs bras & leur poitrine étaient tout piqués de petites figures.

Bornons-nous à ces découvertes, car les autres font trop incertaines, & revenons aux navigateurs modernes.

Isle du Duc d'Yorck.

Elle fut découverte par Byron en 1765 ; il foupçonna d'abord qu'elle était l'isle *Maluita*, mais s'étant convaincu du contraire, il crut pouvoir lui donner un nom : elle a environ dix lieues de tour, un grand lac en baigne l'intérieur : autour elle eft couverte d'une riante verdure & d'abondans cocotiers : l'afpect en eft très-agréable, mais fes bords font marécageux & la mer brife avec fureur près du rivage : elle parut inhabitée : des miliers d'oifeaux de mer planent fur fes rives fans défiance, & fe laiffaient prendre fur leurs nids ; on n'y apperçut aucun quadrupede. Elle eft fous le 8° 30' de latitude méridionale, fous le 204°, 40' de longitude.

Isles Bauman.

Roggewin les découvrit en 1722 & leur donna ce nom : elles font au nombre de trois, toutes agréables à la vue, garnies de beaux arbres fruitiers, de toutes sortes de plantes & de légumes: leurs habitans sont bons & s'empressent d'offrir des poissons, des noix de cocos, des pisangs & d'autres fruits excellens en échange contre des brinborions; ils sont fort nombreux & armés d'arcs & de fleches: leur teint est blanc, mais quelques-uns sont brûlés par le soleil: vifs & gais dans la conversation, doux & humains les uns envers les autres, ils ne doivent point être appellés sauvages: ils ont un chef qu'ils respectent, & n'ont point le corps peint: ils sont vêtus de la ceinture jusqu'aux talons d'une étoffe & de franges artistement tissues: leur tête est couverte d'un chapeau très-fin & très-large de la même étoffe; ils portaient des coliers de fleurs odoriférantes: les collines, les plaines y offrent des objets rians, les montagnes y forment de belles vallées: la plus grande a sept à huit lieues de tour: les possessions paraissent y être marquées par des haies: l'ancrage y est sûr, M. de Bougainville revit ces isles, & découvrit ensuite celles des *Navigateurs*, l'isle *Single* & celle de l'*Espérance perdue* qui ne se distinguent par aucune propriété remarquable. Les isles Bauman sont sous le 15° de latitude méridionale, sous le 208° 45′ de longitude.

Isle des Cocos.

C'est une isle élevée & fort peuplée. Schouten & le Maire la découvrirent en 1616: elle n'est proprement qu'une montagne qui de loin paraît bleue; le grand nombre de cocotiers qu'on y trouva lui fit donner ce nom: on y trouva aussi des bananes, des racines d'ubas ou d'obos, quelques petits porcs & de l'eau douce : fes habitans font adroits & paraiffent exercés au larcin : le fer eft ce qu'ils recherchent le plus ; & ils faifaient de grands efforts pour arracher les clous du vaiffeau : ils font hauts, puiffans, robuftes & proportionnés dans leur taille : ils font nuds, excepté à la ceinture ; ils portaient les cheveux de différentes manieres, les uns courts & frifés, les autres longs, treffés & liés diverfement : à leur cou étaient fufpendus des coquilles, des efcargots & des pigeons : ils font d'excellens nageurs ; leurs canots font petits, légers, & voguent avec des pagayes, & une voile fur laquelle eft peinte une figure groffiere de coq : leurs hutes font difpofées en longues files le long du rivage. Les Hollandois difent qu'ils ne s'apperçurent pas s'ils avaient des loix & un gouvernement. Roggewin qui la revit en 1722 dit qu'elle parait avoir huit lieues de circuit.

Isle des Traitres.

Elle eft au fud de la précédente, & eft baffe & longue, la terre y eft rougeâtre & dépouillée d'arbres. Le Maire & Schouten la vifiterent en 1616. On crut y avoir remarqué mille hommes de combat, & parmi eux un homme blanc : ils avaient un roi qui n'avait pas de marque de dignité, mais auquel ils obéiffaient avec beaucoup de foumiffion : leur corps était marqueté de taches faites exprès, leurs oreilles font fendues & pendent jufques fur leurs épaules ; ils ont les cheveux de diverfes couleurs, & le menton rafé. Ils voulurent tromper & furprendre les Hollandais, & c'eft de-là que vient le nom qu'ils lui donnerent. Ces deux isles font, dit-on, les mêmes que Wallis nomma *Boscawen* & *Keppel* en 1767, mais leur étendue & leur description ne se rapportent pas. Wallis les peint toutes deux comme élevées, & se terminant comme en un pic.

Isle Espérance.

C'est une isle remplie de montagnes peu élevées, environnée de brisans ; sur le rivage sont des rochers bruns, verds à leur sommet : entr'eux est une terre noire qui produit beaucoup d'herbe & des cocotiers : elle renferme de nombreux habitans : les Hollandais la découvrirent, ainsi que les isles précédentes, & l'espérance d'y trouver de l'eau, dont ils avaient besoin, leur fit donner ce nom à l'isle sur laquelle ils ne purent parvenir.

Isles Horn.

Schouten & le Maire les découvrirent en 1616 : la plus grande est montueuse : l'intérieur est sauvage & renferme des vallées tristes & stériles, que les torrens, formés par les pluies, inondent souvent : on y trouve une terre rouge dont les femmes se fardent : elle a une baie où la mer est unie, & dans laquelle un ruisseau d'eau douce, qui descend des montagnes, vient se jetter : ses habitans vivent de noix de cocos, de racines d'ubas & de cochons ; leur seule boisson est faite avec l'eau & la racine d'aconit : leurs maisons sont bâties sur le rivage, de forme conique, & couvertes de feuilles d'arbres : elles ont environ 25 pieds de tour & 12 à 13 de hauteur ; on y entre par un trou, & l'on n'y parvient qu'en se traînant sur le ventre. On y trouve pour tout meuble quelques massues de bois, quelques hameçons & des herbes séches, sur lesquelles leurs possesseurs se couchent : leur roi même n'en a pas de plus magnifiques : ils sont bons, honnêtes, timides, mais portés au vol : leur chef a le nom de *Hereier* ou *Herico* : on dit qu'il dépend d'un chef plus puissant, nommé l'*Orankoi*, & qui réunit sous son pouvoir plusieurs isles. Les principaux de l'isle sont des hommes puissans & robustes qui se distinguent par des feuilles vertes de cocotier, pendues à leur cou & attachées ensemble par derriere : ils annoncent la bienveillance & la paix quand ils se présentent avec des branches vertes dans les mains, auxquelles sont attachées des banderolles blanches : ils portent des couronnes de plumes blanches, longues, étroites, ornées par-dessus & par-dessous de petites plumes rouges & vertes, qui sont les dépouilles des perroquets : chaque conseiller du roi tient aussi près de lui un pigeon perché sur un bâton ; il est blanc jusqu'aux aîles ; il est rougeâtre sous le ventre & noir par-tout ailleurs. La mer y est abondante en poissons, & ce peuple les mange ou plutôt les dévore tout cruds : on y trouve une espece de raie très-épaisse, qui a la tête fort grosse, la peau tachetée comme un épervier, les yeux blancs, deux aîles ou grandes nageoires, une queue étroite & fort longue, & deux especes de petites sonnettes au côté : elles ressemblaient fort aux chauve-souris, excepté par la queue.

Le peuple de cette isle est en général de grande taille, vigoureux, bien proportionné, léger à la course : ils nagent & plongent très-bien : leur teint est d'un brun jaunâtre : ils paraissaient ingénieux & se plaisaient à tresser, à relever & à orner leurs cheveux de différentes manieres : tous, rois & sujets, n'ont pour vêtement qu'une ceinture; les femmes font laides, petites & mal faites: elles portaient les cheveux courts, avaient de longues mamelles qui leur pendaient fur le ventre comme des facs de cuir; & fe montraient lubriques, fans décence. On ne remarqua aucune efpece de culte parmi eux; ils vivent fans fouci, fe fouviennent peu du paffé & ne penfent pas à l'avenir: ils n'avaient point d'idées de commerce, de ventes, d'achats: ils ne fement ni ne moiffonnent, ne s'occupent à aucun ouvrage; la terre leur offre, fans exiger des foins, des cocos, des bananes, des ubas & d'autres fruits; les femmes pêchent, les hommes mangent avec elles le poiffon crud. Ces isles furent appellées *Horn*, du nom de la ville où le vaiffeau avait été équipé; la baie où le vaiffeau jetta l'ancre reçut le nom de la *Concorde* qui était celui du navire: le fond en eft de rocher: elle eft fur le rivage méridional de la grande isle. La petite isle a un roi: lui & fes fujets reffemblent pour la taille & pour les mœurs à ceux de la grande, & ils en font les ennemis irréconciliables: leur latitude eft de 14° 56' fud.

Isle Wallis.

Le navigateur qui la découvrit lui donna fon nom; l'intérieur en eft montueux; les bords forment une plaine agréable; une chaîne de rochers l'environne, & ne laiffe entr'elle & la terre que quelques paffages, qu'on ne franchit pas fans danger: fes habitans font robuftes & actifs; une feule natte cache leur nudité; ils font armés de maffues: les plaines de l'isle font embellies par des cocotiers; mais elle ne préfente pas par-tout le même afpect;

en d'autres lieux ses bords sont hérissés de rochers & garnis d'arbres, qui croissent jusqu'au bord de l'eau : quelques ruisseaux viennent s'y rendre à la mer : on n'y a vu d'animaux que des oiseaux de mer : elle peut avoir six lieues de tour, & est sous le 13° 18' de latitude méridionale, sous le 201° 25' de longitude.

Isle Sauvage.

Elle paraît escarpée & remplie de roches, entre lesquelles on découvre une grève étroite & sablonneuse, qui semble de niveau par-tout : plus plus avant, le pays est couvert de grands bois & d'arbrisseaux : la côte l'est d'arbres, de broussailles, de plantes & de rocs de corail, où l'on trouve quelques plantes encore inconnues, qui croissent dans les crevasses où l'on ne voit point de terre. En un autre lieu on trouve une petite anse, formée par des roches à fleur d'eau : derrière le roc est une plage étroite & pierreuse, terminée par une colline escarpée, d'inégale hauteur, & dont le sommet est couvert de broussailles ; deux fentes y semblent ouvrir une communication avec les contrées intérieures : du haut de la colline on ne voit dans le pays que des rochers couverts d'arbrisseaux. En général, ses terres sont élevées, & près du rivage, la mer est très-profonde : quelques cocotiers y dominent les arbustes qui couvrent la contrée, dont les productions ne peuvent être considerables : on n'y voit pas un seul coin de terre, & les arbres pompent l'humidité qui leur est nécessaire dans les crevasses du corail : toute la côte n'offre aux yeux qu'une file solide de rocs perpendiculaires, entre lesquels le battement des flots a creusé différentes cavernes curieuses, dont la voûte est soutenue par des piliers de forme singuliere : sans doute l'intérieur est plus fécond ; peut-être forme-t-il une plaine fertile, autrefois inondée par la mer : l'isle a onze lieues de tour, & sa forme est circulaire : on a cru y reconnaître l'isle des Navigateurs de M. de Bougainville : sa latitude est de 19° 1′ sud, sa longitude de 208° 7′.

Ses habitans ne paraissent pas nombreux ; ils sont agiles, dispos, d'une assez belle stature : ils n'ont de vêtement qu'une ceinture : quelques-uns ont le visage, la poitrine & les cuisses peints en bleu foncé ; ils sont sauvages & farouches : leurs pirogues ont des especes de platbords & de forts balanciers ; elles sont décorées de bas-reliefs : on y trouva des nattes grossieres, des lignes de pêche & des piques.

Isle Anamocka ou Rotterdam.

Abel Tasman la découvrit en 1743 & lui donna le second de ses noms. Cook la visita en 1774 : sa forme est triangulaire, & chacun de ses côtés a environ une lieue & demi de long : un lac occupe une partie de l'intérieur : tout le sol, qui est un bon terreau, repose sur un rocher de corail : du centre s'éleve un mondrain qui semble volcanique, & est couvert de fertiles boccages : le lac fournit de l'eau douce ; les cochons & la volaille y sont rares ; les ignames, les pimplemouses abondantes ; les autres fruits y sont moins communs : la moitié de l'isle est partagée en plantations closes ; le reste du terrein cependant y est cultivé & fertile : à son extrémité septentrionale est une lagune salée, longue d'une lieue, sur la moitié de large ; trois petites isles, remplies d'arbres, ornent cette piece d'eau qu'une enceinte de rocs sépare de la mer : peu de lieux sur la terre offrent une aussi grande variété de sites dans un espace si resserré ; nulle part on ne trouve autant de jolies fleurs, & leur parfum y embaume l'air : le lac est habité par des canards sauvages ; les bois & les côtes abondent en pigeons, en perroquets, en râles & en petits oiseaux : on y a découvert une très-belle espece de lys (*crinum Asiaticum*), les mangliers y occupent un grand espace, & l'âge entrelasse de plus en plus leurs branches : leurs semences s'ouvrent & poussent des rejettons, sans tomber de l'arbre qui les a produites ; ces rejettons tendent vers la terre, s'y enracinent, & de là poussent de nouveaux rameaux : d'autres plantes variées sont répandues sur la terre avec profusion, & l'isle parait un beau jardin : le terrein s'éleve en plusieurs petits mondrains, environnés de haies & de buissons, & présente, tantôt de longues allées d'arbres élevés, plantés à de grandes distances, sur un sol couvert de la plus belle verdure ; tantôt des berceaux touffus d'arbres odorans qui se prolongent & retombent en touffes fleuries, souvent encore un mélange de plantations & de terres en friche. Cependant les habitans paraissent moins riches que la plupart de leurs voisins ; on y voit moins d'étoffes, moins de nattes, moins d'ornemens : ils sont sujets aux maladies de la peau, la lépre y défigure plusieurs visages : on n'y voit ni roi, ni chef : aucun ne parait avoir une autorité absolue sur les autres ; seulément il en est qui sont distingués par des prérogatives, telles que celle de porter de longs cheveux. Il est cependant difficile de se persuader qu'ils n'aient point de gouvernement fixe.

Leurs cabanes sont d'une forme singuliere : elles ont à peine huit à neuf pieds de haut ; les roseaux qui en forment les murs s'écartent en s'élevant, & supportent le sommet, formé par un toit, fait de branchages : la porte est un trou quarré, long de deux pieds ; leur longueur est d'environ trente pieds, leur largeur de huit ou neuf : des racines d'ignames en couvrent le sol, & on se contente de nattes étendues sur elles pour jouir d'un sommeil profond : ils appuient leur tête sur une espece de selle : on voit çà & là des hangards planchayés de nattes, où les habitans se rassemblent durant le jour : ils ont des pirogues bien faites, qui portent la voile, vont à la pagaye & tournent avec facilité : leurs armes sont l'arc & la massue (*a*) & ils en ont beaucoup ; mais leur caractere doux, & le travail recherché qu'on remarque sur toutes, font croire qu'ils s'en servent peu. L'isle Anamocka est située sous le 20° 15′ de latitude méridionale, & sous le 203° 14′ de longitude.

Au nord, au midi, au levant de cette isle, il en est un grand nombre d'autres plus petites, qui s'élevent les unes du fond de la mer, les autres au milieu de longs bancs de sables, plusieurs sont liées ensemble par des chaînes de rocs ; en général, elles sont un peu plus élevées que les îles de corail ordinaires, & sont couvertes de bosquets & de touffes d'arbres qui leur donnent un aspect très-agréable : entre les arbres, on voit un grand nombre de maisons : il y croît beaucoup de bananes, de pimplemouses & des fruits rouges du Pandang. On ne connaît les noms que de quelques-unes.

(*a*) Tasman dit qu'ils n'ont point d'armes.

Terrefethéa est remarquable par un rocher blanc & perpendiculaire, qu'on prendrait de loin pour un fort ruiné, & dont des bois & des palmiers festonnaient les bords. *Tonoomea* se distingue par sa beauté : il y a deux *Mangonoë*, l'une est la grande, l'autre la petite, & toutes deux sont au couchant. *Comango* est habitée & est située à l'orient ; la petite *Anamocka* est au midi : presque toutes ces nombreuses isles sont peuplées.

Isle O-Ghaa.

Elle est au couchant d'Amamoeka, & est très-élevée : elle a environ quatre lieues de tour, sa forme est circulaire & présente l'aspect d'un pain de sucre : sa fertilité parait médiocre.

Isle Amattafoa ou Tofooa-Ama, ou Kama.

Cook découvrit celle-ci & la précédente en 1774 ; elles sont séparées par un canal large d'un peu moins d'une lieue, très-profond & sans écueil : la forme de l'isle semble y annoncer un volcan ; on y trouve de l'eau douce, des noix de cocos, des bananes, des fruits à pain : quoiqu'escarpée, elle est couverte de verdure : vers la mer les rochers semblent brûlés, & ils sont caverneux, un sable noir couvre la côte : on ne trouve pas de fond près de ses bords : une fumée s'élevait avec impétuosité de la montagne qui en occupe le centre : on crut y découvrir un torrent de laves, mais on ne put y descendre : l'isle a cinq lieues de tour, & est à onze lieues d'Anamocka.

Isle *Middelbourg* ou *Eaoowe*.

Elle a dix lieues de tour, & ses terres sont élevées : près du rivage elle est couverte de plantations : dans l'intérieur elle est peu cultivée, quoique très-propre à l'être ; mais ce mélange de culture & de collines agrestes, de bois de cocotiers, de bananiers & d'autres arbres, avec des plaines revêtues d'une herbe épaisse, des chemins qui conduisent de l'un de ces lieux à l'autre, présente à l'œil un désordre pittoresque sur lequel l'œil aime à se reposer : les collines basses sont ornées de petits groupes d'arbres répandus çà & là : les possessions y sont bordées de haies de roseaux entrelacés diagonalement, ou de haies vives de la belle fleur de corail, *eristorina coralledendron* ; on y entre par des portes faites de planches & suspendues à des gonds ; elles se ferment d'elles-mêmes : au dedans s'élevent des espèces de ronces & de lianes dont les fleurs sont d'un bleu de ciel ; partout on apperçoit des habitations, des jardins, des boccages : on y voit un grand nombre de plantes encore inconnues en Europe : les habitans aiment ceux qui les visitent & le leur témoignent par les plus tendres caresses : leur corps est bien proportionné, le contour de leurs membres est agréable ; ils sont pleins de muscles, parce qu'ils exercent leurs forces par l'agriculture & d'autres arts ; leurs traits plus oblongs qu'arrondis ont de la douceur & de la grace ; leur nez est aquilin, leurs levres ne sont point grosses ; les femmes y sont plus petites que les hommes, mais la disproportion est moindre que dans les isles précédentes : elles ont les jambes & les pieds trop gros, mais le reste de leur corps pourrait servir de modèle aux artistes. Ici l'on ne peut soupçonner deux races différentes : le chef y a le même habillement que le peuple ; on ne le distingue que par l'obéissance qu'on lui rend ; leur peau est piquée & noircie ; les parties les plus délicates du corps sont *tatouées* comme les autres : plusieurs sont nuds : quelques-uns avaient un morceau d'étoffe autour des reins, quelques autres portaient, comme les femmes, une piece d'étoffe peinte en échiquier : la plupart étaient couverts de nattes extrèmement bien travaillées : sur leur poitrine est suspendu un coquillage de nacre de perles attaché à un collier, les femmes ont aussi des colliers à plusieurs rangs de petits coquillages entremèlés de graines ou de dents de poissons : la plupart ont les oreilles percées chacune de deux trous, remplis de cylindres peints & vernissés en rouge ou de différentes couleurs : ils se servent de peignes très-propres composés de petites dents plates d'environ cinq pouces de long, d'un bois jaune pareil au buis, jointes ensemble avec élégance par un tissu de fibres de noix de cocos : dans leurs cabanes on voit de petits bancs qui leur servent de coussins, beaucoup de vases plats dans lesquels ils mettent leurs alimens, des spatules qui leur servent à fouetter la pâte du fruit à pain ; ils ont un grand nombre de massues, faites de bois de casuarinas, les unes finissant en rhomboïdes, les autres étaient plattes ou pointues, avaient des manches plus ou moins longs, toutes ciselées, sculptées, couvertes de compartimens réguliers, & très-polis : leurs lances sont du même bois & bien travaillées : leur arc, long de six pieds, de l'épaisseur du petit doigt, cannelé d'un sillon profond dans sa partie convexe, se bande en le forçant de devenir droit, & il lance le trait en reprenant sa courbure : le trait est de bambou, & est long de six pieds. Cette isle a peu d'eau douce : la *Rade Anglaise*, nom que Cook donna au mouillage où il jetta l'ancre, présente un débarquement facile : les productions sont les mêmes que celles de l'isle suivante, & nous y renvoyons pour ne pas nous répéter : la latitude y est de 21° 24'; la longitude de 203° 2'.

Isle Amsterdam ou *Tonga-ta-boo*.

Tasman lui donne le premier nom ; ses habitans lui donnent le second : elle a la forme d'un triangle isocéle, dont les plus longs côtés sont de sept lieues, & le plus court de quatre : son sol est presque par-tout d'une hauteur égale, & présente une couche de terreau sur des rochers de corail, n'ayant nulle part plus de 60 à 80 pieds au-dessus du niveau de la mer, dont une chaîne de rochers de corail la défend : elle a quelques rades, telles que celles que Tasman nomma *Van Diemen*; mais le fond en est mauvais : un grand nombre de petites isles l'environnent; plusieurs de ces isles basses mettent à couvert des flots la baie *Maria*, reconnue par Tasman ; & dans quelques-unes d'entr'elles on vit une multitude de serpens d'eau tachetés, à queues plates, qui ne sont point à craindre. Tonga-ta-boo est remplie de plantations : on y trouve l'arbre à pain, le cocotier, le plantain, le bananier, le *shaddecks*, l'igname, & plusieurs autres racines, la canne à sucre, un fruit semblable au brugnon, le mûrier, dont l'écorce sert à faire des étoffes, un arbre dont l'écorce est semblable au kina & pourrait avoir les mêmes propriétés, des plantes inconnues en Europe : des plaines verdoyantes y font environnées par des arbres & des arbrisseaux touffus, par des casuarinas, des pandangs, des palmiers sagou : on y voit des allées de barringtonias en fleurs, mêlés à des chênes élevés : les sentiers, les chemins entretenus avec soin, ouvrent une communication aisée & facile dans toutes les parties de l'isle : on n'y voit ni bourgs, ni villages ; la plupart des maisons sont bâties dans les plantations & entourées d'arbrisseaux odoriférans : les maisons sont faites de cannes de bambous, évasées par le haut, & que recouvre un toit fait de feuilles ; le plancher en est un peu élevé, couvert de nattes épaisses & fortes, qui ferment aussi l'entrée au vent du côté où il souffle : des vases de bois, des coquilles de noix de cocos, des coussins de bois, ce sont là les meubles qu'on y remarque : une natte & leurs vêtemens leur servent de lits ; on y voit encore quelques vases de terre, dont quelques-uns sont d'une forme singuliere.

Les cochons & la volaille y sont les seuls animaux domestiques ; il n'y a point de chiens, mais on les y connait : les poules y sont grosses & excellentes : on n'y voit pas de rats, & si l'on en excepte de petits lézards, il n'y a de quadrupedes que le cochon : les pigeons, les tourterelles, les parrots, les perroquets, les chauve-souris de l'espece du vampire, les foulques au plumage bleu, les chouettes, différens petits oiseaux en ornent les bosquets : on n'en connait pas les poissons : on les y pêche avec des hameçons de nacre de perles, des pointes à deux ou trois fourches, des reseaux dont les mailles sont d'un fil très-fin : les pirogues des habitans sont composées de différentes pieces, jointes par un bandage, d'une maniere si adroite, qu'il eſt difficile d'en appercevoir les jointures : les attaches ne paſſent point dans des trous, mais elles ſont en-dedans & paſſent par des boſſes qui ſont le long de la planche : il y en a de ſimples & de doubles : les premieres ont 20 à 30 pieds de long, 20 ou 22 pouces de large ; l'avant reſſemble à un coin, l'arriere ſe termine en pointe, le milieu ſeul en eſt ouvert, toutes ont des balanciers & vont à la voile, ou à la pagaye : les doubles pirogues ont juſqu'à 70 pieds de long & 4 à 5 de large au centre ; elles ſont propres à naviger au loin ; leur mât ſe peut facilement dreſſer ou abattre ; le voile eſt de natte, & de forme triangulaire : elles ſupportent une platte-forme de planches, ſur laquelle s'éleve une hutte qui met les hommes à couvert du ſoleil & de la pluie : on y trouve auſſi un auge de bois rempli de pierres, qui y ſert de foyer. Les outils de ces Inſulaires ſont de pierres, d'os ou de coquillages : ils n'eſtiment que les cloux, & n'ont pas d'idée de l'utilité des métaux.

Ils ſont de la taille des Européens, leur teint eſt une légere couleur de cuivre ; ils ſont bien proportionnés, & ont les traits réguliers ; ils ſont vifs, gais & animés, ſur-tout les femmes : le plus grand nombre de celles-ci ſont modeſtes ; le plus grand nombre de ceux-là ſont des filous adroits : leurs cheveux ſont communément noirs & courts, ils y répandent une poudre bleue, ou rouge, ou blanche : cette derniere eſt une chaux qui les brûle : ils ſe raſent le menton avec des coquilles : ils conſervent long-tems leurs dents : les hommes ſe tatouent du milieu de la cuiſſe aux hanches, les femmes le ſont légerement ſur les bras & les doigts. Leur vêtement eſt une piece d'étoffe ou de natte, enveloppée autour de la ceinture, & qui pend au-dessous du genou : leurs ornemens font des amulettes, des colliers & des bracelets d'os, des coquillages de nacre de perle, d'écaille de tortue : les femmes ont les doigts & les oreilles chargés d'anneaux, faits de ces écailles; toutes ont les oreilles percées, peu ont des pendans : un tablier bigarré d'étoiles, de demi-lunes, &c. garni de coquillages, couvert de plumes rouges est leur plus bel ornement : ils fabriquent leurs étoffes comme à Otahiti, ils les peignent de différentes couleurs & les couvrent d'un vernis durable : leurs nattes font de différentes fortes, mais toutes font bien travaillées : ils font de beaux paniers colorés, embellis de coquillages : ils chantent, & leur voix, comme leur musique, est très-harmonieuse : ils se servent de longues flûtes de bambou, à quatre trous, dans lesquelles ils soufflent avec le nez; d'une autre, composée de dix à onze roseaux, joints aux côtés l'un de l'autre, comme la flûte dorique des anciens, & d'un tambour. Ils se saluent en se touchant ou frottant le nez, annoncent la paix avec un pavillon blanc, témoignent leur reconnaissance en plaçant sur la tête le don qu'ils reçoivent : plusieurs des hommes & des femmes manquent du petit doigt, souvent de deux, & c'est en les coupant qu'ils témoignent leurs regrets de la mort d'un parent ou d'un ami : ils se brûlent & se font des incisions près de l'os de la joue, peut-être par remede : tous paraissent fains & vigoureux : mais il en est quelques-uns qui sont affligés de la lèpre.

Il paraît qu'ils ont un roi & des chefs inférieurs : ils semblent présider aux échanges & aux marchés ; on leur obéit.

Leur religion est peu connue : ils semblent avoir des especes de temples qui leur servent de cimetieres, placés sur des hauteurs, environnés de palissades ou de murs, où conduisent des sentiers sablés avec soin, vers lesquels des hommes revêtus d'une fonction spéciale prononcent des harangues étudiées : des arbres les ombragent : c'est surtout le casuarinas qui est planté auprès.

Cette isle manque d'eau douce; on n'y en voit qu'un étang & un puits. Elle est sous le 22° 10' de latitude méridionale, & le 202° 40' de longitude.

Isle Pylstart.

Elle n'a que deux lieues de circuit & est très-élevée : on y voit deux hautes montagnes que sépare une vallée profonde : Tasman dit qu'elle est escarpée & stérile ; il la découvrit & lui donna son nom, qui signifie *fleche en queue* ou *paille en queue*, espece d'oiseau du tropique qui a deux longues plumes à la queue, & qui parait être en grand nombre autour d'elle : elle est sous le 22° 26' de latitude méridionale; sous le 202° 48' de longitude.

Cet archipel a reçu de Cook le nom d'*Isles des Amis* : en général l'eau douce y est rare ; le bois n'y est pas abondant, tout y est en plantations ; les maisons y sont petites, les pirogues peu nombreuses ; les habitans y travaillent beaucoup ; il semble habité par une race d'hommes qui parlent le dialecte de la mer du sud, & qui ont tous le même caractere : on ne peut guere y compter moins de deux cent mille ames : la salubrité du climat & des productions en éloignent les maladies;

ils passent leur tems d'une maniere agréable, & font actifs & industrieux; ils ne connaissent pas les vices de l'opulence, ni la disette, ni l'oppression. Ce sont des peuples heureux.

Isle de la Tortue.

Elle fut découverte & nommée par Cook en 1774 : elle n'a pas une lieue de long, ni la moitié de large : elle est couverte de bois, & défendue par une enceinte de corail : on y voit deux petites collines, d'une pente très-douce, ombragées d'arbres, & au-dessous une pointe plate, sur laquelle sont de jolis boccages de cocotiers & d'arbres fruitiers, entremêlés de maisons : ses habitans ne sont pas en grand nombre. Sa latitude est de 19° 48', sa longitude de 198° 17'.

Nouvelle Zélande.

Ce pays fut découvert, en 1642, par Abel Jansen Tasman, qui lui donna le nom de *Terre des Etats* : il ne la connut qu'imparfaitement. Elle est formée de deux isles, & située entre le 34 & le 48° de latitude méridionale, & entre le 184 & le 196° 45' de longitude. Les habitans donnent à l'isle septentrionale le nom d'*Eaheinomauwe*, à la méridionale celui de *Tory* ou *Tavai-Poenammoo* : celle-ci a 210 lieues dans sa plus grande longueur, 55 dans sa plus grande largeur : c'est un pays montueux dans sa plus grande partie, presque stérile, peu habité : ses plus hautes montagnes sont presque toujours couvertes de nuages & de neige : celle-là est longue de 190 lieues, large de 70 ; elle est remplie de collines & de montagnes, toutes couvertes d'arbres, mais qui deviennent d'autant plus petits que les montagnes s'élevent & s'éloignent de la mer : chaque vallée y est arrosée par un ruisseau d'eau douce : leur sol, celui de leurs plaines, est léger, cependant assez bon, & on peut croire que toutes les graines & les légumes d'Europe y réussiraient : les végétaux qu'on y voit ont fait penser que les hivers y sont plus doux qu'en Angleterre : l'été n'y est pas chaud : on y trouve un grand nombre de plantes inconnues, mais il en est peu de celles que nous connaissons en Europe : en général l'herbe est peu abondante, grossiere & âpre, sur-tout dans la partie méridionale : la plupart des rocs y sont de granite, de *saxum*, & d'une espece de pierre de talc brun & argilleux : cette derniere est la plus commune : les seuls quadrupedes qu'on y connaisse sont les chiens & les rats ; ceux-ci n'y sont pas nombreux : il y a des veaux marins sur la côte, & de l'espece de ceux qu'on distingue sous le nom de *lions*; mais ils sont en petit nombre : les habitans en travaillent les dents en forme d'aiguilles de tête ; on y trouve aussi quelques baleines ; des oiseaux qui y vivent, la mouette est peut-être le seul qui soit exactement comme celui auquel on donne ce nom en Europe : les canards, les cormorans ressemblent cependant assez aux nôtres : on y voit encore des especes de faucons, de chouettes, de cailles, & plusieurs petits oiseaux dont le chant est très-mélodieux. Les oiseaux de l'Océan, comme les albatros, les fous, les pintades n'y paraissent que de tems en tems : le *pingouin* ou nuance, espece mitoyenne entre l'oiseau & le poisson, dont les plumes different peu des écailles, & les aîles des nageoires, ne s'en éloigne jamais. Il y a peu d'insectes :

d'infectes : on y voit des papillons, des efcarbots, des mouches, des efpeces de mofquites, des mouches de fable; mais ils n'y font pas affez nombreux pour être incommodes. La mer y fourmille en poiffons très-fains & d'un goût agréable ; leur diverfité eft égale à leur abondance, on y voit des troupes innombrables de diverfes efpeces de maquereaux, divers poiffons connus en Europe, & d'autres qui font inconnus encore : l'un d'eux eft du genre de la morue, & fa chair eft ferme, fucculente & nourriffante : le plus délicat eft une efpece de homard, différent en divers points de l'écreviffe d'Angleterre : il eft rouge & tout hériffé de pointes fur le dos : on y a trouvé l'éléphant, le pejegallo ou le poiffon-coq, décrit par Frezier, des efpeces de chiens de mer, des anguilles, des congres de différentes efpeces, &c. d'excellens poiffons à coquilles, comme des clams, des pétoncles & des huitres.

Le pays eft couvert de grandes forêts, remplies de bois de charpente, d'arbres droits, gros & vigoureux : il y en a un fur-tout qui fe fait diftinguer par une fleur écarlate, qui femble être un affemblage de plufieurs fibres : il eft de la groffeur du chêne, eft très-dur, très-pefant, & convient pour tous les ouvrages de menuiferie : un autre très-élevé & très-droit, qui croît dans les marais, peut fournir de très-beaux mâts de vaiffeau : fa feuille reffemble à celle de l'if, & il porte des baies dans de petites touffes : aucun ne porte des fruits bons à manger : le fol eft couvert de verdure ; mais peu de plantes y fourniffent un aliment : le céleri & le creffon y font abondans; on y mange la racine de fougere & une autre plante qui eft défagréable au goût : on y cultive les ignames, les patates douces, les cocos, & des citrouilles dont on fait des vases utiles: le mûrier dont on fait des étoffes & le papier chinois s'y trouve; mais il y est rare: il y a deux especes d'une plante qui tient lieu aux habitans de chanvre & de lin; & toutes deux ont la feuille du glayeul, mais les fleurs de l'une sont jaunes & celles de l'autre sont d'un rouge foncé: ils s'habillent avec les feuilles sans autre préparation; ils en font des cordons, des filets, des lignes, des cordages plus forts que ceux qu'on fait avec le chanvre; ils en tirent de longues fibres minces, très-blanches, luisantes comme de la soie, & ils en font des étoffes excellentes: cette plante utile serait un beau présent à faire à l'Europe. Il parait qu'il y a des métaux, mais on ne peut le dire que par conjecture; quelques pierres en montrent des indices, & on y en voit d'anciens volcans.

Le pays a de grands espaces absolument déserts, & là où il est habité, il ne parait l'être que dans le voisinage des côtes: les hommes y sont grands, forts, bien proportionnés, à l'exception de leurs jambes qui sont minces, tournées en dehors & mal faites, & de leurs genoux qui sont trop gros: ils ont le teint couleur olive, ou d'un brun foncé: ils sont agiles, & dans tout ce qu'ils font ils montrent beaucoup de dextérité: les femmes n'y ont pas les organes délicats; mais leur voix est très-douce; elles sont plus gaies, plus enjouées, plus vives que les hommes; l'habillement des hommes & des femmes est le même: les hommes ont les cheveux & la barbe noire, les dents régulieres & très-blanches; ils vieillissent, ont peu de maladies, & comme leurs femmes, ils font doux & affables, & se traitent mutuellement avec beaucoup d'égards; mais ils sont implacables envers leurs ennemis: la misere & la détresse où peuvent être réduites des peuplades qui ont peu de végétaux comestibles, presque point d'animaux domestiques, paraissent être les causes de ces guerres fréquentes, qui changent ces hommes doux en bêtes féroces & en antropophages: ils mangent les corps des ennemis tués dans le combat, & peut-être ne le font-ils que par vengeance, que pour anéantir les restes de ceux qui en voulaient à leurs jours: quand ils sont en paix, qu'ils ne soupçonnent point les intentions de ceux qui les visitent, ils se confient en eux, & montrent dans leur commerce & leur maintien, autant de réserve, de décence & de modestie, dans des actes qu'ils ne croient pourtant pas criminels, qu'on en trouve parmi les peuples les plus civilisés: les femmes, sans être féveres, étaient décentes, & manquer aux égards qu'elles exigeaient, c'était rompre avec elles: quelques Zélandais offraient leurs sœurs, leurs filles, aux matelots pour des cloux ou d'autres bagatelles; quelques-unes s'offraient elles-mêmes, mais elles n'étaient pas mariées, & toutes les filles ne le faisaient pas: l'huile grasse & puante dont les deux sexes s'oignent les cheveux est ce qu'ils ont de plus désagréable; ils connaissent l'usage du peigne & en ont besoin; les hommes attachent leurs cheveux au-dessus de leur tête, ou les font avancer en pointe de chaque côté des joues; les femmes les portent courts ou les laissent flotter sur leurs épaules; les uns & les autres se peignent le corps de taches noires; mais les femmes en ont moins & de plus petites que les hommes; ceux-ci semblent en ajouter de nouvelles chaque année, & les vieillards en font couverts: outre ces taches, ils ont fur le corps des fillons profonds, larges d'une ligne, & dont les bords font dentelés; le vifage des hommes âgés en eft rempli; elles font ordinairement tracées en fpirale, avec beaucoup de précifion & d'élégance dans cette partie; fur le corps, elles reffemblent au feuillage des cifelures anciennes, & de loin on les croirait toutes femblables, elles font toutes différentes lorfqu'on les regarde de près : c'eft fur les feffes où l'on en voit le moins. Ils fe peignent auffi la peau avec de l'ochre rouge & de l'huile.

Leur habillement parait d'abord bifarre : les feuilles de glayeul dont ils le compofent font coupées en trois ou quatre bandes qu'ils entrelaffent, & ils en forment un tiffu qui tient le milieu entre le rofeau & le drap : deux pieces de cette étoffe forment un habillement complet : l'une s'attache fur l'épaule & pend jufqu'aux genoux; l'autre s'enveloppe autour de la ceinture & pend jufqu'à terre : cette couverture convient à des hommes accoutumés à vivre & dormir en plein air : ils font d'autres étoffes plus unies & où l'on remarque plus d'art & d'induftrie : la plus belle fe fait avec les fibres dont nous avons parlé, entrelaffées comme nos toiles : ils la fabriquent dans une efpece de chaffis, long de cinq pieds & large de quatre: les fils qui forment la chaîne font attachés au bout du chaffis, & la trame fe fait à la main. Ces étoffes font bordées de franges de différentes couleurs, faites fur différens modeles, travaillées avec beaucoup de propreté & même d'élégance, quoiqu'ils n'ayent point d'aiguilles; leur plus riche habillement eft celui qui a une bordure & quelquefois une fourrure de peaux de chiens de couleurs diverses. Les femmes négligent plus leur habillement que les hommes: elles n'ôtent la piece d'en-bas que lorsqu'elles entrent dans l'eau pour prendre des écrevisses de mer ; mais alors elles ont soin de se cacher aux hommes. Les deux sexes ont des trous aux oreilles, assez grands pour y passer le doigt : & ils y enfilent de l'étoffe, des plumes, des os d'oiseaux, quelquefois du bois, ou des cloux quand ils en ont, ou le duvet de l'albatros, dont ils forment deux touffes de la grosseur du poing & blanches comme la neige : ils y suspendent aussi des oiseaux, des aiguilles de talc verd, des dents & des ongles de leurs parens morts, &c. Les femmes se font des bracelets & des coliers d'os d'oiseaux & de coquillages : les hommes portent un cordon autour du cou, auquel ils attachent un morceau de talc verd ou d'os de baleine, sur lesquels on a grossierement sculpté la figure d'un homme : on en a vu un qui portait une plume au travers du cartilage de son nez.

Leurs habitations sont grossierement construites : elles ont 20 pieds de long, 10 de large, 8 de haut, & sont formées de perches minces, recouvertes d'herbes seches, garnies quelquefois en-dedans d'écorces d'arbres : on y entre en se traînant sur ses mains : près de la porte est un trou quarré qui sert de cheminée & de fenêtre ; dans l'endroit le plus visible ils placent une planche sculptée, dont ils font beaucoup de cas : le toit s'avance sur les côtés & forme un abri où la famille s'assied sur des bancs: le foyer est un creux de forme quarrée, entouré de cloisons de bois & de pierres : un peu de paille étendue sur les côtés compose leurs lits: un coffre qui renferme des paniers, des citrouilles vidées, quelques outils grosfiers, leurs habits, leurs armes, leurs plumes, toutes leurs richesses, est le seul meuble qu'on y voie; ceux qui sont d'une classe distinguée ont dés maisons plus grandes. De telles habitations suffisent à des hommes qui couchent presque toujours sous des buissons avec leurs femmes & leurs enfans, & qui ne cherchent pas même d'abri pendant la pluie.

Leurs alimens consistent dans une partie de l'année en poissons, en écrevisses de mer, & en oiseaux qu'ils font rôtir; la racine d'une espece de fougere, qu'ils nomment *ponga*, leur tient lieu de pain: ils la grillent sur le feu & la battent ensuite pour en faire tomber l'écorce: l'intérieur est une pâte molle, douce, & point désagréable au goût, mais mêlée de fils que quelques-uns rejettent & d'autres avalent. Il y a une autre espece de fougere, nommée *mamaghoo*: celle-ci est remplie d'une pulpe tendre ou moëlle, qui, lorsqu'elle est coupée, distille un suc rougeâtre & gélatineux, presque semblable au sagou, arbre qui est aussi une espece de fougere. En d'autres tems ils ont d'excellens végétaux, & des chiens d'une vilaine figure, à oreilles droites & à longs poils: leurs champs, divisés en planches, produisent des patates douces, des *eddas*, connus dans les Indes orientales, des citrouilles, placées dans de petits creux. Dans la partie méridionale on n'a point vu de végétaux cultivés. Ils n'ont point de vases pour faire bouillir l'eau, & font cuire la viande dans des fours, ou l'enfilent à une broche qu'ils élevent & plantent près du feu. Ils n'ont d'autre boisson que de l'eau. Leurs pirogues sont construites avec beaucoup d'art: elles sont étroites & longues: les plus grandes sont destinées pour la guerre & peuvent porter cent hommes : le fond en eſt aigu, & les côtés droits en forme de coins; les parties qui les compoſent ſont attachées enſemble par des cordes : chaque côté eſt fait d'une longue planche d'un pied de large, d'un pouce & demi d'épaiſſeur : un grand nombre de traverſes les aſſurent : la poupe & la proue ſont ornées de planches ſculptées : & celle de la derniere a 12 à 14 pieds de haut : quelques-unes ne ſont formées que d'un arbre creuſé, ne ſont ornées que d'un viſage hideux qui lance une langue monſtrueuſe, & dont les yeux ſont de coquillages blancs, ou de nacre de perle : les bâtimens de guerre ſont décorés de planches à jour, & couverts de franges flottantes de plumes noires : les pagayes avec leſquelles ils les font mouvoir ſont petites, légeres, bien faites : la pale eſt ovale, longue de deux pieds; le manche en a quatre : ils ne ſavent naviger que par un vent favorable : la voile, de natte ou de réſeau, eſt dreſſée entre deux planches qui ſervent à la fois de mâts & de vergues; deux pagayes leur ſervent de gouvernail. Ils ont des haches faites d'une pierre noire & dure, ou d'un talc verd qui ne caſſe point : leurs ciſeaux ſont faits d'oſſemens humains, ou de jaſpe coupé en parties angulaires, comme nos pierres à fuſil : on ne ſait comment ils les aiguiſent. Un long pieu étroit & aigu par un bout, avec une petite traverſe de bois ſur laquelle ils appuyent le pied, leur ſert de bêche & de charrue : ils cultivent leurs terres avec ſoin dans la partie ſeptentrionale : l'art de la guerre eſt le ſeul qui ſoit également connu dans la méridionale. Leurs armes ſont des pierres, les os & le fanon de baleine, la lance barbelée, un bâton long de cinq pieds, pointu à une de ſes extrêmités, formé en hache de l'autre ; & sur-tout le *patou-patou*, espece de sabre & de massue qu'ils attachent à leur poignet avec une forte courroie, pour qu'on ne puisse le leur arracher : pendant la paix, ils le portent à la ceinture : une côte de baleine, blanche comme la neige, décorée de sculpture, de poils de chiens & de plumes, sert de bâton de commandement à leurs chefs, qui ordinairement sont âgés : quand ils défient l'ennemi, ils leur disent d'approcher s'ils veulent être tués avec le patou-patou : leur danse de guerre consiste en mouvemens violens & en contorsions hideuses : ils tirent la langue & relevent les paupieres de maniere qu'on ne leur voit que le blanc de l'œil ; ils agitent leurs lances, ébranlent leurs dards & frappent l'air avec leurs patou-patous : tous les couplets de leur chanson de guerre sont terminés par un soupir long & profond : dans leurs danses, ils montrent beaucoup d'adresse & de dextérité, & dans leurs chants beaucoup d'oreille & de goût : les femmes y donnent l'accent le plus doux & le plus agréable ; la mesure en est lente & la chûte plaintive ; il semble que leurs airs soient à plusieurs parties : ils ont des instrumens sonores : l'un est la coquille appellée la *trompette de Triton* ; l'autre une petite flûte de bois, ou une espece de sifflet : ils ne les accordent pas avec la voix.

Ils placent leurs villages ou hippahs dans des lieux escarpés, & en fortifient les avenues par de gros pieux joints fortement ensemble par des baguettes d'osier, par des fossés, dont l'intérieur a un parapet & une seconde palissade, enfoncée obliquement en terre : auprès du second fossé, profond de 20 à 24 pieds, est une grande plateforme, élevée de plus de trois toises, soutenue par de gros poteaux, d'où l'on peut accabler les assaillans de dards & de pierres : un sentier étroit qui y conduit est défendu encore par une plate-forme, des huttes & des redans : tout le village ou la colline est encore entouré d'une palissade : l'intérieur s'en éleve par des plans différens en amphithéatre ; chaque plan est palissadé, & ils communiquent entr'eux par des sentiers qu'il est facile de fermer : toutes les parties en sont bien défendues : ils renferment un grand tas de racines de fougere & de poissons secs, qui forment leurs provisions ; l'eau seule y peut manquer. On ne trouve pas de ces forts dans toutes les parties de la Nouvelle Zelande ; en divers endroits, il n'y a que des plate-formes longues, garnies de pierres & de dards : c'est dans les lieux où l'on ne remarque pas de gouvernement fixé qu'il en est le plus. En général l'autorité paraît être dans les mains des vieillards ; ils y sont au moins très-respectés ; ceux qui les conduisent à la guerre sont vigoureux & agiles. Les petites sociétés dispersées semblent avoir & conserver en commun leurs belles étoffes & leurs filets de pêche : les deux sexes mangent ensemble ; on n'est pas sûr de la maniere dont ils partagent les travaux : il paraît que l'homme laboure, fait des filets, va à la chasse & à la pêche ; que la femme recueille des racines de fougere, ramasse près de la greve les poissons à coquille, apprête les alimens, fabrique les étoffes. Il paraît encore que ces peuples reconnaissent un Etre suprême & l'influence de plusieurs êtres qui lui sont subordonnés & lui obéissent : on ne sait quels hommages ils lui rendent, car on n'y a remarqué aucun lieu destiné au culte public, aucune cérémonie qui ait quelque rapport avec la religion ;

seulement ils donnent le nom d'*oifeau de la divinité* à une efpece de bouvreuil, fans paraître s'intéreffer à fa vie, & portent fur la poitrine une efpece d'amulette de pierre verte, de la groffeur de deux écus, & fculptée en figure humaine : on ne voit parmi eux ni prêtres ni jongleurs, & c'eft là, fans doute la raifon pour laquelle ils font peu fuperftitieux. On a remarqué encore une petite place quarrée, environnée de pierres, au milieu de laquelle s'élève un des pieux qui leur fervent de bêche, foutenant un panier rempli de racines de fougere, que les habitans dirent être une offrande pour fe rendre les dieux favorables. Dans la partie feptentrionale, ils enterrent les morts ; dans la méridionale, ils les jettent à la mer. Ils cachent leurs cérémonies mortuaires aux étrangers : les cicatrices des hommes annoncent combien ils ont perdu de perfonnes qui leur furent cheres. Leurs mœurs ont affez de reffemblance avec celles des Infulaires dont nous avons parcouru les demeures, pour faire croire qu'ils ont la même origine : ils difent que leurs ancêtres vinrent, il y a très-longtems, d'un autre pays nommé *Heawife*; leur langue eft en effet un dialecte de celle d'Otahiti, & les habitans de ces ifles peuvent s'entendre réciproquement.

Suivons les côtes de ces deux isles avec le célebre navigateur Cook qui a vifité trois fois cette contrée : le premier lieu qu'il y découvrit eft le canton nommé par les habitans *Taoneroa* : il apperçut d'abord quatre ou cinq rangs de collines élevées les unes derriere les autres, & une énorme chaine de montagnes qui les dominait : il crut d'abord avoir découvert le continent Auftral, & ce ne fut qu'après avoir fait le tour de ces deux grandes isles qu'il fut défabufé : il entra dans une baie qui s'enfonçait dans l'intérieur : les collines voifines font couvertes de bois, les vallées font ombragées par de grands arbres ; çà & là font des maifons petites, mais propres ; plus loin eft une colline entourée d'une paliffade haute & réguliere : une riviere fe rend dans la baie dont les côtés font de roches blanches & élevées : fa forme eft celle d'un fer à cheval ; une isle & deux pointes de rocs blancs & efcarpés en forment l'entrée : les hommes qui l'habitent font fauvages & défians : elle n'offre aucune production, aucune richeffe, & delà vient le nom de *baie de Pauvreté* que les Anglais lui donnerent. En fe dirigeant delà vers le midi on voit une pointe fort élevée, terminée en angle aigu vers la mer, & plate à fon fommet : on la nomma *Cap Table* : une chaine de rochers femble en défendre l'approche : plus au midi entre une petite isle nommée *isle de Portland* par les Anglais, & *Teahowrai* par les habitans : elle renferme ainfi que la côte des terreins cultivés, couverts de plantes, des paliffades élevées & rangées en ligne dont on ignore l'ufage, parce qu'elles ne renfermaient rien : le fommet de Teahowray eft formé de roches blanches, & au bas habitent des hommes : elle forme l'entrée feptentrionale d'une baie profonde : la côte y eft médiocrement élevée, la grève eft de fable entrecoupée de roches blanches : la terre au loin paraît fertile & couverte de bois : dans l'intérieur on diftingue de hautes montagnes ; dans le voifinage de la mer on voit les huttes & les foretreffes des habitans, femblables au nid des aigles, placés fur le fommet des rochers. Cette vafte baie reçut le nom d'*Hawke* ; elle eft terminée par le cap *Kidnappers*, qui fe fait remarquer par deux rochers blancs qui ont la forme de meules de foin. L'isle *Bare* le suit de près : elle est élevée, stérile, & cependant on y voit des maisons, des pirogues, des Indiens, sans doute ce sont des pêcheurs qui l'habitent ; plus au midi est le *Cap noir*, qui laisse voir de loin le *cap Turn-Again*, pointe élevée & ronde formée de rochers jaunâtres où le navigateur Cook ne découvrant qu'une vaste étendue de terres toujours plus stériles, inégales, moins boisées, semblables à des Dunes, bordées d'une chaîne de monts marquetés de neige, & ne renfermant point de port, revint vers la baie de Pauvreté pour diriger sa course vers le nord : retournons y avec lui.

Au nord de cette baie est un cap remarquable, dont l'extrèmité formée d'un roc blanc, ressemblait au bord du toit d'une maison ; ce qui lui a fait donner le nom de *Gable end-Foreland* (promontoire du bord du toit.) En avançant davantage au nord, on arrive à la baie *Tolaga* où l'on trouve de l'excellente eau douce : l'aiguade est commode, dans une petite anse bordée de bois : ses environs sont habités, les villages sont sur des collines, & formés d'espèces d'hangars construits très-proprement : les prairies, les bois produisent diverses plantes nouvelles pour les Européens, & du céleri qu'ils recherchent ; on voit un rocher percé par une arcade caverneuse au travers de laquelle on découvre la mer, la baie & une partie des collines voisines : l'ouverture a 75 pieds de long, 27 de large & 45 de haut ; près delà est une grande maison, dont les parties qui sont de bois sont très-bien équarries, très-unies, les poteaux en étaient sculptés en lignes spirales, mêlées de figures en contorsion. On trouve dans cette baie du poisson, des patates douces, des rats, des chiens dont on mange la chair, dont la peau sert pour vêtement : le sommet des collines y est couvert de fougeres ; leurs flancs sont revètus de bois épais formé de vingt especes d'arbres qui nous sont inconnus, dont l'un qui fournit du bois à bruler, ressemble un peu à l'érable & distille une gomme blanche : on y trouve des choux palmistes : le sol y est léger & sablonneux ; les campagnes y sont embellies par une multitude d'oiseaux divers. Cette enceinte est à l'abri de tous les vents : à sa pointe méridionale est une isle élevée très-voisine de la terre où sont deux rochers dont l'un ressemble par ses trous aux arches d'un pont : à sa pointe septentrionale est une isle qui n'est qu'un rocher aride.

Plus au nord est la baie *Tegadoo* où l'on voit deux courans d'eau douce, des plantations de patates, d'*eddas* de citrouilles, environnés de haies de roseaux très-serrés : les environs en sont peuplés ; ses habitans sont officieux, ils se distinguent par le soin qu'ils ont de ne laisser aucune ordure autour de leurs cabanes : les restes des repas, la litiere, les immondices y sont rassemblés & régulièrement disposés.

A 15 lieues au nord de cette baie est l'isle à laquelle on donna le nom d'*Est*, parce que la terre s'y dirige à l'Est : elle est élevée, ronde, nue, strile : près du cap qui l'avoisine on voit beaucoup de villages & de terres cultivées & fertiles que termine le cap *Runaway*, près duquel est une isle que son apparence fit nommer *White-Island*, isle Blanche. Là commence la large *baie d'abondance*, dont l'enceinte circulaire a 40 lieues de circuit ; on y remarque diverses isles : l'une d'elles nommée *Mowtohora* est liée à la terre par une chaine d'écueils que la mer couvre : elle est peuplée d'habitans courageux, mais féroces ; au-delà, la grande terre est assez élevée, elle est unie & sans bois, remplie de plantations & de grands villages situés sur des éminences, fortifiée d'un parapet & d'un fossé, & dans l'intérieur d'une haute palissade & de quelques autres défenses ; vis-à-vis sont l'*isle Plate*, l'*isle du Maire*, celles de la cour des Aldermans : ces dernieres sont entremêlées de rocs qui s'élèvent comme des colonnes & des châteaux. Plus loin vers le nord-ouest, le pays parait stérile & désert ; les habitans en sont presque nuds & d'un teint brun ; leurs pirogues ne sont que des troncs d'arbres creusés par le feu. Une grande baie succède à cette terre sterile : elle est fermée au nord par un long promontoire auquel on donna le nom de *Mercure* qui distingua aussi de petites isles qui sont auprès ; la baie même, dont l'entrée est bordée au midi par des rocs, la peninsule d'*Opoorage* : une riviere bordée de paletuviers que les eaux environnent en divers endroits : le pays le long de la riviere est toujours plus stérile & nud ; le sommet des collines est seul couvert de verdure ; il n'y croit que l'espece de fougere dont la racine sert de pain aux habitans : on y trouve différens poissons, des écrevisses de mer, de petoncles, des huitres de rocher, des oiseaux que nous ne connaissons pas, des especès de cormorans, de canards, de corlieux, de pies de mer, qui ne se distinguent des nôtres que par son plumage noir, son bec & ses pieds rouges, & d'autres oiseaux de rivieres : sur la rive occidentale de la riviere, le pays est orné d'arbres, divers ruisseaux l'arrosent avant de se jetter dans le fleuve ; sur sa rive orientale est un village & les ruines d'un héppah dans une situation heureuse pour en éloigner l'ennemi : des rochers escarpés le rendent inaccessible de trois côtés : le quatrieme l'est par un fossé profond de 14 pieds, par un parapet haut de huit, & il est entouré d'une double palissade, dont les pieux inclinés vers le fossé entrent profondément en terre. Le côté septentrional de la baie renferme aussi deux villages fortifiés, & l'un d'eux est dans la situation la plus pittoresque qu'on puisse imaginer, sur un rocher détaché que la mer environne dans la haute marée, & qui est percé dans toute sa profondeur par une arche, dont le sommet s'éleve à 60 pieds au dessus du niveau de la mer, qui coule au travers du fond quand ses eaux sont hautes : la cime au-dessus de l'arche est fortifiée par des palissades, & l'enceinte qu'elles forment ne renferme que 5 à 6 maisons : un sentier étroit, escarpé, y conduit. Sur le flanc d'une colline voisine est une plantation de citrouilles & de patates douces : c'est le seul endroit de la baie qui soit cultivé : deux autres rochers détachés de la terre qui semble ne devoir servir que de retraite aux oiseaux, renferment des maisons & ont des places de défense : plus loin, sur différentes parties de la côte, on voit d'autres villages dans une situation semblable : une guerre continuelle impose à ces peuples la nécessité de se percher ainsi ; elle ne leur permet pas de cultiver beaucoup de terrein : plus au midi, on voit sur la côte des habitans sans asyle qui passent la nuit sous des buissons : les hommes forment une enceinte dont leurs femmes & leurs enfans occupent le centre : à côté d'eux sont leurs armes : ils demeurent ainsi tout le tems qu'ils emploient à faire leurs provisions de poissons & de coquillages. Tous ces hommes ne connaissent point les métaux, quoiqu'il y ait des indices de mines de fer dans les montagnes: des ruisseaux amènent sur les bords de la baie un sable ferrugineux.

Douze lieues plus au nord est un promontoire remarquable qu'on nomme *Colvill*, il est élevé, un rocher situé au sommet le rend remarquable; vis-à-vis est un amas d'isles qui furent appellées *isles de la Barriere*. Derriere ce promontoire est une baie profonde qui se dirige entre le couchant & le midi; elle reçoit une riviere dont l'eau est douce & les rives habitées: les Anglais la remonterent dans l'espace de plusieurs lieues, mais par-tout l'aspect du pays est le même, le cours de la riviere ne change point: elle descend le long d'une vallée parallele à la mer: sur sa rive orientale le sol est élevé, il est bas sur l'occidentale, par-tout il est couvert de bois & de verdure: au couchant on voit des especes d'arbres élevés & d'une espece qui nous est inconnue: il en est dont les troncs à six pieds de terre ont vingt pieds de tour, & 90 pieds de haut de la racine à la premiere branche; le bois en est pesant & solide, propre à faire de belles planches, ayant comme le pin la propriété de devenir léger en y faisant des incisions, & par-là pouvant servir à faire d'excellents mâts: c'est peut-être le plus beau bois qu'il y ait dans le monde.

Les bords de la riviere sont habités, & dans quelques endroits ils sont marécageux, la marée y remonte fort loin, le fond est un vase très-mol: elle n'est pas profonde, mais elle est aussi large que la Tamise l'est à Greenwich, & c'est ce qui lui a fait donner ce nom: nulle part, dans l'espace de 14 lieues elle n'a moins de trois lieues: elle forme dans la baie qui la reçoit différentes isles, & son

ouverture

ouverture entre les deux caps qui la forment est de neuf lieues : au nord est le cap *Rodney*, pointe peu élevée : les hommes de cette partie de la Nouvelle-Zelande ne sont pas nombreux, mais ils sont fort actifs, bien faits ; ils se peignent tout le corps avec de l'ochre rouge & de l'huile : leurs pirogues sont grandes, bien construites & sculptées avec goût.

En suivant la même direction, on arrive dans la *baie des Brêmes*, nommée ainsi parce qu'elle abonde en cette espece de poissons : son ouverture est de cinq lieues, sa profondeur de trois ou quatre : au nord est une terre élevée, couronnée de rocs pointus ; vis-à-vis sont de petites isles qu'on nomma *Hen and Chickens* (la Poule & les Poussins) au midi est une terre basse & garnie de bouquets de bois, quand on est sorti de la baie, on retrouve une terre très-basse où l'on voit des maisons éparses, des bourgades fortifiées, des terres cultivées, des habitans armés de patou-patous, de pierres & d'os de baleine : leur teint est plus brun, plus marqué de taches noires que celui des autres Indiens ; ils ont une large ligne spirale sur chaque fesse, & de loin on dirait qu'ils portent des culottes raiées ; tous ont les levres noires. Plus loin est le cap *Brêt*, la terre en est élevée : à quelque distance est une petite isle où est un rocher percé de part en part & semblable à l'arche d'un pont : au couchant est une baie large & profonde dont les bords sont peuplés : les isles repandues devant elles le sont aussi : les hommes y sont vigoureux & bien faits ; ils attachent leurs cheveux noirs en touffes sur leurs têtes garnies de plumes blanches. Cette partie de la Nouvelle-Zelande est une de celles qui renferment le plus d'habitans : du sommet d'une colline on jouit d'une perspective singuliere & pittoresque sur une multitude d'isles, de bourgades, de maisons dispersées & de plantations: on distingue dans celles-ci le meurier *papyfera* avec lequel les habitans font leurs étoffes, mais cet arbre y est rare, & les étoffes qu'on en fait ne servent guéres que de pendans d'oreille. On a nommé ce lieu *baies des isles*, & on y trouve des hâvres sûrs & commodes, un bon mouillage, & des rafraichissemens: le poisson y est abondant, on y trouve des goulus, des mulets, des brèmes, des maqueraux, des pastenades & autres poissons, la seine avec laquelle les Indiens le prennent est d'une grandeur énorme, faite d'une herbe très-forte, & occupe un espace de 3 à 400 brasses, sur cinq de profondeur: c'est leur principale occupation: des filets mis en tas se voyent aux environs de toutes les maisons; leurs bourgades sont fortifiées & cependant ils vivent en paix, ils paraissent n'avoir pas de rois.

Près d'elle, mais plus au nord, on voit les *isles Cavalles* qui doivent leur nom à une des especes de poissons qu'on y pêche, & sept lieues plus loin la baie *Doubtlefs* ou douteuse, nommée ainsi, parce qu'on ne put la visiter: la côte est nommée par les habitans *Moura-Whennua*. Une langue basse de terre qui forme une peninsule que les Anglais ont nommée *Knuekle* ou de la jointure, sépare la baie Doubtlefs de celle de *Sandy-bay*, ou de sable, celle-ci est fort grande, la terre autour d'elle est basse, sterile, couverte de sable: on apperçoit delà une montagne fort haute qui parait s'élever d'une côte éloignée: on la nomma *Mont Camel*, ou du Chameau: le sable est accumulé dans ces lieux en petites collines irrégulieres qui s'étendent en cordons paralleles au rivage : on n'y voit que deux villages & des pirogues qui servent sans doute à la pêche ; à peu de distance est le *Cap Nord*, la partie la plus septentrionale de la Nouvelle-Zelande, située sous le 34°22′ de latitude méridionale, sous le 190°30 de longitude, il se termine par un mondrain applati au sommet ; l'isthme qui le joint à la terre est bas & le fait paraître une isle : on y voit un Hippah ou village : plus au nord sont les isles que Tasman découvrit & nomma les *Trois Rois*: le cap *Maria van Diemen* reconnu & nommé par ce même navigateur, est au couchant du cap-Nord; la Nouvelle Zelande est étroite dans cette partie: le mont Camel qui est à une demi-lieue du rivage oriental, n'est qu'à la même distance de l'occidental ; la côte du cap Maria jusqu'à ce mont est composée de bancs de sable blanc ; tout y parait stérile, inanimé, désert. Plus au midi est une terre basse à laquelle succede des terres plus hautes, coupées de montagnes ; elles présentent un aspect toujours plus aride : ce sont des collines de sable où l'on ne découvre pas une tache de verdure, où la mer se brise en lames terribles , où tout affecte l'ame des tristes images de la solitude & de la mort. Ce n'est qu'après avoir parcouru un espace de plus de soixante lieues qu'on arrive à une terre qui s'éleve en petites pentes couvertes d'arbres, où des colonnes de fumées & des maisons dispersées annoncent des hommes : là est la pointe *Woody* ou boisée qui s'éleve insensiblement de la mer à une grande hauteur : une isle en est voisine ; la multitude des mouettes qu'on y voit lui a fait donner leur nom , *Gannet - Island* isle des mouettes. Plus au midi est la pointe *Albatross* que suit une montagne très - haute, semblable au Pic de Teneriffe, dont la pointe se montre au dessus des nuages dont sa pente est couverte, la neige en cache la cime, la base en est large & s'éleve par degrés depuis la mer qui l'avoisine : autour d'elle, le pays est uni, couvert d'arbres & de verdure : on donna au Pic le nom de mont *Egmont*, ainsi qu'au cap qui est devant lui. La côte se dirige delà entre le midi & l'orient; elle est haute, coupée par des vallons & des collines formant diverses baies; elle conduit dans un canal dont l'entrée est semée de petites isles & de chaines de rocs : c'est celui qui sépare l'*Eaheinomause* de *Tavai-Poenammoo*, l'isle septentrionale de la méridionale : il est sous le 41° de latitude méridionale & le 192° 15 de longitude; des courans en rendent le passage dangereux; sur sa côte septentrionale est une terre que les habitans nomment *Tierrawitie*, qui pourrait bien n'être qu'une isle, car une baie profonde qu'on y voit semble être un détroit : ses environs sont des montagnes noires & pelées, d'une grande élévation, presque nues, s'avançant en longues pointes vers la mer : ce pays parait misérable, & il est cependant habité : les hommes qu'on y voit, vivent dans de petites cabanes enfumées, ne se lavent jamais, & s'oignent d'une graisse puante qui cache la couleur de leur teint & répand un jaune noir : on les sent de loin. Plus à l'orient, on arrive enfin à la pointe la plus avancée au midi de cette partie de la Nouvelle-Zelande; les Anglais lui donnerent le nom de *Palliser*, puis en remontant vers le nord on découvre la *pointe-plate*, puis la *pointe-château*, enfin le cap Turn-again : les côtes dans cet espace sont peuplées; les Indiens qu'on y trouve sont propres & assez civils; leurs pirogues sont sculptées, & en recevant des présens, ils aiment à en rendre : la terre s'y montre unie, basse, verte, agréable.

Venons à présent aux côtes de l'isle *Tavai-Poenammoo*, la plus étendue, mais la moins habitée des deux grandes isles qui composent la Nouvelle-Zelande : au nord, elle borde le canal de la reine Charlotte, & sa pointe la plus avancée est le *cap Stephens* : entre lui & la pointe Jackson est la *baie de l'amirauté* : devant elles sont des isles auxquelles on a donné le même nom, plus loin est une baie plus étendue, elle est composée de petites anses dans toutes les directions ; partout elle est bordée d'une forêt épaisse que deux courans d'eaux douces traversent ; le poisson est très-abondant près de ses rivages : une multitude d'oiseaux y font entendre leurs chants variés dès les deux heures du matin ; mais ils se taisent dès que le soleil paraît sur l'horison : on y voit beaucoup de cormorans : les hommes qui habitent dans le voisinage sont habillés comme les peint Tasman : deux coins de l'étoffe dont ils s'enveloppent le corps, se relevent par derriere, passent sur les épaules, & viennent se rattacher sous la poitrine : peu ont des plumes dans leurs cheveux ; mais quelques-uns ont une coëffure composée de touffes de plumes noires, disposées en nœud au sommet de la tête, qu'elle couvre & hausse du double : ceux-ci jettent leurs morts dans la mer & mangent leurs ennemis, dont ils conservent les têtes comme un témoignage honorable de leur courage & de leur victoire. Les Européens même doivent les craindre, & ils en ont mangé lors même qu'ils ne devaient pas les regarder comme ennemis. Ils paraissent vivre sans aucune forme de gouvernement : mais chaque tribu a un chef qu'elle respecte : ils font grands & nerveux. La côte abonde en céleri & en cochléaria; on y trouve le véritable chou palmiste, rare dans des latitudes si avancées, une plante qui peut remplacer le lin, & diverses plantes, divers oiseaux inconnus en Europe: on n'y voit nulle part de traces de culture; des plantes parasites, touffues, entrelassées, remplissent l'espace entre les arbres, & en rendent les bois impénétrables: l'air y est souvent agité par des orages; les monts y sont formés d'une argille talqueuse, & revêtus d'arbres jusqu'à la cime du côté du midi. Cette terre est nommée par les habitans *Totarrarue*.

Le canal de la Reine Charlotte est long de dix lieues, large de trois: des deux côtés la terre est si élevée qu'on l'apperçoit de vingt lieues dans la mer: ce sont de hautes collines, de profondes vallées couvertes de grands arbres, dont le bois est très-dur & pesant: la mer y est riche en poisson, & ses rivages en cormorans & en oiseaux sauvages; les habitans en paraissent pauvres; leurs pirogues sont sans ornemens; ils paraissent connaître l'usage du fer, & vivent de poissons & de racines de fougere: la pointe la plus avancée à l'embouchure orientale du canal & sur la côte de l'isle *Tavai-Poenammoo*, est le cap *Campbell*; plus loin est une baie profonde qu'on a nommée *Cloudy-Bay*, au fond de laquelle est une terre basse, couverte de grands arbres: plus loin est une chaîne de montagnes élevées; la côte s'abaisse ensuite: vis-à-vis est une isle de forme circulaire & qui a 24 lieues de tour, à laquelle on a donné le nom de *Banks*: sa surface élevée, irréguliere, brisée, paraît peu fertile; cependant elle est habitée: elle est sous le 43° 32′ de latitude méridionale; la côte qui s'étend au sud-est ne présente qu'un sol plat, bas, terminé par de hautes montagnes, paraissant stérile & désert dans toute son étendue, terminée par un cap avancé, auquel on a donné le nom de *cap de Saunders* : une montagne qui s'éleve à quelque distance en forme de selle le fait remarquer. La côte se dirige ensuite au couchant, elle est médiocrement élevée, entrecoupée de montagnes, couvertes de bois & de verdure : des baleines & des veaux marins se montrent dans ces parages : une baie profonde, qui semble être un canal entre une isle élevée & la terre, se présente ensuite : deux bandes de rochers s'offrent alors au navigateur étonné, qui se voit entr'elles sans d'avoir prévu : on leur a donné le nom de *Traps* ou *pieges*. Plus loin la terre est haute & stérile, sans arbres, n'ayant que quelques arbrisseaux répandus çà & là, & marquetée de taches blanches, qui paraissent être du marbre. Sa pointe la plus méridionale, qui l'est aussi de la Nouvelle Zélande, a reçu le nom de *Cap-Sud* : une terre basse joint ce long promontoire à la grande isle : il est sous le 47° 17′ de latitude, le 185° 35′ de longitude. Au-delà est un golfe formé par le cap-Sud, la terre basse qui le joint à la côte, & celle-ci qui continue au couchant : au-devant est une isle ou rocher de mille pas de circuit, très-haut, fort stérile, auquel on a donné le nom du docteur *Solander* : nul abri ne se présente dans ce golfe : le pays y est hérissé de montagnes, dont le sommet est marqueté de neige : on y découvre des bois dans les vallées qui les séparent, dans les collines qui dominent sur la côte, mais on n'y voit nul indice d'un pays habité : il est terminé par la pointe la plus occidentale de cette contrée, qui par cette raison a été nommée *Cap-Ouest*. Trois lieues plus au nord est une baie, dont la pointe septentrionale est formée par un long promontoire, terminé par cinq rochers, qui présentent l'apparence de 4 doigts & d'un pouce, & de-là vient son nom *Point-five-Fingers*, ou des cinq doigts: la baie est large à son entrée de plus d'une lieue ; l'intérieur en est rempli d'un grand nombre d'isles, d'anses, de havres commodes & sûrs: l'isle de l'*Ancre*, celle des *Indiens*, & *Longs-Island*, sont les plus considerables : le pays est montueux ; on ne trouve nulle part des sites plus sauvages & plus escarpés: l'intérieur n'offre que des montagnes d'une hauteur étonnante, n'ayant à leur sommet que des rocs stériles & pelés, excepté dans les parties que la neige couvre : toutes les isles sont revêtues de bois épais jusqu'aux bords de l'eau : on n'apperçoit aucune prairie, aucun terrein plat, qu'au fond des anses profondes où des ruisseaux se rendent à la mer : par-tout ailleurs il n'y a que des ronces & des épines, ou des arbres de différentes especes, propres à l'architecture navale, à la bâtisse des maisons, à l'ébenisterie, &c. le plus-beau est le *sapinette*, dont la tige a 100 pieds de hauteur sur 8 à 10 de tour : il y a des buissons de l'espece des myrthes ; les lianes & les ronces rendent le pays impénétrable: le sol y est un terreau très-noir & presque mouvant, il produit du cresson, du céleri, du lin, du chanvre, de la mousse, différentes fougeres & quelques autres plantes : le poisson y est très-abondant ; le *poisson-chou* y est le mets le plus délicat que ces mers puissent fournir. On y a vu cinq especes de canards : le peterel bleu, la poule d'eau, l'oiseau à cordon & le poy s'y plaisent. On n'y apperçut qu'un quadrupede de la grosseur du chat, de la couleur du rat, ayant les jambes fort courtes & une queue touffue : les insectes les plus inquiétans, sont des petites mouches de sable, qui mordent & font enfler la peau. La pluie y est fréquente : les habitans peu nombreux & errans.

Parmi les anses nombreuses, on remarque celle de la *Cascade* : celle qui lui fit donner ce nom tombe d'une montagne, qu'il faut monter en partie pour en distinguer la beauté : on voit alors une colonne d'environ 30 pieds de circonférence, qui se précipite avec impétuosité d'un rocher perpendiculaire de 300 pieds. Au quart de cette hauteur, la colonne rencontre un roc incliné qui en forme une nappe liquide, large de plus de 70 pieds : elle se brise ensuite sur de petites éminences, & se réunit dans un beau bassin, d'où l'eau s'échappe en écumant le long de la colline jusqu'à la mer : sa chûte éleve un brouillard épais, que le soleil peint des couleurs de l'arc-en-ciel : autour sont des rocs entassés, brisés, revêtus de mousses, de fougeres & de fleurs : les oiseaux, effrayés du bruit qu'elle fait, s'en éloignent, & l'homme seul vient y jouir du spectacle majestueux qu'elle présente. Telle est une partie des beautés qu'on admire dans la baie *Dusky* ou obscure.

En sortant de ce lieu, la côte se dirige vers le nord-est, & présente l'apparence de diverses baies : la plus voisine de celle de Dusky, est le *Havre-Douteux* : plus haut est la *Baie trompeuse*, puis la *Pointe de la Cascade* : avant d'y arriver, on voit une vallée profonde, entre deux hautes collines ; la pointe est formée de rochers élevés & rougeâtres, d'où tombe une cascade qui se partage en quatre ruisseaux : de-là lui vient son nom. La côte continue, toujours coupée en vallées & en montagnes couvertes de neige, toujours escarpées dans l'intérieur, où est une chaîne qui commence au promontoire des cinq doigts, d'une hauteur prodigieuse, ne présentant que des rocs dépouillés, que des fondrieres de glaces, que des rochers pelés, fendus, menaçant de combler les vallons de leurs ruines: à leur pied, jusqu'au rivage, le sol est couvert de bois, il forme des vallées très-larges & très-unies, où l'on distingue des marais. Telle est la perspective sauvage qu'offre le pays jusqu'à l'isle, qui est à l'entrée du détroit de la Reine Charlotte: près de la terre sont les isles *Stephens*, & on donna ce nom au cap qui borne au couchant la baie de l'*Amirauté* qui est profonde, a plusieurs entrées, & où l'on trouve de l'eau & du bois; la terre y est montueuse, couverte d'arbres, de buissons, de fougere, de huttes abandonnées: les pierres veines y ont une apparence minérale: cette baie est séparée de celle où les Anglais descendirent d'abord par la pointe Jackson; elle l'est de celle des *Aveugles* par celle de Stephens: cette derniere paraît être la baie des *Assassins* de Tasman; l'eau n'y est pas profonde. Plus au couchant est le cap *Farewell* ou d'*Adieu*, nommé ainsi parce que ce fut cette partie que les Anglais virent la derniere en s'éloignant de la Nouvelle Zelande.

Isle *Norfolk*.

Cette isle, découverte par Cook en 1774, est sous le 29° 2′ 30″ de latitude méridionale, & sous le 186ᵉ de longitude: elle présente d'abord l'aspect de grands rochers brisés qui se projettent dans la mer de tous les côtés; les autres rochers sont d'une craie jaunâtre commune: çà & là on trouve des morceaux de lave poreuse, rougeâtre, qui semblent rongés de vieillesse : les végétaux y croissent abondamment sur une riche couche de terreau noir, que les arbres & les plantes pourries y accumulent depuis plusieurs siecles : on y trouve beaucoup d'arbres & de plantes de la nouvelle Zélande ; le lin sur-tout s'y trouve & y végete avec plus de vigueur : sa principale production est le pin de Prusse ; cet arbre a la tige droite & élevée. Autour du rivage est une espece d'enceinte formée par les plantes & les arbrisseaux : au-delà, les bois sont libres, dégagés de toutes plantes intermédiaires, & le sol qui les nourrit est profond & fertile ; il produit abondamment de l'oseille sauvage, du laiteron, du bacille ou fenouil marin, & d'autres plantes. Les choux-palmistes n'y sont pas plus gros que le mollet de la jambe, & n'ont que dix à vingt pieds d'élévation ; ce sont les arbres de la classe du cocotier, & comme lui, ils ont de grandes feuilles empennées : le chou est le bourgeon de l'arbre, & il sort du sommet où il pousse ses feuilles ; en le coupant, on détruit l'arbre : il est sain & d'un goût agréable.

On trouve sur cette isle des pigeons, des perruches, des perroquets, des râles, & plusieurs especes de petits oiseaux : on y voit des poules d'eau, des boubies blancs, des mouettes, &c. qui se multiplient & vivent dans un doux repos sur les rochers & les rivages de la mer : les côtes en sont poissonneuses : un banc de sable de corail mêlé de coquillages l'environne : elle a la forme d'un cœur, & paraît avoir dix à douze lieues de tour : au sud on voit deux petits islots.

Nouvelle Calédonie.

C'est une isle découverte par Cook en 1774, & dont il n'a visité que la côte septentrionale : elle a 90 lieues de long: du nord-ouest au sud-est, elle a de petites isles dans son voisinage; elles sont renfermées avec elles entre le 19 & le 23° de latitude méridionale, le 181° 30' & le 185° 45' de longitude.

C'est un pays qui présente un aspect stérile: il est couvert d'une herbe seche, blanchâtre: les arbres sont clair-semés dans les montagnes; leur tige blanche ressemble de loin à des saules: on n'y voit point d'arbrisseaux: au pied des collines est une terre plate revêtue d'arbres & de buissons verds & touffus, parmi lesquels on remarque le cocotier, le bananier & le liseron. Près des ruisseaux, on découvre des lieux cultivés, plantés de cannes à sucre, de bananiers, d'ignames & d'autres racines, arrosés par de petits canaux remplis quelquefois d'une eau saumâtre: du milieu de ces plantations les rameaux épais du cocotier n'offrent que peu de fruits: en d'autres lieux on voit des plaines revêtues d'une légere couche de terre végétale, sur laquelle on a répandu des coquilles & des coraux brisés pour la marner: les collines qui les dominent sont composées de gros morceaux de quartz ou de mica, entre lesquels croissent des touffes d'une herbe haute de trois pieds, & des arbres noirs à leur racine, blancs sur leurs troncs, ayant des feuilles longues & étroites, de l'espece du *mela-leuca leucadendra* de Linnæus, & des feuilles duquel on tire l'huile de *cayputi*; leur écorce lâche & crevassée cache au-dedans des escarbots, des fourmis, des araignées, des lézards & des scorpions, insectes qu'on retrouve encore en plusieurs lieux du pays. Les bords des ruisseaux sont garnis de mangliers, & d'un lit vert de gazon: on trouve sur les côtes diverses plantes inconnues, & une grande variété d'oiseaux de différentes classes, la plupart nouveaux pour les Européens.

Parmi les montagnes avancées & qui forment une longue chaîne au travers du pays, on voit une grande vallée dans laquelle serpente une riviere, dont les bords sont ornés de plantations & de villages : partout ici les lieux élevés paraissent être condamnés à une stérilité éternelle : ce sont des masses de rocher dont la plupart renferment des minéraux, recouverts d'une terre desséchée ou brûlée par le soleil : une herbe grossiere, des arbustes rabougris s'y font voir de loin en loin : le roc y est un mélange de mica & de quartz, plus ou moins teints d'une couleur ochreuse qu'y donnent les particules du fer & ces indices, la stérilité des montagnes, un roc qu'on trouva sur la grève d'une pierre de corne d'un grain ferme étincelant par tout de petits grenats, persuadent qu'il y a des minéraux précieux sur cette grande isle. Dans des bois très-épais, on découvre l'arbre à pain ; on y cueille aussi une espece de fleur de la passion qu'on croyait particuliere à l'Amérique : parmi les arbrisseaux, il en est beaucoup d'odoriférans. On n'y voit d'animaux domestiques que des volailles apprivoisées, d'une grosse espece & d'un plumage brillant.

Les habitans sont des hommes forts, robustes, bien faits, civils & paisibles ; ils n'ont point de penchant pour le vol. En général ils sont grands, leurs traits sont intéressans ; ils ont la barbe & les cheveux noirs, rudes, & si frisés qu'ils en paraissent laineux ; plusieurs les ont longs & les relevent sur le sommet de la tête ; ils les peignent avec des brochettes liées parallélement par un bout. Leur teint est d'un châtain foncé : quelques-uns ont les levres épaisses, le nez plat, les traits & la mine des negres : quelques-uns sont blancs, tâchés de rousseurs ; ils ont les cheveux roux, mais ne paraissent pas moins vigoureux

que les autres : il est commun de leur voir des ulceres aux jambes ; la lépre en afflige plusieurs ; c'est
une maladie ordinaire dans les climats chauds & secs:
presque tous ont le scrotum enflé, peut-être à cause
de leur pagne qui est leur seul vêtement, & fait d'é-
corce d'arbres ou de feuilles : ils ont des nattes grossieres qu'ils ne portent jamais : plusieurs ont un morceau d'écorce de figuier qui flotte & cache mal leur
nudité : quelques-uns ont sur la tête un grand bonnet noir de forme cylindrique, qui semble annoncer
un chef ou un guerrier dans celui qui le porte ; il
est ouvert aux deux bouts & fait d'une natte grossiere. Les femmes sont vêtues d'une jupe courte &
épaisse de fibres de bananiers, attachée à un cordon
qui leur passe autour des reins ; les filamens extérieurs sont teints en noir, & la plupart sont garnis
de nacres de perles : leur teint est brun, leur taille
moyenne, leurs formes grossieres : quelques-unes
sont tatouées au visage : elles paraissent chastes &
méprisées de leurs époux : les deux sexes portent
également des pendans d'oreille d'écailles de tortues,
de bracelets ou d'amulettes de coquillages ou de pierres : ils se tatouent la peau en divers endroits du
corps. Ces hommes sont doux & pacifiques ; cependant ils ont beaucoup d'armes : ce sont des massues,
des lances, des dards & des frondes : les premieres
longues de deux pieds, sont les unes semblables à
une faulx, les autres à une hache ; on en voit qui ont la
tête ronde, d'autres ont la forme de celle du faucon ;
toutes sont travaillées proprement : leurs lances,
leurs javelots sont ornés de bas-reliefs : leurs frondes sont très-simples & lancent des pierres, auxquelles ils ont donné la forme d'un œuf & qu'ils ont
polies : leurs outils sont ceux des peuples dont nous
avons parlé : le seul instrument de musique qu'on

leur connaisse est le sifflet. La plupart de leurs maisons sont construites sur un plan circulaire; elles ressemblent à des ruches d'abeilles, & sont aussi chaudes & aussi bien closes : l'entrée est un trou quarré, haut de quatre pieds : du plancher à la naissance du toit, leur hauteur est de quatre pieds & demi; mais le toit qui se termine en une pointe ornée d'un poteau sculpté, est d'une hauteur considérable ; quelques-unes ne sont pas pointues; elles se construisent avec des perches ou des roseaux ; les côtés & le toit sont épais & bien couverts d'un chaume de longues herbes grossieres : dans l'intérieur sont des poteaux qui soutiennent des échaffaudages de lattes, où ils placent leurs provisions : quelques-unes ont deux planchers l'un sur l'autre : sur le plancher on répand de l'herbe seche, & on y place les nattes qui servent de siège pendant le jour & de lits pendant la nuit : communément elles ont deux foyers, & un feu toujours allumé : la chaleur & la fumée les rendent insupportables à qui ne les a pas accoutumées, mais en éloignent les mosquites : ils sont très-frilleux en plein air & quand ils se reposent, par l'usage de ces chaudes cabanes. Leurs ustensiles de ménage sont des jarres de terre où ils cuisent leurs alimens en plein air, où se fait toujours leur cuisine : sur le foyer sont disposées des pierres pointues qui supportent ces jarres : souvent elles sont ombragées par des figuiers élevés, dont les branches entrelassées cachent le soleil, & offre un asyle à des oiseaux dont le chant est agréable.

Ce peuple ne se nourrit que de racines, de poissons, & de l'écorce grillée & insipide d'un arbre : ils ont peu de fruits ; les bananes, les cannes à sucre n'y sont pas abondantes ; l'eddoes y réussit : le sol y eſt en général ſtérile. Les oiſeaux de terre n'y ſont pas en très-grand nombre; mais il en eſt pluſieurs d'inconnus, tels qu'une eſpece de petit corbeau dont le plumage eſt nuancé de bleu, & de belles tourterelles.

On n'a pu ſavoir le nom que les habitans donnent à l'isle entiere, qui a peut-être trop d'étendue pour que ſes habitans en connaiſſent les différentes parties & lui aient donné un nom général; mais chaque diſtrict a un nom particulier, & chacun a ſon chef qui le gouverne; on ne connaît pas encore la nature du pouvoir de ce chef. Le diſtrict où Cook débarqua s'appellait *Balade*.

Ce peuple enterre les morts: les tombeaux y reſſemblent à de grandes taupinieres, & ſont décorés de lances, de dards, de pagayes, plantées verticalement en terre. Lorſqu'ils veulent cultiver un terrein, ils brûlent l'herbe qui la couvrent: lorſqu'il eſt épuiſé, ils le laiſſent long-tems en jachere: ni eux, ni aucun inſulaire de la mer du Sud ne connaiſſent l'uſage du fumier: ils cultivent l'eddoes ou eddy dans des quarrés plus bas que le terrein qui les environne, parce que cette plante demandant beaucoup d'eau, ils peuvent alors facilement les inonder par des rigoles que rempliſſent les ruiſſeaux qui deſcendent des montagnes: quelquefois on les plante ſur des planches bombées, larges de quatre pieds, hautes de deux: au milieu de la planche eſt une rigole qui l'arroſe toute entiere: le terrein eſt béché avec ſoin: ces racines ne ſont pas toutes de la même couleur, & il en eſt d'un meilleur goût que d'autres: leurs têtes fourniſſent encore une bonne eſpece de légume. Leurs pirogues ſont d'une conſtruction lourde & groſſiere: les doubles ſont compoſées de deux grands arbres creuſés en gouttieres, surmontées d'un plat-bord élevé de deux pouces, & fermées à chaque bout par une espece de cloison : elles ressemblent jointes ensemble à deux auges en quarré long, liées à côté l'une de l'autre, à trois pieds de distance, par le moyen de traverses fortement amarrées sur les deux bords; ces traverses portent une plate-forme où est un foyer toujours rempli de feu, & près de lui une jarre pour cuire les alimens : le tout porte une ou deux voiles latines, tendues sur deux perches : la voile est de natte, les cordages de fibres de bananiers, tressées en cordes de l'épaisseur d'un doigt : ces pirogues marchent bien à la voile, mais lourdement à la rame & à la pagaye ; elles ont trente pieds de long, & la plate-forme en a vingt-quatre de long sur dix de large. La langue de ce peuple paraît n'avoir aucun rapport avec celles des autres insulaires de la mer du Sud; elle est informe & sa prononciation confuse : le son guttural y est fréquent, le nazal n'y est pas rare : en général ces hommes parlent peu, & ne rient point; ils ne sont ni défians, ni antropophages.

Les côtes de ce pays sont abondantes en poissons: parmi eux il en est un de remarquable, & d'une espece nouvelle ; il a quelque ressemblance avec ceux qu'on nomme *soleils*, & est du genre que Linnæus nomme *tetradon* : sa tête hideuse est grande & longue ; sa chair est un poison.

La partie occidentale de la Nouvelle Calédonie est composée d'isles de sable qui s'étendent assez loin, & sur lesquelles on trouve quelques plantes. Derriere est une isle plus élevée, que les Indiens nomment *Balabéa* : ses habitans sont bons, indolens & paisibles, & de la même race que ceux dont nous venons de parler : le sol en est plus fertile & mieux cultivé que dans la grande isle ; on y voit un grand nombre de cocotiers : fes rivages font femés d'une multitude de coquillages nouveaux & curieux, & de plufieurs efpeces de plantes. Plus au levant, vis-à-vis la grande isle, en eft une petite, couverte de fables, où l'aftronome Wales obferva une éclipfe de foleil. Tous ces parages font parfemés d'écueils. De-là au levant, la terre fe montre à perte de vue, fous la forme de plufieurs montagnes entrecoupées de vallées; de petites isles bordent fes rivages à quelque diftance : l'afpect du pays eft uniforme dans prefque toute fon étendue jufqu'au promontoire qui le termine, & auquel on donna le nom de la reine Charlotte : dans une vallée qui en eft voifine, on vit un grand nombre de pointes élevées qui reffemblaient à des colonnes, les unes écartées entr'elles, les autres formant des groupes ferrés; on foupçonne que ce font des bafaltes produits par quelque volcan aujourd'hui éteint. Derriere le promontoire font plufieurs isles baffes, liées par des brifans & jointes au rivage : quelques-unes étaient ombragées par des arbres. Elles font terminées par une isle plus grande qu'elles, & où l'on trouve de beaux pins de Pruffe; ce qui lui a fait donner le nom d'*Isle des Pins* : il n'eft pas d'isles dans la mer du Sud qui puiffent mieux fournir un vaiffeau délabré de mâts & de vergues; ces arbres ont jufqu'à 70 piéds de hauteur; le bois en eft blanc, le grain ferré, & il eft dur, léger & réfineux : il en eft encore de l'efpece des fapins de Pruffe, mais c'eft moins un arbre qu'un arbriffeau. On trouve fur cette isle déferte, mais vifitée quelquefois par les habitans de la Nouvelle Caledonie, une efpece de creffon, une plante femblable à la poule graffe, trente autres efpeces de plantes, dont plufieurs font nouvelles : on y voit des hydres, des pigeons, des tourterelles, des faucons, une nouvelle espece d'attrape-mouches : le sol en est sablonneux sur les côtes : les débris des végétaux y ont formé dans l'intérieur une couche de terre végétale. Cette isle n'a guere qu'un quart de lieue de tour.

La Caledonie n'a point été reconnue dans sa partie méridionale : les pins qui sont à l'orient semblent prouver que le sol y est différent de celui de la Balade : du sommet des monts on peut voir la mer des deux côtés, & il y a lieu de croire que la largeur de cette isle n'excéde pas dix lieues. En général le pays n'y parait pas propre à la culture ; la plaine étroite qui est entre les montagnes & la mer est remplie de marais & couverte de mangliers ; par-tout le sol y est mauvais & ne peut produire beaucoup de végétaux : ces considérations rassemblées ne permettent pas de croire que ce pays renferme plus de 50,000 ames. Une chaîne de rochers & d'écueils qui se prolonge à perte de vue au couchant, fait soupçonner qu'elle s'étend jusqu'à la Nouvelle Galles méridionale qui en est à deux cent lieues ; & comme ces deux pays ont beaucoup de ressemblance, il est possible qu'ils aient fait autrefois partie d'un même continent. Mais ceci n'est qu'une conjecture qui ne repose que sur des rapports incertains ; & si les pays se ressemblent, les habitans different beaucoup.

Nous allons parler d'un archipel que Cook vit en 1774, & nomme les *Nouvelles Hebrides*; dont Bougainville a vu quelques isles, & qu'il nomma *Archipel des grandes Cyclades*; & que Quiros parait avoir découvert le premier, & nommé la *Terre du St. Esprit*. Comme quelques personnes ont douté que les découvertes de ce dernier fussent les mêmes que celles des navigateurs modernes, nous donnerons un extrait de la relation de l'Espagnol, afin que chacun puisse y chercher & en saisir les différences ou l'accord avec ceux qui lui ont succédé.

Le 25 Avril 1506, Quiros découvrit une côte longue & élevée, qu'il nomma *Nuestra Senora de Luz*, sous le 14° 30' de latitude méridionale, & le 188° de longitude : il en découvrit bientôt une autre au couchant, puis une nouvelle entre le midi & le levant, garnie de hautes montagnes, dont on ne pouvait voir l'extrèmité : la côte était dangereuse, escarpée, pleine d'abondantes sources d'eau qui se précipitaient en ravines dans la mer ; on y voyait des jardins ou des enclos semés : les habitans accourus sur le rivage, montraient des rameaux de palmiers, allumaient des feux dans les montagnes, & s'approchaient des vaisseaux sans armes dans leurs canots. Vingt Espagnols y débarquerent dans une grosse riviere qui coulait entre des roches, & dont la source était dans les montagnes ; ils virent sur la plage des cochons semblables à ceux d'Espagne, & des hommes noirs mélés à des hommes blancs qui avaient les cheveux & la barbe rouges ; il en était de mulâtres, ce qui leur fit croire que la terre qu'ils découvraient était d'une étendue immense : ils en prirent deux qui leur avaient paru moins pacifiques que les autres ; les mirent aux fers ; mais l'un d'eux les rompit & se jetta dans la mer ; il ne put gagner la terre avec la chaîne qu'il avait au pied : on le reprit & on le consola ; on les habilla tous deux à l'espagnole, & en taffetas rouge ; puis on les rendit à terre ; ils donnerent en échange de ces bons traitemens des cochons, des plantains, des figues d'une couleur agréable, & qui répandaient une douce odeur, des patates & des ignames dont ces peuples se nourrissent.

Les Espagnols parcoururent la côte, ils trouverent une nation nombreuse, de plus grande taille que la précédente, & d'un teint plus grisâtre; les flêches que ces hommes décocherent contre ces nouveaux venus, fit juger à ceux-ci qu'ils étaient des *rustres de basse condition*. Ils quitterent ce lieu pour visiter la grande terre qu'on découvrait entre le midi & l'orient; ils y trouverent une baie large, bien à l'abri, dont le fond était sûr: on la nomma *baie S. Jacques & St. Philippe*; la côte s'étendait au loin vers le sud-ouest: ses habitans étaient de haute stature; ils firent présent aux Espagnols d'une belle aigrette de plumes de héron. L'ouverture de la baie est d'environ huit lieues, la côte va du nord au midi : la bande de l'est peut avoir douze lieues, & celle de l'ouest quinze, la latitude était de 15° 40'; la longitude de 187; là est un bon port, à l'embouchure de deux rivieres sur un fond de sable net: on le nomma Port de la *Vera-Cruz* : tout le continent fut appelié *Terre Australe du St. Esprit*, & les deux rivieres reçurent le nom de *Jourdain* & de *St. Sauveur*. Les bords de ces rivieres sont charmans & embellis par de la verdure & des fleurs : la plage du port y est large & pleine; la mer y est toujours calme, quelque vent qui agite la mer : du rivage jusqu'à la pente des montagnes est un sol couvert d'arbres; les montagnes y sont aussi vertes que la plaine, elles sont séparées par de larges vallons arrosés par des rivieres & d'une grande fertilité : la terre y produit abondamment & presque sans culture des fruits de bon goût, des patates, des ignames, des papas, des plantains, des oranges, des limes, des amandes, des obos qui ressemblent aux coins, & plusieurs autres dont on ignorait les noms: on y vit l'aloes ou le guayac, les noix muscades, l'ébène, des poules, des cochons, des oiseaux qui chantent merveilleusement, des ramiers, des perdrix, des perroquets, des abeilles. Les habitans sont noirs; ils demeurent dans des cabanes basses, couvertes de paille, & le pays est sujet aux tremblemens de terre; ce qui annonce, dit Quiros, un continent de grande étendue. Les Espagnols s'y établirent malgré les habitans, y célébrerent la messe dans une cabane de verdure, y firent une procession, y éleverent une croix, prirent possession du pays au nom de leur roi Philippe III, enleverent trois enfans & 14 cochons, & se retirerent: plusieurs furent très-malades pour avoir mangé quelques poissons empoisonnés; la manœuvre ne pouvait se faire, & on rentra dans le port: personne n'en mourut: on y relâcha les trois enfans qu'on avait enlevés. Les Espagnols allerent reconnaître ensuite les terres sur le vent, en prirent possession, y bâtirent une ville qu'ils nommerent *Jerusalem la neuve*, & y créerent des magistrats, dont bientôt il ne resta plus de trace; le vent les força de regagner la baie où ils ne purent trouver le repos qu'ils cherchaient: ils allerent à la recherche de l'isle *Ste. Croix*, sous le 10° 20′ de latitude, & ne purent la trouver, ils retournerent au Mexique. Voilà le précis de ce voyage: mais on trouve quelques détails de plus dans le *mémoire* que Quinos présenta au roi d'Espagne. Il croyait que ces terres nouvellement découvertes égalaient l'Europe & une partie de l'Asie en étendue; qu'elles formaient une cinquieme partie du monde: il dit qu'on y voit des habitans noirs, blancs, olivâtres, rougeâtres à cheveux longs,

Isles de l'Océan Pacifique.

épars & noirs, à cheveux épais & crepus, à cheveux jaunes & luisans; qu'ils n'ont ni villes, ni forteresses, ni loix, ni souverains; qu'ils sont souvent en guerre, toujours armés d'arcs & de flèches, de bâtons, de lances, de zagaies; qu'ils sont propres, vêtus de la ceinture au milieu des cuisses, gais, accessibles & reconnaissans; qu'ils aiment la danse, ont des instrumens de musique, des barques bien construites, dont quelques-unes ont des voiles d'un fil assez semblable au chanvre; qu'ils ont des maisons de bois, couvertes de feuilles de palmites, des cimetieres, des oratoires, des jardins potagers divisés en planches; qu'ils savent polir le marbre, fabriquer des pots de terre, des cuilleres de bois & des tissus d'écorce; qu'ils ont des porcs coupés, & de la volaille; qu'ils font avec la nacre des couteaux, des ciseaux, des scies, des coutres, des charrues; qu'ils font des colliers avec les perles; que leur pain consiste en trois sortes de racines qu'ils font griller & dont quelques-unes sont longues d'un pied & demi, & ont neuf pouces d'épaisseur. Aux arbres & aux productions dont on a parlé, il ajoute le noyer, le cocotier, des palmiers à dattes & à choux propres à faire du vin & du vinaigre; des bois de construction, du miel, des cannes à sucre, des citrouilles, des féves, du basilic; il dit que les habitans font avec l'huile de cocos du baume pour les plaies, du goudron pour épalmer les barques; que de l'écorce de l'arbre ils font des cordes, de ses feuilles la couverture de leurs toits & la garniture de leurs murs; qu'ils ont encore dequoi faire des étoffes de soie, une espece de chanvre, du gros & du menu bétail, du gibier, des oiseaux domestiques, des côtes poissonneuses, des mines d'argent; qu'on y a vu de l'or, des noix muscades, du mastic, du gingembre, du poivre, de la canelle, & que sans doute il y a du gérofle; que l'air y est sain & temperé, le terroir agréable, fertile, mêlé de montagnes & de plaines, arrosées par des rivieres sur lesquelles on peut construire des usuines, au bord desquelles sont des roseaux de cinq à six palmes ou quatre pieds de tour; qu'on y trouve des salines, du marbre, des pierres à bâtir, de l'argille à faire de la brique; que la baie de *St. Jacques* & *St. Philipe* s'enfonce de vingt lieues dans les terres, & que ses bords sont remplis d'habitations; que le Port de la Vera-Crux peut contenir mille vaisseaux à l'ancre sur un fond de sable noir, que l'une des rivieres qui s'y rendent à la mer, égale le Guadalquivir; qu'aucune n'a de serpens, ni de crocodiles, comme la terre n'a ni chenilles, ni fourmis, ni mosquetes; que la chaleur n'y est pas excessive, que les nuits y sont fraiches.

Dans un autre mémoire, Quinos parle de l'isle *Taumaco*, dont le roi lui fit connaître une grande région nommée *Manicolo* qu'il visita ensuite lui-même, & où il trouva des bœufs, des buffles, des chiens abaïans, des poules, des cochons, des coquillages; de l'isle *Chicayna* plus grande que Taumaco où le terroir est fertile, abondant en fruits, habitée par des hommes, les uns noirs & à cheveux longs & frisés, les autres à cheveux roux & crépus, dont quelques-uns sont d'une taille gigantesque, & dont le rivage est semé de coquillages à perles; de l'isle *Guantopo* où les hommes sont blancs, ont les cheveux roux ou noirs, où ils peignent leur corps en rouge jusqu'à la ceinture, où les femmes sont belles & vêtues de soie de la tête aux pieds; de l'isle *Tucopio* située à deux journées de Manicolo, à 5 de Taumaco, habitée par des nègres de petite taille qui ont un langage particulier, & où l'on voit une baie dans laquelle se jettent quatre rivieres, & où l'on trouve des perles ; des isles *Dilen*, *Pupam*, *Fonfono* & autres, dont les habitans sont des nègres de grande taille ; de la région *Pouro*, dont les habitans étaient presque noirs, vigoureux, guerriers, peu traitables, chez qui le meurtre est puni de mort ; qui se servent de flêches garnies de pointes d'argent, faites en lames de couteau, &c. Venons à présent aux descriptions de Cook, plus exactes, plus vraies sans doute, & comparons : nous y joindrons encore ce que Bougainville a dit des lieux qu'il a visités.

La plus orientale des *Nouvelles Hebrides* est *Erronan* ou *Tootooma* : elle n'a pas plus de cinq lieues de tour, mais elle est très-haute & unie vers son centre : au nord-est est un petit pic qui paraît lié à elle par une terre basse.

Annatom est la plus méridionale de ces isles : ses terres sont hautes & montueuses ; elle parait moins étendue encore qu'Erronan, & est située sous le 20° 3′ de latitude méridionale, sous le 187° 45′ de longitude.

L'isle *Immer* est très-petite : elle est à quatre lieues de Tanna que nous allons décrire.

Isle de Tanna.

Elle a environ 20 lieues de tour, & fut découverte par Cook en 1774. Ses principales productions sont le fruit à pain, les noix de cocos, les bananes, un fruit ressemblant à la pêche qu'on nomme *pavie*, l'igname, la patate, la figue sauvage, un fruit semblable à l'orange, mais qu'on ne peut manger ; la noix muscade parait y croître : les cannes à fucre n'y font pas rares; les ignames y font excellentes & fort groffes: on y en voit qui pefent 50 à 60 livres: les cochons & les poules en font les feuls animaux domeftiques: celles-ci paraiffent y être rares; les oifeaux de terre y font affez peu nombreux, il en eft qui font petits, d'un très-joli plumage, & d'une efpece inconnue aux Européens. Parmi les plantes dont les bois font remplis, plufieurs font nouvelles pour les botaniftes; d'autres croiffent dans les Indes Orientales: on en compte quarante qui profperent dans les champs cultivés, & ne fe trouvent pas dans les isles précédentes.

Parmi les arbres on diftingue le figuier dont la tige très-groffe parait former plufieurs arbres qui ont cru enfemble & fe projettent en angles aigus & longitudinaux: elle s'éleve de trente à quarante pieds avant de fe divifer en branches qui ont la plupart plus de trois pieds de diamètre, & s'avancent encore à la même hauteur fans fe partager: fon fommet eft haut de cent cinquante pieds; des perroquets d'un plumage noir, rouge & jaune, s'y perchent fur fes branches les plus élevées, où fon feuillage épais les met à couvert des chaffeurs. On y trouve auffi le figuier fous lequel les Chingulais & les habitans du Malabar vont faire des facrifices. Divers cantons reffemblent à nos prairies; ils font remplis de liferons, & féparés par des arbriffeaux; quelques plantations font entourées de murs: celles des cannes à fucre, font coupées de foffés où les râles fe précipitent, lorfqu'ils veulent ronger la plante qui s'éleve fur leurs bords: un étang dont les bords font infeftés de mofquites incommodes, offre un grand nombre de râles, de canards fauvages qui femblent d'une efpece nouvelle; dans de vaftes champs on voit de grands rofeaux (*Saccharum Spon-*

ISLES DE L'OCÉAN PACIFIQUE.

taneum) dont les habitans font des traits, des ouvrages d'ofier, des haies ; dans des bois on trouve une colombe inconnue aux naturaliftes ; tout le pays préfente de petits monticules, des vallées fpacieufes, cultivées ou capables de l'être : des arbres touffus occupent çà & là des efpaces folitaires, & produifent des fcenes très-pittorefques ; dans l'intérieur on voit différentes efpeces de mineraux, une argille très-molle, communément brune ou jaunâtre qui fe met en pieces, quand elle eft expofée à l'air & à l'humidité ; une pierre de fable noir, compofée de cendres & de fchorls vomis par les volcans, une fubftance reffemblante à une pierre pourrie, ou au tripoli qui s'y trouve en couches alternatives avec la pierre noire, des morceaux de craie pur, ou teints de couleur rouge, des bols, des felenites. Le fol y eft en général d'une fertilité extraordinaire, avantage qu'ont prefque toujours les ifles où l'on voit un volcan : celui de Tanna gronde fouvent d'une maniere à infpirer l'effroi, pouffe jufqu'aux nues des torrens de feu & de fumée, lance des pierres d'une groffeur prodigieufe, & obfcurcit l'air par les nuées de cendres qu'il vomit ; on n'a pu le voir que de loin, mais on a vifité le folfaterra & les fources chaudes qui font au pied du mont : les vapeurs qui s'exhalent du terrein tout autour font monter le thermomètre de Fahrenheit à 170 degrés, la terre y eft fumante, & en divers endroits couverte de foufre natif ; l'eau de quelques fources voifines le fait monter au 191° ; elle cuit le poiffon, l'argent s'y brillante, le fel de tartre n'y produit aucun effet ; une de ces fources fort en bouillonnant au pied d'un rocher perpendiculaire, au travers d'un fable noir : elle éleve le mercure à 202° & demi. Il paraît que le volcan échauffe ces fources ; ce qu'il y a de plus fingulier peut-être, c'est qu'il n'est pas fur une des hautes montagnes de l'isle.

La mer contribue peu à la fubfistance des habitans : on n'y connait point le filet ; on n'y a vu prendre le poisson qu'avec le dard ; les coquillages font rares fur la côte : ils font plus nombreux dans les isles voifines. Le poisson y parait abondant & varié ; on y prend des mulets, des brochets de bresil, des dauphins, des perroquets de mer, des raies de deux fortes ; des anges, des goulus, des fuceurs, des mugils, plufieurs efpeces de maqueraux, & des poissons vénimeux.

Les habitans ne paraissent point avoir une origine commune avec ceux des isles voifines ; ils ont les cheveux crêpus & frifés, noirs dans les uns, bruns dans les autres : quelques-uns les laissent croitre, fans leur donner de forme particuliere ; d'autres en font plufieurs cordelettes, longues de 6 à 9 pouces, & qui pendent des deux côtés de la tête : il en est qui les attachent en touffes fur la tête, qui est remplie de vermine : ils les ornent avec un rofeau garni de plumes de coq ou de chouette, ou avec un chapeau de feuilles de plantain verd : leur barbe est épaisse, forte & courte : leur stature est médiocre, ils font minces de taille, peu font gros, mais ils ont l'air agréable, font vifs & pleins de feu, ont le nez large, les yeux pleins & doux, la phyfionomie ouverte, mâle & honnête : ils font agiles, excellents à manier les armes, haïssent le travail, & font de leurs femmes des bêtes de fomme : celles-ci ne portent qu'une corde autour des reins, à laquelle des brins de paille font attachés par-devant & par-derriere ; quelques-unes ont une piece d'étoffe qui les couvre de la ceinture aux genoux en forme de jupe ; le teint des deux sexes est bronzé ; ils se peignent le visage avec un fard de noir de plomb, & avec quelques autres qui sont de diverses couleurs, rouge, brun, &c. ils se font des incisions au haut du bras & sur le ventre, & leur donnent la forme de différentes fleurs : le cartilage entre les narines est communément troué & orné d'une pierre cylindrique ou d'un morceau de bambou. Les deux sexes se parent de bracelets, de coliers, de pendans d'oreilles & d'amulettes.

Leurs arts sont encore dans un état d'enfance : ils fabriquent une espece de nattes, & une étoffe grossiere faite avec l'écorce d'un arbre : la structure de leurs pirogues est informe : leurs armes sont des massues de différentes formes, des lances, des dards, des arcs, des flèches & des pierres : ces dernieres sont les armes des jeunes gens, les premieres servent sur-tout aux hommes d'un âge avancé.

Ils grillent ou rotissent leurs alimens ; ils n'ont point de vases pour les bouillir ; des puddings de pâte de bananes & d'eddoès, mêlés d'amandes, sont un de leurs mets : l'eau & le jus de cocos paraissent être les seules liqueurs dont ils usent.

On ignore quel est leur gouvernement, ou même s'ils en ont un : ils semblent reconnaître des chefs, mais ces chefs ont peu d'autorité : les vieillards y paraissent respectés & obéis : dans le voisinage du port, le peuple n'obéissait à personne, on n'y a pu voir de distinction de rang.

On ne peut y compter plus de 20,000 ames, parce que dans son étendue on voit moins de plantations que de forêts : peut-être on peut dire que l'excellence du sol nuit aux progrès de la culture : il y est couvert d'arbres, de buissons, de ronces, qui étouffent les végétaux cultivés, plus faibles &

plus délicats. Le peuple y vit dispersé en différens hameaux, composés de quelques familles; sa langue peut faire soupçonner qu'il fut formé de différentes nations: la plupart des mots y sont sonores, faciles à prononcer, & sont remarquables par une forte aspiration & un son guttural. La civilisation n'y est pas fort avancée: les maisons n'y sont que des hangards, souvent ouverts par les deux bouts; les corps y sont nuds, seulement couverts de graisse & de pierreries, & la vie domestique y est sérieuse & presque triste: cependant leur musique est plus parfaite que celle de leurs voisins: la fabrique des armes leur prend plus de tems qu'aucune autre occupation.

On ne sait point encore quelle est leur religion: des chants solemnels qu'on y entend chaque matin peuvent faire croire qu'ils s'acquittent de quelque culte dans les bois: on ne leur a vu faire aucun acte qui annonçât de la superstition. En général, ils sont hospitaliers & bienfaisans, quoique durs & injustes envers leurs femmes; ils sont braves & intrépides, mais leur vengeance s'étend sur le cadavre de leurs ennemis, & ils paraissent les manger: ils déposent leurs morts dans des cases sépulcrales, & portent les cheveux de ceux qui ont quitté la vie.

Le port où mouilla le capitaine Cook reçut le nom de son vaisseau, la *Résolution* : il est situé sur le côté septentrional de la pointe la plus orientale de l'isle : il est étroit, assez profond, & l'on y trouve du bois & de l'eau dont on se fournit avec facilité. La latitude de cette isle est de 19° 25', sa longitude de 188°. On remarque que le nom de *Tanna* que les habitans lui donnent, signifie *Terre* en langue Malaise.

Isle Erromango.

Elle a 24 ou 25 lieues de tour : son milieu est sous le 18° 54′ de latitude, sous le 187° 4′ de longitude : ses terres sont élevées : on y remarque une montagne, dont le double sommet offre la ressemblance d'un pic à selle ; elle est très-escarpée dans le haut, & se termine en pentes douces : audessous est une baie qui a près de trois lieues d'ouverture, mais n'en a pas une de profondeur : la côte est embellie par des boccages qui séparent des plantations cultivées & enfermées par de belles haies de roseaux : le sol y parait riche ; ses habitans sont d'une race qui diffère de celles des isles voisines, & ils ne parlent pas la même langue : ils sont d'une stature médiocre, mais bien proportionnée ; leurs traits ne sont point désagréables ; leur teint est très-bronzé, & ils se peignent le visage, les uns de noir, d'autres de rouge : leurs cheveux sont bouclés & un peu laineux. Les femmes qu'on y a vues sont laides, & vêtues d'une jupe de feuilles de palmier, ou de quelque plante semblable ; les hommes n'ont autour des reins qu'une corde : en aucun endroit de la côte on n'a vu de pirogues ; les maisons sont couvertes de palmier, & leurs plantations sont alignées. On n'a pu visiter cette belle isle. Cook qui y descendit en 1774, fut forcé de s'en éloigner pour ne pas y répandre plus de sang. La baie qu'il visita est séparée d'une autre plus au midi par un promontoire auquel il donna le nom de *Cap des Traitres* ; il tient à une montagne qu'on découvre de 16 à 18 lieues : la seconde baie est profonde ; ses rives sont basses ; les terres voisines paraissent fertiles : des deux côtés elles sont revêtues de forêts touffues, qui offrent un coup d'œil enchanteur : au midi, ces terres s'inclinent doucement & préfentent une vafte étendue prefqu'entierement cultivée : on y doit craindre les vents de fud-eft.

Isle Sandwich.

L'afpect de cette isle eft très-riant : des plaines, des bofquets, en diverfifient agréablement le terrein : les montagnes y font d'une hauteur médiocre, & de leur pied jufqu'au bord de la mer le fol s'étend en pente douce : une chaine de brifans la rend inacceffible au nord; au couchant la côte femble fe replier & former une baie à l'abri des vents régnans. On y découvre de tous côtés des cocotiers, des palmiers & différens autres arbres, parmi lefquels on découvre de petites huttes, & des pirogues échouées fur la greve : çà & là font de grands efpaces défrichés. Cette isle eft une des plus belles des Nouvelles Hébrides, & cependant elle parait moins habitée que fes voifines. Elle a 25 lieues de tour; fa plus grande longueur eft de 10 lieues : fa latitude eft de 17° 45′ ; fa longitude de 186° 25′.

Isle Hinchinbrook.

C'eft une petite isle au nord de celle de Sandwich; elle peut avoir deux lieues de tour : la terre en eft élevée : près d'elle font quelques autres petites isles.

Isle Montagu.

Elle fut découverte dans le même tems que la précédente,

précédente, & a reçu son nom du même navigateur : elle est située plus au couchant ; son étendue est plus grande : on y a vu des habitans. D'une isle à l'autre, ils se visitent en pirogues.

Isle Monument.

C'est le nom que Cook donna à une petite isle, au nord des précédentes, & remarquable parce qu'elle n'est qu'un rocher de forme pyramidale, inaccessible à d'autres animaux qu'à des oiseaux : c'est la seule de ces isles qui soit déserte : la houle en se brisant sur elle y a formé des sillons profonds : le roc y est noirâtre, mais çà & là embelli de verdure.

Isle des deux Collines.

Elle est petite, & ne présente que deux collines taillées à pic & séparées par un isthme étroit & bas : elle est située au couchant de la précédente, dont elle est séparée par un canal d'environ 400 toises de large.

Isle des trois Collines.

Elle a environ quatre lieues de tour, & est remarquable par les trois collines ou pics qui lui ont fait donner ce nom. Une chaîne de rocs qui s'étend fort loin sous l'eau tient à sa partie méridionale ; il en est une autre encore au couchant, contre laquelle la mer bat sans cesse. Le sol y est couvert de bois ; tout annonce qu'elle est bien peuplée, & l'on a vu ses habitans accourir sur le rivage, armés d'arcs & de traits. Sa latitude est de 17° 7′, sa longitude de 136° 35′.

Tome XII. Ll

Isles Shepherd.

Cook qui les découvrit, leur donna ce nom: c'est un amas de petites isles, situées au nord des précédentes, & répandues dans un espace de cinq lieues, ne laissant entr'elles que de petits canaux: toutes paraissent habitées; mais elles ne sont pas bien connues.

Isle Apée.

On n'en a point visité l'intérieur : tout ce qu'on en sait est qu'elle a 20 lieues de tour; que son plus grand côté est d'environ huit lieues: qu'elle est une terre haute, montueuse, entrecoupée de plaines & de bois, du moins dans les parties occidentales & méridionales; car on n'a point vu les autres : sa latitude est de 16° 45′, sa longitude de 186° 23′.

Isle Baoom ou Apoom.

Elle se distingue par un pic élevé; & est un peu étendue : elle semble divisée par un canal, mais ses deux parties réunies n'ont que cinq lieues de tour. De loin elle présente la figure d'une meule à foin d'une hauteur considérable. Sa latitude est de 16° 26′, sa longitude de 186° 17′.

Isle Ambrym.

Elle a plus de 20 lieues de tour, selon Forster; elle n'en a que sept, selon Cook: on y crut voir un volcan, & peut-être deux, car il s'en élance deux grosses colonnes de fumée qui ondoyent dans

fait : la côte sud-ouest forme, en s'inclinant, une plaine très-belle & très-étendue ; sur la mer la terre est basse ; de-là elle s'éleve inégalement jusqu'au milieu de l'isle ; entre de riches boccages on en vit s'élever de nombreux tourbillons de fumée, qui annonçaient que cette isle est fort habitée : l'aspect qu'elle présente est riant & fertile. Sa latitude est de 16° 17', la longitude de 186° 8'.

Isle Pentecôte.

Elle a dix ou onze lieues de long, sur environ trois de large : la hauteur de son sol est remarquable ; elle est couverte de bois, à l'exception des espaces cultivés qui paraissent en grand nombre : elle parait très-peuplée, & pendant la nuit elle est éclairée d'une multitude de feux qui sont répandus jusqu'au sommet des collines. Il parait que l'agriculture fournit à ses habitans leurs plus grands moyens de subsistance, puisqu'ils ont beaucoup de plantations & peu de pirogues ; leurs côtes très-escarpées n'y facilitent pas la pêche. Sa latitude est de 15° 45', sa longitude de 186° 12'. Elle doit son nom au navigateur Bougainville.

Isle Aurore.

Elle a environ douze lieues de long, & deux & demi de large : presqu'au centre est une montagne pointue & très-élevée : des bords de la mer jusqu'au sommet des monts, la terre y est couverte de bois ; toutes les vallées y paraissent arrosées par des ruisseaux : la greve y est belle ; la végétation y est très-abondante : des liserons & des lianes s'y enlassent avec les arbres les plus élevés, & forment des guirlandes & des festons qui embellissent les plantations situées sur les pentes des collines, entourées de roseaux, arrosées par des ruisseaux qui tombent en cascades: elle paraît aussi très-peuplée: sa latitude est de 15° 5′, sa longitude de 186° 15′.

Isle ou *Pic de l'Etoile.*

C'est le nom que donna M. de Bougainville à un petit pic de rocher, qui est au nord de toutes les Nouvelles Hébrides, & sous la latitude de 14° 30′: il lui donna aussi le nom de *L'Averdi*, pour obéir à la coutume presque ridicule, qui veut qu'on flatte les hommes puissans en répandant leurs noms sur des parcelles de terre où ils ne sont point connus & qu'ils ne connaîtront jamais.

Isle des Lépreux.

Elle fut nommée ainsi par le même navigateur. Cook la vit six ans après lui: la terre en est élevée, & il descend de ses montagnes de superbes cascades: la pointe entre le nord & le levant est plus basse & couverte de différens arbres; les palmiers y sont innombrables, & croissent même sur les collines. Ces bois font un ornement superbe pour cette isle: ses habitans ont des pirogues; ils sont armés d'arcs & de fleches; ils sont noirs, dit Cook qui n'y descendit pas; & à l'exception de quelques ornemens qu'ils portent sur la poitrine & aux bras, ils sont entierement nuds: l'un d'eux avait cependant une étoffe qui traversait une de ses épaules, passait sous l'autre bras comme une écharpe, & retombait ensuite autour des reins, elle semblait être d'un blanc fale, bordé de rouge. Bougainville qui defcendit dans l'isle, en décrit les habitans avec plus de détail. Ils font, dit-il, de deux couleurs, noirs & mulâtres : leurs levres font épaiſſes, leurs cheveux cotonnés, femblables dans quelques-uns à une laine jaune : ils font vilains, petits, mal faits, la plupart rongés de lépre, & fe couvrent à peine les parties naturelles d'une natte groſſiere : les femmes ont des écharpes pour porter leurs enfans fur le dos; ce font des tiſſus fur lefquels ils ont tracé de jolis deſſeins, avec une teinture cramoifi. Aucun n'a de barbe; ils fe percent les narines pour y fufpendre des ornemens: à leurs bras font des efpeces de bracelets d'ivoire ou d'os; à leur col des écailles de tortue : leurs armes font l'arc & la fleche, des maſſues de bois de fer, & des pierres qu'ils lancent fans fronde: leurs flèches font des rofeaux, armés d'un os aigu; ils ont des fabres faits du même bois que leurs maſſues.

L'isle eſt montueufe : à vingt pas du bord de la mer, on trouve le pied d'une montagne dont la pente rapide eſt couverte de bois: le terrein y eſt très-léger & a peu de profondeur : on y trouve des figues d'une efpece particuliere ; les plantations y font ceintes de paliſſades, & les huttes font mefquines & ont des portes fi baſſes qu'on y entre qu'en fe trainant fur le ventre. Le peuple y femble miférable.

Cette isle, dit Cook, a la figure d'un œuf, & fa circonférence eſt de dix-huit à vingt lieues; elle eſt fous le 15° 22′ de latitude, & le 185° 48′ de longitude.

Isle Mallicolo ou *Mallicola.*

Elle a dix-huit lieues de long, fa plus grande

largeur est de huit : une vaste & profonde baie la resserre au S. E. Ses terres sont médiocrement élevées, s'élevent doucement du rivage au pied des montagnes qui en occupent le milieu : les teintes les plus charmantes de verdure parent ses bosquets entremêlés de cocotiers ; ses forêts sont épaisses & remplies de buissons ; les grands arbres y sont les mêmes que dans les isles déja décrites ; mais il y a des arbustes & des plantes inconnues ; parmi celles-ci est le *cuodia* qui pousse de petites panaches verdâtres, & donne une graine aromatique ; vers le nord la côte est basse, couverte d'arbres ; vers le couchant les montagnes sont nues & de belles plaines séparent les forêts. Autour des huttes des habitans sont dispersées des plantations de racine, entourées d'une haie de roseaux, ornées de cocotiers, d'arbres à pain, de bananiers, mais ces arbres portent peu de fruits ; il en est un qui porte l'*abbi-mota* qui ressemble à une orange ; en général leurs fruits ne sont pas si bons que ceux des isles des Amis ; mais les ignanes y sont excellentes ; les lieux enfoncés, & probablement l'embouchure des rivieres, y sont embarrassés de mangliers : les montagnes y sont hautes & contiennent sans doute de belles sources d'eau douce, quoique Cook n'y en ait point découvert. Le sol y est riche & fertile, & les plantes sauvages y étouffent par leur vigueur celles qu'on y cultive, peut-être renferme-t-elle quelque volcan : ses productions végetales paroissent être abondantes & fort variées ; les cochons & les volailles y sont les seuls animaux domestiques, & on n'y en a point vu d'autres quadrupedes que les premiers ; les bois y sont habités par plusieurs especes d'oiseaux, parmi lesquels il y en a d'inconnus aux naturalistes. Le climat y

Isles de l'Océan Pacifique.

est chaud; les hommes y sont d'une petite race, d'une couleur bronzée, ils ont la tête longue, le visage plat, le front bas & creux, la mine des singes; leurs cheveux qui sont noirs ou bruns, sont courts & crépus, leur barbe est forte, touffue, noire, ordinairement courte, deja mal proportionnés, une ceinture ou corde qu'ils portent serrée autour des reins & sur le nombril, ajoute à leur difformité, en partageant leur corps en deux comme celui d'une fourmi, ils sont nuds; une feuille ou un morceau de natte, couvre à peine leurs parties naturelles; leurs femmes sont laides & petites; celles qui sont mariées portent une espece de jupe, d'autres n'ont qu'un torchon de paille suspendu à un cordon : jusqu'à onze ans elles sont nues ; elles se peignent la tête, le visage & les épaules avec une terre merite, couleur d'orange; quelques-unes ont sur le dos une sorte d'écharpe où elles portent leurs enfans : elles ne se parent point ; les hommes seuls se décorent de pendans d'oreilles, d'écailles de tortues, & des bracelets; au poignet droit ils ont des cercles de dents de cochons & de grands anneaux d'écailles; ils se percent la cloison du nez pour la décorer d'une pierre blanche & courbe d'environ un pouce & demi de longueur.

Lorsqu'ils annoncent la paix, ils présentent un rameau vert, & jettent avec la main un peu d'eau sur la tête; leurs armes sont la massue, la lance, l'arc & la flèche: les deux premieres sont faites de bois, de fer; leur arc est un bâton fendu, courbé comme la moitié d'un arc ordinaire; leurs flèches sont des roseaux armés d'une pointe longue & aiguë, ou de plusieurs pointes d'un bois très-dur, ou d'os qu'ils empoisonnent.

Leurs cabanes sont un peu plus basses, couvertes

de feuilles de latanier, quelques-unes fermées autour avec des planches, ayant une ouverture quarrée qui sert de porte.

Cette nation paraît d'une espece absolument différente de celles qui peuplent les isles de l'Océan Pacifique ; les hommes auxquels elle ressemblent le plus, sont ceux de la terre des Papous, & quelques tribus de la Nouvelle-Guinée ; leur langue ne paraît avoir aucune affinité avec celle de leurs voisins ; l'R est fréquente dans leurs mots, & quelquefois il s'en rencontre deux ou trois ensemble.

On ne croit pas que cette isle renferme plus de 50000 habitans répandus sur plus de 216 lieues quarrées ; il semble même que ces hommes forment une colonie nouvelle qui n'a pu encore abattre les forêts, ni se procurer les commodités analogues au climat qu'elle habite ; ils paraissent se nourrir principalement de végétaux, & ils s'appliquent à l'agriculture : ils paraissent n'être pas de grands pêcheurs ; leurs porcs, leur volaille ne peuvent fournir qu'à un petit nombre de leurs repas : l'agriculture occupant la plus grande partie de leur tems, ils n'ont pas le loisir de fabriquer des vêtemens, dont ils n'ont pas un besoin absolu ; ils donnent bien des momens à la musique & à la danse ; leur principal & peut-être leur seul instrument est le tambour.

On ne sait s'ils ont des chefs ; ils obéissent, pour le moment à quelques-uns d'entr'eux qu'ils ne respectent pas cependant, ils sont défians, divisés en tribus qui ont entr'elles des causes fréquentes de dispute ; on ignore s'ils ont une religion, les coutumes particulieres de la vie domestique, les maladies auxquels ils sont sujets : ils ne sont point voleurs, & montrent au contraire une fidélité rare.

Isles de l'Océan Pacifique. 537

Les Anglais donnerent au hâvre où ils jetterent l'ancre, le nom de *Port de Sandwich* : il a une lieue de profondeur, fur un tiers de large ; l'eau y eft profonde, les vents n'y peuvent agiter un vaiffeau, & l'on peut mouiller affez près de la grève pour protéger les travailleurs. Il eft fous le 16° 25′ 20″ de latitude, & le 185° 42′ 23″ de longitude.

Isle St. Barthelemi.

Elle a fix ou fept lieues de circonférence & fut découverte & nommée par Cook ; c'eft entr'elle & Mallicolo qu'eft le paffage auquel Bougainville a donné fon nom, & qui a environ trois lieues de large : elle eft la plus méridionale d'un grand nombre de petites isles : toutes en général font peu élevées & couvertes de bois.

Isle ou Terre du St. Esprit.

Cook qui en fit prefque le tour en 1774 lui laiffa le nom que lui avoit donné Quiros, parce qu'il ne put apprendre de fes habitans celui qu'ils lui donnaient. Elle eft la plus feptentrionale des Nouvelles Hebrides, fi l'on en excepte cependant le Pic de l'Étoile, elle en eft auffi la plus occidentale & la plus grande : elle a 22 lieues de long, 12 dans fa plus grande largeur, & 60 de circuit : au couchant les terres font d'une hauteur extraordinaire, & forment une chaîne fuivie de montagnes, qui en quelques endroits s'élevent directement de la mer. Vers le nord, la côte eft d'abord baffe & couverte d'arbres, puis elle eft efcarpée en différentes places, & en d'autres elle a la blancheur de la craie : les plus jolis points de vue s'y découvrent fucceffivement & un grand nombre de petites isles la bordent : la plupart sont très-longues, étroites, basses à une de leurs extrémités, semblables dans l'autre à un rocher de craie, couvertes d'arbres parmi lesquels on ne trouve pas un seul cocotier ; au midi, au levant, la plage est unie ; & d'elle jusqu'aux montagnes s'étendent des plantations d'arbres disposées en allées de jardins & entourées de palissades ; l'isle entiere, à quelques escarpemens près, est couverte de bois & de ces plantations.

La partie septentrionale de cette isle forme une baie profonde & spacieuse dont l'entrée a cinq lieues de large ; elle en a six de profondeur, & 20 de côtes ; partout elle est sûre & sans fond, excepté près du rivage qui est peu élevé, & n'est pas éloigné du pied des montagnes qui forment deux chaines sur les deux côtés de la baie, & dont celle qui est au couchant s'éleve en amphithéâtre & traverse l'isle dans sa longueur. Sa pointe orientale a été nommée *Cap de Quiros*, elle est sous le 15° 44′ de latitude, le 184° 58′ de longitude ; sa pointe occidentale est distinguée par le nom de *Cumberland*; les contrées qui l'avoisinent offrent partout une végétation très-animée : les pentes des montagnes sont cultivées & couvertes de productions variées ; chaque vallée y est embellie d'un ruisseau dont les eaux fertilisent les terres qu'elles arrosent ; le cocotier se fait remarquer parmi les autres arbres, au dessus desquels il éleve sa tête majestueuse ; les colonnes de fumées qui, le jour, s'élevent de toutes les parties de l'isle, les feux qu'on y voit briller durant la nuit, annoncent une terre riche & peuplée : plusieurs des montagnes ne sont que des collines, & les vallées qui les séparent sont larges, peuplées & fécondes. Sans doute cette vaste baie est celle que

ISLES DE L'OCÉAN PACIFIQUE.

Quiros nomma *Baie de S. Jaques & de St. Philipe*; le port de la *Vraie Croix* paraît être au fond de la baie. L'herbe & les autres plantes y croissent en abondance sur la plage jusqu'au bord de l'eau, ce qui prouve le calme dont on y jouit : une riviere large & profonde s'y vient jetter : partout le pays semble être un des plus beaux qu'il y ait au monde ; ses richesses végétales offrent des trésors de botanique. Ses habitans sont nuds, plus robustes & mieux faits que ceux des Mallicolo : ils paraissent comprendre quelques-uns des mots des isles des Amis, & n'entendent pas la langue de leurs voisins. Les uns ont les cheveux noirs, courts & frisés : d'autres les ont longs, relevés sur le sommet de la tête, & ornés de plumes : leur parure consiste en bracelets & en colliers : plusieurs se peignent le corps avec un fard noirâtre ; il en est qui ont une coquille blanche attachée sur le front : on ne leur a vu que des dards & des harpons avec lesquels ils dardent le poisson ; leurs pirogues sont semblables à celles de l'isle de Tanna.

Isles de la Reine Charlotte.

Elles furent découvertes en 1767 par Carteret, & sont au nombre de sept, elles sont situées entre le 9° 55' & le 11° 15' de latitude méridionale, le 181° 25' & le 183° de longitude. Celle de *Keppel* est longue de 10 lieues, large de trois ; le sol en est bas & couvert d'arbres ; celle d'*Ourry*, ou *Nouvelle Alderney* a quatre lieues de long sur moins de deux de large : le sol en est élevé, & coupé en collines : celle d'*Edgcomb* ou *Nouvelle Sark* a plus d'étendue que la précédente & présente le même aspect ; celle du *Lord Howe* ou *Nouvelle Jersey* présente un aspect agréable ; elle paraît fertile, de grands arbres la couvrent, le fol en eſt uni, élevé; fon étendue eſt plus grande que celle d'Edgcomb, fans qu'on puiffe cependant la déterminer: un détroit large d'une lieue & demi la fépare de celle d'*Egmont* qui eſt la plus grande de toutes: elle a environ 25 lieues de long, eſt montueuſe, & forme dans fa partie méridionale un grand nombre de caps & de ports; tout autour le fol eſt couvert d'arbres qui en font une forêt impénétrable: parmi eux on remarque le cocotier; de petites rivieres arrofent fes vallées & viennent fe rendre dans les hâvres qui en font l'extrèmité: tel eſt le *Hâvre Swallow*: entre les deux caps de *Hanway* & *How* eſt une baie dont l'ouverture eſt d'une lieue & demi, & qui a fur fes bords un village environné de cocotiers: au delà eſt le hâvre profond de *Carlisle*, près duquel eſt la petite isle de *Portland*: on trouve enfuite le beau hâvre de *Byron*; il eſt beau, fon enceinte eſt circulaire, deux ruiffeaux, l'un d'eau falée, l'autre d'eau douce, viennent s'y rendre: plus au couchant eſt la *Baie de fang*, (Bloody-Bay) au fond de laquelle coule un petit ruiffeau: on y voit des maifons régulierement conſtruites, parmi lefquelles il en eſt une plus longue, bâtie & couverte de chaume, qui parait être une maifon d'affemblée: les deux côtés & les planchers en font couverts de belles nattes, & l'on y voit des paquets de flèches fufpendus: autour des maifons on trouve des jardins enclos de murs, plantés de cocotiers, de bananiers, de planes, d'ignames & d'autres végétaux; à une lieue de ce village, on en voit un autre fort étendu, vis-à-vis duquel, & fur le bord de l'eau, on voit un mur de plus de quatre pieds de haut difpofé en angles; plus au couchant eſt une baie où une riviere vient fe rendre; elle femble être navigable, & couler de bien avant dans le pays : elle est séparée par la pointe *Ferrers* d'un grand hâvre près duquel est une ville étendue, où les habitans semblent fourmiller ; la pointe *Carteret* forme l'extrêmité occidentale de l'isle d'Egmont, & l'on y voit un grand village défendu & environné par un mur de pierre : de-là, le rivage se dirige au midi & forme une baie profonde à laquelle on donna le nom de *Travanion* ; à son entrée qui n'a pas une lieue de large, est une isle qui eut le même nom : celle-ci est fort peuplée, ainsi que l'isle Egmont. Au nord de ces isles, il en est une dont la circonférence est à peine de quatre à cinq lieues, mais qui est d'une hauteur prodigieuse & de forme conique. Son sommet ressemble à un entonnoir, & l'on en voit sortir sans cesse de la fumée, mais point de flammes : il est très-probable que c'est un volcan & on lui en donna le nom.

Les habitans de ces isles sont nuds, leur teint est noir, mais d'un noir plus faible que ceux de la Guinée ; leur tète est laineuse, leur taille moyenne : ils sont très-agiles, vigoureux, actifs, pleins de courage & d'audace : l'eau semble être leur élement, & à chaque instant on les y voit s'élancer de leurs pirogues, qui sont grossierement construites & sans voiles ; ce sont des troncs d'arbres creusés, sur lesquels on place quelquefois des pavillons, & qui ont toujours un balancier : leurs armes sont l'arc & la flèche : ils lancent celle-ci avec une force & une adresse incroyables : elle a une pointe de pierre : nulle apparence de métal ne se présente dans ce pays ; il n'y a presque aucun doute que l'isle Egmont ne soit celle que les Espagnols nommerent *Santa - Crux* dans le commencement du siecle passé.

Isle Gower.

Elle est petite, basse & plate ; on n'y trouve point

de mouillage, elle a deux lieues & demi de long ;
on trouve beaucoup de tortues sur le rivage ; ses
habitans ressemblent à ceux de l'isle Egmont : des
cocotiers s'élevent parmi les arbres qui bordent ses
côtes ; leurs pirogues y sont construites avec art,
de planches bien jointes, ornées de coquillages &
de figures goudronnées avec un mastic noir.

Isles Carteret & Simpson.

La premiere est élevée & d'une belle apparence ;
elle est longue de six lieues ; la seconde est beaucoup
plus petite ; l'une & l'autre sont peuplées d'hommes
semblables à ceux de l'isle Egmont ; mais les pirogues y sont d'une structure différente & beaucoup
plus grandes. Ces isles sont sous le 8° 32' de latitude : celle de Gower est sous le 8° 5', & toutes
trois à-peu-près sous le 174° de longitude : Carteret les découvrit en 1767.

Sous le 4° 36' de latitude sont les neuf isles de
Ohang-Java, découvertes par Tasman, revues par
Carteret : l'une d'elles est d'une étendue considérable : les autres ne sont gueres que de grands rochers, bas & plats ; cependant toutes sont couvertes d'arbres & remplies d'habitans noirs & à tête
laineuse, armés de flèches, & navigeant dans de
grandes pirogues qui portent une voile.

La mer du sud, dans l'hémisphere septentrional,
a peu d'isles connues, & dont la situation soit bien
déterminée ; mais probablement beaucoup d'entr'elles l'auront été dans le dernier voyage de Cook,
qu'on attend avec impatience. Parcourons rapidement le peu qu'on en sait.

Isles des Barbus.

Don Alvar de Saavedra les découvrit en 1529. Il

les place sous le 7° de latitude septentrionale, entre l'isle de Tidor & le Mexique, à égale distance de l'un & de l'autre. Elles sont au nombre de 5 ; la plus grande n'a que 4 lieues de long : leurs habitans sont noirs & barbus ; ils n'ont point de vêtemens, & voyagent dans des pirogues à voiles turques, faites de feuilles de palmier : ils paraissent guerriers : à 80 lieues au nord-est, il vit des *Isles basses*, dont les habitans sont civils & paisibles : ils reçurent les Espagnols avec amitié, les menerent dans leurs maisons assez commodes & couvertes de feuilles de palmiers : ils sont blancs & se peignent le corps & les bras : leurs femmes sont jolies, vêtues de nattes très-fines, ornées de longs cheveux noirs : leurs armes sont des bâtons brûlés ; leur nourriture, du poisson & des noix de cocos : ils s'empressaient d'aider leurs hôtes & de leur fournir des rafraichissemens. Saavedra y mourut, & son vaisseau y demeura huit jours.

Mindana vit diverses isles dans ces parages, qu'il ne nomme pas : leurs habitans avaient des canots qui allaient à voiles & à rames ; on ne put voir s'ils avaient de la barbe : l'un d'eux s'approcha d'assez près pour qu'on put voir qu'il était de bonne taille, qu'il était nud, que ses cheveux étaient flottans, qu'il semblait boire dans une noix de coco : l'isle qu'il habitait était sous le 6° de latitude septentrionale ; elle était ronde & couverte d'arbres : ses côtes étaient garnies de rosiers : on en voyait 4 autres plus petites & plus éloignées.

Isles de l'Oiseau.

On les place sous le 7° de latitude septentrionale, sous le 185° de longitude : on n'en connait aucune particularité.

Isles des Nageurs.

Ce font deux isles affez grandes, peuplées, fituées fous le 180° de longitude, fous le 6° de latitude feptentrionale.

Isles Cabobas.

On n'en connait que la fituation, encore n'eft-elle pas bien certaine : on les place fous le 9ᵛ de latitude, le 174° de longitude.

Les Pêcheurs.

Ce font de petites isles fous le 11° de latitude méridionale & le 175 de longitude : elles ne font point connues.

Isle St. Barthelemi.

Elle fut découverte en 1525 par Alfonfe de Salafar, qui voulut y jetter l'ancre, & ne put y trouver de fond : elle eft fous le 13° de latitude feptentrionale, le 175 de longitude. Il ne parait pas qu'elle ait été vifitée depuis.

Il ferait inutile de nous arrêter plus long-tems fur ces isles, dont à peine on connait les noms, & qui, découvertes dans un tems où les aftronomes ne voyageaient pas, où la navigation était moins fûre & moins perfectionnée qu'elle n'eft de nos jours, font, pour la plupart, placées comme au hafard par les géographes, & fouvent pour remplir une place vuide.

Nous voulions joindre ici une courte defcription des isles découvertes par les Ruffes entre les continens de l'Amérique & de l'Afie ; mais comme cette partie du globe a été parcourue par Cook, le plus célebre des navigateurs, il faut attendre fa relation, qui ne peut tarder à paraître : fes defcriptions comparées à celles des Ruffes, jetteront un grand jour fur la géographie de ces contrées, inconnues dans le fiecle paffé.

TABLE

POUR LE TOME XII.

A

Abancay	315	Anco	328
Abifcas, P.	68	Ancre (isle de l')	504
Abondance (baie d')	493	Andacoll	211, 238, 239
Acaron (baie)	153	Andala (isle & lac d')	96
Aco	349	Angaraes	321
Aconcagua	226	Angol	209
Andaguaylas	324	Angra dos Reyes	59
Adventure (isle)	409	Anhelimes, P.	29
Afuera, I.	251	Anican (isles d')	154
Alderney (nouvelle) I.	539	Annonciation	155
Alomayo	349	Annotam	521
Alvoreda, I.	60	Anfe du Lion	141
Amatta do Brafil	46	Apée, I.	530
Amatta-foa, I.	471	Apolobambo	70
Amazones (riv. des)	37	Aporcelade	125
Amhrym, I.	530	Aporoma	69
Amirauté (baie & isles d')	501	Aracuitos, P.	29
		Aramo	221
Amortajado, I.	360	Aranta	309
Amotapé	360	Araucos, P.	185
Amparaes	83	Arc (isle de l')	407
Amfterdam	10	Arequipa (évêché d')	303
Amfterdam, I.	474	- - - Prov. & V.	308
Anamocka, I.	468	Arica	303
Anayanaonaffanes, P.	30	Armire	14
		Afangaro	69
		Afcenfion, I.	66

Tome XII.   M m

Asilo	69	Belle Nation (isle de la)	456
Assomption	101,109	Berbice	7
Asuay, M.	361	Bilcas	325
Atacama	86	Biobio, fl.	233
Atun-Xauxa	345	Bird, I.	180
Aucaes, P.	130	Bird-Island	409
Aurore (isle d')	405	Biturina, P.	62
- - - I.	531	Blanca (isles)	330
Aymarais	312	Bloody-Bay	540
		Bolabola, I.	451
		Bon-succès (baie)	165,167
		Boourou, I.	445

B.

Bagnos	365	Borabara, I.	451
Bahia	47	Boudoir (le), I.	419
- - de todos Santos	48	Bow (isle de)	407
Balabea, I.	513	Brêmes (baie des)	497
Balade	512	Bresil (le)	16
Baldivia	217	Bret (cap)	497
Balleta, I.	330	Buamachuco	354
Balsas	356	Buckley, fl.	141
Bambamarca	354	Buenos-Aires, Pr.	110
Banks (isle)	502	- - - - (Vic. de)	67
Barbus (isle des)	542	Buissons (cap des)	126
Bare (isle)	492		
Barranca	348	C.	
Barrancas (los) fl.	125		
Barriere (isles de la)	496	Cabobas (isles)	544
Bas-fonds de Heemskerk	459	Cabane	64
		Cagnete	332
Bassin du Diable	160	Caiviares, P.	29
Batchelor, fl.	140	Calcaylares	314
Bauman (isles)	461	Caldera (port de la)	240
Beauchêne, I.	155	Caledonie (nouvelle)	507
Belem	37,39	Callao	343

Camana	310	Carazon, M.	363
Camango, I.	471	Carlisle (havre de)	540
Camarones, fl.	304	Caroes, P.	29
- - - (los)	125	Carpathos	349
Camel (mont)	498	Carquen (port de)	348
Campana, I.	217	Carteret, I.	542
Campbell (cap)	502	Cascade (anse de la)	305
Canacuiares, P.	29	Casma la Barca	351
Canas y Canchès	312	Caſſi, I.	348
Canta	346	Caſtro	216
Cap Blanc	127	- - Virreyna	321
- - de Briſtol	182	Caſuhati, M.	125
- - Carteret	541	Cathedrale d'York	160
- - Deſiré	143, 138	Cavalles (isles)	498
- - Déſolation	159	Caxamarca	355
- - Froward	138	Caxamarquilla	354
- - Gloceſter	159	Caxa-Tambo	348
- - Horn	164	Cayenne, I.	11, 12
- - Montaigu	182	Caylloma	311
- - Noir	159, 492	Ceſſares, P.	126
- - Nord	499	Cero de Sta. M.	209
- - Oueſt	503	Chacao	216
- - Penas	171	Chaco	86
- - Pillars	143, 158	Chachapoyas	354
- - Providence	142	Chain-Island	419
- - St. Diego	170	Chalvanca	314
- - St. Vincent	170	Chancay	347
- - Sud	503	Chandeleur (isles de la)	181
- - Table	491		
- - des Traitres	527	Chaprraral, I.	240
- - Thrumb (isle du)	397	Charles (isle)	139
- - de la Victoire	142	- - Saunders (isle de)	447
Carangas	85	Charruas, P.	111
Caravaya	69	Chayautas	84

Chechehets, P.	111	Cobija	86
Chicayna, I.	520	Cobras, I.	58
Chichas	81, 82	Cochabamba	84
Chicuito	74	Cocos (isle des)	385, 462
Chidea	445	Colan	359
Chiens (isle des)	397	Colay, lac	365
Chilé, riv.	235	Colchagua	225
Chili (le)	183	Coligni	59
Chillan	225	Colpo	312
Chilloas	355	Colvil (promont.)	496
Chiloé (gouv. de)	215	Comarca (défert de)	125
Chilques	314	Conception	209, 229
Chimba	227	Conchucos	350
Chimboraço, M.	363	Concorde (baie de la)	466
Chimo	352	Condefuyos d'Arequipa	
Chinca (vallée de)	331		310
Chincha, I.	330	Condonoma	313
Chiquitos, Prov. & P.	76	Connetables (les) I.	11
Chiriguanes, P.	91	Conftantino Perez, I.	218
Chiriguans	78	Cooper, I.	181
Choapa (volcan de)	238	Copiapo	240
Chocopé	356	Coquimbo	236
Chola	356	Cordova	96, 98
Chonos (archipel de)	217	Corral	218
Chorofy, I.	240	Cotabamba	313
Chumbivileas	313	Cotopaxi, M.	361
Chuncos, P.	68	Cruces (las)	220
Chuquiyapa	70	Cullugas, P.	89
Ciara	42	Cumberland, I.	394
Cicacia	85	Cumpehas, P.	29
Ciloca	309	Cunuguati	101
Ciudad del Rio del S. Pedro	62	Curupa	39
		Cufco (évêché de)	311
Clerke (rochers de)	180	- - V.	316
Cloudy-Bay	502	Cuyos, Pr.	96

TABLE. 549

Cyclades (archipel des grandes) 515

D.

Danger (isle du) 454
Demerari 6, 7
Desaguadero, fl. 74
Desert d'Atacama 242
Deux Collines, I. 529
Dezana, I. 454
Diego Ramirès 164
Direction (isles de) 142
Disapointement (isles du) 405
Dominica, I. 398
Dona Maria Laxara, I. 380
Doquetaes, P. 125
Doubtfull, I. 406
Duc de Glocester (isles du) 420
Dusky (baie) 505

E.

Eaheinomauwe 479
Eaoowe, I. 472
Edgcomb, I. 540
Egmont, I. 394
- - (isle d') 540
- - (mont) 500
- - de la Cruzada 155
E-Imeo, I. 447
Elizabeth (baie) 140

Elquès 230
Engenh-real 40
Erromango, I. 527
Erronar 521
Espérance (isle) 464
- - - perdue (isle de l') 462
Esprit (isle ou terre du S.) 537
Essequebé 6
Est (isle d') 493
Etoile (isle ou pic de l') 532

F.

Falkland (isles) 145
Farellones de Carelmalpe 216
Farewell (cap) 506
Fernambuc 43, 45
Fernando de Noronha, I. 46
Ferol 351
Feu (terre de) 155
Fonforo, I. 521
Forster (baie de) 183
Forstescue (baie) 139
France équinoxiale 11
Freeze-land 182
Freshwater (baie) 136
Furneaux (isle) 406

G.

Galapes (isles) 381

Mm 3

Gallant (port)	139	Guarayos, P.	76
Gallapagos (isles)	381	Guarco	332
Gallego (isles)	386	Guarmey	351
Gannet-Island	499	Guasco	242
Gaura	347	Guayana	289
George (isles du roi)	411	Guayatecas	216
- - III (isles du roi)	422	Guaycurus. P.	99
Gerasu	46	Guaylas	349
Gigantes (los) vol.	143	Guillaume-Henri (isle du Pr.)	420
Gilbert (isle)	159		
Glocester (isle)	394	Gunanas, P.	62
Goodluch (baie)	141	Guyane	1
Gower, I.	541	- - Française	11
Goyas	51	- - Hollandaise	2
Groupes (les) I.	408	- - Portugaise	15
Guadalcaral	457, 458		
Guaico	82	**H.**	
Guaitacas, P.	30		
Guaki	72		
Guamalies	349	Hallis (baie)	138
Guamanga (évêché de)	320	Havre douteux	505
		Hawke (baie)	491
- - - V.	326	Hazard (isle & baie)	140
Guamantaga	347	Hebrides (nouvelles)	515
Guamara (salines de)	43	Henand Chickens (isles)	497
Guanacache, lac	97		
Guanas, P.	111	Hermite (isles de l')	164
Guanca velica	321	Hervey, I.	453
Guano, I.	304	Hinchinbrook, I.	528
Guanta	326	Holland (baie)	138
Guantopo, I.	520	Hood, I.	398
Guanuco	348	Horn, I.	464
Guarachiti	333	How, I.	453
Guaramayo	351	Huacra-chuco	349
Guaranis, P.	109	Huaheine, I.	447

Huanca-belica	321	**K.**	
Huengue, fl.	124	Kama, I.	471
I.		Kionappers (cap)	491
		Kraben, I.	8
Jaques (isle)	139	**L.**	
Jauxa	345		
Ica	329		
Jérusalem la neuve	518	Labyrinthe (le) I.	408
Jesus de Cuyaba (El)	32	Lagoa	62
Iguitpo	64	Lagon (isle du)	396
Immer, I.	521	Lambayeque	357
Impériale	234	Lampa	312
Incenada de Barragan	118	Larixacas	73
Indiens (isle des)	504	Las Corrientes	120
Ingoas (los) I.	59	Latacunga	362
Joannes, I.	39	Laüricocha, lac	346
Jourdain (le) R.	517	Lay-ca-cota	73
Iqueyque	305	Layers (isles)	142
Isabelle, I.	457	Laymebamba	355
Isles (baie des)	158, 498	Lenguas, P.	99
Isles des Amis	478	Leon de Guanuco	349
Isle brûlée	146, 160	Lépreux (isle des)	532
Isle Grande	218	Lima (archevêché de)	328
Isles de l'Océan Pacifique	379	- - V.,	334
		Limari	238
Isles Pernicieuses	405	Lipes	82, 289
Isles Royales	139	Llamelin	349
Isle fans fond	410	Llanos de Manfa	98
Isle à tabac	384	Llulla	355
Juan Fernandez, I.	244	Lobos, I.	331, 357
Jugui	96	Long-Island	504
Juncal	242	Louis le Grand (isle de)	140
		Lozia	58

Mm 4

Lucaguana	332	Marancocha, P.	346
Lucanas	320	Marannon	40
Luz (isle de la)	460	Marcapata	316
		Marcaffi, I.	348
M.		Margajats, P.	56
		Margue (la)	218
Macas	364	Maria (baie)	474
Madaira, fl.	38	- - van Diemen	499
Madre de Dios	403	Mariana	53
- - - - - - - (isle)	143	Marquifes de Mendoça (isles)	397
Maeftria del Campo	220		
Magdeleine (la) I.	398	Marre, I.	48
Magellan (détroit de)	132	Mafcarin, I.	385
Magellaniques (terres)	121	Mafques	314
		Maffa-Fuero, I.	251
Magi-Mari	65	Matambo	316
Magnacicas, P.	76	Matouri	14
Magoa	46	Matto-Groffo	52
Mahari	14	Maurua, I.	452
Maidenland	154	Melipilla	226
Majo-bamba	355	Mendoça	97
Maire (détroit de le)	171	Mercedes	97
- - (isle du)	494	Mercure (promontoire)	494
Maitéa	419		
Mala	332	Mevé, I.	48
Maldonado	119	Miary, fl.	42
Mallicolo, I.	533	Middelbourg, I.	472
Malouines (isles)	145	Minas-Geraes	53
Maluita, I.	461	Minuanas, P.	111
Mancora	360	Miraflores	334, 356
Manicolo, I.	520	Mifque-Pocona	77
Mangonöe, I.	471	Mocha, I.	235
Mapocho	227	Moche	351
Maracayu, M.	101	Moco	349
Marajo, I.	39	Moines (isle des)	48

Molopagues, P.	30	Nueſtra Senora del Secoro	216
Mompa	352		
Monmouth, I.	139	NueſtraSenora deLuz	516
Montagu, I.	528	Nueva-Rioja	88
Monte-video	119		
Monument (isle du)	529	**O.**	
Moora-whennua	498		
Mopeha, I.	453	Oahounue	445
Moquegna	306	Oaitipeha	445
Morropé	357	Oatara, I.	450
Mouches (isle des)	410	Obamene	451
Mounin, fl.	42	Ocivas	42
Moutou, I.	422	Ocopa	345
Mowtahora	493	Œuf (isle de l')	160
Moxes (province des)	75	O-Ghaa, I.	471
Muriguités, P.	30	Ohang-Java, I.	542
		O Heeva-Oa, I.	398
N.		Oheruruo	451
		Oheteroa, I.	420
Nageurs (isle des)	544	Oies (isles des)	160
Naſca	329	Oiſeau (isle de l')	543
Naſſau (baie de)	164	Oiſeaux (isles des)	409
Natividade	51	Olinde	43, 45
Navigateurs (isle des)	462, 468	Olivarès, I.	129
		Ollachea	289
Nevado, volcan	171	Omigas, I.	348
Nieble	218	Omaſuios	72
Noël (canal de)	160	Onaleyo, I.	398
Norfolk (isle)	506	Oopoa	450
Notre Dame de Neves	45	Opoorage	494
Nouvel An (isles du)	173	Opoureonu	446
Nouvelle Georgie, I.	177	O Raietea, I.	449
Nublada (la) I.	380	Oreilles d'âne, M.	133
Nueſtra Senora de Buenos Ayres	117	Oropeſa	326
		Orueau	451

Oruro	83, 289	Paria (lac de)	74
Osnabruk, P.	393, 419	Parina-caucha	320
Osorno	220	Paripe	50
Otaha, I.	451	Paru	39
Otahiti, I.	422	Pascomayo	357
Otooracite	446	Paspaya	84
Otubue	451	Passion (isle de la)	381
Ouaiyanassès, P.	30	Patagons (pays des)	130
Ourry, I.	539	Patas	354
Ovaitaguades, P.	30	Pativilca	351
Owallo	449	Paucar-collo	73
Oyapock	15	Paucartamba	315
		Pauchy	42
P.		Pauvreté (baie de)	491
		Pauxis	38
Pacajes	72	Paxaro nigro, I.	238
Pachacamac	334, 343	Payen	209
Palliser (cap)	500	Payta	359
- - - I.	416	Paz (la)	70
Palme (la)	210	Pêcheurs (les) I.	544
Palmerston, I.	454	Peguenche	130
Pampas, P.	76, 111	Pehvingues	195
Paoom, I.	530	Penco	229
Pâques (isle de)	387	Pengoins (isle des)	127
Para	37	Peninsule des Montagnes	
Paraca	331		144
Paraguai, fl.	110	Pentecôte, I.	531
- - - (gouvern. de)	67	Pepys, I.	144
- - - (province de)	99	Pernabiacaba, M.	64
Paraguas, P.	99	Perou	252
Paraïba	45	Petiguares, P.	29
Paramaribo	10	Philippeville	137
Paramos de Chili	243	Pichincha, M. 289,	363
- - - du Pérou	361	Pickersgill, I.	181
Paria	84	Pitcairn, I.	393

TABLE.

Pilaya	83	Puna, I.	255
Pilcomayo, fl.	87	Puno	73
Pinco	345	Pupom, I.	521
Pins (isle des)	514	Purea	221
Pintau	364	Pylstart, I.	478
Pisco	330	**Q.**	
Piscobamba	349	Quatosls, P.	68
Pitipiti	344	Quaxamalca	355
Piura	357	Quebrada-honda	242
Plata (La)	78	Quilca (vallée de)	308
Plate (isle)	494	Quillota (vallée de)	223
Poangue	226		235
Pointe de la Cascade	505	Quiriquina, I.	231
Pointe-Venus	447	Quispicanchi	316
Point five Fingers	504	**R.**	
Popayan	289	Rade Anglaise	474
Porco (del) M.	78	Rancagua	225
Porco	81	Ratonne, (isle)	62
Pories	30	Recif (le)	46
Port desiré	127	Recréation (isle)	417
Port Egmont	153	Reine Charlotte (isles	
Port Famine	136	de la)	398
Portland, I.	491	Reine Charlotte (isles	
Port Maurice	170	de la)	539
Porto Seguro	51	Resolution (isle)	407
Possession (baie de)	133	Resolution (port de	
Poteingi, fl.	44	la)	403, 526
Potosi (le)	80	Rimac	334
Pouro	521	Rio-Grande	44
Poyucar	46	Rioja	96
Prince de Galles (isle du)		Rio-Janeiro	54, 56
	417	Rio Negro	38
Prince Guillaume (isle du)		Rio de la Plata	111
	459	Rio Salado	88
Puelches, P. 130, 190, 192		Rio Vermejo	88

Rio Vinoquo	327	- - Juan de la Fron-	
Rocapartida	380	tera	97
Rodonda, I.	58	- - Juan de l'Orobe	69
Rois (Isle des)	127	- - Julien (port)	129
Roldan, I.	127	- - Laurent	343
Ropi	328	- - Lazaro	342
Rotterdam, I.	468	- - Lorenzo	46
Rouara	15	- - Luis	146
Rupert	139	- - Luis (fort de)	14
S		- - Luis de Marannon	41
Sagittaria, I.	422	- - Luis de la Punta	97
San ou St. Barthelemi, I.	5	- - Miguel	65, 255
	135	- - Miguel de Sapa	305
- - Bernard (isles de)	454	- - Miguel de Tucu-	
- - Bernardo de Tarija	82	man	96
- - Charles, I.	386	- - Pablo	356
- - Christophe de		- - Paul	62, 64
Lamp.	211	- - Paul (isle)	393
- - Felipe	41, 65	- - Pedro, I.	356, 398
- - Felix	52	- - Philippe d'Austria	
- - Felix, (isles)	386	d'Orura	83
- - Fernando	96	- - Pierre, I.	183
- - François d'Ataca-		- - Sacrement	116
ma	86	- - Salvador	48
- - Gal, I.	60	- - Sauveur, Riv.	517
- - Gallon, I.	330	- - Sebastien, I.	63
- - George, I.	135	- - Sebastien de Rio	
- - Jaques & S. Phili-		Janeiro	56
pe (baie de)	517	- - Vincent	64
- - Jean, I.	460	- - 'Yago	226
- - Jerome (canal de)	140	- - Yago de Cotayay-	
- - Ildefonse (isles)	164	ta	82
- - Jorge	50	- - Yago de l'Estèro	96
- - Jorge (baie de)	126	Santa ou Ste. Amara	51
- - Joseph	125	- - Barbara, I.	143

TABLE.   557

S. Barbe	159	Sebaldes (isles)	144
-- Calalina, I.	144	Sechura	359
-- Catherine, I.	59	Sedger, fl.	137
-- Christine, I.	398	Serena (la)	236
-- Claire, I.	360	Sergipo	48
-- Crux	51, 58, 458	Serranos, P.	125
-- Crux, I.	518	Shagg (isle)	160
-- Crux de la Sierra	77	Shepherd (isles)	530
-- Elizabeth, I.	134	Sierra la Nueva	77
-- Fé	120	Silla-Velluda, Volc.	195
-- Lucie	120	Simpson, I.	542
-- Lucie, fl.	121	Sinfond (baie de)	125
-- Maria, I.	235	Single (isle)	462
-- Maria del Aguada	385	Société (isle de)	452
Salomon (isles)	457	Socorro, I.	380
Salsipued	238	Solander (isle)	503
Salta	96	Solitaire (isle)	456
Salut (isles du)	11	Soriboa	355
Sana	356	Sotaquy	238
Sandwich (isle)	528	Sotavento	357
Sandwich (terre de)	182	Spiritu Santo	55
Sandy (baie)	135, 498	Spiritu, (bahia)	127
Sangay, M.	364	Stephens (isles)	506
Santa	350	Sucsahuma	317
Santé (isles de)	385	Suncheuli, M.	73
Santos	63	Sunco	334
Sapata	226	Surinam	9
Sark, (nouvelle) I.	539	Swallow (havre du)	540
Saunders (cap)	503	------ (baie)	157
Saunders, I.	153, 181	T	
Sauvage (baie)	157	Tacamez	254
Sauvage (isle)	467	Tacma	94
Savacou, I.	11	Talcaguano	231
Scilly (isles de)	453	Tamar (baie)	142
Scara	42	Tamaraca	45

Tambo	320	Titucaca, lac.	69, 74
Tambopalla	308	Titul	210
Tamife, fl.	496	Tocantins (riv. des)	38
Tanna, I.	521	Toelchus de a Caballo	125
Tanfe	64	- - - de Apié	125
Tanuo	333	Tolaga	492
Taoneroa	490	Toledo (Archipel de)	143
Tapatapa	195	Tombez	254, 360
Tapayos	38	Tomina	81
Taperia, I.	48	Tomomynis, P.	30
Tapiguiris, P.	29	Tonga-taboo, I.	474
Tapoamanao, I.	447	Tonoomea, I.	471
Tapuyas, P.	29	Tootuona	521
Taracaffa	85	Topinabes, P.	29
Tarapaca	306	Tortue (isle de la)	479
Tarija	81	Tory	479
Tarma	345	Totarrarue	502
Tarqui	290	Totoral (isles)	239
Taumaco	520	Traitres (isle des)	463
Taumago, l.	459	Tramanday	62
Tavai-Poenammoo	479	Traps	503
Teahowray	491	Trepied (le)	393
Tegadoo	493	Trevanion (isle & port)	541
Terre des Etats	171, 479	Trinidad	76
Terrefethéa, I.	471	Trinité (la) I.	66
Terre del Fuego	155	Trois Collines, I.	529
Terre du St. Efprit	516, 537	Trois Frères (les) I.	165
Tethuroa, I.	418	Trois Rois (isles)	499
Thulé auftrale	182	Truxillo	352
Tiguillaca	73	Tuawirrii, I.	445
Tierra (El)	244	Tubaï, I.	452
Tierrabou	444, 445	Tucapel	221
Tinta	312, 313	Tucopio, I.	520
Tiookea, I.	411	Tucuman, Pr.	94

Tunguragua	364	**W**	
Tupinambara	38	Waitahoo, I.	398
Tupinaques, P.	29	Wallis, I.	466
Tuquema	352	Waterland	410
Turn-Again, cap.	492	Westminster-Hall	
Tuyu (del)	124	(isle)	142
U		White-Island	493
Ulietea, I.	449	Whitsunday, I.	396
Una	63	Willis, I.	180
Uprigt, baie)	157	Woody (pointe)	499
Uruguay, fl.	111	**X**	
V		Xarayes	52
Valdivia (gouverne-		Xauxa	345
ment de)	217	Xilca	333
Valentin (baie)	165	Xiquixaguana	315
Val paraiso (gouver-		Xuqui	96
nement de)	221	**Y**	
Van Diemen	474	Yanchuco	359
Vertes (isles)	461	Yapizlaga	98
Vespera, I.	406	Yayaxaca	326
Viamon	62	Yayvos	333
Viatans, P.	29	Ylo	307
Victor	309	York (isle)	384
Vilcas-Cuaman	325	York (isle du duc. d')	447
Villa-Bella	52		461
Villa-Boa	52	Ysleta	240
Villa de Laguna	62	Ytapicorié, fl.	42
Villa Nova del Princi-		Yucai, riv.	319
pe	51	**Z**	
Villa de l'Oro	52	Zamucos, P.	99
Villa-Rica 53, 101,	110	Zaruma	289
Villa de valle fertile	97	Zelande (nouvelle)	479
Villa-veja	48	Zelandia	10
Vinna à la Mar	224	Zinti	84

FIN.

ERRATA

DU TOME XII.

Pag.	lign.	
7	23	1780, *lisez* 1781.
18	12	de *lis.* des.
	13	qu'ils arrosent *lis.* qu'il arrose.
25	5	leur *lis.* lui.
29	8	se met *lis.* & se mettent.
33	7	nomme les officiers, *lis.* nomme aux offices militaires.
46	34	n'y *lis.* ne.
92	8	qui ont *lis.* parmi lesquelles il en est plusieurs qui ont.
93	10	passent *lis.* paissent.
108	24	effacez encore.
115	16	. Les feuilles *lis.* : les feuilles en.
116	10	forme *lis.* forment.
120	25	l'herbe *lis.* l'herbe de ce nom.
134	3	vivent de *lis.* se nourrissent de.
160	30	prive *lis.* privent.
215	20	la *lis.* le.
290	25	ailleurs *lis.* chez d'autres auteurs.
300	30	on reconnaît *lis.* il existe.
363	28	lichincha *lis.* Pichincha.
372	11	écailles *lis.* cailles.
375	23	en général *lis.* communément.
378	26	étrangers *lis.* étranges.
393	27	le précédent *lis.* la précédente.
399	23	talouer *lis.* tatouer.
414	25	vastes lagunes *lis.* grandes lagunes.
420	12	Hallis *lis.* Wallis.
422		note long. de 130° *lis.* 230°.

(*) DE LA RÉPUBLIQUE DE RAGUSE.

Elle renferme une petite partie de la Dalmatie : son gouvernement ariftocratique eft formé fur le modele de celui de Venife : les nobles feuls y forment le fouverain ; ils furent nombreux autrefois ; mais ils le font tous les jours un peu moins. Le chef y porte le titre modefte de *recteur*, il ne regne que pendant un mois, fes officiers qu'une femaine, le gouverneur du fort qu'un jour : fon élection fe fait par le fcrutin & par le fort : pendant le court efpace de fon adminiftration, il demeure dans le palais de la république, & porte la robe ducale. S'il eft un fimple gentilhomme, fes appointemens ne font que de cinq ducats par mois ; s'il eft un membre du tribunal fuprême de juftice, ils font d'un ducat par jour. Le *confeil des dix* le fuit pour la dignité, & précéde le *pregadi*, formé de 60 fénateurs : celui-ci décide de la guerre & de la paix, difpofe des charges, reçoit & envoie des ambaffadeurs, juge des procès par appel : fes membres changent chaque année. Outre ces tribunaux, il y a encore le *petit confeil*, compofé de 30 membres, qui veille fur la police, fur les revenus publics, & juge des procès de peu d'importance. Tout ce que font ces confeils eft foumis à l'examen des cinq provifeurs : le *pregadi* eft nommé par le grand confeil, formé de tous les nobles âgés de 20 ans, ou de 24, felon d'autres auteurs. Six fénateurs jugent des procès civils en premiere inftance, & on appelle de fes jugemens au petit confeil : les procès criminels font décidés par un juge particulier : trois confeillers préfident au commerce de la laine, cinq

---

(*) On a égaré cet article qui devait être joint à la Dalmatie, & on eft obligé de le placer ici.

font chargés d'éloigner de l'Etat les maladies contagieuses, quatre veillent sur les péages, la douane & les monnaies. Son chef, les nobles & les docteurs y peuvent feuls porter des habits de foie. Ses revenus furent autrefois, dit Busching, d'une tonne d'or; c'est-à-dire, de 120,000 francs; ils sont aujourd'hui moins considerables, & cependant le tribut qu'il lui fait payer aux Turcs (20,000 fequins) (*a*) surpasse de beaucoup cette somme. Ces évaluations ne peuvent donc être regardées comme sûres, & nous n'y pouvons suppléer : d'autres géographes réduisent le tribut qu'on donne aux Turcs à 12000 fequins. On dit qu'elle est tributaire du Turc qu'elle craint, du Vénitien qu'elle hait, de l'Autriche qu'elle veut ménager, & du Pape qu'elle considere ; mais on ne sait point quels sont ces tributs, ni même s'il est bien vrai qu'elle en paie à toutes ces différentes puissances. Son indépendance, quoique resserrée par ces tributs, lui est chere, & pour la conserver, elle n'ouvre ses portes que pendant quelques heures chaque jour, & tient les étrangers sous la clé toutes les nuits. La religion de l'Etat y est la catholique romaine, on n'y tolere que le culte des Arméniens & la religion de Mahomet : la langue vulgaire y est l'esclavone, mais l'italien y est commun : les simples bourgeois sont presque tous commerçans : quelques manufactures y sont florissantes.

La capitale est située près de la mer & s'étend autour d'un golfe: son nom ancien est *Rausis* ou *Rausa*: les Turcs lui donnent le nom de *Pabrovista*, les Slavons celui de *Dobronich* ou *Drobonika*; son enceinte, si l'on y comprend les fauxbourgs, est assez grande, ses maisons sont bien bâties, son port est

---

(*a*) L'Encyclopédie dit 25000 écus.

DE RAGUSE. 563

bon & défendu par le château de St. Laurent : ses fortifications sont bonnes, & elle serait imprenable, dit-on, si le rocher *Choroma*, situé dans la mer, était fortifié & n'appartenait pas aux Vénitiens. Le commerce y est considerable; l'air y est sain, mais le sol qui l'environne est presque stérile. Elle est sujette aux Vénitiens. Le commerce y est considerable; l'air y est sain, mais le sol qui l'environne est presque stérile. Elle est le siege d'un archevêque, dont les suffragans sont les évêques de *Stagno*, *Trebigne*, *Narente*, *Brazza*, *Rhizana* & *Curzola*.

Le territoire de la république s'étend de deux lieues au midi de ses murs jusqu'à l'extrêmité de la presqu'isle montueuse de *Sabbiongeto*, dans un espace de 17 lieues de long, mais qui n'en a jamais plus de 4 de large : la partie septentrionale en est presque déserte : vers le midi on y trouve quelques bourgades : telles sont *Ragusi-vecchio*, qui fut l'ancienne *Epidaure*, autrefois colonie romaine, & détruite par les Scythes dans le 3ᵉ siecle ; *Gravosa* ou *Ste. Croix*, port excellent, dont l'entrée est commode, qui est large, profond, bien gardé, environné de montagnes fertiles, couvertes de vignobles, de jardins & de maisons de plaisance: *Stagno*, autrefois *Tittuntum*, petite ville épiscopale à l'extrêmité orientale de la presqu'isle, au bord d'un golfe commode: elle est assez peuplée & bien fortifiée. *Trebigna-Ombla* est peu remarquable. La longitude de Raguse est de 36° : sa latitude de 42° 30'.

Quelques isles dépendent encore de cette république : la plus considerable est *Mlit* ou *Milet* ou *Meleda*, autrefois *Melita* : elle a neuf lieues de long sur deux de large, & est fertile en oranges, en citrons & en vins estimés ; ses côtes sont abondantes en poissons ; mais elle ne produit pas les grains nécessaires pour la subsistance de ses habitans : sur sa côte septentrionale est un bon port & une ville de son nom : elle renferme encore un couvent de bénédictins qui est le chef de la *congrégation de Milet*, & six villages. C'est, selon divers savans, dans cette isle que St. Paul fut mordu d'une vipere : on croit prouver ce fait par le vent qui régnait alors, par le nom de l'isle, sa situation, les animaux qu'elle nourrit : selon Busching, il n'est point vraisemblable; mais il ne dit pas ses raisons pour le décider tel.

Entre Meleda & Raguse, on trouve les petites isles de *Calamota*, d'*Isola di Mezzo* & de *Guipana*, qui ensemble sont comprises sous le nom d'*Isles Elaphites*. *St. André* est encore une petite isle bien peuplée, qui a une bourgade de son nom.

FIN du douzieme & dernier Volume.

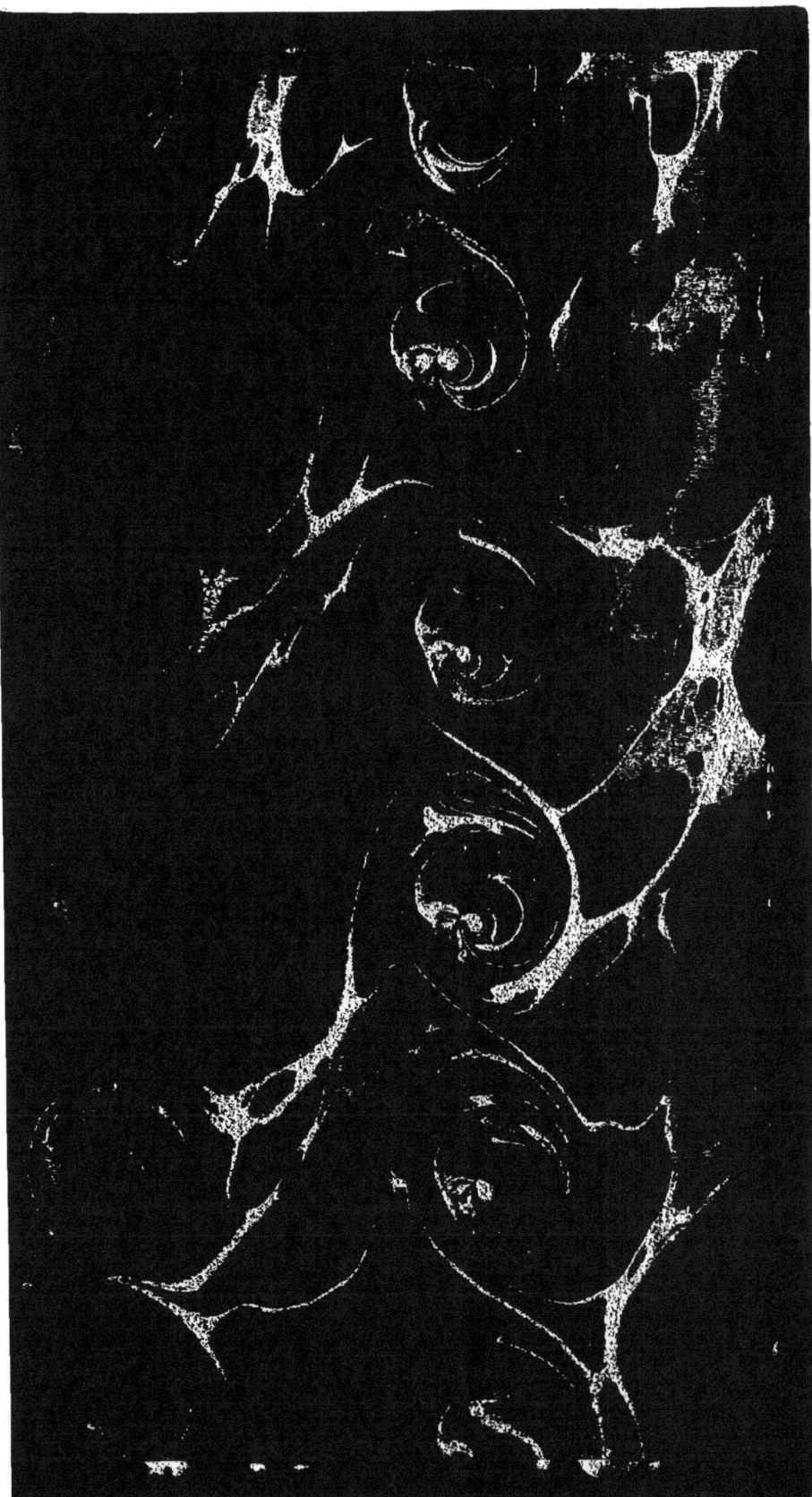

www.ingramcontent.com/pod-product-compliance
Lightning Source LLC
Chambersburg PA
CBHW050421240426
43661CB00055B/2225